端州百街掌故

端州历史文化

谢健江 编著

暨南大學出版社
JINAN UNIVERSITY PRESS

中国·广州

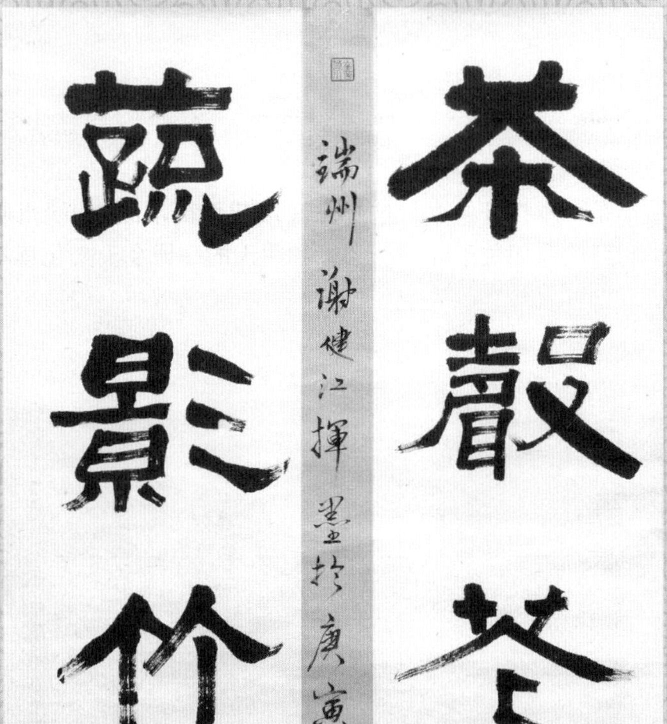

谢健江书法作品

序　一

城市是一本打开的书

城市是一本打开的书，这好比《端州百街掌故》。端州所呈现的城市原色，是它留给我们关于昨天、今天和明天的一册乡土文化读本，是一张折射历史之光的文化名片，吸引人用心静读，让人读后心驰神往。

翻开端州美丽的一页，看到了人间天堂的秀色。一城亭亭玉立于喀斯特地貌上，展演靓丽的美姿，伴随恬静的浪漫、俏丽的舒适而声名鹊起。难怪古人初入砚都就赞誉这里是“岭南第一州”，太让人魂牵梦萦了。“城依湖美，江随城绕，岩从天降，人在画游”是端州的一大特色。南中国的西江如玉带贯城而流，星湖如天上瑶池的一圜，翠绿醉人，形成了“月抱星辉”的诗意画卷。万般柔情的丹山碧水，演绎古城昨天的喧嚣与今天的文明，传承着传统的华南风情，编写着发展的广府文化。

翻开端州魅力的一页，看到了历史古迹的传神。古老的街巷，仿佛就是神秘的地图，不经意标注的是秦珍汉宝。历史的脚步踩过隋唐名郡、宋元商埠、明清福地、百年乐土、现代名城，一路向前。各民族文化交汇生息，各方商贾云集在此，演绎出西江流域经济文化交流最早的枢纽。宋城墙的砖垒，成为历史长卷的标本；丽谯楼的宋徽宗瘦金体，成为“肇庆府”广府文化的品牌；披云楼的飞檐画梁，成为“流形四绝”的南国奇观；南明帝都的行宫，成为历史经典书籍的宝匮；两广总督的城府，成为“指点岭南”近两百年历史黄页的都会；厚重的端砚，造就了墨韵风流的“中国砚都”。

翻开端州故事的一页，看到了人物典故的丰彩。这里曾是帝王将相、风云人物的发迹地，南北朝陈霸先在这里招兵蓄力，帝位陈国；六祖慧能在这里创建了极具中国色彩的佛教；“诗鬼”李贺在这里唱响了第一曲端砚紫云歌；传奇包青天从古端州开始名扬大宋；利玛窦在这里开始了真正的中西文化交流之旅；朱由榔在这里登上了南明永历帝位；孙中山为谋划统一中国大业三到肇庆；叶挺独立团的“铁军”创建在肇庆；天下名人把摩崖石刻建造成“千年艺术长廊”……那些深藏着千百年的人物故事，是端州古城人杰地灵的象征，见证着这里文化的浓郁和深厚。

翻开端州神奇的一页，看到了风土人情的古韵。水上人家的风情，北岭山下的民风，像端砚那样宝贝，像裹蒸粽那样浓香，像剑花那样媚人，像方言那样可亲，像“黎家山水”那样入韵，像古巷那样幽情……千百年来依然鲜活地流传。端州曾出现过“梁氏一门三进士”、“五经里一巷八才俊”的人文盛况。因为扎根于历史生活的城市都显得那么古香古色，一不小心，神奇的传说变成一件古董，或一棵古树、一口古井、一幢古居、一座古祠，令戎马将军发笑，让文人雅士惊心，供乡土人家打趣。

街巷，是连接历史的文脉。心目中的旧城，以前是怎样的呢？很想知道。如今有了这本《端州百街掌故》，旧城的轮廓渐渐清晰起来。虽尚有“名存实亡”的现象，但在漂浮的传说里，旧城呈现出它原有的格局、秩序，甚至飘回了它曾有的气息。有些街名现在没有了，有些街名至今还用着，有些街道现在还在那里。街巷地名的渊源和五花八门的雅号别称，把古城弄得异常的神秘，充满着神韵的文化色彩，像历史长河反射的强烈阳光，闪得人眼花缭乱。带着旧城市井生活印痕的街名，可以归纳为二十类，翻阅一下，总是耐人寻味的。

①山岭地名，如古崧路、隔岗路。②水文地名，一是江河地名，如西江路、南溪路；二是湖塘地名，如塘基头、星湖路；三是井泉地名，如三眼井巷、四方井巷。③堤坝埠渡地名，如江滨堤路、百丈堤、簕竹围。④桥梁地名，如大桥路、芹田桥巷。⑤景观地名，如荷香街、叠翠路。⑥楼塔地名，如披云楼脚巷、古塔路。⑦城垣地名，如城基脚巷、后墙街。⑧官署、军营地名，如府前路、水师营。⑨寺观地名，如梅庵路、三圣宫巷。⑩机构单位地名，如中衙巷、学前街。⑪姓氏地名，如麦仔园、岗尾程。⑫政治地名，如文明路、和平路。⑬行市地名，如打铁西巷、草鞋街。⑭方位地名，如正东路、西门后街。⑮地理位置地名，如二塔路、花园后街。⑯特征地名，如水窦口巷、石咀街。⑰吉祥地名，如福星巷、吉星巷。⑱谐音地名，如娱家巷，古称“余家巷”；睦民路，原称“木棉路”。⑲移用地名，如福建巷、宿国巷。⑳数字地名，如五经里、八贤里。

一条条街巷，如一页页图书。书页“刷拉”一声打开了，横排的文字就是街巷的记忆。街道，其实是城市的历史年轮，它们都是有记忆的。那些散失了的寻常人生故事，把一些碎片留在了青石板路和青砖屋瓦上，在年复一年的日晒雨淋下，化作了陈旧而隐秘的气息。如今那些古香古色的街巷已成为有声有色的故事，而端州也在发展中书写历史。

谨以为序。

谢彦

2013年10月

序 二

街巷中的端州梦

四千年前，这里是舜帝巡耕的地方。

两千年前，这里是海陆丝绸之路的对接之处。

三百年前，这里是两广总督的治所……

这里就是今天的肇庆端州。

千百年来，端州是肇庆的政治经济文化中心，人口流动性大，发展速度快，世代繁衍，于是形成街坊聚居地；千百年来，这里的一街一巷、一路一道，展示出岭南不凡的气度；千百年来，这里的一家一户、一坊一社，透射出历史沉积的厚重；千百年来，端州奏响广府文化的乐章，在发展中谱写时代的文明。

江山留胜迹，我辈复登临。然而，随着城市建设的突飞猛进，端州这座历史文化名城发生了翻天覆地的变化，许多老街旧貌换新颜，至少有上百条老街巷已消失，古建筑的连续性和真实性已不复存在。特别是改革开放后，原来狭小的街道小巷已经开发成住宅小区或辟成宽敞的马路，老街也淡出端州人的记忆，取而代之的是千百条新街巷的诞生，并且每年还在迅速增加中。

当然，街名的变迁见证了端州的发展，也是记录端州历史底蕴的依据。我认同《端州百街掌故》作者“一条古街巷，半部端州志”的编著理念。据笔者所知，作者将唐代以来端州的街巷名称以随笔的形式，用了五年多的时间，写就一部历史文化名城大传，直至成书面世，确实是一项难度很大的系统工程。作者犹如在创作一卷巨幅的连环画，把端州曾经丰富多彩的街道建筑背景和历经沧桑岁月的各类人物加以白描还原，着色绘制，展示在世人眼前，延续了端州的文脉。

作者在漫步名城的遐想中，以怀旧的情愫记叙名城的绚丽历史，以崇敬的心灵再塑人杰地灵的形象，以发展的眼光评述城市的变迁，还以归类的形式进行巧妙的编撰。《端州百街掌故》以翔实的史料为基础，且又不拘泥于史书的定论，更不盲从于专家学者的学术观点，而是潜心研究，用心考证，自成一家之言。况且编著的归类法，在古今街巷的史书中是一种首创。

虽然古街离我们较远，我们也比较陌生，但书里的故事却让人津津乐道。作者依据街巷相关的民间掌故传说，精心打造了这一部鸿篇巨制。其文笔优美，深沉老练，诗词歌联巧入其中，犹如端砚中的石品，蕴含着多层次浓郁浑厚的艺术，令人回味。它既是端州历史的辅助读物，也是文笔风流的文学作品，使人在名城流连之际，圆了一个“端州神游”的梦。

中国梦在新时代放飞，端州梦也在新的历史大街上放飞。

李以行

2013 年 12 月 13 日写于佛山市禅城区

前　言

端州是“隋唐名城，宋元商埠，明清都会”，是广府文化的前沿。编著《端州百街掌故》一书，目的是唤醒城市记忆，接通历史文脉。“地名是民族文化遗产”，端州每条老街巷的地名都具有岭南气息和乡土特色，反映了这座城市的历史。

以“街”成书，分16个篇章，273篇短文。其以朴素的语言，随笔的格调，描绘古街巷的“风”情。本书着重从乡思、乡情、乡韵、乡音等方面去挖掘、整理城里的故事，反映市民对自己生活的城市的认同感。它既有文史考究的严谨沉稳，又有谈天说地的生动活泼，力求知识性与趣味性兼顾，内容可资参考，不拘泥于史论的限制，使读者能从传说中得到轻松愉快的阅读乐趣。

以“街”入史，通过端州古街巷的故事写真，以大量生动的情节全面展示端州的广府文化、疍家文化、宗教文化、景观文化、历史文化等内涵，可以令读者如“行街”般地直接感受端州的千古神韵。尤其是那些在城市的变迁中已经湮灭了的街巷，让我们在阅读中回味历史、尊重历史，在生活中重新了解历史、认识历史。可以说，这是一本“活”的乡土教材，是一册“厚”的文史读本，也是一部散文版的《端州志》。

出于对端州历史文化的尊重和自豪，自2008年以来，先后得到端州区委常委、宣传部长刘建云、黎沛荣、谢光荣三任领导的支持。在各方的支持下，完成了这本书的编著。然而，书中以古街巷说事自然有它的局限性，况且端州沉浸在千年历史的长河里，要清晰地讲述一点一滴，不是作者力所能及的，因此难免有不尽如人意之处，加上视野有限，恐难如愿，敬请包容并予以指正。

为方便阅读，先将本土行政区域地名作一下简单介绍。

【百越】又作“百粤”、“诸越”。古代越族居住在江、浙、闽、粤等地，统称为“百越”。古文中常泛指南方地区。

【岭峤】五岭的别称，指越城、都庞、萌渚、骑田、大庾等五岭，这里特指两广一带。王瑜在明天顺七年（1463）任肇庆知府，说端州是“岭峤南来第一州”。

【郡】行政区域，秦分天下为三十六郡，端州为南海郡。隋后中国历朝不再设郡。

【县】行政区域，合乡为县。高要建县于汉元鼎六年（前111），直至

1993 年 9 月撤县设市。原址在今肇庆市端州区。

【州】行政区域，隋唐改郡为州，宋将州直辖于中央，州的长官称“知州事”，简称“知州”。端州置始于隋开皇九年（589），1988 年设为肇庆市端州区。

【府】宋代设有府、州。府与州同级，地位却略高于州。端州改为肇庆府始于 1118 年，址在今肇庆市端州区。1988 年 1 月肇庆为地级市。

【道】行政区域名。唐代分全国为十道，相当于后来的省；清代和民国初年在省以下府以上设道。如肇庆曾经为“广肇道署”，后来又改称“行署”。

【市】古代由官府管理的市，与居民所住的里或坊严格分开；又称买卖之所为“市”，如集市、市井、街市。现为行政区域，如肇庆市。

【镇】明、清两代军队的编制单位。如肇庆在清代、民国设有肇罗阳镇守使。清末编练新军也称为“镇”，一镇统步队两协，马炮队各一标，二辎队各一营，以及军乐队等。不同于现在的行政区划单位，也有别于较大的城村镇集市。

【军】宋元为军事重镇名称。肇庆府原称“兴庆军”，宋设置兴庆军节度使，总揽军政大权。

【区、乡、里】《宋书·百官志》载：“汉制三家为伍，二伍为什，十什为里，十里为亭，十亭为乡。”后有百户为里，五里为乡；又有每二十五户为里，四十里至一百里为乡，二十至五十乡为区，民国沿用。与现今的“区”略有不同。

【都、图、厢】宋时改乡、里为都、保。元朝改乡、里为都、图。明代推行厢、乡、都、图编制，设保为图，合保为都，合都为乡，合乡为县。另县级以下改乡为都，改里为图。厢，靠近城的地区。“明洪武十四年，在城曰坊，近城曰厢，乡都曰里。”旧时端州城内称内厢，厢设图。

【坊、社、圩】古代把一个城邑划分为若干区，通称为“坊”，坊内有街巷。秦称坊为“里”、“闾”或“闾里”。社是清代的设置，二十五家即置一社，大约同图、邑、里相当。圩，古作农村集市。

【路、街、巷】古代命名的通道，一般指南北向为路，东西向为街。直为街，曲为巷；大者为街，小者为巷。街巷也指住宅，与今地名之义略有不同。

【桂林】指现在端州区睦岗一带。明代永乐十三年（1415）创设桂林圩。

【黄岗】洪武十二年（1379）创设黄岗圩。

谢健江

2013 年 11 月

目　录

风尚吉祥

风行坊市

风采牌坊

风满亭楼

风过门前

风华姓氏

风流人物

风雅书香

风俗宗教

风生水起

风土人情

风火连云

风光景象

风起浪端

一条古巷，是一座城市的文脉；一条文脉，隐隐泛着历史的波光。也许有百年，也许有千年，一直在涌向城市的每一个角落，而不为人所察觉。偶尔有人察觉了，河流便能翻起浪端，澎湃出端州的诗篇。

端州路：端州之名应运而生

历史不过是追随着人类目的活动而已。无论历史风物也好，地理环境也罢，一切都是人所创造，一切为人所创造。再精美的房子，是人所造，也是为人所造；再有文化的桥，再有情致的亭台，都是人所造，也是为人所造。所以，一切历史，都是一个大写的“人”字。

有了人，才有了端州之名。端州路，是以史实命名的街道，最早修建于1928年，当时只是过境公路，并未形成街道。如今，端州大道从城东大冲路段起，东西走向，直达睦岗，分为八路，称为“十里长街”，把城市的琼楼玉宇、火树银花串如一条珠光宝气的游龙。

路有多长，历史就有多远。端州之名始于隋朝。开皇三年（583），隋文帝一统天下，“罢天下郡”，实行以州领县的两级行政区划制度。开皇九年（589），将州县两级行政区划制度推行至全国，端州之名也就出现了。

端州名称来由有什么历史呢？端州前身是高要县，为荆楚、吴越、岭南三种文化最早的交融地之一。汉武帝平定南越，设置高要县，因境内“高而险要”而得名。南北朝时期，出身寒门的陈霸先出任西江督护和高要太守。他在这里招收俚、僚子弟兵，积蓄力量，不久平定了侯景之乱，坐镇京口。太平二年（557），陈霸先自登帝位，建立陈国，是为陈武帝。他将广州都督府治所设在高要。杨坚一统天下，历史进入隋朝时代，开皇九年（589）始置端州。于是，端州管领五个古县，即高要、端溪、平兴、乐城、清泰。

端州得名有几种说法，第一种是“端”即开端、第一，意为“西江第一州”，取“西江第一要道”之意。据述，“端州当西江口，入广西要道”。第二种是引用汉朝贾谊《治安策》中“选天下之端士”之句治州。第三种是西江有一段称“端江”，取江名为州。至于哪一种说法更贴近事实，史志没有明确记载，但是，以水取名之说较为流行。

也许是意头好，隋开皇九年（589），端州“鸿恩大德，前古未比”，进入“开皇之治”的时代，《隋书·帝纪第二》载：“七德既敷，九歌已洽，要荒咸暨，尉候无警。于是躬节俭，平徭赋，仓廪实，法令行，君子咸乐其生，小人各安其业，强无凌弱，众不暴寡，人物殷阜，朝野欢娱。二十年间，天下无事，区宇之内晏如也。考之先王，足以参踪盛烈。”端州，也就成为古粤西的政治中心和军事重镇。

北宋绍圣三年（1096），十四岁的赵佶就被封为“端王”，以端州为封地。元符三年（1100），宋哲宗赵煦驾崩，没有留下子嗣。于是，皇帝的人选只能在宋哲宗的兄弟中选择。宋神宗赵顼共有十四子，当时尚且存世的包括端王赵佶在内只有五个人竞争皇位。赵佶为宋神宗第十一子，但并非嫡出又非长子，按照祖宗法度，他没有资格继承皇位。不过，事在人为，有谁能敌过向太后？由于向太后的偏爱和鼎力支持，赵佶被推上了皇帝宝座，成为后人公认的第一个皇帝书法家——宋徽宗。

赵佶从端王升到皇帝，端州连用了五百多年的名字也随之升迁了。北宋政和八年（1118），端州更名为肇庆府。在八百七十年后的1988年，肇庆行政区划分，端州之名以中心区再露峥嵘。

历史上，端州曾经有五次成为岭南或大西南各地军事指挥中心和政治、文化中心。第一次是公元507年至589年，梁、陈两代广州都督府驻端州（高要）八十二年；第二次在1564年至1649年，明代两广总督府驻端州八十二年；第三次是南明永历帝1646年在端州登皇帝位，掀起反清复明抗争十六年；第四次是1650年至1746年，清代两广总督府驻端州九十多年；第五次在1916年5月至8月，中华民国军务院曾驻端州四个月。

如今，端州已是一座国家级历史文化名城，先后被命名为“首批中国优秀旅游城市”、“国家园林城市”、“国家卫生城市”、“全国科技进步先进城区”、“全国创建文明城市工作先进城市”，2004年被授予“中国砚都”称号，现正在创建“国家环保模范城市”、“国家文明城市”。

冲浪在时代的浪端，人们指点端州的人文景观，想不到这文脉可以用一句话便可记住：“一城二山三峡四塔五楼六庙七星八砚九巷十名人。”我真的要数了：一城是宋城墙，二山是将军山、盘古山，三峡是羚羊峡、三榕峡、大鼎峡，四塔是元魁塔、崇禧塔、巽风塔、文明塔，五楼是阅江楼、披云楼、丽谯楼、绿瓦楼、文昌阁，六庙是包公祠、清真寺、龙母庙、水月宫、梅庵和护龙祖庙，七星指天柱、蟾蜍、石室、阆风、阿坡、仙掌、玉屏等山名，八砚如老坑岩、坑仔岩、麻子坑、梅花坑、宋坑、绿端岩、白线岩、朝天岩……

数着数着，数出了美丽传说的古街巷，谛听了广泛流传的人物故事；再数下去，才明白端州的历史文化是一个述说不完的话题。端州的历史文化“富矿”，确需一个如来佛的大口袋才能装得了！

肇庆大道：闲步在西江首府

肇庆府，其名起自北宋，至今已有近千年历史，是当时西江流域最早的府城。肇庆大道就是以史实命名的道路。2004年，迎宾大道改为肇庆大道，即321国道市城区段的过境路段，西起三榕峡北峡口，东至三水与四会交界处止，全长数十公里。

据说，西江肇庆跟长江重庆被喻为两兄弟，有人开玩笑说“肇庆是老大，重庆排老二”。这两个地名怎能扯在一起呢？这真的要讲故事了。

肇庆与重庆都是“庆”，都是历史悠久的名郡，文化底蕴深厚。重庆现已成为省级大市，况且地大物博，肇庆又怎能被称老大呢？原来，宋徽宗赵佶登上皇帝宝座后，在庆幸之余，认为是靠端州这块风水宝地发迹，对端州“恩宠有加”，遂于元符三年（1110）十月颁令《端州升兴庆军诏》：“惟高要之奥区，乃南国之旧壤。土风淳厚，民物夥繁。朕诞受多方，绍承大统。顾启封于兹土，实赐履于先朝。茅土之荣，是为基命；节旌之重，宜赐隆名，可赐端州为兴庆军。”同时，设置兴庆军节度使，总揽军政大权。政和三年（1113），宋徽宗降钱八万贯，嘱咐守臣郑敦义将端州土城墙拓建为砖城墙。大臣王诜趁机劝他将兴庆军升格，他遂下令将兴庆军升格为“兴庆府”。

政和七年（1117），原广东转运判官燕瑛经调北方任职后再调回广东，升广东转运使。他从北方父老口中得知，八十多年前，西夏王元昊二年（1033）曾将首府兴州改名“兴庆府”（今宁夏银川），大宋王朝沿用西夏首府旧名，显属不妥。

于是，燕瑛上奏朝廷，恳求宋徽宗赵佶改名。宋徽宗认为当初端王的封号实在祥瑞，想把端州封地改为“辛庆府”或者“升龙府”，向大臣征求意见。有大臣提议改名为“肇庆”，他取《尚书·尧典》中“肇十有二州”的“肇”字，有开始、开端之意。宋徽宗经过反复思考，认为“肇”乃发端也，“庆”乃可喜可贺，合二为一，“肇庆”寓意开始带来吉庆，即“喜事是从这里开始”之意，乃同意此名。

广东转运使燕瑛再次上奏朝廷，恳求宋徽宗赵佶亲笔御书“肇庆府”名。政和八年（1118）十月二十一日，宋徽宗欣然命笔，用瘦金书体亲笔题写“肇庆府”三个大字匾额，并派遣钦差大臣送到广东。燕瑛欣喜异常，陪同钦差大臣到肇庆，并在知府衙前筑楼，悬挂宋徽宗御书，号为“御书楼”，即今“丽谯楼”。从此，“肇庆”一名沿用了近千年。

再说重庆。南宋乾道元年（1165），孝宗赵昚封长子愭为“邓王”，封次子恺为“庆王”，封第三子惇为“恭王”。恭王赵惇本来无资格做皇太子，更不能继承帝位，但他的运气好。长子邓王赵愭虽被立为皇太子，但不到两年就病死了。按照“立嫡不立庶，立长不立幼”的传统政治制度，接下来照理该轮到次子庆王赵恺当皇太子，但宋孝宗认为庆王赵恺秉性过于宽厚仁慈，甚至柔弱，不如第三子恭王“英武类已”，遂舍长立幼，于乾道七年（1171）二月立恭王为皇太子。淳熙十六年（1189）二月，恭王禅登帝位，是为“宋光宗”。

恭王赵惇称帝后，认为是恭州这个地方给他带来好运，先封王，后称帝，自诩“双重喜庆”，便学习他的先祖宋徽宗赵佶的做法，按照宋王朝潜藩升府的惯例，于当年八月将恭州升格，名为“重庆府”。由此看来，重庆可说是当官者的福地，那个“双”字，不就是“又”加“又”，“升”了又“升”的意思吗？

有人认为，“重”与“庆”合在一起，本指祖父与父亲俱存。古时，父母亲俱存为“具庆”，祖父母、父母亲俱存为“重庆”。南宋文学家楼钥著《跋金花帖子绫本小录》曰：“祖、父俱存者，今曰重庆。”中国人讲孝道，祖父、父亲都健在，对儿孙来说是件喜事，是值得庆贺的事。又有祖父，又有父亲，两辈老人都健在，当然是“重庆”了。赵惇承帝位时，祖父宋高宗赵构（不是亲祖父）和父亲宋孝宗赵昚俱在，亲临庆典，故将恭州改名为“重庆”，沿用至今。

肇，即“第一”之意；重，含有“第二”之寓。而“肇庆”之名始于北宋政和八年（1118），“重庆”之名却始于南宋淳熙十六年（1189），因此，可以说肇庆是老大，重庆是老二了。

康乐中路：看见两千年前的一扇窗

大多数肇庆人都知道，端州的康乐中路其前身有一段路是祝家巷。但是，这条路抑或端州城到底有多古老，却鲜为人知。总之，康乐路取名不错，《史记》有“而民康乐”之语，故名合古意。

2004 年 11 月，康乐中路在改造工程的施工中发现了大型古墓葬群。一时惊动了肇庆市博物馆和广东省文物考古研究所的专家们，他们组织人力物力对该地段进行考古勘探。经调查、勘探，清理挖掘出古墓葬九座，其中汉代土坑墓三座、东晋砖室墓一座、南朝墓砖室五座、宋代灰坑遗址和宋井三口，出土文物三百多件（套）。

这些珍宝的得来应感谢西江，这是一条可追溯到秦汉甚至更古老时期的重要的水上通道。端州是海上和陆上丝绸之路最早的驿站，拥有悠久的人文历史和丰厚的文化遗产。然而，沿着这条河道探寻端州先民的遗踪，我们发现端州早已打开岭南文化之窗。

古墓群位于市内，在城市中心区内发现古墓群是十分罕见的，这也许说明端州古城原不在这里。康乐中路的古墓葬群，从汉代到南朝五百年间，排列井然有序，似当今有专人看护的墓园。三代大墓同处一地，在广东地区尚属首例。“亚”字形的汉墓群形制之特别，在广东少有。南朝砖室墓规模大、形制奇、等级重、规格高，文物精美，制件丰富。斗拱、棂条窗、影壁墙、门闸、棱角牙砖等为新发现，铜器、瓷器、陶器、玛瑙等文物为古精品。

肇庆的历史有多长，文化有多深，城建有多大，农业有多丰，风俗有多疯狂？无人知晓。而墓园的发现，推开了两千多年前的文明之窗，再一次让人们把端州城区的历史看得更远，这也是端州建立历史文化名城的佐证。

端州文脉很长，历史很深。端州的先民，有些是土生土长的，有些是南下大军。第一次南下，是秦始皇统一六国之后，发卒五十万戍五岭，秦将赵佗称“南越王”，端州自此有了军人；第二次是汉武帝派伏波将军率数十万大军南征，从此端州（高要）便成为汉朝新置的郡县；第三次是北宋时高宗仓皇南逃，部分中原人随隆祐太后远赴珠江三角洲，并最终留在端州；第四次是南宋末年，大批将士及庶民随帝南下，流散在今新珠江三角洲一带。

先民总是源源而来，历史也就不断发展。在唐代，端州为南方重要驿站，南下的达官仕人被朝廷贬至两广都到端州集中，再派遣到南粤各地。如宋之问诗题——“发端州初入西江”，他至端州驿，见杜审言、沈佺期、阎朝隐、王无竞等人，也有诗咏。在元朝也是北民南来，在明代徐文长也说：“古来谁不重端州。”

历史上大批中原移民南迁，给端州带来了中原地区先进的技术和文化，也带来了中州的古俗。南北民俗的融合，形成了后来岭南民俗的特异风貌，其中最能代表岭南文化特征的是广府民系，而最能代表广府民系的应该说是广州方言区的群体，自然包括西江一线的端州。

漫步端州康乐中路，就是漫步历史。从汉古墓群联想到南宋景定三年（1262），当时由印度僧人主持的“西竺尼堂”，还有“击竹堂”均为佛教寺庙。不少珍贵的中外古俗和中原文化，从七星岩的石刻也可窥见一斑。

康乐北路：首家涉外宾馆

端州城区的康乐北路，矗立着一幢现代化综合商城——国际广场。商城里有一座国际酒店，许多肇庆人都知道，国际酒店的前身曾是肇庆市赫赫有名的首家涉外宾馆——芙蓉宾馆。

郭炳玺是芙蓉宾馆的创建者之一。1961 年 12 月，他从部队转业到广宁供销社，十多年来留下了一笔艰苦创业的精神财富。1978 年，郭炳玺因为创立广宁招待所出了名，被调到肇庆市任筹建芙蓉宾馆副总经理，自建宾馆，白手起家。在当时，酒店所在地还是一片水田和菜地，他按照上级的指示，引进外商，要将宾馆建成花园式的一流涉外宾馆。

郭炳玺再一次发扬革命军人艰苦奋斗的作风，带着儿子住进了工棚。他们搬进工棚不久，就遭遇了一次强台风。台风从下午4点开始刮，狂风暴雨一直持续到第二天凌晨4点。顶棚的竹席被台风卷走一部分，大雨打湿了他们的铺盖，郭炳玺就这样和儿子蜷缩着，在暴风雨中挨到天亮。

1981年1月，环境优美、整洁舒适的芙蓉宾馆终于建成开放，成为当时肇庆地区首家专门接待外宾的宾馆。宾馆不仅硬件设施一流，而且在行政管理、餐饮质量、服务质量等方面也抓得细，抓得严，让顾客很满意。为此，1982年肇庆地区行政公署还给郭炳玺记功一次。1986年，郭炳玺离休后，还时不时来看一眼1980年他亲手在宾馆门前栽下的一棵榕树。

如今拐进街道，满街都是店铺和悠闲的人群，人间烟火的生活气息扑面而来。在喧嚣的生活里，街道两旁的芒果树也仿佛受到感染，在春天里争相打开花蕾。盛开的芒果花小小的，淡黄淡黄的，却一星点一星点地簇拥在树丛上，排得那么亲密，那么紧凑。一眼望去，那高高的芒果树，满树淡黄色的簇簇芒果花，把宽大的绿叶都遮掩住了，映入眼里的全是密密的一树繁花！

当年，由于芙蓉宾馆地处郊外，又是涉外宾馆，总给市民一种神秘、高级的感觉。2006年后，芙蓉宾馆被国际广场替代，变成一座更加气派巍峨的现代化综合商城。人们经常到那儿散步、购物、娱乐，对“芙蓉”二字抚今追昔，不胜唏嘘，而历史也将其名寄托于“芙蓉公园”之上了。

古塔中路：最早的端州报纸

“纵谈中外事，洞彻古今情”，报社就有这个特点。我们走在古塔中路，感慨今非昔比。在改革开放前这里原是一片荒地，1988年成立端州区后，区府大院就成为这条街道的标志。

有人认为《端州新闻》的前世今生，得从1950年说起。当年，驻地在肇庆的中共西江地委于4月创办了机关报《西江日报》，是毛泽东题写的报头。其后几经合并，到了20世纪60年代停刊，时过六年肇庆地区均无报纸。

1972年1月1日，作为中共肇庆地委机关新创办的《肇庆报》正式试刊。1975年10月4日出完最后一期的《肇庆报》停刊。1980年下半年，在中共肇庆地委书记许士杰的积极倡导和肇庆市委书记宋国玺的大力推动下，市委决定筹办一份市委机关报——《端州周报》。令人费解的是，肇庆没有再用“肇庆报”这一名字。1980年12月6日，《端州周报》第一期（试刊）出版，报头为许士杰题书。这是广东省内在改革开放新时期最早办起来的县级机关报。

1984年11月9日起，《端州周报》更名为《端州报》。1988年，原来肇庆地区改为地级肇庆市，而原来的县级肇庆市改为端州区。就在这时，《端州报》并入《西江报》。一时间，新成立的端州区没有了大众传媒工具。

1988年12月，端州区领导决定自己办报，并采用《端城报》这一报名。1989年，端州成为区后的第一个元旦，《端城报》诞生了，初期每十天出版一刊。随着端州国民经济实力的增强，《端城报》改名为《端州新闻》，并改版为周二刊。2008年再由小报变为大报。二十多年来，《端州新闻》一直是端州区委的舆论阵地。

其实，端州办报的历史可追溯至抗日期间。如《端言报》是国民党高要县的机关报，报纸名称曾用过《端州报》、《端言日报》等。1940年肇庆也创办有《雄风报》，社址设在肇庆公园（即今儿童公园），陈述公、谢长伦合股集资经营，社内成员包括总编辑崔宝旋，副刊编辑谢加因，外勤记者陆千芬、罗浩基。《雄风报》于1944年8月肇庆沦陷前停刊。

1942年，《民族日报》在肇庆复刊，地点在宝月台高要县中学局部校舍，营业部设在肇庆公园侧，出版约一千份，遍布省内西江各县，远销到梧州等地。社内成员包括社长黄范一，经理黄航普，总编辑刘尚一，电讯编辑冯坤元、钟道生，地方新闻编辑邬野佛，副刊编辑周廷模，外勤记者梁芬、李永久、罗浩基（兼）。

肇庆1942年创刊的《正报》是一家私营小报，设在今肇庆汽车总站附近，发行到西江沿岸各圩镇。发行人甘卓庭，原是广州《中山日报》驻肇记者。1944年肇庆失守前夕，该报也同时停刊。而《晨报》于1943年秋天在肇庆星岩牌坊东复刊，发行人兼编纂是潘中时，记者是陈乃桐，但于1944年6月停刊。

建设二路：广东第一商品房

端州建设二路在1978年前是荒田野地，当时肇庆市区人口14多万，居民住房十分紧缺，而且大部分房屋都是旧房子，其中残危房占了四分之一。

为探索出一条“筹集资金建房子”的路子，在由地方财政与企业联合筹资解决居民住房的问题上，肇庆市先走了一步。1978年底，肇庆市总体规划获得国家审查批准，肇庆也成为全国在拨乱反正后首批率先完成总规修编的城市之一。

总体规划的完成，为市委兴建住宅小区选址提供了规划依据。但是，在选择建房地点时，也遇到了不小的阻力。一些干部、群众听说要将住宅楼房建在黄岗公社（现黄岗街道办）附近，觉得太远而提出了反对意见。当时，肇庆城区准备扩大，而按照肇庆的地形，东面地带比较开阔，土地也相对平整，市领导还是按城市总体规划布局的要求，将新楼房建在那里。

当年因为交通不便，缺乏公交车，更没私家车，居民出入全靠自行车，从住所到市中心要走五六公里自然就觉得很远了。其实，地处现在建设二路的城东住宅小区选址还是很适中的。

选址确定之后，接着是征地和开始基础工程。那时候征地手续很简单，地价也不贵，每亩三千块，再加上给土地所属的生产队一些招工指标，即城区企业从这些生产队的社员中招收吃国家粮食的职工，其户口也同时“农转非”，这也是当年的征地政策。

肇庆市委这一征地建房决策得到各方面的支持，建房用地问题很快得到解决。市政府成立以房管局为主的城东住宅建设指挥部，并在房管局成立了一家非营利性质的经营公司负责实施小区的建设，出钱平整土地，开始进行安装水电、开辟马路等基础设施工程。

“一切就绪之后，新楼房于 1979 年 5 月 1 日正式动工，打下第一口桩!”老干部宋国玺对兴建楼房的动工日期记得如此清楚，可见这件事给他留下的印象之深!

一年之后，城东住宅一区的多幢新建楼房落成，被称为“广东第一幢商品房”。肇庆也于 1980 年 7 月在全省率先成立以房屋经营为主业的肇庆市房屋经营公司，成为广东首批拥有房屋经营资质的四家企业之一。

在探索住宅商品化发展上，肇庆为全省起了示范带头作用。统一征地，统一规划，利用地方财政拨款和企业税利留成资金统一购买建筑材料。统一建设住宅小区的做法，这在当时广东省内尚无先例，国内其他地方恐怕也不一定有。新华社记者专门写成“情况反映”在供各级领导阅读的《参考》上刊登，对肇庆的做法给予肯定。

接着，肇庆市又先后建了二区和三区，总投资 1 362 万元，建楼 49 幢，总建筑面积达 9. 53 万平方米，住宅 1 877 套。这布局均衡且稍具规模的新建住宅小区颇受省内同行的关注。

肇庆兴建商品房的消息不胫而走，省内佛山、中山、惠州等兄弟市的领导先后率团来肇庆考察和“取经”。

正西路新巷：第一所粤军讲武堂

穿过正西路，拐过一条小巷，就来到了第一所粤军讲武堂旧址，这里姹紫嫣红，春意正浓。那花坛里已开未败的玫瑰和月季花，红焰似火；冬青绿丛里绽放的星星点点的白色小花，香气淡雅；亭亭玉立的玉兰花洁白无瑕，暗香盈院……

1912 年 3 月，陈炯明设广东总经略处，肇罗军政分府改称“肇罗经略处”，周之贞任肇罗经略。部队以镇统（相当于师）、协统（相当于旅）、标统（相当于团）三级建制编定军队，并将肇庆巡防营改为“肇军”，地址在今正西路新巷。

肇军分为三标：李耀汉为第一标统，驻防高要、德庆、四会、新兴一带；贺蕴珊（前清三罗巡防营管带）为第二标统，驻防罗定、云浮、郁南一带；赵定国（前清督标右营参将）为第三标统，驻防阳春、阳江、恩平、开平、台山一带，自此肇军正式成立。1913 年 5 月 1 日，李耀汉公开打出“肇军”的旗号，任肇军总司令，彭华绚为参谋长。他们在肇庆修筑炮台，加固城墙，疏浚城壕以加强防卫，并不断拓展地盘，师至顺德、中山一带。肇军活跃在广东历史舞台。

1916 年 10 月，李耀汉被任命为广东省长兼广东督军，位居肇庆。他乘机在肇庆扩充军队，把肇军发展成十个团，扩编 22 个营，任命陈铭枢、陈济棠为营长。李耀汉抓住时机，着力加强部队建设，提高肇军素质，在肇庆创办了肇军讲武堂（旧址在西校场，今在正西路新巷市第五中学与卫生学校一带，即西门斜坡到前沙街那个十字路口红绿灯之间），训练下级军官。学员约五百人，分学员班和军士班，并分成四个学员队，学制为半年。“讲武堂为肇军培养了大批军事干部和骨干，肇军的战斗力得到很大的提高。”此乃肇军的全盛时期。

讲武堂开办之初，军事训练以“尚武”为主，分为学科和术科两项，进行野外训练和实弹射击训练。步兵学员每次射击训练的都是实弹。这种课程设置，在那个时代是比较先进的。学堂对学员实行高强度训练，严格管理。学员每日从凌晨 5 点起床到晚上 9 点训练完华方可入睡，三餐时稍稍休息，又立即投入课堂理论和操场演习战的训练，甚至夜间也开展不定时操练。这种训练要求每一位军人在内务、着装、军容、军纪等方面都要做到一丝不苟，严肃对待。另外，学堂还要求学员对老百姓一定要和善礼貌，严禁扰民害民。

学员在经历了十多年国内各种战争磨炼之后，很多成为国民革命军的将领，如陈铭枢、戴戟、陈济棠、李时钦、蔡廷锴、黄质胜、香翰屏、范德星、黄质文、李佛成、李林、张君嵩、李桂高、沈超如、陈文等一批粤肇军人，显赫一时。

肇军讲武堂比黄埔军校建校早八年，从时间上看，它突显了广东地区军事学校的历史地位，也对黄埔军校的建设有重大影响。

正东路：最早的广善堂在何处

肇庆广善堂，原在端州正东路（即今四季春店），它是当时端州唯一的由社会团体集资兴办的慈善事业。该堂始创于清光绪十二年（1886），是将原来仁爱善堂和方便医院合并而成的。

1924 年，两广军阀战争爆发。因遭大火焚烧，商贾密集、客似云来的正东路被毁，广善堂亦遭殃。战事平息后，当即重建。广善堂建成一座砖木结构二层的楼宇，面积宽广，深达二进，中为天阶，后厅宽敞宁静，为办公集会的地方。重建后的广善堂，统一进行赠医施药；冬天施粥、赠送寒衣，衣上印有“广善堂赠”四字；暑天在市内各茶亭施茶，向无依无靠的贫民施放救济金，并附设有“施棺会”；平时有收露尸、赠棺木、设义冢等业务。

广善堂在 1935 年于西门街设城西分诊所，在石桥亭附近；1942 年又增设城东分诊所，于东门街塔脚二马街，以利群众看病、取药，从而改变了医药高度集中于市区内的情况，市民称便。

当时，还有间方便医院设在风景如画、浓荫蔽天、环境清幽的宝月台畔（今肇庆妇幼保健院内）。其背东朝西，前为百亩宽阔的宝月台塘，北侧是十里荷池，乃肇庆著名八景之一的“宝月荷香”。南旁高地上矗立着一株高大的古榕树，树下围以半圆形矮墙，远望很像大佛的肚腩，故老肇庆称之为“大肚佛”。

义冢设五处：一设于城西梅庵红门坛，民国前设立；一设于北岭的犀牛岗，位于该处的星岩宾馆，后发现了义冢碑石一方，碑上刻“义冢”二字，是用旧明碑改制的；一设于南岸的新兴江口，民国初年设立；一设于羚羊峡口；一设于鼎峡上的大湾围堤头。

广善堂民国时期各届董事人选如下：董事长初为黄华浦，连任有十年之久；继任为谢伟纯，谢鹤年之父。以后依次是余善昌，住学前西街；罗复初是人和客栈东主；邓泳樗是公益行东主；詹万同是恒隆金铺东主；梁松芳是肇明电力管理人员；赵仕文是水街席店东主；陈卓文住沙三社；杜肃甫是公和杂货铺东主；梁炳浩是调元酱园经理。1949 年，梁君玉当选为正董事长，直至解放。

1914 年元旦，肇庆发生瘟疫，蔓延迅猛，死人无数。据本地群众计算，在高峰期一小时内葬于附近山冈的尸首就有数十具之多。当时广善堂方便医院设备简陋，容纳有限，而患疫者不断被送来，院内早告住满。此疫死亡甚速，一天到晚收葬不完，医生和医务人员尽职尽责，处理善后忙个不停。

一天深夜，医务人员将死者叠于殓房旁边，待到天明继续埋葬。不料，殓房传来叫喊“救命”之声，当时住在附近的县中留宿学生听闻，便奔告院方，搬开殓房尸体，遂将“假死”的患者救活。这种险死还生的事，顿时轰动全城。

广善堂是肇庆街坊士绅商贾集资举办的公益事业，其宗旨“以慈善为怀，以救济为主”深受社会各界人士赞许，因而维持了六十年之久。新中国成立后，随着机构的改变，广善堂各项业务分别由有关单位管理。

城中路：岭南第一学府的来历

端州城中路在宋代修建，但不叫城中路，应叫府前路或协镇前街，城中路在民国才有。从古至今，城中路由曲折的街道变为直通路，形成如今的一边是政府机关，一边是闹市的格局，长达两千米。

顾名思义，城中路就是在城内贯穿城市中心之路。从古到今都是东西走向，在“文革”期间曾被称为红旗二路，1981 年复称城中路。

最有历史的学校当属肇庆中学，建在城中路上，清初被誉为“岭南第一学府”。它的前身是明万历元年（1573）由巡岭西道佥事李材以“好讲学，所至辄聚生徒，辟书院”为宗旨而创立的端溪书院。

古时先后掌教端溪书院的历任院长，绝大多数都是科举、官吏出身的社会名流，有的则是全国知名的学者，如全祖望、何梦瑶、冯敏昌、马俊良、谢兰生、林召棠、苏廷魁、梁鼎芬、朱一新、林绍年、傅维森等。

如朱一新在端溪书院，教务相当繁重，但他热爱诸生，诱掖开导不遗余力。虽只有两百名学生，但由于言语不通，答以笔谈，几于手疲。又如林召棠，于道光三年（1823）中状元，任翰林院修撰等官，因不满清朝腐败，托病辞官归里。道光十三年（1833），他受聘主讲，连续十五年，罗惇衍尚书、冯誉骑侍郎等都曾受过他的教诲。

在端州，清代的书院讲学比以往任何一个朝代都更为兴盛。雍正十年（1732），端溪书院是全国知名书院，是岭南四大书院之首。广东学政徐琪于光绪十八年（1892）给朝廷奏报：“文风自以广州、肇庆两府为最优。”

两广总督张之洞在广州开设广雅书院后，端溪书院不再招收广西诸生，地位下降。光绪三十一年（1905），“废科举，兴学堂”，广肇罗道蒋式芬、肇庆知府多龄将端溪书院改为“肇庆府中学堂”，“端溪书院”之名从此消失。

1912 年，肇庆府中学堂改名“广东省立肇庆中学校”。1925 年，肇庆中学改称“省立第七中学”。1935 年“七中”又改回原名“省立肇庆中学”。新中国成立后，1949 年 11 月，学校正式定名为“广东肇庆中学”。1971 年 2 月，改名为

“肇庆市第三中学”，简称“市三中”。1978 年 4 月，复名为“广东肇庆中学”。2001 年 9 月，实行初高中分开办学，并把高中部迁移到仙女湖畔的新校区，实施全寄宿教学。

在四百多年薪火相传的城中路上，肇庆中学历经风雨沧桑，就如一部中国教育历史的缩影。岭南画派大师黎雄才、电波传播专家焦培南、水利专家蔡瑶忠、地震专家黄玉昆等，都是由肇庆中学培养出来的。

如今，肇庆中学最引人瞩目的是那蔓延在回廊上面的凤凰花。从泥土中生根发芽，粗大的藤枝往上攀爬，然后铺天盖地地爬满了长廊，并绽开紫红色的花朵。花瓣比桃花要轻盈，却比桃花还大；颜色没有桃花那么艳，却比桃花更明媚。层层叠叠的凤凰花，密不透风地挨在一起，像堆放在回廊上不真实的奢侈的彩花架。从早春二月一直开到了阳春三月，凤凰花丝毫没有一点颓败的迹象，让人不由地赞叹其美丽与执着……

江滨路：最大的惠民工程

1976 年夏天，西江河水暴涨，石堤之中不时有洪水渗入端州街道。这是肇庆自新中国成立以来的又一次特大洪水。

全城从驻军到机关及各工矿企业，组成了多支抗洪队伍，24 小时值班，分开地段把守江堤，并源源不断地将沙包垒上堤顶和堤底，抵挡即将漫顶的洪水，严防石堤被汹涌澎湃的洪水冲塌。当时的防洪情景惊心动魄，洪水几乎漫过石堤，耗费了大量的人力与物力，才防住了端州城区的洪水灭顶之灾。

西江哺育了沿岸百姓，为城乡交通运输、农田灌溉提供极大方便，促进经济发展；但西江洪患也曾给沿岸带来巨大的灾难，使无数良田毁坏，千万房屋倒塌，百姓流离失所，哀鸿遍野！

然而，水漫端州是自古以来常有的事。记述资料显示，千百年来西江洪患为祸肇庆，黎民百姓饱受其害。从包公时代到民国年间，再到新中国成立，人民一直强烈希望根治洪患。然而，只有改革开放、国强民富了，才有根治洪患的力量，肇庆人民才圆了这千年之梦！

根治西江洪患，乃世世代代肇庆人民的心愿。1989 年元旦，肇庆市江滨堤路建设指挥部和西江报社、肇庆市广播电视局联合发出《根治洪患，造福后代——关于捐款支援江滨堤路建设的倡议书》，通过电视、广播、报纸，迅速地传遍机关、企业和千家万户。肇庆军民，奔走相告，群起响应；旅外乡亲，闻讯泪流，纷纷解囊，争相为堤路建设贡献力量……

广东名老中医、肇庆市中医院长梁剑波一见倡议书当即签名认捐三千元；端州城东办事处一位干部捐款四百元，希望将已故父亲的名字刻在将来的堤碑上。她说，父亲生前长居香港，对治理西江水患十分关心，现在，他的愿望就要实现了！

肇庆城区的侨眷和旅居港澳的肇庆乡亲对堤路建设给予极大的关心和支持。年过八旬的侨眷黄瑞兰，一听说要捐款建堤路，马上向端州区侨联表示，以她及其侨居美国的儿子黄荣禄的名义捐资两千元以作善举。

旅港乡亲董衍璇先生祖居肇庆市郊黄岗乡，他先祖父董玉球先生曾任景福围堤董，为家乡做了许多善事。董衍璇本人也一向热心家乡的公益和文化、教育事业，多次捐款赠物支援家乡建设。1989 年前夕，董衍璇自港返肇，闻说堤路工程即将破土动工，就立即前往指挥部观看堤路模型。他激动地说："根治西江水患，这是先祖的遗愿。现在市政府修建堤路，顺应民意。我们要继承前人未竟的事业，将堤路建好，让子孙后代免除洪患之苦！我愿出港币一万元，以尽微力！"

建国六十年，肇庆建设大步向前。端州区的江滨堤路，是肇庆有史以来最大的民心工程，为市政建设历史写下了壮丽的诗篇！

如今，这条江滨堤路横卧西江河畔，平常日子是贯通端州东西的通衢大道，洪水季节乃抵御洪魔入侵端州的牢固屏障。人们行经此路，是否会想起改革开放最初、最甜的成果？

厂排街：中国第一家火柴厂

端州厂排街原有肇庆市火柴厂，是从巧明火柴厂沿承过来的，是中国第一家火柴厂的延续。

据《中华民族火柴工业史》记载，中国第一家火柴厂——巧明火柴厂，由日侨卫省轩在广东佛山文昌沙创建，时间是 1879 年。其"火花"已是国内外公认的中国第一枚火花。

卫省轩是肇庆市端州区睦岗卫村（现地属三村村委会管辖）人。相传，卫氏一族南宋时迁至肇庆，当时兄弟二人携带着妻儿，见那里土地肥沃，物产丰富，便开耕种地，过着"日出而作，日落而息"的生活。后来，当地人口逐渐增多，又扩大耕地，广建住房，到明代发展为村，成为今日的卫村。

据述，卫省轩晚清时旅居日本，勤工俭学。他在日本一边经商，一边学习火柴生产技术，最后怀着为祖国服务之心，于 1879 年回到广东，在佛山文昌沙（后迁缸瓦栏）独资创设火柴厂，成为中国火柴工业创始人。生产的商标为"舞龙牌”，史上称之为“我国第一家民族资本主义企业”。

当时，广东没有制造火柴的原料，盒枝、磷都靠国外进口——主要从香港买入，加上广东群众习惯用火石（火镰）打火，这使初办火柴厂从原料到销路都困难重重。卫省轩想方设法改进产销，招来生意，才使得巧明火柴厂名声大振，除在广东各地销售外，还远销全国各地。卫省轩后因年老且无子嗣，将厂转让给别人经营，改名为“巧明公记火柴厂”。

抗日战争爆发后，火柴厂工人逃难回到肇庆，把卫省轩传授的技术带回家乡，争相在城区设厂（坊）生产火柴。肇庆西门有个苏汉青，年轻时曾到佛山市南海盐步镇的爆竹及火柴厂打工十多年，后又到广州“人寿年戏班”做杂工，1938 年回乡，办起一间小型火柴厂。他自己设计、制造手摇排梗机、插梗板，向招来的村民传授火柴制作技术后，外发到各家作坊生产。制出的火柴质量不错，群众和各地商人争相购买。民国三十一年（1942）后，火柴生产从广利镇一带扩展到肇庆城区，成为一项颇具规模的轻工行业。

1939 年，全区火柴厂（坊）成行成市，有四十家左右，其中，兴民、济民、振华从业人员达一千人以上，日产火柴六百笠（每笠约一千二百盒）。1942 年 6 月，设在祝家路（现康乐中路）的兴民、济民等几家火柴厂（坊）纷纷改手工操作为半机械化生产，使年产火柴量提高到两万多笠。当时，城区不少街巷、家庭随处可见居民糊盒、晒盒，其情景如一道美丽的风景线，一直延续到 20 世纪 80 年代。

1953 年 12 月 26 日，肇庆火柴厂冠名为“公私合营兴民火柴厂”，由私营转为公私合营。1954 年 6 月，为首批建立基层党组织的企业。后来，肇庆市在兴民火柴厂的基础上，对城区多家火柴厂坊进行合并，搬迁到厂排街 25 号组建了肇庆市火柴厂。1987 年，其固定资产原值 210 多万元，1996 年前后改制停产。

前人有一首吟咏火柴的诗，可作“火柴礼赞”而传诸后世：

纤纤寸火药硝黏，引得灯光胜火镰。

莫怪焠奴夸利用，缘它工省价还廉！

黄岗路：闲步中国砚都

走进端州黄岗路，就走入了“中国砚都”。黄岗以集中生产端砚闻名，而白石村更是端砚工艺的发祥地。历史上，中国制砚有苏派、海派、徽派、广作、宫作等，而广作的代表就是黄岗白石村了。制砚的“广作四大家”——程、罗、郭、蔡就出自这里。

古时，白石村由黄岗的应日坊、文星坊、大德坊、惠福坊组成，这里的村民世世代代以刻石雕砚为生。白石村流传着许多故事，与村里浓厚的砚文化息息相关，充满了人文关怀，比如砚艺鼻祖伍丁点石之意、“石敢当”勇士授艺之说、包公不持一砚归的正气、赵孟頫砚痴得书法的趣事、朱由榔称帝的由来，还有乾隆下江南题砚点进士、砚上题诗娶佳人、程真收徒女出师、“拦街递禀”光门楣……

在村里追寻，也在历史中追思，往事逐渐明了。村中地老天荒的荷池，仿佛是端溪鳞浪，牵引着文房四宝的源远流长；家家门前拂动的旌旗，跃然唐风，飘逸着李贺的紫云，放纵着武则天“日月合璧，五星连珠”的梦寐；户户小院纤巧的神工，活然宋韵，雕塑着包公的清心，声飞着苏轼的铭文；民宅古道，穿越“先师凿破山成路，后辈琢磨砚作田”的时空，回响着伍丁师祖的凿声。雨泡的石板路，光浮着帝王将相的大轿；风饰的土墙壁，影动出达官贵士的车马；露润的青苔，蒸发起文人墨客的神气；汗染的门槛，萦拂着商贾乡绅的华装；累累的砚石，依稀可以见证当年工匠稠劳的盛况；凄美的张之洞碑，泛绿了端州千余年劳动创造历史的砚谱。不大的白石村，那么一条袖珍的小街，却浓缩了中国端砚文化史上的精华。

白石村的砚艺很著名。巧如神的石工可以“听声选料”，称“石以木声为上，金声为次，瓦声为下”，可以“因石构图，因材施艺”。他们日雕梦想，月刻画图，全由紫黄黑绿闹成团花簇锦似的一方一尊，仿佛珠光宝气冲入了眼，眼眸被嵌入砚中作“媚眼”，眼光则化为砚上的彩虹。整个村充满了争辉的星斗，仿佛一条银河就在神秘的街坊中闪动。

真是神奇，村中生长着的一棵老榕树，那枝枝丫丫撑起浓荫上的天幕，好像砚纹理的金线与蕉白，同时呈现翠绿和火捺，整个天就成了一方极品的端砚。老榕古木参天，浓阴蔽日。榕树之外有塘湖，塘湖之间有楼，有亭，有轩，有室，有桥，有廊。春秋佳日，主人们总会置酒邀朋，在此吟诗作画。古树之下定有逸思，古树之下的聚会也会带着树的清幽气息吧。

据资料记载，1958 年端州有两个端砚生产厂（社）：一个是白石端砚厂，后又改为“市郊区端砚厂”；另一个是文教社，后改为“肇庆工艺厂”。广作的传承人、四大家之一的程泗，向肇庆工艺厂的全厂工人传授雕刻象牙和红木锐角的单刃刀技术，使全厂乃至端州的制砚技艺进行了一次革新。

但是，时间已将厂“革职”了。现在，厂是家，家是厂，几乎每家每户都有采石、雕砚的工具。开坯、雕刻、打磨、配盒，整个制砚工序可由单家独户或几户人家来完成。

整个村三百多户人家，虽然“农夫荷锄至，把酒话桑麻”已成记忆，但是城中新村的“砚里人家”，还颇有“相见语依依”的纯朴乡风，传统观念融入“崇文、重教、明理、修身、助人、行善”之中。村里的人都是这样一辈一辈相传，孩子们听着这些有趣的故事长大，也让我感受到“润物细无声”的脉脉温情。

紫云凝聚白石村，承载着一方人文砚魂。我对此既熟悉又陌生，既陌生又熟悉，透过白石村的文明见到了村的背影。

鸭仔街：当年最大的农贸集市

很多老街坊都知道端州有条鸭仔街，其实这是俗称，它标准的街名叫作古崧路，在明代就已存在。“文革”期间曾被改为红旗一路，1981 年至现在叫正东路东段。

古崧，指古时地势高耸；崧与嵩互通，指峰峦。在这个地方开辟了许多街巷，都是农贸集市。如鸭仔街，旧时这条街道是卖鹅苗、鸭苗的，故得名；如朝圣路是卖风炉的一条街，故有“风炉街”之称；又如猪市前，即古禹门坊四巷原来是摆猪摊的。看街名，就知道这街巷里有什么营生。还有那些走街串巷的小贩，他们担着各种食物沿街叫卖，使这平常的日子更加活色生香。

旧时在这里有个农贸集市叫“大简圩”，卖猪的、卖牛的一应俱全。还有劏马巷、菱角巷等，每条街道都有它的经营特色，成行成市，群众便对具有经营特色的街道给予贴切的称呼。那时鸭仔街是最热闹的街道之一，圩日走在大街小巷上，总感觉这座城市和其他城市不一样。那弯弯曲曲的小巷，斑驳的大排档，座无虚席的茶市，处处在向人们传递着一种不同寻常的信息。

宋代钱易《南部新书》云：“端州以南，三日一市，谓之趁圩。”吴处厚《青箱杂记》曰：“岭南谓村市为圩……盖市之所在，有人则满，无人则虚。而岭南村市，满时少虚时多，谓之为圩，不亦宜乎！”

北方人来到广东，听当地人说到“趁墟”，往往不明就里，经人解释才明白过来：敢情“趁墟”跟北方的“赶集”是一码子事啊！农村集市贸易的场所，端州人称之为“圩”。在口语中，人们把约定俗成的集市交易日称为“圩日”；到集市上交易、办事，就是“赶圩”。习俗的圩日，均以农历的一四七、二五八或三六九固定，各地圩日互相交错，因而天天都有圩可赶。从年初三的头圩到年廿九晚的尾圩，一年到头不断。

逢圩当日，商贩、村民云集，好不热闹。远近的乡民商人，不约而同从四面八方赶来，车水马龙，汇聚成一幅清明上河图。圩内贸易约定俗成，分门别类，摆设井然有序。沿街两旁摆满了各种各样的商品：铲刀磨剪、阉鸡补锅、编织竹器、修制农具、开炉打铁、耍武卖药等古老行业，在圩日出现；老式大床、木制童车、八仙枱凳、草袋竹篮、禾篮扫把、锄头簸箕等传统商品，在圩日交易；豆腐、草席、酿酒、糯米粄、黄豆花生等地方风味美食，在圩日随处可见。

到了圩日这天，从各地赶来的村民和商贩打着吆喝，圩内人来人往，人声鼎沸。临近中午，人越来越多，长坊和小广场都被塞满了，赴圩的人数最少几百，多则近千，场面非常壮观。有的把自己生产的粮食、日用品或家禽家畜挑到圩上去交易；有的带上钱往圩里赶，买些自己需要的东西；有的则没事到圩上转转，凑凑热闹，看看有哪些新鲜的东西……

最引人注目的是四邻八乡的农民都在这里进行鹅苗、鸭苗交易，一笼笼鹅苗、鸭苗摆满了街，"嘎嘎嘎"地叫个不停。经营者以灵活的双手在笼子里向鹅苗、鸭苗颈上一抓，刚好十只抓在手里，一边唱着数数歌："一该又系五啦，二该又系十啦……"跟着报数，"哎——旦底啦住啦住行街哩（行话：卖出一百五十五只）!"

到了中午，人们所带的各式农产品基本售完后，吃过本地小吃，或喝上一二两小酒，下午就各自散去。"赶圩只是和大家一起出门凑个热闹。"一位街坊说，"赶圩的感觉蛮亲切，能找回一种乡村生活的乐趣。"现在鸭仔街等有趣而富有地方特色的端州街道，给老街坊留下了难忘的回忆。

大桥路：闲步西江第一桥

大桥路，位于端州桥西客运站附近，南北走向，因有西江大桥而得名。

今天走在大桥路上，车来人往，熙熙攘攘，这两年私家车猛增，更是令人眼花缭乱。路边商家林立，既繁华又嘈杂，有时尚的现代气息，也尚存市井之气。

肇庆第一座西江大桥，位于端州城区之西，横跨西江连接高要市，是南北两岸重要的交通干道，也是一座公路、铁路两用的特大桥，上面走汽车，下面走火车。端州大桥路、三茂铁路也经过该桥。

西江大桥于1987年4月通车，铁路全长1 631.5米，公路全长1 595.72米。公路设于上层，车行道净宽9米，为双向双车道。两侧各设1米宽的人行道。铁路设于下层，单线、主桁外两侧各设3米宽的非机动车道一条。这座桥结构新颖、技术先进，1987年曾获得中国建筑技术"鲁班奖"。

随着两岸车流量的增大，原桥已经不能满足交通需求。2003年9月8日，西江大桥扩建工程奠基。2005年，西江大桥副线兴建，双线通车。西江大桥扩建工程全长5.128公里，北起国道321线肇庆理工学校西侧，经蕉园村、风华路口、端州路平交。至今，西江大桥仍是广东省最长、跨度最大的公铁两用桥梁。

端州城区与高要城区仅一江之隔，多年以来，西江大桥是连接两城区的唯一直接通道。随着广肇高速公路的开通和区域经济的发展，城区多了一座肇庆大桥，又称“西江二桥”。它是连接端州与高要的主要交通要道，北起城区东部的黄岗端州一路，跨西江，南接高要金渡地段，桥梁总长2 995.5米，引道长4.802公里，宽28.5米，双向四车道。连广肇高速公路白土互通立交，全长7.8公里，于2001年7月正式交工验收通车。目前扩建后的肇庆大桥主桥双向八车道，南引道按照公路一级结合城市快速路进行拓宽，双向十车道，极大地方便了市民的出行。

另外，正在建设的西江特大桥是铁路桥，人称“南广铁路桥”，位于端州三榕峡上游的小湘收费站附近，南宁侧接飞鹰隧道，广州侧接小湘1号隧道，是新建南宁至广州铁路干线肇庆段跨越西江的重要工程，建成后将是肇庆的又一个标志。该桥全长604.02米，主桥为450米跨径中承式钢箱梁提篮式拱桥，是目前世界上铁路同类中跨度最大的桥梁。西江特大桥建成之后将成为铁路拱桥中的“世界第一”。

沙湖路：肇庆电灯之始

沙湖，因为古时此地有沙积土形成一个小湖泊而得名，其成因是端州沙丘的洼地自然形成；后来发展成小村庄，叫沙湖村。近年因扩展了一条路，从而改变了它是城中村的状况。

每当华灯初上的时候，端州城区万家灯火，彻夜明亮，流光溢彩，景色分外迷人。透过灯光的背影，熙熙攘攘的人群有谁知道端州第一盏灯的历史？

一百年前，端州城区沙湖街住着一户苏家，有个苏老二，叫苏耀宸（原名锦星）。少年时，家贫如洗，年纪稍大就在端州厚岗鱼苗店做佣工，得“第一桶金”后，便自营“茂兴”鱼苗店，后又与朋友合资组建从郁南都城至三水的西南轮货驳运业务。到了1910年，他创设两广航运业公司，拥有七轮七渡（柚木花尾大渡船），资产达数十万元，员工有四百多人，后来在英国领事馆备案经营香港至汕头、汕尾航线，成为西江航运实业家。

1913年，四十岁的苏耀宸，改变了肇庆城区黑暗无电的日子。一日早上，苏耀宸和几个朋友在倚岩小馆饮茶时谈起想办电厂之事，朋友一听当场表示同意和支持。说干就干，苏耀宸、涂冠庭等合股在肇庆开办日华电灯公司，安装木炭（煤气）发电机组。据《肇庆市志》记载，肇庆城区电网形成始于民国二年

(1913)，当时线路只有一条，从公司（即如今的江滨西路）起，东至五经里，西至沙街架设，导线是裸铜线，电压等级为 2 200 伏。

1925 年，苏耀宸独资接办肇庆日华电力厂，并接过该厂的小型发电设备，加以充实后，更名为端光电灯公司。为了使城区百姓都能用上电，他又新增一条主干线为正东路、天宁南路、天宁北路、学前街、新街等道路的客商单位送电。它的创建为肇庆带来了光明，苏耀宸也成为肇庆发电厂的创始人。

虽然建厂初期设备简陋，技术力量薄弱，只有一台 54 千瓦的发电机，2 200 伏高压送电，其频率 60 赫兹，用电最高负荷相当于 16 瓦的电灯泡三千多盏，但大大振奋了时人的志气，更为肇庆以后的手工业发展提供了动力能源，为肇庆工业和商业逐渐兴旺起来提供了保障。苏耀宸以端光电灯公司的名义注册，增购发电机设备，用于市内照明和碾米。

苏耀宸开创了肇庆第一灯，他也一生以慈善事业为乐。1945 年，他将公司 70% 产业捐赠给广善堂，30% 赠给黄岗沙湖村锦星小学，用作慈善、文教经费。他一生喜做善事，认为疾病是使许多人陷入贫苦的根源，便在崇禧塔下的塔脚街开了一间苏仁信堂，请来医生免费为百姓诊病。新中国成立后，他曾获人民政府颁发的功劳证书。

因为肇庆手工业发展的需要，苏耀宸先后又与多人合资扩产，电力厂也几经易名。1949 年 10 月 18 日，肇庆解放，此时的肇明电力厂年发电量已达每小时 15 万千瓦。为了家乡的建设，苏耀宸主动把全部资产交由地方人民政府经营，随后肇明电力厂改名为肇庆电厂。

新街：谁命名肇庆裹蒸

肇庆裹蒸好“大只”，半天吃不完，吃着吃着就吃出新街的味道，吃出宋朝的味道。

新街，北起正东路与城中路交汇处，南至江滨三路，江滨二马路连接其中。其实，新街不新，在宋朝就有了。元大德二年（1298），新街南建有陈大尹祠，位于城内街巷之中，清代修为石街。新街在“文革”期间曾改称为立新街，附近的关帝庙街为立新街横巷。1981 年后恢复原名。

在古代，有新街与旧街之分，都是并列的古街。从前，旧街（现叫立新街）与新街成为东区与西区的分水岭，新街属东区，旧街属西区。现在，这两条古街早已失去了旧时之意，而演变成商贾、居民云集的大街。

别看新街不显眼，这里却是肇庆裹蒸的发祥地。肇庆裹蒸是用冬叶或棕叶作外皮，以糯米、绿豆、猪肉为主料，再加入适量的精盐、曲酒、花生油、白芝麻、五香粉等配料精工制作而成，裹好用水煮熟。“除夕浓烟笼紫陌，家家尘甑裹蒸香。”煮裹蒸，人称“守岁”。

当时在端州做官的包公，不仅任“公安局长”，还身兼“行政首长”、“教育局长”、“水利局长”等多种职务，发起了“耕深户广”的生产热潮。传说，端州衙门有一位姓梁的衙役，住在新街，为了让包拯在端州过好年，特意叫父亲准备一些酒菜，非常诚恳地邀请包拯到他家做客。

衙役说：“端州产鸭，我家母会做三杯鸭、酱油鸭、红烧鸭，包大人你就来尝一下菜色吧。”包拯说：“你的一番心意我领了，也多谢你家里人，但是我真的不能接受你的邀请！我现在做州官，今天你邀请，明天他邀请，后天人人都来邀请，这样一来，我就变成一个贪食之客了。因此，我不能接受你的邀请。”

衙役无计，就告知父亲，梁父点头称赞包拯是一名好官。为了见一见这个好官，梁父就带上手信（几只大粽子），登门拜访。那时候包拯不在家里，只有包拯妻子董氏在家，董氏拒收，推让再三，但梁父执意要董氏收下。待梁父走后，董氏将大粽子挂在厨房的木钩上。后来，包拯回来知道送粽子这件事，就把梁父叫过去。包拯把梁父带到厨房，指着木钩上的粽子说：“我不是神，你不要用粽子来品我呀，请你都拿回去吧。”

梁父羞愧地说：“大人，这不是品神的粽呀，我们只当作团年饭吃用呢。”包拯问：“不是粽又是什么？”梁父解释了一番，接着念起一首诗：

外包棕叶三两片，糯米绿豆放里边。

猪肉芝麻五香料，裹好扎牢蒸半天。

说完，梁父解开其中一只大粽子，让包拯品尝。包拯只是细细地看了一下，并没有吃。他叫梁父包好拿回去，留待与家人共享。董氏在一旁看不过眼就说：“哪有粽子打开了又不吃，还叫人带走的道理。这个留下，我要了，我给钱。”董氏边说边给钱，梁父不肯收。董氏说：“你不收钱就把吃的带回去。”梁父只好收下了钱。

包拯笑着说：“这不叫粽，那叫什么呢？应该有个名称吧。难道真的是‘会生仔不会起名’？没道理吧。”梁父请包拯起名。包拯说：“梁老伯那首诗不错，‘裹好扎牢蒸半天’，就叫‘裹蒸’吧。”梁父一听，瞪大眼睛，一个劲儿地说：“好呀，‘裹蒸’这个名字好！”

梁父走后，包拯对董氏说：“我看‘裹蒸’这个做法不错，你过去跟人家学一下包‘裹蒸’，也让咱们共享。记住了，要交学费的呀，不许占半点便宜。”

董氏满心欢喜，就跟梁氏家母说，听从她家相公吩咐，过来学包“裹蒸”。梁母头一回听“相公”二字，觉得很新鲜也很奇怪。“老公”听说过，“相公”真没有。梁母问董氏：“‘相公’是‘包公’吧？”这一下子乐开了。

此事传开后，端州百姓无不称赞包拯是好官，把包拯称为“包公”，包公之名传开了，“裹蒸”出名了，但再也无人敢给包拯送礼了。从此，肇庆裹蒸这一习俗传入西江流域民间。

旧街：谁说“天下第一砚”

旧街，在“文革”期间曾称为建新街，1981年改作立新街。旧街在古代热闹非凡，从清末民初的一座肇雅戏院可以看出。民国元年（1912），任广肇罗中等实业学校校长的邱邴君，曾为旧街肇雅戏院题有一联：

武城何处不弦歌，望大众熏陶风雅；

优孟犹能移世俗，愿吾侪爱惜衣冠。

旧街在宋代已有，也兴旺。街上摆卖最有名的端砚，不少达官贵人、文豪学者前来揽“贡砚”，更是夺宝。据说，宋代有个白玉蟾，他本来想到广东买舟回家的，一听说近端州，就决定“此行为砚访端州”。结果呢，他买舟的钱全用来买砚，变成坐别人的船回去了。

古人评价端砚，说法不一。唐朝李肇说端砚是天下的文人都爱使用；柳公权将端砚称为“三大名砚之首”；欧阳修称端砚为“罕有精石”；宋朝张九成赞端砚“天下奇绝”；而直接称端砚为“天下第一”的，就是元朝文学家刘诜了。

据说，元代某年，江西吉水的刘诜到端州寻砚。他晚宿城外荷花庄，雨一直下到深夜才停，之后月亮升起来了。他站在茅舍前，看四面都被小溪和水田环绕，只听见一半是蛙声，一半是水声，于是写下一首诗：

晚宿山村待雨晴，夜深云弄月痕明。

茅庐四面溪田绕，半是蛙声半水声。

次日，他来到旧街，见到一位来自乡下的说书人，说端州不论农夫还是老人、小孩都能对对子。刘诜听了，自认为“家居讲授，素以师道自立”，但未看到端州人吟诗论对，便不以为然。后来他行过街尾，见在一棵大树下，有几位村夫围在一起，一边喝酒，一边聊天，还一边磨砚挥墨，仿佛晋代七贤场景。令他惊奇的是，这些人虽然是农夫穿着，说起话来却非常文雅，他在旁边，听高要话听呆了。忽然，听见一个老者高声说道：“再添三盏酒！”这时，静立一旁的刘诜想试探一下这班人是否像传说中那样会对联，就情不自禁地说了句：

高朋满座，尽是有识才士。欢声笑语，呼人再添三盏；

众人这才发现，有一个外乡人在这里。听这话，分明是以联会友的高手，但他们一时却不知怎样答对才好。还是那位老者机敏，拱手一揖，说道：

先生过誉，不知何方贵客？酒短情长，劝君也来两杯。

说罢，众人纷纷起立，请客人到上座。刘诜心想，说这个地方的人会作对子，果然名不虚传。后来，刘诜在老者的指引下，察看端砚，听老者讲述端砚，得到了较深的领悟。于是，他在《端溪石砚赋》中写道：

石者，天地阴阳之核也，故蕴神毓异，无所不有。砚之为石，又其精者。以天地之大，而产石之为砚不过数处，而端溪又为天下第一。则山川之英淑之气，寒暑禅代之积，千百年间凝而为兹物，亦不甚易矣。吾闻端溪取石者，常千百夫挽绠而不能使之出，或雷电晦冥，失石所在，则知造物非无意于斯石也。夫以其生之不易，出之不轻，则其出也，足以经天地而饰皇酋，亦必有相之者矣。不然，造物之宝是也，将何为哉。

刘诜作《端溪石砚赋》，从此，“端砚天下第一”便闻名国内外了。

风趣数字

变幻的数字，在街巷中能演绎出美丽的故事。内在的有，特定的无，使大街对称，令小巷简洁，让坊市统一，将古城奇异。真的让人怀疑，这个端州是不是事先被设计好的？

单木棉：诗词嫁入楼台中

那天，木棉花开得很旺，寻觅单木棉古地名，正看它分外豪气，树上落下一朵花，在空中旋转而下，然后“啪”一声落到地上，花不褪色、不萎靡，很英勇地道别尘世，化为火凤凰。

单木棉位于端州城西郊区，与双木棉相邻，1981 年前曾称红旗四路二巷，后为厂排街二巷。

单木棉古时建有一个邮驿。所谓“驿”，指旧时供传递公文的人中途休息、换马的地方，亦指供传递公文用的驿站，即驿馆。掌管驿站的官员叫驿丞、驿吏。邮驿是官府的通信机构，也是地方的交通组织，还负责接待过往宾客，为宾客和往来官吏提供住宿和车马等交通工具。

据说，古代驿前街住着一个才子，姓于名楚，生而颖异，繁慧绝纶。年方总角，书史过目成诵，无论寒暑阴晴，手中未尝释卷。到了十岁，经类子传，靡不通晓。本郡积学长者，俱目为鸿才巨儒。年未弱冠，乡邑诸臣屡疏荐举。州中文人墨士，尽与于楚交游，联盟结社，皆成知己。

当时调来一个驿丞，应众友相邀到酒楼设席相会。谈吐之中，得知于楚年少多才，驿丞欲相识。众人即与于楚说，劝往一见。于楚道：“阉宦之流，古昔圣贤所鄙！”推托不去。众人再三劝说，称说驿丞素善词华，颇工吟咏，且人品秀丽，言谈甚饶风致。于楚被打动了，即与驿丞相见。

驿丞笑道：“足下高志固自不凡，但未识欲得怎样女郎，方缔姻娅？或可有意之人，本监当执斧柯。第恐三生石上已订一笑之期，非足下所能择耳。”于楚亦笑道：“晚辈虽然陋拙，至于室人，若非才而有貌者，誓不婚娶。若不得其偶，虽终身鳏处，亦所甘心。”两人相视而笑。于楚得驿丞欢心，特把胸中学问透彻开陈。驿丞大悦，视为知己，语笑不拘。于楚亦觉情怀愉快，巨觥连饮，遂至酩酊，离席告止。驿丞苦苦相劝，于楚醉眼乜斜，力辞不饮。驿丞亦带微醺，笑对于楚道：“我有一对，要随口对来，如好免饮，否则听罚。”于楚道：“这却使得！”驿丞出对道：

三十年如梦，一觉醒来千古事；

于楚对道：

万般春似锦，九州绣出百花天。

果是不费思考，接上联之意脱口而出。驿丞连声道：“好，好！果是捷才！还有一对，亦须如前对法，不则仍将罚以金谷酒数。”又出对道：

地在图腾，史册长留胜境里；

于楚对道：

天开画阁，诗词嫁入楼台中。

“好一句‘诗词嫁入楼台中’啊!”驿丞称赞不绝，干脆将诗词嫁入邮驿中，他命人撤席罢饮，铺纸挥毫。忽过数日，驿丞介绍一少女与于楚相识，两人两情相悦。后来驿站就成了摆结婚宴席之处，也成为谈文、吟诗、作赋的地方。

二马路：苏廷魁两度落难

在清朝时，端州二马路与水街、西街、青云路相连，民国后称“横巷”。1985 年 10 月，二马路建起首座楼式市场，商铺如云，繁华热闹，有那么点从街名中透出的车水马龙、“熙熙攘攘皆为利来”的意境，老市民依然称这一带为“二马路”。

“马路”是个外来词。在 18 世纪中期，苏格兰人约翰·马卡丹发明设计了由碎石铺设、路中央略高而且光滑平坦的路。人们取这种路的设计者姓氏，称这种路为“马路”，以表纪念。

二马路有关帝庙。古时，驻于此地的王室和官员逢年过节都要来这里参拜，他们从二马路下了马，然后走路到关帝庙，完了再走回二马路上马离开。到了清朝时，废除了规矩，便可走马直入关帝庙前。

清咸丰九年（1859），苏廷魁迁居端州忠勇路，掌教于端溪书院。他经常在二马路出入关帝庙，交友、散步、闲谈。

苏廷魁是清道光进士，选庶吉士，授翰林院编修，后任御史。《南京条约》签订后，他愤然上书清廷，力陈时弊，力数文华殿大学士、首席军机大臣穆彰阿罪责（穆本是苏廷魁恩师，进士主考官），还请皇帝下令降罪自己，以开直谏之路。道光览奏，为之动容，嘉苏耿直。

然而，风气败坏的最大危险就在于，它以一种无形的力量，把假、恶、丑的东西“积久成是”，变成似乎合理的存在，甚至造成一种不得不随波逐流的态势。咸丰元年（1851）四月，苏廷魁上疏弹劾文华殿大学士赛尚阿，遭咸丰帝斥责，还将奏疏抹去名字交给赛尚阿观看，赛尚阿大怒，在一次官员宴会上怒问：“谁弹劾我?”苏廷魁立即站出来应道：“公负国，我苏某不敢负公。”结果，在咸丰九年（1859），苏廷魁便回端州养生寝息。他住在忠勇路，掌教端溪书院三年。

换了皇帝后，同治元年（1862），苏廷魁受任河南布政使，后擢升东河河道总督，专管防治河南、山东境内的黄河与运河水利。他走马上任后运气不佳，因荥泽（今郑州西北）决堤，被革职留任处分，旋因修复堤围，官复原职。而在同治九年（1870），他再次回到端州，称疾告退回乡，其实是“革职还乡”。这是什么原因呢？

原来，苏廷魁任河道总督期间，黄河在河南境内决口，他与河南巡抚一起奏请100万两银子用于堵塞决口。他亲自督工，决口很快合龙。经决算，剩下工程款30万两。巡抚主张按惯例由二人瓜分，苏廷魁坚决不允，力主“奏缴还部”。巡抚的贪欲没能满足，羞恨交加，便倒打一耙，捏造罪状，上章弹劾苏廷魁。令人意想不到的是，户部对苏廷魁的做法也大为不满，同河南巡抚一起参劾。在内外夹攻下，苏廷魁最终落得“革职还乡”的下场。

“天下之患，莫患于知其不可，而群趋于不得不然之势。”在晚清，河工是有名的肥缺，乃“国家之漏卮，官场之利薮”，任职于此的大小官吏，不但对治河经费任意挥霍，大肆侵吞，而且对此也习以为常，视为固然。但苏廷魁在贪渎成风的情况下不肯同流合污，想独善其身，反罹其祸。

晚清这个封建末世，追求挥霍奢靡成了时尚。奢靡之风首先从掌握着政治权力的官场和聚敛着大量财富的商界刮起，这些人成天出入于花街柳巷，沉溺于酒食征逐，“大宴会则无月无之，小应酬则无日无之”。二马路上，当地官员最尚应酬，群相邀请，筵宴听戏，往来馈送，以及挟优饮酒，聚众呼卢，虽有数万金，也不足以挥霍。

苏廷魁对这种声色宴饮的酬酢十分淡漠，他醉心书法，其手书鼎湖山“庆云寺”，至今仍为世人所赞赏。在二马路，他留下一生写照的诗句：

白絮漫天风未停，镜痕点碧嫩萍生。
木棉百尺花如火，照见残春一片晴。

三家村：魏之琇治好知府

民国时，在城南路有条街叫三家村，与府西巷、太平里相近，今已不存。

想当年，多少人曾经踏着夕阳的余晖，从繁华的城中大街往南拐，穿过苍凉的小巷，三家村狭窄起伏的青石板路和一排排老房便闯入眼帘。

过去，残破的石狮、石凳、黑位线仿佛都在向人们昭示，这里蕴含着历史。收网的渔民、挑担的农夫、推着板车的老人，在黄昏的光晕中默默走过，踩着三家村的青石板去呼吸西江拂来的微风。三家村这一带的居民后来逐渐多起来，三家村也就有了不少兴衰沉浮的石板路。可惜如今没有了，只留下一个故事。

据《续名医类案·卷四·湿》记载，乾隆年间，肇庆知府吴绳年走进医家魏之琇的院子里，告诉魏之琇，他“初时恶心倦怠，食减便溏，继而夜不能寐，烦躁而数次起床，起后而又复卧，直到凌晨必呕痰数升”。吴绳年“以为中暑，而用香薷六一；或以为湿，而用萆五苓；或以为瘴，而用平胃；或以为痰，而用二陈”。吴绳年尝遍多种药也无效，续渐更加烦渴，饮服肾气丸及生脉汤后，病情急转加剧。“脉之濡而缓，右关为甚。据脉与症，湿热无疑，何诸治罔效？”

魏之琇在了解病情后，得知吴绳年之病，因其“素喜肥甘，又饮酒食面，其脾胃如土在雨中，沾渍既久，值夏令乃蒸郁而发。故非渗利厘清可愈，亦非风行燥发可瘳。唯圣术煎，一味白术重两许，酒煎，从而治之，必应”。魏之琇又说：“如法服之，再以菟丝子五钱，煎饮代茶，服至一旬，渐瘥，半月痊愈。”果然，吴绳年之病被三家村的医生魏之琇治好了。

后来，乾隆二十二年（1757），吴绳年把感恩之心化作扩建端溪书院。他在近光亭的后面购买民舍，增建后有九间楼房，奉祀先贤；并移建近光亭，将莲池居中，以及修缮东、西两廊斋舍，使之成为两广规模最大的学府。同时，他还撰写《端溪砚志》和《肇庆府志》，共有二十八卷。

端州早春，草长莺飞，杨柳依依，春风烂漫，正是满眼春色。这时节，我寻找当年的三家村，它却不见了。只看到缤纷的桃花，一朵朵春天的诗情，一枝枝艳红的绽放，像春天的火焰，在墙角惊艳！

四方井：巷古井深司马情

我想，水井承载着街坊深情的惦记，它所勾起的对生活纯洁甜蜜的回忆，那才令人酣然而醉！

早些年，我走进端州城东的塔脚路，发现“四方井巷”的路牌迎面而至，走入巷的中段，惊奇地发现一个很特殊的四方水井。井口石栏呈正方形，井壁用青砖砌成圆筒形，即“外方内圆”，看那明显而深刻的绳痕槽，虽不知其始建年代，但也知其“源古巷深”了。隐约之中，眼前浮现了唐朝李绅的诗句：

堤绕门津喧井市，路交村陌混樵渔。

这仿佛写的就是端州当年繁荣景象。古人有“九夫为井，四井为邑”之说，井市代表了城市的兴旺和群居的生活。相传，端州四方井曾与李绅结下过一段不解的渊源呢。

李绅是著名的“悯农诗人”。宝历元年（825），他受守旧派大地主李逢吉的排挤，被贬到端州任司马。李绅一路上翻山越岭，到了岭南，目睹农民终日劳作而不得温饱，以同情和愤慨的心情写出了两首千古传诵的《悯农诗》：

锄禾日当午，汗滴禾下土。

谁知盘中餐，粒粒皆辛苦！

春种一粒粟，秋收万颗籽。

四海无闲田，农夫犹饿死！

李绅到了端州，见污水横流，不能饮用，为解决用水卫生的问题，令乡绅打井汲水。一员外道："此是龙脉，会触犯神龙的，挖不得！"

李绅勃然大怒，说道："世上贪官污吏勒索百姓，尤令人愤恨，没想到龙为一方之神，竟也如贪官恶吏一般，可愤可恼！我偏要挖井，看龙能奈我何！"

员外连忙说："司马千万不可莽撞！惹恼了老龙，恐怕要误大人前程……"

李绅说："当今真龙天子恼我，尚不过把我贬到端州，看它地下一鳞虫，也来欺我?"动土之时，李绅命书童摆出文房四宝，研好墨，伸好纸，写道："生为人母，犹怜其子，汝今为地龙，不独不怜一方子民，反效尘世贪官恶吏刮民骨髓，岂不耻为龙乎……倘不，吾当上表天庭，陈尔劣迹，定伐鳞革甲，汝不惧雷霆耶?"写好点火焚了，一道清烟升起。

当时，有个乡绅叫李再荣，带头动土，经过三天苦挖，井深两丈——水涨了！水涨了！李再荣又惊又喜，喃喃说道："难道地龙也怕李司马么?"

井打好后，用青砖砌实，喻为"结龙"。当在井口要"锁龙"时，李再荣问李绅用什么形状为好，李绅说："龙游四海，我漂四方，就把井口造成四方的吧。"这就是四方井的由来。从此，井水满而不溢，四季冰清。

有一天，李再荣走近四方井边，发现井里时不时发出红光，原来是一只红色的龟游到井水上面来。这龟似通人性，还举头翘望呢。李再荣觉得这只红龟是吉祥的象征，是龙的化身，便欣喜地捞上来，送给了李绅。

李绅端详一番后，感慨自己"遭诬"的心境，借意写了一首四十六韵诗，此录结尾四句：

穷老乡关远，羁愁骨肉无。

鹊灵窥牖户，龟瑞出泥途。

他的诗可以译为：我临老到了端州，从此远离家乡，可怜身边却没有亲人。却忽然看到一只很有灵气的蛮鹊，在窗前偷偷地起舞；又看见一只吉祥龟爬出了泥泞之路。

诗成之后，李绅作了自注，说的是他在端州，有个叫李再荣的人献给他一只红色的瑞龟，他放入江中，龟多次来回地游，不肯远去。又有一只不常见的、形同燕雀的蛮鹊鸟，飞到窗前，说是报喜来了，认定有喜事应验。于是，他把龟和鸟一同带回住馆中。

李绅是否“人定有喜事应验”，我们很难了解。但是，千年之后的端州，如今旧城区的改造与建设却突飞猛进。2004 年，由于土地被分期征用，连片开发，四方井巷原先有 200 多米长，生活着 40 多户人家；原先有民国的青砖楼房、清代的石柱，这些都被全部拆除，四方井也被填埋。从此四方井巷没有了，它成为历史的尘迹。

许多人都是诵读着《悯农诗》长大的，但是，我们是否都能诵得出“四方井”故事所体现的深情呢？

五经里：古城半里多才俊

据传，在 20 世纪五六十年代“破四旧、立四新”时，此地翻出半块刻着“五经”的残缺板块。经老人确认，认为木板上面刻的“五经”应该是“五经博士”。传说是在嘉庆元年（1796），本地官府赠给一个姓李的本里人一块“五经博士”匾，后来这块匾被安放于巷子“盛宁社”的门楼正上方。后人期望日后人才辈出，为了勉励后代发奋攻读四书五经，故将居住地盛宁社（其名有兴盛之愿，康宁之意）称“五经里”。

古时的“里”，指大概驻有 25 户以上的人家。五经里，古称五通巷，亦称盛宁社，清代东为东便巷，西为西便巷，有潘家巷、冯家巷，是古端州文化的聚集地之一。南接阅江路、北连建设路，全长约 132 米，宽 3 米。“文革”期间五经里曾改名为五星街，也称向群街。1981 年复称五经里。

那么“五经博士”又是什么头衔呢？这是古代学官名，始于战国。秦始皇时已有博士 70 人。汉武帝于公元前 124 年置太学，设五经博士，传授儒家经典。五经博士的设置，是汉朝廷掌握经学的重要标志。从此以后，经学成为官学。西汉的儒学博士，对经学的建立和发展起了重要作用。自汉至清，历代都设有“五经博士”的官职。

五经里曾居住过无数无法从历史资料中查到名字的读书人，只有少数人的名字，和五经里一样流传下来。明朝初年，五经里已有陈长进（又名士广）居住；明朝末年，有个叫李元富的人，为了避兵乱，从新会迁来；后又迁来了新会的唐氏。清朝搬迁而来的人就更多了，大户有程、冯、何氏三大家，他们选择了有“秀色风光”之称的盛宁社（五经里）定居。

据说，李元富的后代李再思，在嘉庆初年，为儒家经典教育做出了贡献，被授匾“五经博士”，后又被赐举人。这样，此地的地名便改为“五经里”了。李家一向崇尚五经教育，可以说是“教育世家”。到了李再思这一代，年纪轻轻的他，不用参加科举就有官学地位，被授予“五经博士”；又因为诗文出色，很得官方的赏识，在当时也颇有名气。他个性豪爽讲义气，颇有几分侠士的味道，而且也很喜欢谈论时事，希望能在地方政事上建立功业，于是谋了个幕僚职位。

五经里一向学风甚浓，早在明清两个朝代出过几个名人，从明代成化到清代光绪年间，五经里有三人高中进士，多人考中举人。据民国《高要县志》记载，程文在明成化年间考取进士；冯显端之后冯誉骥在道光二十年（1840）考取进士；吴桂丹在清光绪十五年（1889）考取进士，其次子吴国基是清光绪年间的举人。还有唐汝风在清乾隆年间考中举人；四年后，冯誉骥的弟弟冯誉骢也考取举人；光绪十七年（1891），冯誉骢的儿子冯元鼎考取举人。

当年中了进士的冯誉骥，曾任内阁学士和陕西巡抚等职，清光绪九年（1883）遭弹劾革职回乡后建故居。其故居是一幢三进的古建筑，占地面积约一千平方米，形成了一条冯家巷。

在冯誉骥故居的斜对面，是晚清古建筑吴桂丹故居。吴桂丹曾任翰林院庶吉士等职，他的孙子吴大猷、吴大业、吴大任、吴大立全部是留学美国或英国的博士。其中吴大猷是著名物理学家，被誉为“近代中国物理学之父”；吴大任是知名数学家，编写了民国时期的大学数学教材，他们为五经里的历史添上了辉煌的一笔。

六榕社：阿诚奇遇蟹精女

从前，在端州西江边有一条后街，叫六榕社，后人称为蟹栏街，曾一度叫爱民路五巷，1981 年并入现在的蟹栏街。

当年，六榕社里有个年轻人叫阿诚，为人忠诚老实，乐于助人。有一段日子，阿诚外出打工。他回村后发现六榕社村里的人都患了一种怪病，村里的老村长告诉阿诚，有仙人托梦说，村民要喝本村的地下水，而且要喝上一年，怪病才会好。

阿诚在本村的一块空地上不分昼夜地拼命挖，想挖出一口井，让村里的人喝到地下水。阿诚挖井挖到十指流血，也只挖了一个坑，不见里面冒出一点儿水来。

西江河有一只蟹精，善良纯真，看到西江两岸男婚女嫁、男耕女织的欢乐甜蜜景象，深感河宫寂寞冷清，对人间心存向往。当她知道人间河边的阿诚为村民治病挖井的事，对阿诚顿生敬重和怜悯，决定帮助他。有一天晚上，她吸了一些地下水放到阿诚挖的坑里。

第二天，阿诚看见了坑里有清甜的水，非常惊喜，立刻把水舀起来，分给村民喝。村民喝后怪病果然有了好转。阿诚发现坑里的水舀完后，过了一夜又会盛满新的水，感到很奇怪，于是想探个究竟。一个晚上，他躲在坑的附近观察，不久，一个如花似玉的美少女翩翩飘至，飞到坑旁，从口里吐出一股清水流入坑里。阿诚恍然大悟，走出来想亲自答谢，少女一时无法躲避，害羞地低下头。阿诚又惊又喜地问："你是何人?"少女答："我是蟹精。我生活在河里，你的一言一行，我都清楚. 我敬仰你为人正直、忠诚善良，我瞒着河神，到人间帮助你为村民治病。"阿诚拱手一鞠躬，说："谢谢你，你愿意留下来与我一起生活，一起帮助村民把病治好吗?"蟹精含羞地答应了他。

阿诚娶了蟹精为妻，男耕女织，相亲相爱。蟹精继续为村民吸地下水治病，他们的日子过得美满幸福。十个月后，蟹精生下一个孩子，取名为"水灵"，十分可爱。夫妻俩很庆幸能相遇相爱，希望终身相守，白头到老。

水灵出生不久，河神大寿。在寿宴上，河神唯独不见最能歌善舞的蟹精，立即派人查问，才知道蟹精去了人间。他勃然大怒，派遣虾兵蟹将把蟹精捉回河宫问罪。

这一天，蟹精正在做饭，阿诚从地里回来。突然狂风大作，虾兵蟹将蜂拥而至，不容分说便押着蟹精返回河宫。

阿诚抱着孩儿奋力追至河边，眼睁睁看着妻子和虾兵蟹将迅速沉入了河里。他在河边抱着孩儿，痛哭跪拜，祈求河神怜悯，让他一家人团聚。

蟹精向河神请罪，请求河神让她继续帮助村民治病，她宁愿牺牲自己，只要可以日夜守望深爱的夫君和可爱的孩儿。

河神有感于阿诚和蟹精的仁义与真情，将蟹精化作村庄内的一座蟹状的小山冈，两只蟹眼化为两口井，帮助村民把病治好。这两口井的井水清澈甘甜，就像蟹精的心那样纯洁善良。

后来，人们把六榕社这个地方称为"蟹栏（眼）街"。

七星街：盘古将军此山中

山是凝固的诗篇，也是物化的历史。端州之山，以北岭山天然屏障为背景，从刀耕火种一路走来，大山脚下的端州拥有了一方属于自己的休闲乐土。文明点化北岭山的辉煌，使山成为中心城区的"市肺"，与七星岩景区互为衬托，交相辉映。

七星街在北岭山脚，东西走向，从街上可去往两处名山，一是盘古山，二是将军山。

春天的花儿已经陆续绽放了，山坡上的桃花、杏花和迎春花先后争相吐艳，阵阵清风吹绿了小草，吹得人心里痒痒的，十分惬意。在这春意盎然的季节，盼登北岭山的心情愈发急切了。北岭山的景色好美：春风荡漾，青松摇曳，山峦起伏，山岭相连，翠峰环抱，山鸟啼鸣……

盘古山，因北岭山有盘古庙而得名，盘古是中国古代传说中开天辟地的神。古端州是个多民族的地方，民间流传着这样的《盘古开天辟地歌》："盘古开天地，造山坡河流，划州来住人，造海来蓄水。盘古开天地，分山地平原，开辟三岔路，四处有路通。盘古开天地，造日月星辰，因为有盘古，人才得光明。"

盘古山是中国罕有的城市原始森林生态区，活生生把闹市的声音盘入"奇、秀、幽"的谷深林翠间，由此有了盘古生态文化景区。景区地形高低错落，委婉中野趣横生，起伏中藏露得当，峰高谷深，森林繁茂，动植物丰富，瀑布溪潺，环境幽雅，最具山水型和城郊型公园的特点。

山上盘古祖殿是我国绝无仅有的古代盘古文化建筑，于北宋大中祥符七年（1014）建造，龛上立盘古（元始天尊）像一尊，两旁有汉、瑶两族供奉的十位祖先神：伏羲皇（苍帝君）、神农皇（赤帝君）、轩辕皇（黄帝君）、颛顼皇（黑帝君）、少昊皇（白帝君）、高辛皇（东极清华大帝）、衡山皇（南极长生大帝）、后土皇（西极地祇大帝）、白马皇（北极紫微大帝）和盘瓠皇（瑶族祖先神）。最大的特色是殿中的盘古皇，保留了瑶族祖先神的原貌——狗头人身；这里的人将盘古称作"四皇爷"，排在伏羲、神农、黄帝之后，此为全国其他盘古庙所没有的。门石柱刻有对联：

开天垂象物；

辟地启鸿蒙。

肇庆曾是南方瑶族的主要聚居地。到明代中叶，肇庆府瑶山竟占了广东瑶山的六成以上。在盘古祖殿的十皇殿中，瑶族祖先与汉族祖先共处一堂，反映了在北宋时候瑶汉文化就已互相兼容，并反映了从元代起，肇庆就是岭南瑶族文化的中心。可以说，肇庆盘古祖殿是中华民族融合的历史化石。

祖殿内香火鼎盛、灵气逼人，每逢农历十月十六日"盘古诞"，民间组织的庙会活动，热闹非常，还有"千人盆菜宴"，那真好玩。

离开盘古山，走上将军岭，在今石牌村北面，因传说南北朝时关公在此显灵而得名。山上有肇庆最高大的观景台。上能观秀云日出，群山莽状；下可览五湖七岩，肇庆全景。晴日，天高云清，胜景一览无余；阴天，仙雾弥漫，飘然遗世独立。真是：楼观闹市白云入，门对西江日月生。

将军岭又叫"将军峰"，源于这么一个故事：

以前，山腰上有一座楼阁，里面住着一位如花似玉的小姐。一天，来了一队人马，领队是一位年轻将军，传令人马就地休息。他走到楼阁前向小姐施礼说："本将军奉旨前往广西平定叛军，不知从哪一条路去广西最近?"

小姐见将军英俊威武，顿生爱慕之情，心想：得想办法让他多逗留一会儿，便说："我父亲是当今地理名师，你去问他吧。"

将军急忙说："有劳小姐带我求见令尊。"小姐说："真不巧，今天一早，他就出远门去了。"将军很着急，小姐看了他一眼，微笑着说："有办法啦，父亲有一张地图，我带你进去取吧。"

两人走上楼阁，小姐把地图交给将军。小姐喜欢将军的年轻英俊，将军喜欢小姐的聪明漂亮，于是两人私自订下终身。天色将晚，将军告别了小姐，飞快跑下山去，连夜带着队伍向广西进发。

叛军很快被平定了，将军立了大功，班师回朝。皇帝给他加官晋爵赏赐了大批钱财，许多官员都想择他为婿，都被一一谢绝了。他骑上骏马，万里迢迢来接意中人。

将军在楼下等候，快站成山峰了，小姐却梳妆半天不下楼，于是民间流传着两句诗："将军落马门前候，美女梳妆未下楼。"原来，小姐是让将军接新娘呢。于是后人就将此地称为"将军峰"了。

再说山上有一座巍峨耸立的八角塔楼，名为"观星楼"。楼高六层，白墙丹柱黄瓦，翼角圆窗，高古雄浑。首层供奉着弥勒佛像，旁悬一副对联警世：

以忠厚相承，积金皆由积德；

为秀灵所聚，多宝更要多贤。

四周壁架上陈列着端砚、奇石、观音立像、卧佛等众多艺术品，琳琅满目。自二楼到六楼，依次供奉着黑、白、黄、红、绿五位财神，它们由印度财神演化而来。

楼下有殿，殿外有院，院中有池，寿龟、锦鲤、仙鹤全纳其中。殿内供财神赵公明，神情肃穆、气度威仪，辅奉福、寿、禄、喜神和利市天官等十六尊神像，形态各异，栩栩如生。看上去，神像似乎在说："莫笑我竹骨泥身，许个愿试试；别管你玉衾锦衣，烧炷香瞧瞧。"

向东走进好运阁，此处祀奉的是文财神范蠡，有人评论范蠡："应怨大树招风，高功见疑，陶朱事业原无奈；赢得红颜知己，青史传美，烟水生涯聊可娱。"若西施再世，是否认同呢?

走进西边忠义轩，见门联"儒称圣释称佛道称天尊，汉封侯明封王清封大帝"，便知是祀关公了。关公凤眼双睁，蚕眉上挑，绝伦逸群。"数定三分扶炎汉，伐魏讨吴，辛苦备尝，未了平生事业；志在一统佐熙朝，伏魔荡寇，神威远震，只完当日精忠。"算是对关公一生的概述了。

八贤里：闲话忠节八贤祠

我从端州宋城路走向肇庆市第七中学，有一条小巷名叫八贤里，一头连着城北路，一头连着宋城路。走入宽2米、长200米的小巷，脚步放慢了。闹市转幽静，一步步将我引进了这深藏不露的古里。

巷口那两棵大榕树，根深叶茂，两树枝叶紧挨连成一片，就像一把巨大的伞。据老居民回忆，这两棵榕树是1952年种的，如今已是枝叶参天。

秋日的阳光斜射下来，令连绵的民居顿时变成一幅画：大块的阳光，大块的背影，与深深的古街巷形成烟笼般的水墨色泽；褪了色的门联和偶见的紫暗雕檐，在朦胧的意象中幻化出各种不同的色彩。但此时古巷大都还是以青墨为主色调，只有在脚步声荡过旧墙时，人们的彩衣才翻卷起巷底的灰青色，直到街的尽头。

那么八贤里何时已经存在了呢？其实八贤里经历过许多变化，在明代之前这里是“十家九姓”，还没有命名为八贤里，到了明末清初才因“八贤祠”而得街名。“文革”期间这里称为友谊北路三巷，1981年复称八贤里。

据说，古时这儿有座净明寺。周围古柏参天，庄重肃穆。寺内香烟缭绕，香客不断。不远处住着二三十户穷苦人家。

相传，南宋后有个偏安皇帝在肇庆建都，把北面的城门闸口建得窄小，只容一个人进出，岗尾程的百姓通行很不方便。有个专门上市卖菜的程姓后生仔，觉得门口小得实在是让人难受，于是他立言：“他日我若发达了，定把门口八尺开。”果然，他后来考得探花归来，为官有钱了，便把闸门和路面扩大至八尺。

路扩宽了，来往的人也多了。有一天，有个县官和一个风水先生看中了路外山冈的土地，将这块地方作为修建祠庙的风水宝地。但是，祠庙离人居太近，“佛”难安静。于是，县官出了一张布告：“祠庙用地，屋往东移。”后来，百姓的房屋都往东西方向延伸，留下了好大一块建造祠庙的土地。

那么，这块土地建了座什么庙呢？原来是净明寺。它是当时端州最有名的寺庙之一，位于今肇庆市七中校址。

传说归传说，其实据《高要县志·建置略》记载，净明寺于南宋绍兴中由知府陈可大建造。直到明嘉靖二年（1523）知府曾直改建，并更名为“忠节八贤祠”，祭祀着“精诚傥直”之人，之后人们称这里为“八贤里”。清光绪十三年（1887），梁鼎芬任职端溪书院主讲时为八贤祠撰写有一副楹联：

流落岂云悲，独怜迢递修门，无路再陈万言疏；

精诚傥来格，应念徘徊壤屋，有人重赋八哀诗。

那么联中所写的是哪八贤呢？据考，是唐朝的张柬之、李绅和宋朝的刘挚、邹浩、胡寅、胡铨、雷正、张世杰等八人。他们为什么值得端州人祭祀呢？古时候定这八贤的标准又是什么？这些真是无从考究。据旧时的老人们传说，这“八贤”都是他们心目中的好人，地以人传，闻名遐迩。

据说，张柬之、李绅、邹浩、胡寅、胡铨等人被流放到旧时的肇庆地区为官。张柬之是大器晚成之人，以主谋迫使武则天退位而知名，人称“恢复大唐社稷第一人”；李绅是“悯农诗人”，唐长庆四年（824）贬为端州司马；刘挚以“推行新法”而著称；邹浩宋学士，以诗文著称于世；胡寅著书有《叙古千文》，为专叙历史之人，在端州留有诗篇；胡铨是南宋的政治家、文学家；雷正政绩暂无考；张世杰英雄盖世，为“宋亡三杰”（张世杰、陆秀夫、文天祥）之一。

八贤祠不在了，这一带地方却依然称为“八贤里”，多有诗意呀。其实我觉得，八贤人物充满着历史意韵，又不乏如那两棵大榕树般的豪放。在榕树下摆上石条做成石凳，又成了一个阴凉的休憩之所。其中一条石凳尤为特别，石条边缘还能看到清晰的雕刻痕迹，可能是已经消失的八贤祠遗留下来的印记。

八贤祠的来历由历史变成了传说，由生活中的重要角色逐渐老去、退化，变成了八贤里的一段记忆。

九里香：吉日进宅的风俗

九里香巷，又称“九里乡”，是古城中路的一条横巷，与朱家里巷为邻。但是，2003 年起它便不复存在了，因为旧城改造，一改就改去那些阳光不进、出入不便、破旧不堪的楼阁、房间、园子、铺位，从而出现新型的街道和房屋。

说到端州建新房，旧时与现在有所不同，过去对造屋有特殊的讲究。民国年间，端州的市民建新房时，要先请风水先生择吉日，包括兴工、行墙、安门头、上梁、进宅等日期；在破土动工前还要请道士净地，意为驱邪赶鬼，然后开线、定向；泥水匠、木匠在行墙、安门头、梳山、上梁等工序中，主家必须摆酒请饮。

上梁这个工序最为隆重，请道士做法事，贴大红“符箓”，挂红簪花，安“斗尺”、　“粮袋”，放好大梁便抛油糍，让人挤抢，以示兴旺，然后分发“利事”。

建好新屋，要按吉日进宅，称为“返火屋”。进宅时全家男女老幼，由最老的带头，拿一笼鸡乸仔（母鸡带小鸡）入屋，取其佳而多之意；随后各人必手拿一物，衣服、家私、杂物均可，俗称“返火屋，手头足”，意在表示家丰物阜，丁财两旺。进入新屋先煮糖圆，取其甜蜜团圆之意；后设宴款待宾客，叫“请返火酒”。有钱人家还请来八音、戏班助庆。

如今，建新屋已减少许多烦琐的习俗，但进住新居之日，仍有送礼摆酒宴客的习惯。在造屋之前，要先请风水先生占风水确定房屋的坐向及动土日期；之后，在动工之日，要张贴“开工大吉”的红联，同时燃放鞭炮；造屋施工过程中，要不断地祭祀“土地公”，以保工程进展顺利。

在屋子框架搭建时，注意的重点就放在了大梁上。上梁时，要在梁上系上红布，红布至少能下垂约一丈长。梁的两头还要放上米、谷物，再在梁上贴上“上梁大吉”的红幅。

新屋建成之后，就要进宅了。进宅之日要选择吉日良辰。进宅当天要燃放鞭炮，驱鬼辟邪，接着由家中男人带头进屋。他们每个人还要携带一件东西进去，一般都是长明灯、神龛、米、谷物等，之后才能往屋子里面置放家具。亲朋好友则通常赠送花瓶，既美观又图“平安”之意。

当然，住在城市公寓式商品楼也就少了许多习俗。早两年，在叠翠南路的一位大姐搬新家，她说：“咱也图个好兆头，要得发不离八，于是选在腊月二十八日搬家。爱人说，花钱买享受，我们就要尽早享受。说真的，住新房的感觉就是不一样，那才叫享受。三室二厅，我和爱人一间，儿子一间，电脑就放在他的房里，目的是给他提供一点学习上的方便；另一间专门辟为书房。”

说到书房，一面墙的大书柜，显得很有气魄。过去由于没地方存放，只能躺在床铺底下的书全都见了天日，它们一排排整整齐齐地站着，似乎随时都在等待主人的召唤。

客厅摆着电视、音响、沙发，看电视、唱卡拉OK、坐着休息等都随意。餐厅与厨房相通，条型餐桌是客多拉开、人少合拢，也算是得意所在。

十字街：西方文化的道源

用现在的眼光审视，十字街是狭窄和拥挤的，但恰是这条窄窄的街道，让西方传教的历史浮现……

十字街的路线并非呈“十”字形，而是呈“T”字形。那么，这条街道为何称为“十字街”呢？十字街在明代是北门内大街，亦称“朝天社”，向北直通“朝天门”，南接城中路。清代传教士们在北门内大街建教堂叫“道源斋”，屋顶上建一个大十字架。后来人们不叫北门内大街了，改叫“十字街”。民国十八年

(1929) 修筑马路时，正式定名为十字路。在“文革”期间曾称为友谊南路。1981 年复称十字街。

如今在街上边走边看，一座面积不大、也不显眼的二层小楼被夹在两座楼房中间，显得格外寒酸，这就是百年古屋——道源斋。透过这古屋的尘烟，看见了一位历史人物——利玛窦。他是意大利人，耶稣会神父，二十三岁被教会派往东方。为了更好地融入中国，他取了一个中国化的名字，叫利玛窦。

明万历十一年（1583）九月初十，利玛窦和罗明坚到肇庆拜见知府王泮，要求在肇庆城南天宁寺居住。九月十五日，批地在西江边崇禧塔旁建造第一间小教堂，据说最初利玛窦给教堂起名“圣童贞院”，而王泮则题取中国佛名“仙花寺”（又称“鲜花寺”，译为“秀丽的会所”）。肇庆便成了中国内地修建第一座天主教堂的地方，也是利玛窦开启中西文化交流最早的落脚点。

利玛窦用中国佛教使用的“寺”字给教堂起名，目的是拉近与肇庆人的距离。仙花寺内的“西物”如美术、地球仪、自鸣钟等摆设，吸引了许多文人墨客前来参观，以增进了解，建立友谊。他虽自称“西方净土”，却不穿西方的神父服，而穿中国僧服。后来他发现中国人对神灵并没有太多的敬意，佛教人士并没有很高的社会地位，只有科举走上仕途的人，才受到人们的尊敬。于是，利玛窦脱掉了僧衣，改穿读书人的服装，读儒家经典文集，向西方社会翻译介绍儒家的著作。不久，在儒学名人陈理阁的帮助下，利玛窦以中国人的“神”定下“天主教”名称。“天主”出自《史记·封禅书》的“八神，一曰天主，祠天齐”，再加上中国儒家还有“最高莫若天，最尊莫若主”之句，于是在得到利玛窦的首肯和确认后，“天主教”成了耶稣会在中国的正式译名。利玛窦也演绎了多个让后人为之赞叹的“中国第一”。

世界上第一幅中文世界地图——《万国全图》：利玛窦在此采用经纬线标明的办法，绘制出中国历史上第一张世界地图。由于中国的位置在地图边上，王泮对中国的位置感到不满意。于是，利玛窦重新设计了第二张世界地图，采用本初子午线投影转移的方法，把中国的位置放到了地图的中央。

中国第一所西文图书馆：仙花寺落成后，利玛窦特意将一个大房间辟为图书室，他把从欧洲带来的一批天文、地理、数学、机械、水利以及城市建筑、美术画册等书籍放在里面，公开让人翻阅观看。尽管“图书馆”一词清代才出现，但专家们仍然认为，仙花寺的图书室应该被称为“中国第一所西文图书馆”。

中国第一台自鸣钟：利玛窦在肇庆制造出中国生产的第一台机械钟表。钟面不用阿拉伯刻数，而是按中国人的习惯采用子、丑、寅、卯、辰、己、午、未、申、酉、戌、亥十二个时辰来表示时间，这自然也成了中国内陆所制造的第一台自鸣钟。

世界第一部中西文辞典：利玛窦曾在澳门学习了十三个月中文，来到肇庆后又与罗明坚神父合作，花了五年时间编纂了一本中西文对照的《平常问答词义》，它又被称为《葡汉辞典》。

利玛窦在肇庆的第六年，万历十七年（1589）八月十五日，两广总督刘继文“请他”离开肇庆。从那以后，利玛窦便与肇庆不再见了。至于仙花寺，被两广总督刘继文改为“刘公生祠”了。

万历二十年（1592）年春，在徐闻“六月一息”的大编剧家汤显祖，神宗为他“落实政策”，调离徐闻，由吏部另行安置工作。他经过端州回临川，在肇庆旅店住下歇息，听到当地百姓说，有个叫利玛窦的洋和尚迁到韶州一年多了，现又来了两个天主教徒在广场和街头巷尾进行传教活动。汤显祖想起去年经过韶州时，就看到了在城西光孝寺前的西河岸边新盖的天主教堂，人们议论住在那里的几个洋和尚不像出家人那样隐修，而是常出入官府，结交了许多达官贵人，又从不向人化缘，生活还过得很好；还听说有个叫利玛窦的人“身怀无数奇技异能”，能把土炼成黄金。

汤显祖听到这些，对利玛窦来华的目的产生疑虑：“这些人来这儿到底干什么？天主教到底是怎么回事?”他想去看个究竟以长长见识，于是前去观看了他们的传教活动。但见这两个传教士，长着一对蓝眼睛，满脸蓄着长而卷曲的胡须，随身背有耶稣天主油画像，堆积的油彩使画面表皮像鳞片一样的粗糙，把它镶嵌在精美的有似神龛样的镜框之中，用红纱笼罩着，显得十分庄重珍贵，就像龙脑树，树皮粗糙，可那香气却藏在树中一样。

汤显祖观看传教活动后，认为他们从遥远的西方来到中国是个奇迹，但他们持有罗马帝国钤以金印的黄金文书，表明身份不用怀疑。通过翻译，传教士说他们来自西方，那里是不信佛教的。“告诉佛祖啊，那佛教的发源地天竺（即古印度）也早已没有佛教了。”汤显祖将所见的一幕，写成了《端州逢西域两生破佛立义，偶成二首》：

画屏天主绛纱笼，碧眼愁胡译字通。
正似瑞龙看甲错，香膏原在木心中。
二子西来迹已奇，黄金作使更何疑？
自言天竺原无佛，说与莲花教主知。

汤显祖在明万历二十年（1592）二月间经过端州，此时利玛窦已去到南雄，在端州所遇的“西域两生”有可能就是从印度调来的苏如汉和罗如望或其他人，他们受范礼安神父派遣，像中国的游方僧似的，背上绛纱笼罩的“天主画屏”，在端州的广场和大街小巷进行传教活动。他们因初入中国境内，没有剃须断发，且中文没有过关，还要靠翻译帮他们讲述教义。汤显祖在后来创作《牡丹亭还魂记》时就增加了一些以洋船、洋商、“番鬼”、译者、“三巴”为特征的情节和场景，被后人称为中西文化交流史上的一段佳话。

历史进入到清同治二年（1863），端州教友为纪念利玛窦，仿照仙花寺于十字街建造教堂，取名“道源斋”，承接仙花寺的历史。为什么称“斋”而不称“教堂”呢？当时，清王朝政府不准在城内建造教堂。既然教堂可以称“寺”，当然也可以叫作“斋”，于是有了“道源斋”之名。道，是宣扬、宣传的意思；源，是天主福音的起源之地。不过，历史总是爱开玩笑，道源斋后来原貌无存。

清代，十字街道由青石铺成，两面全为商店、货铺、面馆、药铺，茶房；还有天主堂、邮局、营房、监狱、学校、戏院、肉铺、糖果铺、烧饼铺、花楼、烟馆等等，一应俱全。十字街有一句民俗歇后语：“罗新记牙刷——一毛不拔。”十字街又何止一家“罗新记”，民国时期，直至20世纪四五十年代，这里曾经集中了大大小小的手工作坊，用猪骨、鬃毛制作各式各样的牙刷，满足了人们文明生活的需要。

古老的十字街，时至今日，那些曾经迷蒙在烟雨中的寺庙，还留存于端州的已是少之又少了。如十字街现存的“牙鹰楼”，在1945年端州沦陷时就曾被强占为日寇的宪兵部。当然，新中国成立后，十字街一度成为当时文化教育活跃的地方，高要文化馆、狮山幼儿园、狮山小学、宝月中学、高要师范……一条街道，就这样把历史与现在连不起来。

百丈堤：星岩烟雨冠天下

烟雨星湖似画图，微波十里水纹铺。在百丈堤路就可以欣赏到古端城八景之一的“星岩烟雨”。春夏之交，烟雨迷蒙，湖景绝妙，构成了集阳朔之山、西湖之水的“岭南第一奇观”。一回眸，就瞥见七仙惊艳；一挥手，就拂动秀气万千；一投足，就挺立于端州古城。独特的星湖，人间的仙景。

走在百丈堤看星湖，“四面堤边花树伴，静对微波倚空明”。百丈堤是端州新命名的路名，南接星湖西路，穿过出头村后，北连肇庆大道（321国道），还可进入七星岩景区。有台湾朋友到星湖游玩，在321国道的畔溪酒家边转入星湖时，台湾朋友轻轻念道：“败仗的路。”当时不在意，过后又经过此地才明白，这里有个新指示牌标明转入“百丈堤路”，太有意思了！不是打“败仗的路”哦！粤语与闽语的读音差别太大了。

百丈堤是2010年市政扩建工程的重头戏。当时出动了施工勾机、运泥车、推土机、压路机、平地机等多种机械设备。每台机械配备两人以上，人停机不停，加班加点，日夜奋战，在当年年底完成工程。堤路上面有条“波海桥”，桥的左侧是波海湖，右侧是星湖，又叫“中心湖”。端州春日，堤路两边岸柳，清风拂面，可称得上风景这边独好。

是谁人先说这里是“七星岩”呢？我们可在石室岩洞找到答案。刻于石鼓对壁的滕祐题名“滕祐岭使南海游石室七星岩”之句，明确地告诉人们：“（北宋）崇宁乙酉（1105 年）仲春十九日。”也就是说，“七星岩”之名起于北宋年代。七星岩由“五湖、六岗、七岩、八洞”构成，季季有别，处处引人入胜。春时，烟含柳翠，雨吐艳红；夏日，新荷如云，香远溢清；秋月，香飘金秋，水明澄碧；冬季，峭拔倒影，鸟掠浮云。

“挥毫水上，咏哦山间”，春夏之交畅游绿道，微雨轻洒百丈堤。初看，七座披翠而立的小岩山，犹似天上的北斗七星，散落在这万顷碧波的灵湖中。瞬间，有的像玲珑的翠螺，有的若美人的发髻，有的似少女的黛眉，有的如湖边山民的箬帽，各具形态，各有逸韵。再看，层峦墨翠，雾气缭绕，柔媚动人，仿佛天地间烟雨迷漫，宛若蓬莱仙境。这令我填得一首《如梦令·星岩烟雨》：

柳拂湖光天柱，草绿蟾蜍春树，石室阆风清，花落阿坡烟雨。飞鹭，飞鹭，仙掌玉屏深处。

这等美景，唐代李邕曰“景福”；宋人黄公度语“天上何时落斗星，化为巨石罗翠屏”；明人吴国伦道“圆屋山形应七星，北斗胡为傍南奥”；清人阮元云“五羊仙人来何处，必从此峡骑羊去”……还有从那花香、鸟语、虫唱、蝶舞、莺声中，幻化出的古今赞叹。

20 世纪 50 年代初，叶剑英元帅第一次来肇庆，便给星岩、鼎湖很高的评价。他说：“这个风景，等于西湖加庐山。要把这个风景区，搞成华南有名、全国知名、世界闻名的风景区。”后来，叶剑英第二次来肇庆留下了一首诗：

借得西湖水一圜，更移阳朔七堆山。

堤边添上丝丝柳，画幅长留天地间。

“风景区吸引游人最要紧。因之交通要先行，先布置搞好公路。”因为当年叶剑英的一席话，端州政府决定先修广肇公路转入七星岩这一段路，同时搞“两湖建设”，这才有了如今的“画幅”。

六十年过去了，星岩与鼎湖的治理一直在管，一直使它们保持秀丽，而且更加秀媚。于是，有了将星岩与鼎湖合二为一命名“星湖”的新意。但是，“星湖”一词早有出处，并且是星岩的专利。

历代游览七星岩的文人墨客都喜欢写诗题字，或用诗文或用书法来写景抒怀。石室岩洞中的璇玑台，算得上是一个赛诗场和一个书法艺术馆。在璇玑台壁，我们可以看见元末明初的卢原的《星岩歌》云：“客槎长见泛星湖，江上何人说渡卢。”可见，星湖之名早见于此了。我对“星湖”情有独钟，2011 年写下长联刊登于《西江日报》：

放晴当好，烟雨亦奇，清辉也靓，谁把瑶池半勺，迫寒惊绿，注活星湖，溢彩端州留胜景。犹见天公筑柱，仙女设屏，桥飘玉带，柳泛阆风。娇花露信，岩峰七叠眼前来。若看不够，勿步履匆匆，千载美名凭点画；

逸水有灵，物华尤雅，面貌皆新，城如葩卉四时，携暖催红，缤纷肇庆，流金岁月醉今朝。更招哲匠凌云，英豪揽月，翼展鸿图，时鞭骏马。爽气撩人，热土一方心上喜。还等什么？趁阳光灿灿，满园春色任挥毫。

2013 年，也是春夏之时，我与出头村的老钟闲谈，他说：“二十年前，那时候星湖区百丈堤这一带还有不少荒地，楼房建得不多，路上就是那么几棵树。这次一看简直认不出来，不但高楼大厦林立，而且绿化带也多了，马路也变宽变美了。市容市貌跟以前大不一样，就连市民的精神面貌也有了明显的改观。出头村以前基本上就是农村，现在已颇有城市园林的味道，汽车通行也十分活跃。”我深有同感，调寄《卜算子》：

春注绿岩幽，风把清波秀。喜看湖边尽画楼，人爱湖光否？

爱在语融融，爱在黄昏后。不尽豪情谈改革，创出新成就。

风生灵气

在中国古籍中，龙、麟、龟、凤称为“四灵”。四灵毕现端州一地，是祥瑞的象征。大街小巷可以看到有龙吟，有麟舞，有龟动，有凤鸣。

龙田里：见龙在田在巷中

龙田里在端州六路南边，近康乐中路，与登高路四巷相连，是古街名。古时，龙田里亦称“登高上四社”，俗名“田仔边”，得名于《易经》：“见龙在田，天下文明。”龙田之意指人生存的地脉。因此，古端州山脉叫龙脉，田地有田文，水里面也有水文。

有人问，“见龙在田，天下文明”的“文明”本义是指什么？最初之义是指人的精、气、神，即身体内在的文明，修身获得的文明境界。其中最常见的是善心，有善心，能做天下事；如今引申为精神力和生产力共同创造的财富。而“见龙在田”今指一个人有善心，对世事有预见性，定会前途光明。

“见龙在田”又可比作宜居的地方。在宋代，端州有个何贵甫，原是福建人。宋开庆元年（1259）己未科进士，官至朝议大夫，后到肇庆任知府。他退休后见端州是“龙田”地，于是定居端州，其后裔子孙皆在金渡繁衍生息。

龙田里住着一个小伙子田仔，平时调皮捣蛋。有一天他在一棵树下坐着，何贵甫老人走到田仔面前与他下象棋，故意要田仔让一只“车”。田仔心中气愤，见是一个老人，算了吧。结果，田仔输了。第二盘，老人又很过分地要小伙让一只“马”。田仔想，既然上盘都让了，与他多让一盘又如何。

原来，这是一个考验的过程。田仔让了老人后，老人大笑，夸他“孺子可教”，又命田仔明天早上再下棋。田仔有预见，此老人非等闲之辈。第二天逾约，见老人早已到了，老人大怒，让他明天再来。结果田仔又比老人来得晚，老人又怒，再约他一次。这次天未亮田仔就起身，终于赶在了老人的前面。老人见他先到，高兴了，于是送他一个“符”，可助过目不忘，心性向善。田仔就因为这次奇遇，经受住了三次考验，所以成功了。第二年，田仔成为举人，光耀乡里。后人说，一个人“见龙在田”千万不可错过。

听了这个故事后，有一天，我在云淡风轻的上午走进龙田里。太阳下的巷子里，人声嘈杂，穿着布鞋、提着菜篮的阿婆或者大婶，她们的银丝在阳光下闪着幽谧的光。街头巷口，总有一些手艺人静静地坐在那里忙活，他们是街市里穿插着的平淡的细节，让人觉得日子安稳，像西江之水一般流着。

龙马街：龙马是马亦非马

人们认为，龙马就是仁马，是精灵，是炎黄子孙的化身，代表了华夏民族的主体精神和最高道德。明朝有个叫王铎的著名书法家，曾写《龙马记》，记述龙马的出处，说龙马身高八尺五寸，长长的颈项，显得伟岸无比；骨骼生有翅翼，翼的边缘有一圈彩色的鬓毛，引颈长啸，发出动听、和谐的声音。这是多么神采骏逸的形象，是多么潇洒昂扬的身姿。

端州龙马街，神奇地出现在康乐中路与八一路之间，由宋城二路通往端州六路，南北走向。龙马街清代之前归入龙田里，有人又称“登高上四社”，俗名“田仔边”。“文革”年间称为向阳里，1981 年名为龙马街。

别看街道不宽，老树却又多又高，有的高至六层楼。这些树龄大都在二十年以上，枝繁叶茂，像一把把巨伞把照射住户的阳光都挡住了，也把昔日的故事遮蔽了。这里的故事就像一位大娘所形容的“树枝伸入了自家阳台”一样引人。

后来，街道树枝修剪了，我也像修剪树枝一样把故事修剪了一下。

这一条街名的由来，多少都与“龙马”有关。人们在世界观里已经把龙马等同于纯阳的“乾”，它是刚健、明亮、热烈、高昂、升腾、饱满、昌盛、发达的代名词。据说，龙马街取名于《易经》中的“乾为马”，代表着君王、父亲、大人、君子、祖考、金玉、敬畏、威严、健康、善良、远大、原始、生生不息……

其实，端州龙马街的得名并非上述那么神奇，它是因为一项民间活动而成名的。据当地老人所说，这里居民的祖先，大多是南宋时从中原迁入的，也带来了中原挂红灯的习俗。每到节庆，村民时常拎着红灯相互比试灯彩；后来发展成一支队伍，配备锣鼓，有舞龙的，有骑大马的，与小马、游马一齐列队，还有八抬大轿紧随。由南宋民俗演变而来的灯会，形成龙马喜闹元宵这项活动。这个“龙马街”，就已有近千年的历史。

另一位老人说，旧时有两条“龙”，平常都“寄居”在村民家里。“狮子”有四头、马灯十个，还有一个重量级的威风锣鼓。一有空，就约上十来个好友一起练习舞龙、醒狮。古时候从六七岁的小孩直到六七十岁的老年人，几乎都会舞龙、耍狮子、走马灯。元宵节前，都忙着给十几米的龙灯化一下妆。元宵节那天，龙马队六十多个男女老少，要举着龙灯、马灯，在大街小巷中巡演，肇庆龙马队名气也越来越大。

如今，已看不到旧时龙马队的身影，却有了腰鼓队、舞狮队等队伍，还看得见肇庆人崇尚的奋斗不止、自强不息的龙马精神。

龙圣里：城府龙胜之地

端州城西城中路段有条老巷叫龙圣里，是古代繁华地带的一条小巷，原名龙胜里，古代亦称弓箭巷。龙圣里，长不过百米，宽则在两米左右，是个古老的居民点，远在北宋时期已有居民在此居住生活。明代洪武年间，这里开始由“里”变“巷”，再由“巷”变“里”，经历近千年。

在清代行政区域中，道光年间至清末，弓箭巷亦称龙胜里，再后来弓箭巷之名变更后就没有了。“文革”期间一度更名为红旗二路二巷，1981 年地名普查时以“龙圣里”命名。一条古巷，便成了一段钩沉的历史。

先说弓箭巷得名，有人说因街形似弓箭而得名。然而，在端州史料上很难寻找得到这种说法的依据，相反，弓箭巷属府地，制造弓箭武器才是它的本意。最早弓箭里应是弓箭的工场和仓库。

传说，有一位武士，路过一间弓箭坊，看到橱窗里有一张很耀眼的弓。弓绷得紧紧的，弦上架着一支箭，从木质到雕花，一切都符合他理想中的完美之弓。武士立刻冲进店里，对老板说：“我要买橱窗里的那张弓。”

老板说：“抱歉！橱窗里的那张弓是样品，不卖，能卖的都在墙上挂着呢，你去挑吧！”武士朝四周看了一圈，发现墙上的弓都不漂亮，松松垮垮的。他对老板说：“我多付你一些钱，请一定将那张样品弓卖给我！”

老板笑着说：“你知道什么是样品吗？样品不过是摆个漂亮的样子，它每日每夜都绷着，看似有力，其实早已没有韧性了。真正能用的弓，都是松弛的。松弛是一种涵养的状态，能让弓弦保持着柔韧。”

后来，元朝一统天下，此地又改变了用途。广府的群居多了，使弓箭巷的平面布局产生变化，与巡捕巷、旧街、新街等一样有了多条开放的纵巷，再迎合巷前风水塘，形成广府文化系统中排屋巷的布局模式。旧巷房屋的主体形制为门厅柱廊式，这些特征都是比较典型的广府民居才有的。当然，这形成的时间大约在明朝嘉靖、万历年间。广府先民先后来到此地，其建筑遗存以广府文化特征为主。

由于文化因素的影响，制造弓箭的工场已不存在，于是人们便要更改巷名了。那么，为什么叫龙圣里呢？“里”是代表住户人口比“巷”多。至于“龙胜”改为“龙圣”的意思，那真是考倒人了。

龙胜，是一个吉祥名词，各地广泛使用。有一种说法是，居住在这条巷的居民生活在“神龙之脊”上，故取名叫“龙胜”。也有一种传说，说弓箭巷是一块风水宝地。很久以前，这里的地脉是一龙一凤，这两条地脉采地之灵气，吸日月之精华，年长月久，逐步演化成具有生命力的“龙”和“凤”，进行了一轮轮的搏结，应验了《灵枢·本神》中所说：“故生之来谓之精，两精相搏谓之神。”最后“龙”胜了，则为“龙胜”。

关于龙胜的传闻，以上述民间版本居多。究竟这巷名是否像传说的那样，尚缺乏一定的证据。当我们查阅了史料后，发现事情并非像传说的那样。明代中期，有一个和尚来到端州，说：“城府适中龙胜之地。”于是，众人一致认为取名“龙胜”最为合适。至清代，人们认为龙是神圣的，称作“龙皇至尊”，于是，将“龙胜里”改为“龙圣里”。

从弓箭巷到龙圣里，古街有过豪商巨贾，富甲一方，也曾雄视海内外。而从古至今，这里的传统文化独具特色，使广府的端州，争艳岭南。作为城市文化的物质承载物之一的民居小巷，质朴无华、古色古香，却留下一条文脉，吸引着人们的目光。

龙安路：旧时叫作朝龙里

古代端州以“安”字命名的街名有南安里、保安里、富安坊、新安社和龙安路等地，图“平安”之意。

龙安路在今时代广场西边，古代称为“朝龙里”，南接端州五路，北连星荷路，中段与南安里接壤。南安里今称南安街，在现星荷路西边，东西向，东接龙安路。在民国时期，是城北较长的，也是较繁华的旧街道。朝龙里原有四条古巷，1985 年后龙安路被定为正式街名。

宋初至道年间，有慧日寺建造在朝龙里，使得朝龙里与佛教结下不解之缘。慧日，是佛教词语，与“慧光、慧照”等同义，出自法华经卷：“无垢清净光，慧日破诸闇，能伏灾风火，普明照世间。”意为以日光比喻佛之智慧普照众生，能破无明生死痴闇（痴暗，没有真正的智慧，没有头脑）。右邻有紫林禅院，清代学者鲍浚曾题有一联：

周护峰峦东印度；

旁环日月小须弥。

龙在端州的地位，随着佛教的传入，变得更加崇高。佛经的广泛传布，与端州人崇龙、尊王的心理交融互渗，共同导致了龙王在端州大地上的滥觞和兴盛。从端州民间流传的有关龙王以及龙母、龙女的传说故事中，也能看到佛经故事的影响。因而，村有大龙、拦龙，上龙塘、下龙塘；庙有龙母庙，聚龙庙、护龙祖庙等，古街道名带有“龙”字也就更多了。

端州一些佛教故事也大多塑造了龙善良友好的形象。

传说，古代有个年轻人，在一天夜里去星湖塘边，用松火照明以捕捉青蛙。突然，眼前出现一只青蛙，它大如八角碗，浑身金色。年轻人心中一喜，想往前捕捉，奈何大青蛙一步跳落水塘里。年轻人叹惜之时，忽见从水中升起一柱银光，粗如屋柱，高有一丈，银光灿灿。年轻人不知凶吉，吓得扭头就跑。次日，年轻人将此事告知和尚，和尚叹道：“你错过了发财机遇。银光即银龙，光柱下必有一埕金银。”

年轻人听后，十分懊悔。之后，他便在水塘中挖寻金银。日复一日，挖塘不止，金银未寻得，却挖出了一个形如盘龙的星湖景色。那里便成了龙安之所，后人称之为“朝龙里”。

跃龙路：古代称放龙入江

古代的皇帝登位了，就叫作“跃龙”。我见跃龙路的人去“登位”不是跃的，而是游的。那熙熙攘攘的景象可称得上车如流水，人如游龙。

跃龙路南北向，长长的街道连接着建设三路和端州四路。在古代，跃龙路一带是军屯，是供给军用的基地，水土丰盈。跃龙路在 1981 年开路成街时正式命名，将一条臭不可闻的河涌——星湖湾涌覆盖，建成跃龙路。跃龙路自此“藏龙”于厚土，不见天日，街市也就成了人的长龙。

古时，因为军屯境内山涧较多，涧流狭窄，山高田低。每逢暴雨，山坡坑涧洪水倾泻，恰似蛟龙吐水，涧流澎涨，滚滚如江，故名“跃龙”，此谓“放龙入江”。人行于木桥上，听龙吟水唱。

在古代，跃龙窦口处江水涨时可以倒灌，低潮时山塘可以排灌，后人在此建排灌站。在建排灌站之前，为防止江洪毁田，原本在清道光年间建有一座“镇端庙”，其名字来历有一说法：宋徽宗年间，改端州为肇庆府时有此庙，其为重檐三开间二落式建筑。据说，当时统治者认为肇庆地理位置优越，背山面江，形势雄险。而城东沿端江（即现西江）岸上一带地势比较低洼，在古代常受水害，所以立庙于“镇守端江”之地，以示祈望吉祥，故取名“镇端”，意思是“北帝坐镇的地方”。庙内供奉神像为北帝，以祈消灾解难，平平安安。庙门有一联：

砥柱镇中流，窦外能穷千里目；

龙门吞夜月，端方领取一江秋。

跃龙路的得名与古人尊龙不谋而合。许多人知道古代有一部深奥玄妙的《易经》，传说“龙”有助于造势，即“飞龙在天，利见大人”。可能端州的“大人”将此命名跃龙路，得于“利见”。

因为渴望预知吉凶以趋利避害是信奉命运之人的一种普遍心理，所以龙在百姓的心目中，便获得一种超越自然的神性，成为吉祥的象征。而象征的东西比起实际存在的事物来，可能更具有魅力。旧时有句韵语：“天门一卦榜，预定夺标人。马嘶芳草地，秋高得鹿鸣。”

“夺标人”指科举考试取得第一的人，说明预测考试高中。骏马在芳草地上嘶鸣，象征着奋蹄疾奔、驰骋千里和前途无量。“秋”是考试晋官的时节，“得鹿”就是得禄，意谓参加秋日考试，可得高官厚禄。

是否如此，就不得而知了。走在跃龙路，我真的希望“跃龙”有助于端州造势，有助于端州腾飞。

景龙社：长砦街是怎么来的

城里的人，爱用高高的围墙把自己的心封起来，谁也别想看到里面是什么样的。乡下人则相反，他们的心就像一个农家小院，透过篱笆就可以看到院子里的风景。而当下用石做围墙的，那都是搬古人的。

端州有条长砦街，就是用石砌起来的街。长砦街在明代叫作长砦里，又称景龙社，统指兴旺。而真正兴旺起来是在清代属西厢都之时。厢都，指靠近城区的聚集地。后来，人们淡忘了景龙社，长砦街应运而生，成为正西路一条古街巷，与君子里、朱家巷邻近。1966 年改称团结路三巷，1981 年复称长砦街。

时光倒回到四百多年前，长砦街这一带的街巷与现在相比有天壤之别。据史料记载，长砦里在明代已有民居。比如长砦周氏，其先祖周弥浩原籍新会河塘塔岗乡。清顺治初大兵南下，乡间不靖，周弥浩的孙子周文耀携后人迁至长砦街。后裔又分居城内中衙巷及城北登高四社、镇南路。住在中衙巷的周氏，建有一座豪华气派的大宅院，被称为“周家大屋”。人们对周汝镐、周汝珉俱举孝廉一直津津乐道。

住在肇庆的街坊问，长砦是什么意思呢？长砦里，就是古代端州驻扎军队的地方。砦，表示垒灶的石块，本义是炉灶垒石，即守卫用的栅栏、营垒，引申义为军队野营时临时垒筑的石围子。在明末年间，属两广总督府辖下的一个督标营就驻防长砦里。

也有人问，长砦街的景龙社不知有何由来？众所周知，在中国古代，龙往往都会与神社、龙庙产生联系，景龙社也不例外。

景龙，指大龙。《宋书·符瑞志上》记述："燧人氏没，宓牺代之，受《龙图》，画八卦，所谓河出《图》者也。有景龙之瑞。"意译为：在燧人氏时代，雷泽山出现了巨人的足迹，燧人氏去世，宓牺（人名）替代他为君主，接受《龙图》画八卦，这时有景龙出现的吉兆。

古人认为，大凡天子即位，德配上天，拥有天下，必然有接受天命吉祥的征兆，有天人感应的预兆。朱由榔在肇庆称帝，传是景龙迹象；朱由榔走后，人们不再接受景龙，而实打实地坚称"长砦街"。

古人认为上地滋育万物，是人类生存的基础，所以普遍立社祭祀。社是祭祀的场所，同时也是公众聚会的地方，大约同邑、里相当。民众聚居的城邑也往往有社。据《左传》记载，约二十五家即置一社。由此而知，端州长砦里的"景龙社"，先秦时初指土地神，亦指祭祀土地神的场所，后引申为祭祀龙的场所。

回龙里：端州有布衣神吗

人有安居之处，龙也有藏身之所，回龙里也许就是这个意思。

回龙里在城西，即现在端州的三联巷处。古代城西有"龙厢"之说，这一带以龙命名的有正龙社、兴龙社、回龙社、景龙社、金龙社、龙田里、聚龙社、龙安社、龙母庙等。回龙里在1966年后改称为三联巷，沿用至今。

传说，古代鼎湖住着一位龙王，幻化成人形，叫"端州布衣"。有一次，玉帝贴出皇榜告示，准备将世间符合条件的圣贤能者招为神仙，以示公平。这天，玉帝邀集所有的龙王去考仙，端州布衣也在其中。玉帝对众龙王寄予厚望，希望多数能考上神仙。

布衣在考仙途中，正遇一伙强盗抢夺一位漂亮的姑娘去做压寨夫人。姑娘不从，强盗们遂对她拳脚相加，惨不忍睹，路人不敢相救，纷纷避让。路见不平，拔刀相助。端州布衣打抱不平，仗义前往，一番拳脚，将强盗们打跑，姑娘得救了。

然而，当布衣怀着"英雄救美"的心情来到天宫向玉帝邀功请赏时，玉帝却十分不悦，认为他胡说八道，身上有生人气味，定是做了恶劣事，说不定还吃了人。布衣知道玉帝最讨厌违反天条的行为，他肯定会被逐出天宫并从考仙队伍中除名，吓得"扑通"一声跪倒在地，说明事情的原委，可玉帝怎么也不相信。

无奈，布衣只好自动退出考仙队伍，离开天宫往自己的老巢——鼎湖赶去。离开天宫三十里路程后，布衣想，自己修身五百年，尝尽世间苦难事，就这么无功而返，怎对得起端州百姓？想想太不值了，他又回天宫找到玉帝，对玉帝恳求道："既然您不相信我是打抱不平，但我端州布衣修身五百年，也有一份功德，烦请玉帝答应我两个要求。"

玉帝听他这么一说，顿生怜悯之心，答道："你说说看。"

布衣说："第一个要求不高，我热爱大自然美丽景色，请玉帝赐我每天早晨抬起头就能够看见太阳的地方！"玉帝说："这个不难，你可住到端州北岭去，那里风光很美，有七星山，艳丽无比。"

布衣说："何以见得？想必玉帝不会哄我吧！"

玉帝说："回到端州你就能见到了。"布衣默默地点了点头。

接着，布衣又向玉帝进言道："我是南海龙王，十分喜欢水，端州北岭乃高山峻岭，没有河流，我怎么洗澡？"

玉帝笑道："我早给你考虑好了。端州北岭山下有个湖，叫星湖，湖外有条江，叫西江。平时，你可以到这两个地方去洗澡。"

布衣还是不满意，说道："端州地大，何处是我立足之地，求玉帝赐一个地名。"

玉帝想想也在理，俗话说："山不在高，有仙则名；水不在深，有龙则灵。"玉帝说："你回端州后，龙脉西向处就是你的藏身处，叫回龙里吧！"

布衣点头称妙。于是，端州布衣在回龙里挖一个大井藏身，人称"大井头"，并养有马，以示龙马精神，人又称此地为"马巷"。

关于大井头的"布衣泉"，后人还有这样一个叫法——"包公井"，不过那是后来的事了。

麒麟街：这里是集美的化身

麒麟，外形为麋身、牛尾、马蹄、鱼鳞皮、独角。这种造型将珍奇动物所具备的特点全部集中，体现了中国人的"集美"思想。

将一切美好的东西集中在一个事物上，这种理念体现了几千年来中国人精神世界和物质世界追求的目标和愿望。从这个意义上说，端州麒麟街也是集美的化身。

沿着端州正东路颇陡的狭长老巷走去，有一个不起眼的巷口，墙上挂着"麒麟街"的牌子，寓意着吉祥。麒麟街在明清时期已经存在，"文革"期间被改名为幸福街，1981 年恢复麒麟街的名称。

如今古建筑极少。如今民房大都为砖木结构，屋顶铺设斜瓦。有的人家还保留了岭南式趟栊，并在家中庭园筑起假山鱼池，栽种花木，十分清雅。旧城改造后的水泥路面下，本由一块块麻石铺成。在一些居民房屋门口，依稀可看麻石砌成的台阶。一间古老大屋，人称“平庐”，当中一扇门为花岗岩装嵌，上刻有“美堂巷”三字，其颇具气势的建筑规模及风格，无不显示出这里曾是富贵人家的居所。夕阳中，它仍撑着破败的躯壳，依依不舍地送别渐渐远去的余晖。

一条小巷，为什么会有这么一个吉祥而霸气的名字——“麒麟街”呢？据说，肇庆古有“瘴气”，百姓经常患病。为了趋吉避邪，人们就在街筑起福肇社，供上麒麟坐镇，即意为“麒麟在此”，后来便以“麒麟”为街名了。开通宋城东路时，拆除了福肇社。有意思的是，在麦仔园附近曾有一街名“福庆社”，二者结合则是“造福肇庆”。

也许是“瘴气”的缘故吧，古街最出名的是行医之地，因此这里曾被称为“中医街”。

说起老中医，让人想到的，是行仁济世的故事。据说鼎盛之时，约有二十多位医生在此行医，如谢国藩、谢国强、胡寿川、何桐生、邓天平等。

中医谢国藩之祖于清光绪间居城东麒麟街，谢国藩出道行医挂牌为“中医师谢国藩男女内外科方脉”。他饮誉城乡，城郊内外的病人常登门求医。病人康复后赠送的木匾不少，都悬挂在他家医寓堂上边的墙壁，木匾上大多都刻着“手到回春”、“业精岐黄”、“良医济世”、“药到春回”等颂辞。

据说，谢国藩以“行医济世，与人方便”和“医者父母心，应有菩萨心肠”自勉。他的诊病桌子上写有“贫者减赠或免赠，穷者赠医兼赠药”两行正楷字。遇到穷困病人，他另写一张盖有“谢善行”字样的椭圆形小印章的小条纸，吩咐病人持此凭证连同处方，前往当时坐落在朝圣路口的保生堂中药店取药，直至病愈康复为止。有的病人无处煎药，谢国藩还特作标记请该药店代煎。

抗日战争时，日寇蹂躏，大群外地难民逃至肇庆，谢氏闻讯，即出资施药，兼施米粥救助。后来，肇庆地方慈善团体联合组织赠送谢氏镜屏一幅，上面写着“难民慈航”四个字，以表谢忱。

昔日，行医与药店是共存的。巷中有赞元堂、永福堂和永祥堂三间老字号药店，病人看完病就可抓药。如今，永祥堂的身影已寻找不到；巷口旁边的永福堂变成了厨具电器商店；赞元堂至今还存在，成为今天肇庆名副其实的老字号。据史料记载，赞元堂以专营地道中药材为主，货正量足，民国期间，其制药仓库就设在麒麟街。抗日期间，兼营药材批发，南北药材凡运到肇庆，皆以赞元堂为集散地。

现在，这些往事都已渐渐远去，如同门上的春联一样慢慢褪色，也如同自制的裹蒸日渐稀少。然而，麒麟街的春节却更热闹，户户几乎都贴上春联，什么

"金玉满堂家宅旺，洪福齐天富贵长"、"家有福星四面照，财如人意八方来"等。窄窄的街巷中披红挂彩，那《新年好》、《财神到》之类的乐曲在喜悦中流淌。大人们碰面就互道恭喜，孩子们逢人就叫"新年好"，屁颠地讨个红封包。街头巷尾只看到欢乐和喜庆，那"除夕浓烟笼紫陌，家家尘甑裹蒸香"的欢腾场面更令人久久不能忘怀。

麟角巷：秀才与小孩对联

这里早先是城东外的空地，五百年前有人在此建房，后来住户越来越多，形成街巷，居民希望福运绵长，和睦相处，故取名"麟角巷"。

麒麟，雄性称麒，雌性称麟，现实中常用来比喻杰出的人。麟角，在古代的本意是指麒麟之角，是麒麟"有蹄不踏，有额不抵，有角不触"的仁厚秉性。后来，"麟角"也指宗藩之盛。如宋徽宗赵佶，年少时"宗藩"被分封为端州的端王。而"麟角巷"中的"麟角"则比喻稀罕而又可贵的人才或事物。

麟角巷，古时属端州城外东厢都第二图，与高码头、棱角巷相邻。1966 年麟角巷改名为东风二路三巷，1981 年地名变更为阅江路三巷，麟角巷之名从此不存。

一年早春，春的气息其实包含柔情，春选择在万物萧条的尽头，将千姿百态的生命孕育而出，让它们踏着那最为柔媚的第一缕春光而至，把无限的生机带给人世，也带给麟角巷。此时不禁令人想起发生在三百年前大江水域的一则故事。

相传，古时麟角巷住着一个小男孩，立志要考童秀才。他从小就喜爱吟诗作对，并且爱写八股文。在念私塾时，他的母亲帮他梳扎头发，把他的头发梳扎成双髻，好似羊角一样。

这天，被一班公子哥儿们看到了。其中一个秀才针对他的模样，问他是牛角还是羊角，小男孩就冲着秀才做了一个学羊叫的鬼脸。面对一花一木的意趣，一词一语的意味和一颦一笑的意蕴，秀才乐了，就吟了句上联戏弄他：

羊头喜得生羊角；

小男孩听后立即反感了，他怒气冲天地应对：

狗嘴笑开出狗牙。

男孩的母亲问他："为何这样回答别人？没礼貌。"男孩说："如果这些人说我是'麟头喜得生麟角'，我就高兴了。"说着，他调皮地从高高的台阶上往下跳，三蹦两跳地到了下边。秀才见了，就笑着说：

麒麟三跳，一跳二跳跳下地；

小男孩在下边一抬头，正好看见树上有只小鸟“扑哧”一声，飞上天去了，他马上对了一句：

大鹏初飞，始飞再飞飞上天。

秀才听了很高兴，连连赞好。

如今，麟角巷故址，年年岁岁，岁岁年年，那沧海，变桑田。思华年，恍然如梦，亦如流水，一去不返。在我心里，端州的街巷总是那么美丽！不必说八车道的绿化大街，不必说林林总总的楼宇，不必说川流不息的超市，不必说人间天堂的广场，不必说花园小区里的笑声，单是那九曲回肠的青石街，青瓦木架的骑楼，巷口伫望的石牌坊，弯曲巷里井边浣衣少女的身影，都唤起我不尽的遐想和静美的诗意。造物主的鬼斧神工，赠予了这方天地一片回忆的画面，定格在历史深处。

龟山路：观当今锦绣山河

一朝直入桃源地，不绕弯路，直接得到“当下仙景”的接见，这是所有人梦想的事情。在端州睦岗西江岸边，有座似龟样的山冈，叫龟顶山，古时称为白沙岗，又名圭顶山或黄岗山。山下本有一条山路，叫龟山路。2012 年新修一条大路，叫龟鼎路，因龟顶山而得名。

古时，龟顶山是肇庆八景之一，有条小路可直通山顶。据说，在春夏两季，大雨过后，常有大草龟出没于山涧，给龟顶山增添了几分神秘的色彩。整座山峰呈半球形，像只爬行的乌龟。一块黄褐色的巨石镶嵌在山下江边金黄的岩石上，向着江心微微翘起。巨石呈椭圆形，四周略显棱角，远远望去，简直就是一只千年神龟，故名“龟顶山”。

龟顶山在西江大鼎峡北岸，在端州区西郊，海拔 230 米，是肇庆西南的屏障，战略地位十分重要。山顶上长满了连片挺拔苍劲的松树，散发着松脂特有的清香。山风掠过，树叶发出阵阵声响，此乃“龟顶松音”。由山顶向山下俯瞰，景象万千，整个睦岗镇及肇庆市的美丽景色尽收眼底。明洪武年间，梁敏在《南山晓翠》写道：

秀拥春华丽晓晴，巍峨气势截苍冥。石梳台发堆螺鬟，露渍蓝膏湿玉屏。

涧谷长留烟草色，松筠犹是岁寒青。天然一带真图画，观览无烦出户庭。

山上曾修建有桄榔亭、洗砚池、烽火台、元真观和赤水庙等名胜古迹。据清代道光《肇庆府志》记述，桄榔亭在城西南五里白沙岗。桄榔为棕榈科桄榔属植物，乔木状，多生于密林中，具有较高的经济价值，亦为园林中良好的观形、观叶、观果植物。由于处在“竹身青叶海棠枝”的桄榔林中，唐代李翱便题此亭名。宋政和年间郡守郑敦义重修此亭，但其在元末毁于兵燹。

另外，在半山腰曾建有一座道观。观里有个道士叫陈真海，懂得法术。睦岗连年丰收，处处呈现欣欣向荣的景象。然而，这引起了西江河贪婪的鱼精和虾怪的嫉妒。他们经常在夜色的掩护下，成群结队地破坏河边的农田，盗取田地里的农作物。陈真海将龟砚石按九宫归元之数排列，身披黑甲。每当虾精鱼怪来袭，就会化身为八十一名黑甲卫士，保护农作物。这就是“撒石成兵守稻田”的传说。元真观在“文革”时期已被拆除。清代李良骥曾有诗赞云：

飒飒秋声响涧松，日长古寺不闻钟。千军鼓角嘶班马，万壑风雷战毒龙。

例吸江河悬木末，狂驱烟雾出山峰。绿荫如水人行处，消受洪涛一荡胸。

1936 年，肇庆师范学院校长梁赞燊先生邀集名流重评肇庆八景，将此名曰“龟顶松荫”。

如今，龟山路建起了“锦绣山河”新城，将龟顶山一带归入园中，形成了万亩楼盘，犹如崛起一个新王国，展示古城新天地，非常美丽。那天参观后，我写了一词《虞美人·观锦绣山河》：

龟山形胜西江碧，旧地生春色。楼台径外影朦胧，花绽龙湖绿树吻微风。

新城锦绣山河美，玉宇彰王气。一园神韵画图开，天下贤才皆向砚都来。

有了人的生气，大地的内容便充实了起来，龟山一带的色彩更加鲜明。宏大家园的太平盛世，国泰民安的真诚祈福，风调雨顺，实现道法自然、天人合一的理想，都在龟顶山汇成一首富国兴邦的振兴序曲。建设一个繁荣昌盛的端州，是我们义无反顾的理想，虽历经艰辛，却矢志不渝。

隔岗路：曾是城外凤凰岗

古端州城外有龙顶岗，也有凤凰岗。龙顶岗即现肇庆军分区驻地一带的“城中山”，1929 年，余汉谋率粤军 11 师将它开辟为公园。凤凰岗在何处呢？现在真正用“凤岗”为地名的，是如今星湖大道的东端，即旧肇庆师范学院一带。其实，古代在端州城外，即如今端州五路财联大厦西侧的“隔岗路”上，有一座小山冈俗称“凤凰岗”。虽然在古时这是一个并不显眼的小山，但“山不在高，有仙则名”，这里流传着一个神话传说。

远在公元前 203 年，秦朝将灭亡时，南海郡尉赵佗起兵兼并桂林郡和象郡，在岭南建立南越国。赵陀带兵来到端州，见一白发老叟独钓于宝月潭边，便上前请教当地地名，刚好飞来一对凤凰停在老者的钓竿上，雄的叫凤，雌的叫凰，便随口答道："凤凰岗。"话刚说完，一对凤凰便飞上岗顶。

当夜赵陀在凤凰岗安营扎寨。睡梦中，见白天所见的老者告诉他："此处凤凰岗尽藏珍宝，你若取出珍宝，要在此地建一座庙宇，此地便能繁荣起来。"老者还欲语，赵陀忽然惊醒。第二天，赵陀为了得到这些宝贝，便派手下军士前往砍木挖掘。军士听说岗上有珍宝，于是各显神通，一日之间把岗上的树木砍了个精光，可惜还是没有掘出珍宝。

又一夜，赵陀忧郁入睡。梦中，白发老叟责备道："那日托梦给你，我话还未说完，你就醒了。你可知道，建一座庙宇才能把珍宝镇住。而你现在把岗上的木砍光了，把凤巢毁了，哪能发现珍宝？"赵陀苦苦哀求，问："可有其他良法？"正所谓"金凤只栖良木地，留得福气满人间"，老者说："到隔岗追寻吧！"说完飘然而逝。翌日，赵陀召集众人商议如何寻得珍宝。

隔岗？一个谋士恍然大悟："要找珍宝其实不难，隔岗就是凤凰岗的背面呀。"赵陀想了想，有道理，于是站在岗上往北岭望去，只见原址盘古祖殿处，渐渐显现金光四射，瑞气万条。赵陀哈哈大笑："远看那是凤尾拖铃的形状，珍宝就在北岭山麓。"从此，凤凰岗就叫作"隔岗"，北岭山麓处叫作"凤尾岗"了。

古时，隔岗山势高陡，交通极不方便。六七月天气酷热，过岭是汗流浃背，挑担过岭更是汗如雨下。另外，此岗岭远离村舍，人烟稀少，常有强盗在此出没，拦路抢劫。行人路过此岭，心惊肉跳，忐忑不安，唯恐遭遇不测。不知从什么时候开始，凤岗之下，隔岗之傍，修了一座紫林禅院。直到清代，来了个广东中山人，叫鲍俊，是个进士，在翰林院做编修。他为紫林禅院题有楹联：

周护嶂峦东印度；

旁环日月小须弥。

须弥的意思是"妙高"、"妙光"、"善积"等，因此须弥山有时又被译为"妙高山"等。

改革开放后，政府关心居民的生活，把此岗岭辟平，开了道路，来往车辆频繁，交通方便，社会治安稳定。从此人民安居乐业，再也不用担心过岭的安全了，所以人们又把它叫"平岗"。随着城市建设步伐的加快，人们在平岗建立了保障人民健康生活的端州人民医院。

风尚吉祥

古人云：“吉者，福善之事；祥者，嘉庆之徵。”古端州百姓居住的环境，以及蕴藏着传统喜庆的命名，包罗了福、庆、安、康，吉、祥、和、宁，还有那德星、吉星、福星和太平。

福星巷：福星高照的传说

端州旧城街道，听名字似乎都意味深长，却又朴素得很，好像是过日子的时候顺手拈来的。在关于旧城的回忆里，这些街道都是暗藏玄机的线索。许多事都是在这些寻常巷陌里发生的。有些因为重大，被留在了故纸之上；而大部分都散失了。

从口述得知，旧城区里的福星巷，是端州城西府前街一条横巷。在清代，有条协前街，其南横巷就叫福星巷，又称福星坊。这条横巷有多少年历史，难以说得准确，大概在宋代就有了。

据说，此地住有一位卖豆腐的老人，终年辛勤劳动，苦心经营，生活逐年富裕，他盼望在此安居，福寿日增；再是坊中造型为蝙蝠形，寓意有福字立在上头，那是福星高照，故取名为“福星巷”。在“文革”中，福星巷被改为向前路二巷，1981 年地名普查时恢复原名。

癸巳春节，我走在城中路上，由于肇庆市第一人民医院搬迁了，街道冷清，无节日之氛围。忽见街头有一个中学生，穿着胶拖鞋，摆卖两篮水果。我心里不知什么滋味，随意走近，想为这学生减负，买了两只柚子和两斤苹果。待我探完亲戚走回府前路，不见学生身影，心才稍安。再看看福星巷，那么窄小，窄小得高大一点的人恐怕都走不进去。

巷牌孤立，巷子孤清。这里寻找不到绚烂，只是一种平淡；这里没有张灯结彩，只有阳光和头顶的那一片蔚蓝。晴朗的日子，是否也热了老巷？无人知晓。当明媚的时光即将远去，才发现，我们真的恋恋不舍。

福星巷本是吉祥的巷名。在端州，百姓过春节时，最爱说的祝词之中就有“福星高照”或“吉星高照”，这都因为福星是吉星之一。古代时说福星职司“五福”，涵盖了长寿、富贵、平安、吉祥、子孙众多等世俗福祉。“五福”这个名词可谓老少皆知，但是“五福”所指的究竟是哪五种福，知道的人可能不多。

在中国的传统文化中，“五福”分别代表五个吉祥的祝福：第一福是“长寿”，命不夭折而且福寿绵长；第二福是“富贵”，钱财富足而且地位尊贵；第三福是“康宁”，身体健康而且心灵安宁；第四福是“好德”，生性仁善而且宽厚宁静；第五福是“善终”，临终时，没有遭到横祸，身体没有病痛，心里没有挂碍和烦恼，安详且自在地离开人世。当然，具体内容诸书记载不一。

由五福派生出一些成语，如“五福临门”、“五福捧寿”等。“五福临门”就由五只蝙蝠组成图案，“五福捧寿”就由五只蝙蝠围绕一个寿字构成图案。这是古人借蝙蝠的“蝠”与幸福的“福”谐音，将蝙蝠图案作为好运和幸福的标志。

现在人们逢年过节拜福星只限于形式，更多的是用手写一个“福”字。为了图个吉利，喜庆日子人们还把“福”字倒挂着，寓意“福到（倒）了”。如今目光闪过福星巷，心中回想起《蝶恋花》：

小巷堪离闹市色，寂静犹怜，学子孤幽切。树下两篮生果子，倚街摆卖度佳节。

几许人生多有别，罗覆霞衣，都是往来客。不怨冬来无一叶，春风总会留情结。

福厚巷：昔日端州的“七夕”

有关“福”字巷及其派生巷，在老城区外还有不少，就算新巷也有以幸福命名的，如柑园南就有幸福街。

在端州中心商业街的城东，南接正东路的一条街，往北有十条之多的“近圣里”街巷牌名，这个“里”范围较大，形成了众多的小巷。现在的近圣里，好比百褶的长裙，每一条褶痕便是每一条小巷。福厚巷便是其中一条褶痕，今列入近圣里。

古时，近圣里每一条古巷名都很别致。如福厚巷，意为福寿厚德，故取名福厚巷；永厚巷，取永固深厚之意；朝魁巷，取朝贺魁星照临之意；兴仁里，取兴旺仁和之意。还有关家巷，指姓关的人家；牛栏巷，指大户人家拴牛之地。

清末民国时，近圣里分西横巷为一巷、二巷、三巷，“文革”期间这些都曾被称为胜利巷，分出一至十巷。1981 年颁布标准地名，此地又复称近圣里。其余的巷名均不存。近圣里其实是因为古代有一座孔庙而得名的。

在旧时，福厚巷最有名的活动在七月初七，人称“乞巧节”，又名“拜七姐”或“七娘会”。清光绪二十年（1894），举人邱郦君写了一首《端城竹枝词》，记载了端州城区“七夕”的繁华景象：

采菱舟小漾清波，沥水花生并蒂荷。

佛果媚仙供七夕，满街人卖贝多罗。

端州传说中的牛郎，是一个忠诚老实、正直勤恳的青年，父母双亡，依兄嫂过活。嫂嫂不贤，牛郎被逼分家出来，只分得一头老牛、一辆破车和两亩薄地，自耕自食。那老牛见牛郎一人孤孤单单，想给他娶个媳妇，便告诉他某月某日有七位仙女下凡游戏，在银河洗澡，只要取得其中一位仙女的衣服，那仙女就是他的妻子。牛郎按照老牛的话，在一个月色朦胧的夜晚，取得了当中一位织女的衣服。自此两人结为夫妻，情深意长。

福厚巷的人们在“乞巧节”这一夜，通过活动来表达青年男女对美好未来的追求。七月初六晚，等到天上牛郎织女双星出现在银河鹊桥两头之时，人们开始梦香点烛，烧元宝酹洒虔诚拜之。看着天上牛郎与织女渐渐靠近相会了，才算拜礼完毕。

古代的乞巧大约分两种，一种是妇女们向织女乞求智巧，期望通过虔诚祭拜，感动牛郎和织女，为自己牵来称心如意的心上人；另一种是正在读书的少年儿童，其父母则敬请赐予自己的儿女智慧，以使得他们聪明伶俐，勤奋读书，考取功名。

还有一件难以解释的事，初六夜五更时分，到西江或井里汲水贮藏，水数年不变质。乡里人用来泡浸冬瓜、雪梨或其他瓜果，给“大热症”（发高烧数日不退）的人饮服，常能有效退烧。

七夕的传统习俗，虽然只是源于一个美丽动人的神话，但是在古时候的福厚巷中甚是流行且隆重热闹。

福肇社：天赐造福肇庆

历史的进程犹如人的脚步，一生走出了多少脚印，自己是不知道的，因为不曾留意。正如当年的端州街，许多人不知道或不留意路过的地方叫什么名，名字里有什么意思。

昔日的端州有福肇社，也有福庆社，合起来便是“造福肇庆”。寓意与地名嵌合得极佳，只是不知巧合与否。

福肇社、福庆社是地方街巷名，古时其位置在城墙外东北边，与麒麟街相接。麒麟街的街尾东厢，古时也有福庆社。1966 年“文革”期间，福肇社与麒麟街改称为幸福街，1981 年恢复原名，今已不存。

福肇社这个地方早有人居住。清乾隆年间，广东花县人汤宣泰，迁居广东肇庆城北福肇社。当时有个谢晋勋，光绪举人，署始兴、长乐教谕，工于书法，从高要下莲塘落籍肇庆福肇社。其子叫谢弼孙，原名中玉，号尺园，晚年又号老逸。弼孙幼承父教，稍长又师从岭南画家居廉的弟子陈鉴，擅画画眉与梅花。既成年，任教于圣德小学、高要女子师范和高要县立第一中学，教授图画、国文课程长达三十余年。

在福肇社中间，有个观音井，其名源于一段传说故事：观音菩萨从瑶池赴会回来，驾云路过端州，不小心将净水宝瓶里的甘露洒出了几滴，这几滴圣水滴落在地，便变成了一口水井，人称“观音井”。很多街坊说，观音井已有千年历史，起码唐朝时候就有了。一位阿伯称，这里一直有个占地十多平方米的小亭子，里面就是这口观音井，打出来的水特别甜，在井后面，还有尊半人高的观音菩萨铜像。

据说，福肇社原有谢晋勋写的一副对联，见证这里的历史：

福肇丕基，建策贻谋远；

安居仁里，承恩式榖长。

上联的“福肇”，有双重意思：一指有福到肇庆谋生，二指有福开基托业。丕基，指宏大的基业。唐张绍《冲佑观》有诗：“赫赫烈祖，再造丕基。”建策，意为制定策略，出自汉班固《西都赋》：“奉春建策，留侯演成。”贻谋的典故是据《诗·大雅·文王有声》：“贻厥孙谋，以燕翼子。”后来“贻谋”指祖辈对子孙的训诲，亦谓谋划留予后代的福利。

下联的“仁里”，指仁者居住的地方，后泛称风俗淳美的乡里。承恩，是蒙受恩泽。唐岑参有“前日承恩白虎殿，归来见者谁不羡”之句。式榖，谓赐以福禄，出自《诗·小雅》：“神之听之，式榖以女。”亦谓以善道教子，使之为善。

联语表达了福肇社自身源起的一种说法：而今有福再肇丕基，总是想方设法贻燕于远孙；且喜邻里仁风美俗，正宜创业安居，何期来者承恩继踵，伸式榖以绵长尔！人们梦想着一滴圣水开基业。可喜的是，当年这里的圣水开基业，经过数代耕耘如今已化为端州日益繁荣的景象。

福德社：民间信奉土生财

福德社于明代初年是地方街巷名，原址在现端州芝兰街附近，后来才归入芝兰街，再成学校用地，今已不存。

为什么叫福德社呢？原来，这里的居民希望福运绵长，和睦相处，建有间财神庙。庙神民间俗称“土地公”，也有称为“福德爷”，所以此地也就得名“福德社”。

民间有传，福德正神姓张名福德，生于周武王二年二月二日，从小就是个天资聪颖又极为孝顺的小孩；三十六岁时，当上朝廷的总税官，为官廉正；到了周穆王三年才过世，享年一百零二岁。神奇的是，他死后三天，容貌都没有改变。有一贫穷人家用四块大石围成石屋奉祀他，过了不久，居然由贫转富。百姓都相信是神恩保佑，于是合资建庙并打造金身膜拜，生意人常来祭拜他。

而在端州民间，并非信奉张福德，他们把土地公视为财神和福神，因为民间相信“有土斯有财”。因此，土地公就被民间，特别是商家奉为守护神。据说，土地公还能使五谷丰收，因而很多人把它迎进家里祭拜。一般家庭的厅堂五神中必有供奉土地公，家中没有供奉土地公的，也在每月的初二、十六，在家门前设香案、烛台、供品祭拜。不过一般农家则于每月的朔、望两天，也就是初一和十五祭拜土地公。

在古代，福德社一带是民居也是田地，自从有民居之后，称土地之神为“社神”，是一种自然神。他们受历史的影响，更受历史“教化”。自古君王以至平民百姓，都得对土地公立社祭祀，以祈社稷、天下之福。因为大地孕育万物，所以“土”之功德浩大，封土立社，祀五方之土神，以为祈福。祭祀土神分为春、秋两祭，春祭为二月初二（头牙），秋祭为八月十五日（中秋）。

“有土斯有财”这句名言，说明了从古至今，土地在一般人心目中的价值。而在古端州，民间对土地神的祭祀也就成了一种相当广泛且普遍的信仰；从“田头田尾土地公”、“庄头庄尾土地公”，甚至是“街头街尾土地公”等谚语中，都可以看到福德正神在古端州社会上所占据的重要地位。

长福社：福运绵长有寓意

说到“福”字，端州可考的“第一福”，算是七星岩李邕的岩刻“景福”了，至今已有一千多年历史。要说城里最早的“福”字，是南汉朝陈抟留在城东石头岗的“福寿”石刻，至今也有千年痕迹，应该称得上长福绵绵。

端州真的有古街名为“长福”，古称长福社，后来又叫大井头，即现在城西江南社区辖区内的三联巷。长福社是地方街巷名，清代在西厢都，民国后期与马巷、回龙里联为一块，在1966年之后改称三联巷至今。

这条古旧的街道，当年到底是什么景象呢？也许，有些东西再也无法获悉和参透了。我们能看到的只是一些表面的轮廓，影影绰绰，如同雾里看花。而那些隐藏在深处的东西，尤其是与人的命运相关的故事，多半就永远隐藏在了时光的深处。

长福社的得名，取意“福运绵长”，应该出自《汉书·谷永传》：“直言之路开，则四方众贤不远千里，辐凑陈忠，群臣之上愿，社稷之长福也。”长福社古时候有座白马庙。在古代，白马庙香火旺、名气盛，还有动人的传说。

据说，长福社原是个小丘陵地带。古时荒丘缺水，日照时间长，暴晒气温高，长年失收，生活困苦，故取名“常碌”，指常年忙碌。后来，乡人在境内一面造林种果，一面挖塘蓄水养鱼，既改变了环境条件，又促进了农副业生产的发展。乡人收入增加，逐步富裕起来，便把“常碌”改为“长福”，意在表示人民长此幸福无边。

另外有一种传说是明弘治年间，安徽省桐城有一个姓张的军人，在端州为官并迁来家人落藉，后建白马庙，为纪念先祖功德，于是称此地为长福社。马巷之中有白马庙撰联于庙门两侧：

惜民不惜身，万户张侯忠莫比；

载德不载力，千秋良骥人难齐。

白马庙虽然后来毁了，而长福社之名却保留到1966年“文革”前。几百年来，长福社的民居每逢新春佳节，家家户户都要在屋门上、墙壁上、门楣上贴上大大小小的“福”字。

如今走过三联巷的老巷，再思索长福街名，看到居住在这里的人，想起了这样一句话：“心中洒满阳光的人，即便身陷囹圄，也依然自信并洋溢璀璨；心中密布青苔的人，即便人在晴空，也依然自卑并满目晦暗。”

我在想，生活在旧城的人，每当夜幕降临的时候，就是梦开始的时候。人，即便在寒冷的夜空，依然应该守候自己的美丽梦想。心，置放在梦里；梦，融化在爱里；爱，温暖在心里。这就是有“福”了。

群庆街：当年市民的吉庆

群庆街，体现在端州的“庆”字，街在城东古塔南路东面，南接江滨中路，穿过出入口检疫局。在明代，群庆街称作“吉庆坊”，取吉祥兴旺之意，是清代末年“肇庆二十一坊”之一，民国年间因盛产豆豉又叫“豆豉巷”，直到1966年改名为群庆街至今。

吉庆坊改称为群庆街，改得一点也不错。在旧时，端州民间有一种说法：“西有天宁南，东有吉庆坊。”说的是这里的晚上太热闹了。吉庆街在白天就是一条普通的小街，实在是清冷寂寞；一到晚上，顿时活了过来，反差强烈。大热天，特别是晚饭后，人们在家待不住。男人们三三两两地，打着赤膊，坐在街边吃夜宵吃得爽快。

一些勤快的人从家里抬出四方台在屋前临街的路上，放上凉面、米粉、米饭、鸡蛋、凉菜和自己卤好的牛肉、牛肚、牛筋、肥肠、鸡鸭等，简易的小桌板凳一字排开，卖花的、卖唱的、拉琴的、吃饭的、擦鞋的……你还没搞清楚这些人是从哪个角落冒出来，他们就已经甩开嗓子吆喝着和你做起了生意。

老板炒点家常菜，很符合市民的口味。席间的食客形形色色，可以称得上社会各界人士都流连忘返。大排档将这种面对面的消费方式和平民化的表演方式浑然天成地糅合在一起，没有丝毫娇揉造作。人们就地坐，吃着喝着，老板每晚都有钞票进账。那时，没有“下岗”一词，女人们靠这种方式赚钱贴补家用。

对吉庆坊来说，夜是白昼，生活理所应当是从此刻开始的。买卖人不知疲倦地做生意，直至凌晨四点依旧精神抖擞、声音洪亮；食客们卸下白日里的憋闷，一口气兴奋到深夜，不知归去。这个不夜城给人的就是欢畅和痛快，难怪让人爱到了骨子里，美得妙不可言。

当然，现在群庆街的吉庆场景，并非仅大排档的热闹就概括得了。社会在进步，人们的文化生活要求比旧时高得多了。

广庆社：古代的普天同庆

广庆社是街坊名，在清代属原东厢第二图，地址在现端州天宁管理区的明直街一带，古有一座名为“广庆”的佛圣庙，今均已不存。

广庆，取意为普天同庆，因为此地建有广庆圣庙而得名。古代端州，人们什么神都拜，对儒道佛三教更是要拜，正如诗云：

翠竹黄须白笋芽，僧袍道旅白莲花。

红花白藕清荷叶，三教原处是一家。

相传，广庆社在晴空一碧、风烟俱净之地，于清朝初年建有佛圣庙，为供佛像的佛堂。里面供有如来、弥勒、关公等神像，多为铜铸或泥塑，也有纸画和布画。它以所谓的灵验、神明，曾一度享受端州的人间香火，可谓香火兴旺，盛极一时，“煊赫辉煌”。

佛圣庙有关帝圣君大护法，金盔金甲，左右有关平、周仓分别提刀执缰。据说，建庙供神表达了人民要求根除河患的强烈愿望，也是古代端州大地屡遭水患的历史见证，可惜该庙毁于近代战火。

如今，从“广庆”之中，看着人们拜神拜佛的缕缕青烟，突然想起了端州街头中元节烧纸的情景，这真是让人心生痛感的“普天同庆”。中元节又称“七月节”或“盂兰盆会”，为三大鬼节之一。中元节是道教的说法，又称“亡人节”、“七月半”。民间则多在此节日怀念亲人，并对未来寄予美好的祝愿。

在端州城乡，中元节与除夕、清明节、重阳节等三节，同为中国传统节日里祭祖的四大节日。汉族称传统正月十五为“上元佳节”，乃庆元宵，古已有之；称七月十五（端州称为七月十四）为“中元节”，祭祀先人；称十月十五为“下元节”，乃食寒食，纪念贤人。

但是，在中元节黄昏里，端州百街通火，十里烧烟，迎着流火的晚风恣意地绽放在街头，那淡然温馨的夜晚被浓烟萦结了。善男信女们是有爱心拜神呢，还是“善良”地选择从众祈愿呢？

善良比爱心艰难，善良从爱心生起。爱心是一种天赋，而善良是一种选择。

保安里：送出去的对联谁要

保安里，以“安”字取名，意在“永保长安”。其在今端州府前西街，属城内厢都，如今依然有其巷名。清末时，府前路西南横巷为保安里、太平里、吉星巷。

“保安”一词最早不是职业名称，而是指对人或事物加以保护，使之安全或稳定不乱。《汉书·王莽传》已有此词：“辅翼汉室，保安孝平皇帝之幼嗣，遂寄托之义，隆治平之化。”后来，在宋代的中国成为一个军名。而在现代社会，它又成了职业名称，指从事保卫治安工作的人。

据说，在古代有一名外来人，迁至此地建房起院，遂成里巷。这一家人的堂名是保安堂，为适应来客之需，即设一街道，之后取堂名之“保安”，故称“保安里”。保安里在 1966 年“文革”期间改为向前街五巷，1981 年地名变更为原称。

传说，在清朝，保安里有个秀才，才学渊博，出口成章，颇有名望。他不好当官，只好游山玩水，却是民间写对联的高手。四邻名士，云集至此，论赋吟诗，虽然他没有彭泰来出名，却才华了得，写的对联直白易懂，又有趣味。

一天，街坊叫他为保安里写两副对联，秀才一挥而就。第一副对联将“保安里”嵌入其中，寄怀此地平安。

保吾门，休谈国事；

安尔业，便是良民。

横批是“里外一样”。

第二副对联是告诫行人不要走错路了，因为此地横巷太多。

欲左者左，欲右者右；

时止则止，时行则行。

横批是“都是横巷”。

端州有一家茶馆也请他写对联，秀才说：“写，可以。写得好不好由我定，贴不贴由你选择，不要难为自己，也难为食客。”于是他写道：

来不请，去不辞，无束无拘方便地；

烟自抽，茶自酌，说长说短自由天。

此联一贴出，食客不仅多了，生意火了，找秀才写对联的茶馆也更多了。其中有三家对联是这样写的：

一家写的是：

处处通融，何去何从只求两餐；

啖啖味道，谁宾谁主独饮一壶。

另一家写的是：

来应饮也，山好好，水好好，开门一笑无烦恼；

安则行之，来匆匆，去匆匆，饮茶几杯各西东。

第三家写的是：

茶香座上待君来，与星岩有缘，乃尝此水；

春满壶中留客醉，唯青山不老，如见故人。

据传，徐士林在江苏做官时，有人送来一副对联，他打开一字一句地看起来，不住地点头赞许。徐士林看着看着，叫道："好！挂出去！是谁写的？"通判说："是请肇庆一名学子写的。"徐士林听是广东肇庆学子写的，纳闷怎么会传到江苏了？通判又说："这本来是为肇庆府衙写的，但是，被当官的赶了出去，因此被人取得送来。"徐士林一听大喜，赞赏地看看手中之联。

那些幕僚们好生奇怪：徐士林对稀世珍宝不感兴趣，也拒绝礼品，为何对这一副对联倒爱不释手了？原来对联写道：

非真枉莫来告状，任凭神谋鬼算，听法堂鼓三敲，也要心惊胆落；

是良民且去种田，试看村农野叟，住茅屋饭一饱，何等梦稳神安。

康宁社：大师对小姐的传说

端州以"康"字命名的街巷，今有康乐路，清代有寿康坊，在城东有平康街和康宁社等，今均已不存。寿康坊，意为"长寿健康"，古有"饮且食兮寿而康"之说。平康街，意为平静安康，在清代东厢都范围，为原塔脚下堡村处，即现在古塔南路一带。

而康宁社呢，在古代属东厢都，现今塔脚路附近，旧与平康街相近，人称"左有平康街，右有康宁社"，算是祈求"平安"的古街巷了。传说，清代有位医生住此康宁社，挂牌行医，因医术较高而深得居民信任。当时居民认为，与医生为邻，可以永葆福寿康宁，故名为"康宁社"。

其实，康宁之意，一指安宁，颜师古注："康，安也。"二指健康，在古代流传有五福："一曰寿，二曰富，三曰康宁，四曰攸好德，五曰考终命。""康宁"指身体健康，而且心灵安宁。

相传，康宁社外有个凉亭，是社里住的两兄弟所建。兄弟二人情深义重，每夜必促膝长谈。当时的端州康宁社，正如元代王实甫《西厢记》所描述的那样："这里有什么闲散心处？名山胜境，福地宝坊皆可。"后来两人商定，建一亭，块石铺面，阶条铺边。设坐凳，供游人休憩。正脊为砖条，抹灰浇筑，歇山顶，设沟头滴水，铺小青瓦。亭建好了，取名叫什么亭呢？两人夜谈无果，只好请大师起亭名了。

一天，有个自称大师的人来了。兄弟二人不知大师文化水平如何，于是有心试一试他。为兄的出二字上联："大师。"大师眼望望他俩，张口不知对什么。其弟见状，就对答："小姐。"大师问何解，弟答："小对大，姐对师，是配对。至于何解嘛，就是当今的大师如同小姐一样多。"话未说完，大师红着脸，气冲冲地走了。兄弟二人大笑起来，说大师原来是个"二百五"，有名无实。

在日常生活中，人们常把傻瓜或说话不正经、办事不认真、处事随便、好出洋相的人叫作"二百五"。关于"二百五"由来的说法比较多，最让人信服的应该是一个历史典故。

故事来源于战国时期。苏秦是战国时的一个说客，身佩六国相印，很是威风，但也结下了不少仇人。某天，苏秦在齐国被人杀了，齐王大怒，要为苏秦报仇，可一时拿不到凶手。于是，他想了一条计策，命人把苏秦的头从尸体上割下来，悬挂在城门上，并贴出一道榜文说，苏秦是个内奸，杀了他的赏黄金千两。

榜文一贴出，就有四个人前来，都声称苏秦是自己杀的。齐王说："一千两黄金，你们四个人怎么分？"四个齐声回答："一人二百五。"齐王拍案大怒："来人，把这四个'二百五'推出去斩了！"从此，"二百五"一词就这样流传下来了。

后来，康宁社兄弟二人干脆起名"兄弟亭"，在柱间设一牌匾，也请了一位老先生为两根柱子题写对联：

两脚不离大道，吃紧关头须要认清岔路；

一亭俯视群山，占高地步自然赶上前人。

天宁路：天宁国宁赖民宁

纵横交错的街道通向城市的每个角落，犹如生命的脉络，承载着岁月的印迹。端州以"宁"字作街名的，今有天宁路、清宁坊、丰宁路，古代在城东有保宁社、镇宁社，五经里也称盛宁社等。

当今的天宁路，分南、北、中三段，既是端州城区最繁华、最具现代气息的街道，也是历史悠久的古街。早在一千多年前的宋代，天宁路就已经存在，并在天宁南路开始繁华了，因而有“市井商埠”之称，一直延续到了今天。

在古时候，天宁南路不叫天宁路，而叫“水街”（水街就是接近水边的街道），在南宋绍兴年修建。直到民国十三年（1924），水街才改称为天宁南路。在民国十五年（1926），又建成天宁北路。在“文革”时期，天宁路曾被改称为解放路，直到1981年才复称天宁路。

水街怎叫天宁路呢？那就有一段“古”。

天宁，意为祝颂天下安宁，因古有“天宁寺”而得名。宋朝将五代十国统一后，在北宋淳化年间，端州的知州冯拯，在水街修建了一座“安乐寺”（古址在今天宁贸易中心商场），意为宋朝统一了中国，端州百姓从此可以安乐了。谁知，宋朝历年征战不断，尤其是侬智高侵占端州的叛乱影响甚大。相传，在端州置兴庆军时，其节度使郑敦义到了端州，他气愤地说：“何来安乐？老子还要南征北战，保天子安宁呢！称‘安乐寺’简直是在‘拍马屁’。”

人们常用“拍马屁”来说献媚奉承的行为，然而古时候“拍马屁”却并不是贬义词。据说，这是蒙古人的习俗，两人牵马相遇，要在对方马屁股上拍一下，表示尊敬。那么“拍马屁”为什么会演变成贬义词呢？这是因为宋代的拍马屁风气，那些趋炎附势者看到权贵策马而来，不管他的马优劣如何，都争着拍马屁股恭维一番：“大人的好马，大人的好马！”于是“拍马屁”渐渐地就演变成了“巴结讨好、阿谀奉承”的意思。

郑敦义为了不“拍马屁”，于是把安乐寺改名为“天宁寺”。这样一改，天宁寺便无愧有“一府伟观”之誉了。据说，就天宁寺的规模而言，位居端州城四大寺之首。其大体的布局是全寺坐北朝南，以山门、金刚殿、大雄宝殿、药师殿为中轴结构。门前有一块照壁，还有一对石狮。自此，端州在相对安宁的宋朝中度过。宋政和八年（1118），“兴庆军”也顺利过渡为“肇庆府”。

历经两宋，至元朝，肇庆的“府”便被改为“路”了。后来，杨廷璧到肇庆镇压南海欧南喜反元军结束后，知事（主持府事长官）朱深通在延佑年间又将天宁寺改名为“天宁万寿寺”，并在寺内铸有一口铜钟，意为“铜钟一响，万寿无疆”。两百年过去了，到了明朝末年，朱由榔在肇庆立都称帝，又在天宁寺东部建起“万寿宫”，他不管万寿寺与万寿宫是否用名重复，反正他将新建的万寿宫用作供大明皇帝牌伫。来使不管到天宁寺还是到万寿宫，文官一律下轿，武官一律下马朝拜。

说也奇怪，经过宋、元、明、清四朝逾千年，天宁寺总算“万寿”，保留得好好的，寺的名称不变，连寺外的水街名称也一直不变。但是，在民国六年

(1917)，天宁万寿寺和万寿宫一夜之间被拆毁，灰飞烟灭。从此，“水街”依然在，却已无万寿寺。直到 1924 年，人们在扩建水街后，才将此路命名为“天宁”，也许是对天宁寺的追忆吧。其实在当时，天宁路仍然污水横流，街市杂乱，因而当时有人戏说：“万寿寺宇不万寿，水街依然是水街。”

天宁路这条马路，既是端州城内的交通要道，又是主要商业区域。千百年来，这里繁华依旧，门庭若市。20 世纪 20 年代初，天宁南路车水马龙，商业发达，街上好一片繁华景象。倚西江是南北两岸往来的渡口，在天宁南路这里作为一个物资聚散地，临街几乎家家开店，什么生意都做，大到卖金银首饰，小到卖针线筐箩，一天到晚人声嘈杂，吆喝声、捣药声、“咚咚锵锵”的打铁声此起彼伏。来往的人也多，四面八方的人都过来买东西，的确是名副其实的交通与商业中心。

当然，天宁路今非昔比，如今已是亮丽大街，成为人们休闲娱乐购物的中心。真是：

红尘横围十善地，青烟径入九重霄。

天宁国宁赖民宁，沧桑正道天不老。

丰宁巷：十八姑娘八十郎

话说民国初年，端州有条丰宁巷，即如今人民南路东边的一条巷。丰宁巷取“丰阜康宁”之意得名，1959 年因改路而被拆迁，今已不存。

据传说，清朝秋月的某一天，住在丰宁巷的一位姑娘去赶集。她花钱如水，却自称不是什么大手大脚的人，只是该花的从来不手软。只可惜每次花钱的时候就会忘了自己是个“街边女”，收入无多，常常搞得入不敷出。

这不，人一穷，丑事就跟着来了。天有不测之风云，突然下大雨。“落雨大，水浸街”，她买完胭脂又穿街过巷，不慎一脚踩进泥洼里，花鞋被泥水浸透了“胭脂”，比手上的胭脂还浓，花袜也变成污黄浊黑，她判定花鞋将“鹤驾归西”。

情急之下，她决定买一双新鞋，便走去摊档，看看这双很好，太贵；看看那对很新潮，也太贵；再看看，还是太贵……看了一个多小时，一双也没说买。那老板娘是个势利眼，瞅了瞅街边女就说：“买不起呢就别买，不要摸来摸去的，把我的鞋都摸脏了。”街边女大受刺激，翻出钱来就打算买一双，数了数，发现还真是不够，便冒着雨灰溜溜地走开，再也没回头。

不过，她郁闷了，穿着这双脏花鞋怎见人呢，于是买了双便宜的劣质木屐充数。两齿木底鞋，走起来路来“吱吱”作响，适合在雨天泥上行走。但是，便宜没好货，不到一刻钟，断带。她打算再买一双。这时候，另一档卖鞋的老伯，前来兜揽生意，自言自语地吟着：

一姐不及二姐骄，三寸金莲四寸腰。

五六七包胭脂粉，八九打扮十分娇。

姑娘装作听不见，低头瞅了瞅鞋，郁闷地说：“这鞋是美，也太贵了呢。”

发须皆白的老伯一听，看了她一眼说：“如今大姑娘上花轿都贵了，娶不起，我八十岁还是光棍呢，一双鞋贵不过娶老婆吧。”

姑娘红着脸，不与老伯瞎扯。老伯又说：“姑娘你干脆嫁给我吧，我将整个鞋档都送给你。”姑娘哈哈大笑说：“我十八岁你八十岁，你真会吃豆腐和计算呀。你刚才吟的诗以为我没听到，你是想：

十九月亮八分光，七姐下凡配六郎。

五四三更灯鼓响，二人一起入洞房。

接着姑娘剑眉一皱说：“哼，你想得美，姑奶奶我不穿小鞋。”

“小鞋”，是旧时代缠了小脚的妇女们穿的一种绣花鞋。日常生活中常说的“穿小鞋”，源自宋代一个故事。

相传北宋时，有一个名叫巧玉的姑娘，她的后母要将她许配给一个又丑又哑的有钱人，巧玉坚决不从，后娘也没有办法，便暗暗想法子整治她。恰逢有一位媒婆把巧玉说给一位秀才，巧玉很中意。后母却在背地里剪了一双很小的鞋样子，让媒婆带给男方。

巧玉出嫁那天，这双鞋怎么也穿不上，害得她上不了轿。她又羞、又恼、又急，一气之下便上吊自杀了。后来，人们便将这种背地里打击报复的行为或是利用权势让人难堪的做法，叫作“穿小鞋”。

再说老伯，无奈地指了指姑娘说：“我怎会给你穿小鞋呢，你穿多大的鞋都有。”姑娘觉得人穷就气短，死要面子就活受罪，但想到老伯比自己还郁闷，便也心安理得，故作诗调侃道：

十八姑娘八十郎，苍苍白发对红装。

鸳鸯被里成双对，一树梨花压海棠。

老伯一听，心想，姑娘你会吟诗，我更会吟，便得意地跟着赋诗一首：

我年八十妹十八，妹是红颜我白发。

与妹颠倒本同庚，只隔中间一花甲。

姑娘一笑了之，光着脚走了，不成一段佳话。

安和社：三才子论典

在端州城区以“和”字命名的街道今有和平路，古时在禹门坊有清和里，城西有安和社、忠和社（亦称“石嘴街”）等。旧时的安和社，在现在城西君子里附近，道光年间属西厢都地域，今已不存。

安和在古时遍地杂树，住宅建在埯边，始称“树埯”。耕地多数濒临山溪，早时因河道淤塞，每逢暴雨，泥沙冲压田园，苦劳终年无所收获，村民常在田里哀叹苦恼，故把这片田地称为“苦地”。后来经过改道，疏通河流，免除水灾，取得丰收，人人过着美满的生活，便把“苦地”改称“和地”。但是，由于地处偏僻，屡遭强盗抢劫，后又谐音称为“安和”，意在能得到安宁和平。

传说，古时住在君子里的有陈、李、王三人，都自称才子，虽然上了年纪，但谁也不服谁，凡事都爱引经据典，经常争个面红耳赤，斗个你死我活。

有一次，安和社准备旌表（即立牌坊），为一个姓赵的人士“保社安民，五世同居”有功而立。正在这一天，陈、李、王三人在安和社偶然碰面，便又争论起来。

有人提问陈姓才子，安和社的“安和”二字寓意是什么，出自何典故。陈才子说：“安和社是平安、和好的意思。至于出自何典故嘛……”他转身说，“你们等着，我去去就回。”原来陈才子回去翻书了。一刻钟之后，陈才子又匆匆赶回来对街坊说：“‘安和’二字最早出自唐朝韩愈的《与大颠师书》，书里有云：‘孟夏渐热，惟道体安和。’宋朝范仲淹《与中舍书》之十：‘今日钱主簿来领书，知尊候安和。’另宋朝沉作喆《寓简》卷八：‘思虑清静，步履轻健，寝寐安和。’他们都是引用韩愈的，意思是身心健康、心安气和。”

谁知，姓李的才子也正好在旁听着，他马上驳斥道：“安和社是安详平和之意，出自《汉书·杜延年传》。”

陈问李有何依据，于是又争执起来，各执一词。李说：“《杜延年传》有‘延年为人安和，备于诸事，久典朝政，上任信之，出即奉驾，入给事中，居九卿位十余年’；后有《南史·王僧辩传》‘母姓魏氏，性甚安和，善于绥接，家门内外莫不怀之’；再有包世臣《再与杨季子书》：‘介甫词完气健，饶有远势；子固茂密安和，而雄强不足’。”李反问道：“这不是安详平和吗？唐宋人的说法都是根据《汉书》的。”

陈才子一时哑口无言。这时候王姓才子又来了，他说：“你俩都错了，安和社之意是安定和平、安定和睦，最早出自《晏子春秋》的‘未免乎危乱之理，而欲伐安和之国，不可，不若修政而待其君之乱也’。《韩诗外传》卷五又曰‘百姓皆怀安和之心，而乐戴其上’；唐朝元结的《夏侯岳州表》又曰‘公能清正宽恕，静以理之，故其人安和而服说，为当时法则’；再有《元典章》云‘今后五世同居安和者旌表其门’。”

街坊们最后说：“你们别争了，安和社就等着旌表了。”

和平路：华佗医院的得名

和平路，许多城市都有此路名，其名取“中国人民热爱和平”之意。端州和平路在1984年开通，东西走向，将乡村变为城市，各行各业都有。和平西路段旧属景福围中屯，称为“鱼米之屯”。新修建的大街现横接工农路、跃龙路、古塔路，一直到前进路。

和平路之名沿用至今，象征着端州人民向往和平的心声，如今已成繁华通衢和交通枢纽，在和平西路，标志性建筑有华佗医院等。

我与华佗医院的孔令深老中医有一段诗词缘和书法缘，他是市书协主席，也是我的书法启蒙老师。当然，在书法上，还有晏任飞老师对我影响很深。孔令深在医术上声望极高，是颇受人们敬仰的著名医学家、养生家。有一天我与他不谈书法，只谈华佗医院的得名，他说当年经过几番讨论才敲定医院名。众所周知，华佗是三国时的“神医”，这儿有一个美丽的传说。

相传华佗年轻时，家里很穷，可以说是衣不遮体，食不果腹。一日夜里，华佗刚睡着，听到有人在他耳边轻声说：“华佗，你想成为神医吗？若想的话，你明日就拿个大锤把城西北的那个石狮子砸开，里边有本药书，你若能熟读那本药书，你就会医治各种疑难疾病，那样你就会成为一名神医。”华佗惊醒，原来是梦。

翌日一大早，华佗就按梦中人说的，来到城西北将石狮子砸开，一看，里边果然有一本厚厚的药书。华佗如获至宝，将书捧回家中，发愤研读，后来确实为人们治好许许多多的疾病，“神医”的美名不胫而走。

当然，华佗医院的起名，寄托了人们的希望。人们总是希望医者“华佗术，父母心”。几十年来，华佗医院善于总结前人关于强身保健的经验，并在此基础上，更进一步，现已成为一所以传统中医中药为主，实施中西相结合的，集医疗、康复、保健、科研、教学为一体的二级甲等（综合性）中医院。在此，我想起一副对联，与孔令深大医师作交流：

医史溯前贤，把酒凌虚，叹历代医林何盛！想汉推仲景，唐赞王焘，明颂濒湖，清尊天士，著述各千秋，整理提高需巨擘；

药庠培后哲，披襟岸帻，喜先朝药石弥珍！看草肇神农，炙由华佗，图源苏子，采纪桐君，鸿儒垂万世，继承光大振中华。

德星巷：和气蔼于门庭

端州的先人们为祈福纳德，便给住的地方取名德星社，后来变为了德星巷。此巷与吉星巷、福星巷形成端州城西“三星拱照”的古街巷。德星巷在清代时分为一巷、二巷，有着几百年的历史。在“文革”中被改为向前路六巷，20 世纪 80 年代恢复原名。

这条巷可称得上古代“步行街”。巷不算长，民居屋连屋、院通院的，从德星巷进去，又可从吉星巷出来。古时孩子们唱着自编的儿歌：“灯笼挂屋，火炮蜡烛，灯笼挂门前，满屋是银钱……”吉利的话乐得东家眉开眼笑，这时就会给孩子们红包。

这条巷轿车是开不进的，即使进得去，恐怕也难出来，因为巷道实在太窄，人们行走都是擦肩而过；更因为古时没有机动车辆，官员最气派的交通工具是“文官坐轿，武官骑马”。

这条街巷名称是大众化的名字，也具有鲜明的吉祥色彩，类似于中国古代天文学中的星区划分，使用的是“星官”系统。

“德星”的得名，来源于唐代赋家《德星聚赋》“贤人下会，德星上聚”之句。德星，被认为是光明吉祥的征兆，因而取为街名。古以景星、岁星等为德星，认为国有道有福或有贤人出现，则德星现，因此，德星也喻指贤德之士。

相传，端州德星古巷中曾建有格调肃穆淡雅又颇具规模的德星堂。说是街里人家安居乐业时，正值德星聚，德星乃一岁星，岁星所在有福，故取堂名曰“德星”，也应验了“德星聚奎，五百里内有贤人聚”的端州景象。据说，当时德星堂有楹联写道：“德星长聚五百里，广厦颜开千万间。”其实五百里的范围已经包括端州老城了。人们希望家传礼义，世绍簪缨，和气蔼于门庭，淳风彰乎邦国，凤毛济美，兰桂腾芳，鼎甲华宗，后先辉映。

据老端州人描述，过去德星巷由于地处府前路，府前路又是嘈杂的闹市，于是人们便沿巷搭屋，逐渐形成民居，这些一条条的小巷就是今日老城的雏形。自古以来，城西作为道及府的所在地，道府并无直辖地，在端州城则设高要县衙署管理地方事务。当年的高要县与肇庆府连为一体，清代有民谚：“火烧肇庆，连及高要。”“喊冤递状一通鼓。”意思是相邻一街，两座衙门相连，在一处击堂鼓，两处都能听到。

这些有星字的古街名，代表了古时候端州人民对生活的美好祝愿，属于较典型的精神寄托。

吉星巷：吉神的代名词

吉星巷，在端州旧城区，在清代属内厢府前西街横巷。古人为一方平安图个吉利，才命名为“吉星巷”。该巷的名称始于何时已不可考，但是，一直被叫到20世纪60年代。其后被改称向前路四巷，到了80年代第一春，才仍然恢复了吉星巷的老名头。

老街的每一段路，每一堵墙都承载着一段历史。走进小巷，立即便会感到一种静谧和清凉。这块地方之所以叫“块”，原因是它太错综复杂了，像迷宫，绕来绕去找不到北；像市井，东拉西扯终归是一条条的小巷，吉星巷就是其中之一。

“吉星”用来象征给大家带来吉祥的人或事物，“吉星高照”寓意吉祥之星高高照临。同时居民取其祥瑞至极的彩头，称“吉星高照”、“福禄无限”；商家则称“财运亨通”、“生意长久”。旧时，有这样充满文化韵味的门联：

巷有仁风春色溥；

家余德泽吉星临。

这静静地镌刻在吉星巷一处寻常人家的普通随墙小门儿上，而就是这样精彩的文笔，也不过是吉星巷那纸香墨飞的门联中的一对而已。这足够你去想象，吉星巷在端州城的胡同中，是多么独特而重要的一条了吧。

有位街坊说，过年吉祥语人人都讲，你派个“喜洋洋”祝愿青春常驻，他派个“恭喜发财”祝愿新的一年挖座“金矿”等。而一个“大展宏图”的利是封面一直烙印在我脑海——在一片金色的海上，一只大鹏在夕阳的余晖中展翅飞翔。“祝你在新的一年里大展宏图，鹏程万里!”其乘载的这些祝福对一个在人生路上越走越迷茫的人来说，是一种睿智的表达和至诚的鼓励。

俗话说：“天上三吉星，人间福禄寿。”其实，吉星是玄学的星相，吉星是吉神的代名词。有位老伯说，一个人想吉星高照、吉神常随，必须诸恶莫做、众善奉行方可，否则要将生命作“替罪羊”了。因此，古时这里的人很少用“三阳开泰”的字眼，一直以来用的是“三星拱照”。端州人们在日常生活中，常用“替罪羊”来比喻代人受过的人，端州人称其为“替死鬼”。

据说，羊是古代祭祀中必不可少的最主要的祭品。羊除了用作献祭上帝的牺牲，还承担了一项任务，就是给人类“替罪”。用羊替罪来自古犹太教。古犹太人把每年的七月十日定为“赎罪日”，并在这一天举行赎罪祭。仪式如下：先牵来一头公羊和一头公牛，用公羊和公牛的血作为赎罪祭品。再牵来一头活山羊，由大祭司双手按在羊头上宣称：“犹太民族在这一年中所犯下的罪过已经转嫁到这头羊身上了。”接着，便把这头替罪羊放逐到旷野上去，即将人的罪过带入无人之境。最后，再把那赎罪的羊和牛烧死。“替罪羊”一说由此流传下来。

老伯还说，吉星高照之人是不会代人受过的，因为他不是羊。

迎祥街：取意迎纳吉祥

迎祥街在现在的阅江路东段，道光年间，与擢桂坊、桂馨街相连，1966 年至 1981 年改称为东风二路，后统称为阅江路。

迎祥街，取意迎纳吉祥。我也为了“迎祥”而走进迎祥街。据说，民国时的迎祥街，街上有警察分署，再往古处寻，就到了桂馨街那个火攻营。这里原来是军警、部队兵工厂的地方。现在，“火攻营”已不存在了。只见街上的石块和人家的建筑，狭小的街衢，还在那里展示过去端州旧城悠悠的态度。

矗立在两边的，不是一间间高大的店铺，而是那些被岁月的风雨吹剥得褪了颜色的民居。即使有招牌店号，也仿佛是白了发、掉了牙的老人在用颤抖的声音，诉说着昔日的繁荣。

如今走进去，一到所谓的古街口，不太相信这就是古街。秋高气爽，阳光明媚，咋会透不出古味呢？转念一想，“人事有代谢，往来成古今”，这里只是概念化的古街了，也许这才是真实的古街吧。

沿着窄窄的、不怎么平整的现代石板小街一路走去，没有商铺，没有行人，没有招牌甚至没有指路牌，便下意识地产生了走错地方的感觉。虽说夸张了点，但随手指了指面前的一块石头，说是以前留下来的，我也会将信将疑。恰巧见到一位老人，他很善谈，还说“迎纳吉祥”是街名的用意，并取出一幅《童子抓蝙蝠》旧图给我看，他解释说：“纳，收入、接受、容受之意。抓蝙蝠是纳福、享福、受福，是旧时见面或通信常用的问好语。现在多指‘祈福迎祥’了。”不过提起现在的迎祥街，老人有些不服气：“现在的迎祥街成了阅江路，也没了祥味，也不知道是谁没经法院批准就让迎祥街与擢桂坊、桂馨街结了婚。”

遥想当年，迎祥街四通八达，古街上牌匾林立、旗旗飘舞，是何等的热闹。这一种祥和之美，若硬要用近代语言来表现，我想没有比“迎纳吉祥”这四个字更恰当的了。

“迎纳吉祥”体现在元宵节，这是古街上最祥和的景象，这里曾经龙灯起舞，笑语连天。据老人说，过去闹元宵是锣声阵阵，声闻十里，踩高跷舞狮更是热闹，有渔翁、媒婆、傻公子、小二哥等，表演者扮相滑稽。人们穿着节日盛装，相约出游、成群结队走出家门，祈祷祛病除灾、祛病延年。

过去是过去了，现实就是现实。穿过这一连串旧巷，我分不清哪一块是迎祥街了。再望一眼这里的新旧之楼，以及站在巷子里的独居老人，心里很不是滋味。

有学者说，在现代文明条件下，传统文化遭遇尴尬似在情理之中。这种尴尬从另一个侧面说明社会进步了，人们的文明程度提高了。试问，谁还愿意回到那不能主宰自已命运，只有靠祈求上天保佑而迎祥的岁月中去?

太平里：梁三夜闯大院

人求安乐，最关心的是太平。端州城西有一条并非十分出名的太平里，位置在府前西街的西南，如今是一条横巷。太平里曾在1966年被改称为向前街三巷，1981年又恢复原名。

太平里，折射出端州大清盛世一段太平史。史料有记，古端州在没有战争的年代是太平的，为官一任也是想平安一方。从州衙到府署，城市建设加快，社会还算稳定，寺庙学宫也增加不少。为保太平，城西的西门内大街设有城隍庙，意为保佑城府。当时的庙前街、道前街、县前街、府前街十分兴旺。特别是城里又多了一个两广总督署，当时端州又打造出新一轮的太平盛世，于是府署的官员们为显示有所作为，大改巷名，就以府前路为例，最具标志的是将府前西街的所有横巷都冠名，称为太平里、吉星巷、保安里等。“太平里”因此而得名。

相传，当时城里有个官员为歌功颂德，便请了一帮文人墨客各撰一副楹联，选出最佳的挂在府署上。其中太平里一个不知名学者写的对联被选上了：

府县为斯民最切近之官，造孽则易，造福则难，莫为片念可欺，天地神明皆鉴我；

刑罚亦朝廷不得已而设，用轻者纵，用重者残，只此一心所及，是非曲直敢冤谁。

后来到了清代，当地有个孩子排行第三，名叫梁太平，人称梁三，自小得师父传授他拳腿棍棒、软硬功夫。他为人正直，深明大义，看到清政府对外妥协投降，对内压榨百姓，心中极为不满。他听从师傅教导：“回家一定要孝敬父母，好好做人。万不可仗着会点武艺，去帮助腐败官府，欺压乡亲啊!”

一天，梁三回到端州城，天色已晚。晚风阵阵，送来管乐的靡靡之音。原来是知县的深宅大院，门窗紧闭，灯烛辉煌。他看见一个华贵的老太婆，坐在盘龙椅子上观赏歌舞《乐太平》。但是，在一旁有个丫环哭得死去活来，看来是被人欺凌了。

梁三运用飞檐走壁功夫，摸出防身武器——袖珍飞石，左手扳开窗棂，右手端平飞石，对准九支好大的红蜡烛，“唰”的一声，满屋烛焰纷飞，转眼一片漆黑……

知县不知是什么原因，大吃一惊，携老太婆跑了，衙役们也一哄而散，桌凳东倒西歪。待到灯光再亮时，只见白粉墙上留下两行大字：

官笑民哭，世道不明。

若要太平，盼望官清。

这本来是平常的一句气话，却被官府翻译成了反诗。咦！这不是包含着“哭明平清”吗？这是反诗呀！知县老爷带领衙役搜城，谁知怎么抓都抓不着。而太平里的街巷名却和人名连在一起，轰动了全城。

风行坊市

城以市而兴，市以城而存。凡邑里，民居所聚之处为坊，而货物贸易之地为市。坊则系之以名，表厥宅里；市则治之以官，平其物价。“坊市”作为一个时代的符号，记录了这座城市的历史。

福绣坊：一方街市谁作绣

古人作绣，一生的光辉只为这一针一线。端州历史文化老区之一的福绣坊，也许是从这光辉之中从历史走到现在。

福绣坊从宋代开始有其街巷名称，在现端州区城中路中段地方，南北向，巷头有坊，历经千年，名称沿用至今。“文革”时期称为红旗二路四巷，1981 年后复称“福绣坊”。

福绣坊在宋代为内厢的一部分，发展于南宋，兴盛于明清，直到清末民初仍然商机勃发，闻名遐迩。在清末民初，福绣坊连同城中路商业兴旺，楼房富有浓郁的南国特色。这里积聚了大量的手工艺者，也诞生了一些老字号商店。但随着时间的流逝，一批老牌字号逐渐消失，一些手工艺也无法流传下来。

《利玛窦中国札记》提及，肇庆府城中的福绣坊绣衣街一带曾是为官府官员缝制衣物的坊间。当利玛窦与肇庆的官员打开交往的局面后，也曾去福绣坊缝制一两件干净得体的衣裳。后来不少人到福绣坊赏唐装，买工艺家饰，购童装、鞋帽等相关商品。

在福绣坊内漫步，小巷的入口处是一座新建却古韵十足的门牌楼，其顶部用琉璃和细瓦做装饰，在门牌的正中央，赫然写着三个金黄大字——福绣坊，牌匾十分醒目，老街中的古迹旧址偶有一见。

说起福绣坊的由来，有许多传说。

一说，宋朝时期，城中路一带文士聚居，街坊大多以经营刺绣、缝制生员和秀才的服饰为主，市场需求使之形成了绣衣专业街，时人称之为“针绣坊”。于是，针绣坊成了府城的一个标志，也成了古街的一处景观。针绣成了一个典故，这一典雅的名字也流传至今。

另一说，当年这条街巷聚集众多秀才在会馆中求学，街巷中常见秀才文人行走。这里也居住着很多大户人家，并出仕为官。大宋时期，读书人都穿刺绣的衣服，绣衣成为封建社会读书人身份的象征。皇帝在朝廷闻听此地的求学之风盛行，认为是有福之地便钦赐“福绣坊”三字。当地官员将皇上的赐书立牌坊于街巷口，从此，福绣坊声名远播。

还有另一段长者喜欢提起的佳话：福绣坊曾经有个美丽的女子，刺绣技术精湛，为人贤淑，因为她曾居住于此，教人“送福作绣”，使其居住地附近的人都能“福绣”，谐音读为“福寿”，以后，就逐渐演变为福绣坊。

福绣坊当年因刺绣、缝制而闻名，可惜如今的老街，昔日飞针走线的作坊消失了，裁云剪月的场景也不见了，狭小街道边也难得一见改裤脚、缝补衣物的摊位。

随着岁月的流逝，福绣坊再也不是商业街了。它成了小巷，成了社区，很多人对它已经感到陌生，唯有牌坊上“福绣坊”那三个字依旧在讲述那段逝去的历史。

来紫坊：瘴乡恶土妇人泪

来紫坊，唐代已有此名，民国后期划入塔脚路，今不存。古代借“东来紫气”作吉祥、祥瑞的象征。然而在唐代，端州谈不上“紫气”，有的只是瘴气。唐代的端州是瘴疠流行的贫瘠和落后的地方。

“瘴乡恶土”的成语，说的就是古端州。唐代，一名秀才叫袁逊，有志于功名，想到京城求个一官半职做做。在京城滞留几年，竟然一事无成。后来，有一个知己推荐他做端州的巡官。他嫌弃那是充满瘴气的地方，穷山恶水，心里非常不愿意去。朋友就劝道：“你窘困到这种地步，还有工夫选择地方吗?”不得已，袁逊带着家属走马上任。可是还不到一年时间，大小老婆及子女都死掉了，只留下他憔悴一人。后来虽然与当地另一女子相爱了，但他不想留在端州做官，于是一走了之。

而那个来紫坊的女子，嫁给袁逊为妻，因为他离家远行，经久未归，就天天在西江边远望，盼望丈夫归来。

她正值妙龄，又有艳如桃花的容貌，本应尽情享受夫妻的恩爱生活，无奈袁逊经年不归，少妇面对残酷的现实，悲痛至极，以至产生了幻觉。她梦见丈夫乘着快船来和自己相会。夫妻犹如绿浦上的鸳鸯，锦屏中的翡翠，形影不离，永相和谐。她醒后自知是梦一场，自己的亲人呐，唯有在梦中才能相聚！思念之深，忧恐之极，不禁泪涟涟。可知平日该有多么寂寞、空虚和痛苦。

一天，她梦里出现可怕的场景：夜风大作，将江边的树木都吹折了，船也翻了。白天一看，江面上烟雾弥漫，茫茫一片，谁知道袁逊现在身处何方呢？平日已有“望尽千帆皆不是”的惆怅，而此刻对相隔天涯的袁逊吉凶未卜、安危萦怀，内心更是一片慌乱。

“妾心正断绝，君怀那得知。”许多年过去了，袁逊终未回来，这女子便走上山巅去观望。她日复一日，伫立江岸，风雨不动，坚如磐石，没有改变初衷，依然在盼望着，等待着远方的丈夫。那真是“思悠悠，恨悠悠，恨到归时方始休”。最终女子化为白石头，在西江南岸边的羚羊山上，人们就把此石称作“望夫石”。

后来到了明代，有一个风流文人叫伦文叙，来到端州，听说了这个故事，便题诗一首：

白石佳人住海旁，天为罗帐地为床。日为宝镜朝阳照，月作银灯夜夜光。

千年不梳龙凤髻，万载不换紫罗裳。可怜不见亲夫面，痛哭江干恨断肠。

一年春天，我试图找一下来紫坊，却只找到这一带火红的灯笼，一个个、一串串，挑上了屋檐，悬在了半空，滚圆、方棱、八角……形态各异，造型奇特，用鲜明的中国符号，暖红的色调，映照着江城，映照着人们的欢笑脸庞。鲜红的春联，一条条、一副副，用饱蘸浓情的笔墨，书写出美好的新春祈愿；用对仗工整的词句，恣意彰显着恒久的华夏文化。贴在门框，顶天、立地；看在眼中，幸福、暖人。红色，开启了崭新的希望之门。

龙津坊：西江要津越千年

端州在很久以前就有渡头，西汉时便设有盐官，成为食盐通过西江运往中原地区的重要转运地。

汉建初八年（83），大司农郑弘倡修交州入贡峤道，促进了岭南与中原的商品流通。其时，端州已有专门从事丝织品长途贩运的商人，其中广信县苏娥贩运丝织品死于龙津坊就记录在古人书中。宋代生产技术水平有所提高和发展。宋代学者钱易云：“端州以南，三日一市，谓之趁墟。”墟上主要摆卖陶瓷、纺织品、藤器、竹器、木器、文具等。

端州龙津坊，自古为西江津要之地，是重要渡口，水陆交通要道。在宋代，龙津坊西至宋城东门，东至崇禧塔。到了元至正三年（1343），龙津坊创设石顶渡，于今崇禧塔西南高码头，龙津坊之名今不存。

在南宋绍兴年间，龙津坊的知府陈大可，在如今的天宁南路修筑水街承建了“摧锋军府”，其他大户人家也相继落户龙津坊。绍兴三十二年（1162），冼氏在龙津坊建了一座华石公祠；咸淳四年（1268），崧台谢氏建有“芝兰书室”于龙津坊，故址在今市第十中学内。

传说，在清代，芝兰街的玉树书室，因年代久远，横匾的“树”字崩裂了，字迹模糊不清，父老士绅请了好几个人重写“树”字，可是，没有一个人写出的字能和剩下的三个字相搭配，更写不出原来“树”字的神韵。

有人提议：“请彭泰来写吧，他楷、篆、行、草样样皆精，摹写的字，可以乱真。”另一个人说：“人人都知道彭泰来的字写得好。不过，这位老先生非常高傲，有些大财主生日，出重金请他写个‘寿’字，他都不写，我们怎能请得到他？”又一个人说：“彭泰来像他祖辈彭显一样，最喜欢吃狗肉，你们买来狗肉美酒，我自有办法。”

吃晚饭时分，彭泰来被请进了门。他站在屋里，看见狗肉在瓦煲里炆得“卟卟”响，满屋是狗肉的香味，不禁咽了几下口水。

天渐渐黑了，碗筷美酒已摆上桌面，狗肉的香味撩得彭泰来的肚子“咕咕”叫，他忍不住了，问：“该开席了，还等谁？”

有个人指指铺在另一张桌上的宣纸笔墨说：“我们在等一位老先生，只有他才能把玉树书室的‘树’字写好，你耐心等一会儿吧，等他写了字再开席。”

彭泰来很生气：“这么多人等他一个人，真不像话！这字就他能写？我就不能写？”看了横匾上剩下的“玉书室”三个字一眼，捋起衣袖，挥笔写下“树”字，他写的树字，和横匾上的字排在一起，果然天衣无缝。

屋里的人互相打了一下眼色，都会心地笑了，说：“开席，上狗肉。”

彭泰来后来才发现上当了，不过，他说这是一件好事。

三十年后，看不见“玉树书室”了，只见到新的“育树教室”在兴起。有一年学校大门建成，大红的鞭炮，凝结着来年的心愿与期盼，极具诱惑地招引着欢跳的孩童，激励着勤奋的人们。在新学年的节点，鞭炮通通被点燃，人们辞旧迎新，迈入新的一年。

金津坊：三十五姓闯端州

据史料记载，渡头村一带在唐代名为“金津坊”。据说，唐初武德四年（621），端州城设在今二塔路以西至崇禧塔脚下一带，即目前渡头村所在地，当时还没有宋城墙。据说，唐朝灭亡以后的五代十国时期，官府将端州的州城迁往现在的宋城墙内。宋皇佑中，肇庆始筑土城。

渡头村是端州区厚岗管委的一个自然村，西起城区前进南路东堤湾小区，东至二塔路文魁塔脚下。全村六百多户人家，共有一千多位村民，村中男丁全部姓梁。走进渡头村不显眼的南巷，有一座梁氏宗祠，称为“安定郡祠”。据查，这是端州仅存的宋代碑记，刻于宋嘉定十五年（1222）。推算一下，至今已有近千年历史了。

安定郡，这是个“堂号”，堂号是姓氏历史渊源的标记。不同的姓氏，为了给自己的姓氏打上历史印记，便命名各自的堂号。“安定郡祠”碑文记载渡头村梁氏始祖梁夑的事迹。

梁燮，字汝和，河南洛阳人，宋咸平元年（998）考中进士。初任南雄州判，宋祥符元年（1008）至天禧元年（1017），先后两次担任端州刺史，因“端士民感德，至秩满日，累奏，敕留历年任十一年”。梁燮卸任端州刺史后，考虑到端州“南海风涛壮，西江瘴疠多”，不想眼睁睁地看着百姓遭受如此灾患，要不真是心痛至极！端州人丁单薄，劳动力严重缺乏，而他曾经管治过的南雄人多地少，百姓生活困难。为使端州长治久安，他便做出“添人添口又添丁”的壮举，引进人力、物力。梁燮先将家族安置在城东渡头一带，且为世家。据说，安定郡祠梁氏族谱是这样记述的：

宋景祐三年，梁燮授意其子梁卞，从广东南雄珠玑古巷招来严纯、谢景福、刘顺、何有过、黎景茂、莫让、唐辛、冯冬弟、罗裳、陈冬弟、邓乳牛、苏亚、程仁、张贵、梅花白、黄亚雁、伍良受、马仔、杜狗奴、覃奴仔、麦山、李惟明、白玉、陆文振、龙顶、林帮彦、赵成、杨时春、谭戌住等29姓270口，这对以后的南雄历次民族南迁影响很大。

尔后，又从珠玑古巷招来宾于廷、周贵、钟天道、瘳彦、曹亚平、蓝秀等6姓人，分派端州、高要郡各都、甲落脚。35姓氏引入了人力水车、稻床、木砻、木米臼、石臼、石磨、风车、竹筛、耙、犁，竹编的篓等农具，这对发展其时的农业生产，无疑是极为重要的，令端州的耕作农具有飞跃的发展。垦荒三十九年，开辟耕地350余顷，入于家，输于国。

梁氏也开枝散叶，大部分随职落籍任所，繁衍后裔。其分布板块，有的成了一村望族，有的成了一街大户，加快了端州的发展，梁氏家族也逐渐壮大起来，成为端州今日第一大姓。宋嘉定十三年（1220），梁燮的后人为了纪念渡头村开村的始祖，修建了梁氏宗祠为“安定郡祠”，是古时代的标志，因而该祠堂又称为“世德宗祠”。

再说如今的“金津坊”，梁氏祠堂位于渡头村西村口，坐北朝南，江滨大堤就像一座城墙，横立在梁氏祠堂大门前，也许是想把人留住吧。

禹门坊：谁谓草茅无忠武

禹门是龙门的别称，指科举试场，喻人科举及第。端州禹门坊，在宋代已有此名，直到民国，禹门坊的东横巷称头巷、二巷，东南称清和里、清平里。“文革”期间，禹门坊称为阅江巷，1981年复称禹门坊至今，并分为正巷和一巷、二巷、三巷、四巷。

禹门坊流传着清朝奇人张忠武的故事。

张忠武，本叫张国梁，原名嘉祥或家祥，字殿臣，死后谥忠武。他家在清代落籍端州城东禹门坊。少年丧父，十五岁随叔父到广西贵县做工。因土豪欺侮他的同伙，他打死土豪，被官府通缉，逼不得已落草为寇，练得一身好武功。山寨首领死后，他因勇猛善战，被推举为首领。

清道光年间，张忠武率众参加天地会，在1846年率义军近两万人，掌控贵县、横州一带，旗号为“怡义堂”，在横州大滩伏波庙设营寨。张忠武军纪严明，劫富济贫，扬言要“替天行道”，势力扩展到左江一带。当地流传俗谚：

狠如狼，怯如羊，锄强扶弱张嘉祥。

道光二十九年（1850），张忠武势力威胁南宁，震惊广西各州府。他还创造了一首当时流传最广又最有鼓动力的反诗：

上等的人欠我钱，中等的人得觉眠。

下等的人跟我去，好过租牛耕瘦田！

上等的人是革命的对象，中等人暂且放过，下等贫民都来造反，再不让人剥削。这反诗不但有鼓动性，而且富于策略，搞清楚了“谁是我们的朋友，谁是我们的敌人”这个统战的难题，许多人都被这首歌谣鼓动起来反清。令人意想不到的是，这个反诗的作者、起义军的偶像人物，不久便接受两广总督劳崇光的招安，解散队伍，投靠了清朝，成为镇压起义的悍将。

从此，张忠武成了最荣耀的“幸运儿”，从一介平民成为高级武官。他一生最辉煌的十年在军旅度过，从咸丰元年（1851）起连升八级。《清史稿》记述：“江南提督张国梁谋勇兼优，忠义奋发。在军十年，战功卓著，东南半壁，倚为长城。”

咸丰元年（1851）三月，张忠武剿广西上林墟太平军，取胜封为千总正六品武官；后又单身跃马，纵横驰骋，斩杀太平军首领，升为守备正五品武官。咸丰二年（1852），张忠武在梧州杀太平军二百多人，接着收复全州，又歼灭湖南道州太平军，进攻湖南省城，攻陷永兴县升为都司。咸丰三年（1853）二月，张忠武移师江南，征战各地，剿灭太平军，升补湖南永州镇中营游击从三品，赏“霍罗奇巴图鲁”勇号。咸丰四年（1854），围攻南京，收复太平府城，升广东三江协副将，官阶为从二品。咸丰五年（1855），擢升福建漳州镇总兵，官阶正二品。咸丰六年（1856），收复浦口，获赏加提督衔。咸丰七年（1857），又领部队收复句容，获赏穿黄马褂，擢升湖南提督，获赏骑都尉世职。咸丰八年，调任江南提督，加恩赏给三等轻车都尉世职。咸丰十年（1860），张忠武退守镇江，身受重伤，策马渡河，水深马没，淹死在丹阳河。

相传，张忠武读书不多，但治军闲暇时，好写“虎”字，一笔而成。字方一丈有余，气势雄大开阔，中间的一竖直墨半枯，屹立如铁柱，为大书法家所不及。张忠武的爱将冯子材也模仿其写一笔“虎”字，但功力境界均远逊。此后武将如孟恩远、陈诚等都好作一笔“虎”字，张忠武可谓开“一笔虎”之滥觞。

咸丰十年（1860），在端州城东的阅江楼东侧，将原仰湖书院作祀吴桂芳的吴公祠，改为“张忠武公祠”，有楹联赞曰：

身膺斧钺十年，奋威端州，谁谓草茅无将种；

血溅江南一带，至今江皖，犹闻父老说军门。

如今张忠武公祠已改建他用，只有一井传名。

富贤坊：嘉言善行方为贤

富贤，出自名人贤士的嘉言善行：“国富天信顺，官清民自安，妻贤夫和好，子孝父心宽。”起初“富”的含义是表示家庭稳定，人丁兴旺和田地广阔。用现在的话来说，即有房，有车，有背景，有家业，反映了我国古代生产力与生产资料的进化及私有制的产生。“贤”是表示有道德的，有才能的人。《说文》：“贤，多才也。”

富贤坊在端州天宁路的天宁广场附近，旧址就是在天宁文宝书店后面，属睦民社区管辖范围。富贤坊在宋代属城厢范围的东厢，有着近千年的历史。“文革”时期改为爱民路七巷，1981 年地名普查时恢复原名至今。

在宋代初年，富贤坊是没有富贤之名的，据说因有一户染坊而叫布染坊。染坊，给布、帛、衣、物染色的作坊，是一个十分古老的行业，不知何时传入端州，相传包公在端州任职时已盛行。

据民间传说，在很久以前，北方有个懂染色的人曾化作跛脚汉行乞。为感谢一对青年夫妇的施舍，他在酒足饭饱之后唱道：“我有一棵草，染衣蓝如宝；穿得花花烂，颜色依然好。”那青年夫妻听闻草能染衣，便割了几筐放在缸里，过了数日仍不见动静。不久，这位跛脚汉又来借宿喝酒，临走时把剩酒和残汤全倒入缸内，顿时缸水全变成蓝色。跛脚汉告诉青年夫妻：“蓝水是蓝靛草变的，染衣可永不变色。”小两口高兴地用它来为乡亲染布。此后，人世间便出现了染布业。

不久，端州这里果真有了第一家染坊。以葛藤、黄麻、青麻、苎麻等织就的“夏布”染色为衣，本地民间谓之“漂坊”。在坊内染好后用竹在较为空旷的地方搭架或铺地晾晒。每到晴日，布浪翻卷、蓝靛飘香，蔚为壮观。

包公升职了，临行那一天，端州染坊的父老乡亲携酒请包公起一个巷名。起名“布染坊”嘛，觉得太简单了，包公心想。此时正值春季时节，巷内长满密密的米兰花，嫩白细小，布满小巷。他停下脚步，望着绿蓬蓬的树枝长出的米兰花念了一句上联：

花出米如富；

忽然，一个年轻人分开众人，走上前来轻轻地接下联：

官清民亦贤。

包公听了不禁拍手叫好："好一句'官清民亦贤'呀，就命名为'富贤坊'吧。"于是"富贤坊"之名一直沿用至今。

走进富贤坊，了解富贤坊的得名，我们是否学到了"嘉言善行"这些古训？"富贤"二字，言简意赅，寓意深刻，需要我们时时品味。

富文坊：博学清操方以智

"三五今夕，月华临路，忆故人之遥邈，念登高之寓目。"这是有人写中秋赋的开场白。在古代赏月，端州富文坊是个不错的地方。因为在城外高地处，临近西江，朗月升空，江水泛银，尽可一览天地宽。

富文坊在宋代已有，即如今的登高路一带，在宋城墙西北地方，组合为四条巷。富文坊在民国年间改名为登高路，"文革"期间又叫新华西路，1981 年与孖土地一起名为登高路。富文坊今已不存。

明末清初，有个进士出身的哲学家方以智曾在此地居住。他与冒襄、侯方域、陈贞慧合称"明季四公子"。李自成入燕京后，方以智逃至南方。1646 年，方以智在"永历"朝为礼部侍郎，住在府西巷。他在肇庆曾为两广总督朱治涧作画，为吏部右侍郎瞿式耜题《春溪图》。他发愤图强，希望能抗击清兵，收复失地。

太监王坤因方以智有东林党背景，心存疑虑，处处排挤。于是，方以智搬出肇庆城外，到东厢富文坊居住，别号"龙眠愚者"。方以智在富文坊看肇庆月色，写下一诗《独往》：

同伴都分手，麻鞋独入林。一年五变姓，十字九锥心。

听惯干戈信，愁因风雨深。死生容易事，所痛为知音！

方以智虽然深居简出，却依然受王坤等人排挤，于是挂冠离开肇庆，隐居于湘桂边界苗峒中，以行医卖画为生。后永历帝连下十道诏书命他入朝，他十次上疏推辞。他见朝中大敌当前，群臣仍内斗不止，无复宦仕之心，但是仍然忧虑国家，每以书信入朝献计。据说，方以智在社会底层浮沉，组织抗清时，秘密结社，推动了"天地会"的发展。

顺治七年（1650），方以智移居平乐，后于梧州云盖寺出家两年，改名宏智，字无可，别号药地、浮山愚者、愚者大师、极刃老人等，人称“药地和尚”。他叹惜：“衰颓不兴，淡危之势。可喜当世，更生宏达。志士有道，重任无涯……”

穷则变，通则活。方以智不愧为精通易学的高人，他与一般人有所不同，他出家不是一般被动的逃脱世俗，也不是一般的参禅苦修，而是致力于研究哲学，即以思想学术的精神教化世人、拯救社会，把早年家传的周易象数之学与佛、道思想综合起来，“通相为用”，先后写作了《东西均》、《药地炮庄》等哲学著作。

后来，方以智又回到肇庆富文坊，感慨万千。清廷怕他复起反清复明，于是趁“粤案”下密令将他押解进京审问，又押往广东对案。十月初七日行至江西庐陵府万安惶恐滩头，他想起宋朝末年文天祥事迹，自沉于江殉国。

富文坊之名虽然早已不存，而方以智之行却令后人怀念。正如诗云：

博学清操垂百世，名山胜水共千秋。

富安坊：草场也是富安地

端州现在的草场路在宋代叫“富安坊”，民国时将富安坊、正龙社、朝元社合为草场路。东连忠勇路，西接人民南路与登高路。“文革”期间草场路曾改称为新华中路，1981 年复称草场路。

富安，寓意富裕平安，故名。为何称此地为“草场路”呢？相传古时候，宋城墙外以北的地方山道蜿蜒，林木葱翠，野果遍坡，清泉淙淙，古寺掩映，稻香弥野，风光旖而丽，物产丰而佳。宋军在这一带安营扎寨，招兵买马。由于当时此地环境清幽，水草丰美，确实是个理想的养马基地，故名为“草场”。

而富安，则鸡鸣犬吠，炊烟袅袅。“悠闲白鹅塘戏水，匆匆羊群倦归村。”这宁静、祥和景象令人恍惚。“机梭声札札，牛驴走纭纭。女汲涧中水，男采山上薪。”远古的一切都成了绝唱，映入我们眼帘的是街道新楼栉比，市民安居乐业。

而神秘的富安坊有着世代相传的神奇故事。老街坊说，生活在那个时代，羡慕田园风光，许多人会寻这个宝地来隐居。

富安坊旧时住有陆、武、胡、李、范五大姓人家，都是清初或清末搬来的，比如陆姓，始祖陆儒昭，清代自高要砚洲迁居至城北草场路。陆文华、陆汝谦、陆咏勤、陆庆庸皆其后代。武姓的先祖武世勋，顺天宛平县人，于清康熙初迁来城北草场路。岁贡武子韬、香山协都司武尚礼是其后裔。胡姓的始祖胡观梦，开平人，清康熙初始迁居来，咸丰举人胡瑶是其六世孙。李姓在清道光三年

（1823）有李世杰，从城北朝龙里迁居来。草场路大菜园的范姓，祖籍浙江严州府分水县，有范应捷于清康熙间由福建随两广总督吴兴祚至粤，任武职，离职后，留肇庆。其子范崇文官督标营守备，后定居于城北十字路。范崇文长孙范政伦迁寓于城北草场路，次孙范政伯则徙居至草场路尾大菜园。此外，还有不少其他姓氏人家迁来，使草场路变得繁华了。

时日流转，一切都在消失，一切又在重建。朝代会更迭，房屋会拆除，主人换了又走了，不变的只有那些名字，“昔日玫瑰如今只存芳名，陪伴我们的只有赤裸的名字”。透过那些纯朴直白的巷名，凭文字可以在脑海里恢复当日的端州景象。

昔日富安坊，如今草场路，我们没有看见旧时光景，看到的是今天与明天的生活景象。近几年来，草场路居民在立足经济建设长远发展的同时，不断提高精神文化生活；且流动人口数量逐渐增大，伴随着客商涌入，草场路明显繁荣起来。

擢英坊：铎阳书院拔英才

擢英坊在宋代已有地名，故址在今天宁南路“假日酒店”后面，即豪居路五巷。明洪武年间擢英坊有大街巷，并有横巷。“文革”期间称解放北路西街，1981年后命名为擢英路。在清代，擢英路归入豪居里。豪居里分为东横巷，头巷、二巷、三巷、四巷、五巷，其中五巷原名擢英坊。

这条街的名称与宋代的科举考试有关。宋代到明清时，端州曾是科举考试之地，考棚就设在这条街附近。明清时期的考场，都是单间号舍。每个考生一间号舍，答卷、吃饭、睡觉都在这间号舍内，及至考试结束方能出来。当年的擢英坊，是各府县考生考前考后的住宿之处。街道关乎考生前途命运，“擢英”即“选拔英才”之意，是为诸多考生图个吉利。当时的端州擢英坊虽然小，名气却远播于西江流域。

在宋庆历年间，知州朱显之在擢英坊建圣妃顺济庙。南宋绍兴年间，知府李麟改圣妃顺济庙为兰陵庙。兰陵，据传由楚大夫屈原命名。“兰”为圣王之香，“陵”为高地，有“圣地”寓意。

乾隆五十二年（1787）开办的“铎阳书院”，如今成为擢英路第三幼儿园。其实，端州自南宋末年，在擢英坊就设有社学。社学在明代更是普及教育的机构，民间十五岁以下的儿童可以送入读书，主要讲习礼节，学习成绩优秀者可以得到县学的资格。

从宝月塘之路行走，寻找当年肇庆“选拔英才”的地方，走了一条曲折的路。确实，擢英坊什么“古”也看不见，只听来一些传说。据传，圣妃偏爱各种花木，是一位种花、养花、赏花、爱花成痴的仙人。她对描写花草苗木的诗词歌赋亦有爱好。如写兰花“幽兰芳草，天地纯精”；咏杜鹃“洛地曾闻子规鸟，端城又见杜鹃花”；吟月季“花开花落无日了，春来春去不相关”；赞菊花“暗暗淡淡紫，融融冶冶黄”；题莲花“灼艳熏芳水犹香，炎天犹觉肌生凉”。

圣妃顺济庙的花很奇特，这边是醉芙蓉，一日三变色，晨开白花，中午转桃红，晚间变深红；那边是照水芙蓉，第一天花开洁白，第二天变浅红，三日带黄，四日成深红，以后变紫色，那真是神了。还有芍药花也不简单，名叫“紫袍金带”和“胭脂点玉”。

后来圣妃顺济庙改为兰陵庙后，李麟移植一棵卧龙槐，栽种于门口。卧龙槐枝繁叶茂，苍苍郁郁，有龙盘虬曲之姿，有凌烟致雨之势。李麟又请人种上报春花，又称“仙鹤莲”，花色鲜艳，深红、淡红、紫色，看似一只只美丽的杯子，又像红喇叭。庙内大院有“香、花、叶”三美俱全的二月兰，有像一群漂亮的蝴蝶落在绿色的叶丛上的三色堇花，有“冰清玉洁”的水仙，有花瓣重叠的碧桃，还有红、白、黄、粉红色和紫色的牡丹、虞美人、杜鹃花，鸟语花香，百花盛开，繁花如铺锦绣……

兰陵庙供奉各类神佛，在每年五月初五举行庙会。有说书、唱戏等文艺表演，还有各色花布、绸缎、杂货、海鲜、火烧等铺位。吹糖人、捏面人、杂耍等亦是应有尽有，甚是热闹。

如今铎阳书院及庙会早已消失，留下来的只是人们一些美好的回忆。

擢桂坊：狮子台门盼及第

擢桂坊像月亮上摇曳的桂花树，被挤进端州城东古老的小巷，便成了路。擢桂坊在1970年前后被称为东风二路，1981年标准命名属阅江路中段。

“擢桂”犹“折桂”，指科举及第；“桂馨”、“步蟾”也有中榜之意。“桂”，谐音“贵”，有吉祥意义。这些都是与科举制度相关的最古老的地名。

擢桂路本来建有一个牌坊，称为“擢桂坊”。相传后唐天成二年（927），刘岩巡视端州，居住在此的李氏金榜题名，登进士第，乡里甚感荣耀，真是“向年擢桂儒生业，今日分茅圣主恩”。端州太守在此建坊旌表，刘岩将之命名为“擢桂坊”。

南宋庆元五年（1199），有一个叫何珃的人，字席珍，举进士，官职为肇庆府通判。他离任后定居于城东擢桂坊，建有何氏宗祠。至民国时已传约二十八世。

擢桂坊旧时巷口有石狮，俗称“狮子台门”。按照封建社会规制，七品以上官员的宅第方可置石狮。品级可从石狮上的卷毛螺髻分辨，一品 13 个，称为“十三太保”，以下每降一品减一个。石狮子的摆放，左雄右雌，成双成对。雄狮一般雕成右前爪玩弄绣球或两前爪之间放一个绣球，意为“张灯结彩，权（谐‘全’字）定乾坤，国泰民安，有‘球’必应”；雌狮则雕成左前爪抚摸幼狮或两前爪之间卧一幼狮，意为“母仪天下，太师少师，子嗣昌盛，千秋万代”。

在清代，桂馨路这里住着一户谢姓人家，待人友善。同街坊住着一位菜农，他有两只水桶，每天用扁担挑着水桶去河边汲水。两只水桶中有一只有一道裂缝，因此每次到家时这只水桶会漏得只剩下半桶水，而另一只桶却是满满的。就这样，日复一日，菜农每天只能从河里担一桶半水回家。

一天在街边，菜农鼓起勇气向街坊开了口：“我觉得很惭愧，因为我这个桶有裂缝，一路上漏水，把街巷淋湿了。”谢姓人家回答农夫说：“你注意到了吗？那一侧的路沿上开满了花，而另外的一侧却没有花。我从一开始就知道你有漏水，于是在路沿撒了花籽，也种上桂花。你每天担水回家，也给它们浇水。如果不是因为你的桶有缺陷，我们怎么会有美丽的桂花和鲜花装扮桂馨的街巷呢？”

说来也是，每个街坊都好比那只有裂缝的桶，各自都有这样或那样的不足。倘若街坊都怀着一颗包容的心，懂得发现对方的长处，并且能够扬长避短，街坊的生活一定会变得更加轻松愉快和丰富多彩。

步蟾坊：再挑灯火看文章

小巷往往是挨着月光入睡并老去。步蟾坊是老街坊，原塔脚上堡村。和其他坊一样，成为后人鼓励晚辈“青出于蓝而胜于蓝”的一个念想。在当年，那些大户人家，兴盛一时。现在，时事已变迁，只留传其名，不存其“坊”了。

自古以来，步蟾坊一带人才辈出，这与其尊师重教是密不可分的。早在元明两朝，市民就竞相送子求学，培养人才。那时有诗言学子：

夜来欹枕细思量，独卧残灯漏夜长。深虑鬓毛随世白，不知腰带几时黄。

人言死后还三跳，我要生前做一场。名不显时心不朽，再挑灯火看文章。

“步蟾”喻科举登第。晋武帝泰始年间，吏部尚书崔洪举荐郤诜当左丞相。后来郤诜当雍州刺史，晋武帝问他对自己的评价，他说：“我就像月宫里的一段桂枝，昆仑山上的一块宝玉。”晋武帝大笑并嘉许他。用广寒宫中一枝桂、昆仑山上一片玉来形容特别出众的人才，这便是“蟾宫折桂”的出处，后来“蟾宫折桂”便用来比喻考中进士。唐代白居易先考中进士，他的堂弟白敏中后来中了第三名，白居易写诗祝贺说：“折桂一枝先许我，穿杨三叶尽惊人。”

相传，步蟾坊在古代围绕蟾宫折桂有这样的习俗：每当考试之年，应试者及其家属亲友都用桂花、米粉蒸成糕，称为“广寒糕”，相互赠送，取广寒高中之意。古人用它来赞喻秋试及第者，称登科为“折桂”。在晋朝，有个姓郗的人对策考试取得第一名。武帝问他有何感想，他回答说：“我如今为天下第一名，好比折得桂树林里的一枝。”

据说，步蟾坊的确因建有一牌坊而成名。古代建牌坊有着严格的等级制度，对牌坊的规模、用柱、牌楼多少都因人因事而异。报建牌坊，必须由地方按程序上报，经皇帝亲自批准后方能修建，所以明清的许多牌坊上都有“圣旨”或“诰赠”等字样的额牌。同时，牌坊的功能有多种，有“道德坊”、“功名坊”、“标志坊”等。

端州步蟾坊立的是“功名坊”，立柱间数、檐顶字牌，是牌楼的造型。据说造型非常漂亮，是最为珍贵的一座木牌楼。可是，城市像月光一样流淌，流过的都会是另一种风物。

步蟾坊于端州古巷中历经三百余年风雨沧桑之后，风采无存。生于斯，长于斯的居民已安然换了新的环境生活。没有烦恼，没有忧戚，有的只是他们对这座古巷中远去的先人们的思念和追忆。

寿康坊：惊天动地一门户

洪武年间，有北门大街，民国时名叫城北路，可穿过城墙朝天门，直通城中路。北门大街古有寿康坊，因1949年划入城北路而不存。

朝天门是城墙的眼睛，洞察千年世事。古代端州，在寿康坊住着一个打更佬，他打更报平安，有人赞“悬挂在竹筒的露珠，被木槌敲打出满天星辰”。

寿康坊里住着的这个骨瘦如柴的打更佬，人很穷却力大无穷。骨瘦如柴为什么突然间会变成力大无穷呢？因为有一年除夕前，家家在祭灶，将灶君神像，贴在锅灶旁边正对风匣的墙上。两边配联多为“上天言好事，下界保平安”，横批是“一家之主”。锅上锅下，备足柴米油盐酱醋茶，端州人叫“小年夜”。人人都“有穿有嘢食”，而打更佬依然白粥加番薯。这天，打更佬在门上贴出一副对联：

惊天动地门户；

独一无二人家。

横批是“先斩后奏”。

一个秀才不禁思忖：这户人家口气不小啊！于是上前探个究竟。原来打更佬是单身人家，此乃“独一无二”。他又是更夫，深更半夜打更要敲“木梆子”，夜深人静的时候这动静就不算小了，所以是“惊天动地”。秀才听罢恍然大悟，但是何为“先斩后奏”呢？

打更佬羞愧难当地说：“昨天，我在田野上游晃。突然，城基有条蛇爬过，吓得附近的人四散逃走。我走过去把蛇捉了，剥去蛇皮，然后刀斩蛇身，不用跟别人商量，算是‘先斩后奏’吧。”

这天晚上，打更佬吃过蛇肉，也算是过小年了。但是，半夜时分，他身上又痒又痛，在床上滚来滚去，接着浑身热气腾腾，神气十足。第二天起床，觉得神清气爽，力大无穷，莫非蛇为龙肉，吃完劲头十足？因已近年关还无米下锅，不容多想，于是，他皱着眉头走到街上。

这时候，有个当铺老板与人打赌说：“谁能扛起朝天门的门板，我就奖五文钱。”当铺老板这是为难老百姓了，朝天门的一块门板少说也有千斤，谁能扛得起？打更佬一听想了一会，说：“我来扛！”

他不但能扛起，还扛着朝天门那扇一千多斤重的大铁门来到当铺门口放下，说：“我要把铁门当了。”老板见打更佬力气这么大，吓呆了，说：“大佬，这门是不能当的。”

“不能当？不能当就送给你吧，你把钱给我。”打更佬不走了。大铁门挡住当铺门口，不能做生意，老板很着急，说：“大佬，你要多少钱就说吧，请你把门扛走。”

一来一去，计算清楚，老板给了打更佬十文钱，他才把大铁门扛回北门。随后有人感叹地说道：“可知人世有钱有嘢食，谁说力大无穷无鬼用？”

清宁坊：得天清而得地宁

清宁坊恐怕知道的人不多，是端州城南路的一条巷名。清宁坊在清代后名称几经更迭。“文革”中，清宁坊被改为体育路二巷，1981 年地名普查时仍恢复原名并沿用至今。

清宁的本意是清明宁静，语出《老子》：“昔之得一者，天得一以清，地得一以宁。”端州古城，到晚清时已街巷纵横遍布，街道有众多牌坊和坊市，清宁坊是其中之一。路面多用卵石铺筑。房屋普遍为砖木结构，木石门框双扇门，雕花帘、垛脊、青瓦面、烽火墙，临街有商业门面，后面则多是三、五、七进庭院。

繁盛时期，清宁坊曾经是重要的商贸集散地。清宁坊在自身独特的街巷文化基础上，承接老城，从而形成了独特的民族风情，积淀了浓厚的文化底蕴。只不过，随着岁月流逝，那些“坊”大多荒废，成为遗迹，仅知其名而不知其址、其貌。那些没有被改建的小木楼也变得越来越残破，历史的痕迹是一天比一天淡。

一个城市能够让一些老旧的东西一直存续下去，这个城市便值得尊重。因为历史不可复制，在现代人眼里，老屋子、老街道就成为对望历史的一个载体。

现今的清宁坊仅存一段古街道，两侧建筑鳞次栉比。穿过城南路现代气息浓郁的街道，转入这段古韵犹存的清宁坊，踏着当年车轮碾压而成的印痕，触摸着斑驳的木门板，仿佛穿梭时空，回到商贾如云、车水马龙的明清时代，感受那份喧嚣与繁华。遗憾的是，由于种种原因，清宁古街坊并没有得到很好的保护，而街道建设却日益繁华起来，住在这里的街坊希望古坊能修保一下。繁华如梦，古坊依旧。有一无名氏写有一首词：

承皇统，天地洽清宁。熙帝载，建民极，百度推明。崇让肄、博考儒经。游豫腾谣诵，星跸天行。留绀宇、顺拜金庭。兆庶动欢声。灵心上达，卿云成盖，祥风袭物，瑞日耀园清。列圣孝德被寰瀛。就阳位协吉，周正俨簪缨。交对越群灵。皇威赫奕盛仪成。徽册受鸿名。鸡竿肆赦，鸳行均庆，翻飞浸泽，期万保升平。

离乡的游子，一次又一次怀揣浸满汗水与泪水的红钞票，将浓浓乡情、满心思念全部打包，踏上了回乡的车。不管路途多么遥远，前方有多少辗转，都会赶在年前，欢喜地扑进清宁坊，扑进父母的怀抱，与家人团聚，过个红红火火的团圆年。

升俊坊：梁氏一门三进士

话说天宁路边有一条百余米长的横街，叫明直街，起于正东路，止于水师营。

明直街在宋代叫“升俊坊”。“明直”，意为主明臣直，即君主圣明，臣子正直，比喻上行下效，出自《北史·张晏之传》：“天下有道，主明臣直；虽休勿休，永贻世则。”而“升俊坊”之意呢，“升者，登也”。俊，引申义是才貌超群，千里挑一。“升俊”，是使才俊升入学校之解。

据宣统《高要县志》记载：“明直庙在城东升俊坊，庆历年建，县人姓梁兄弟四人以明直称，元代庙毁于火灾，今为民居。”庆历二年（1042），朱显之任端州知郡事，他在升俊坊主持修建了一座明直庙，才把升俊坊改名为“明直里”，后称路，今称街。

升俊坊东西两侧，有何家巷、姚家巷等四条街巷，生活着大约一百户人家。虽然明直街早在宋代就存在，但是现在这里绝大部分是现代建筑，只有少数清末民初的古民居，其中古民居仍然保留着具有岭南建筑风格的趟栊门，也算是留下了一点历史的痕迹。

据查，升俊坊梁氏在南宋时有梁绍基，字建创，宁宗时官宣徽院签判，始居城东明直里。而明直庙为梁绍基带来好运，生子梁富，梁富生梁斗南，淳祐元年（1241）进士，官迪功郎，主学南海。子梁世美，咸淳四年（1268）进士，官贺州吏目。梁世英，与兄梁世美同年进士，官翰林院简讨，国史院编修。给世人留下了升俊坊梁氏“一门两代三进士”的佳话。

以前，明直街十家九井，几乎每家都有一口井。现在，明直街的古井已经所剩无几，但明直街姚家巷的一口古井则神奇地保留下来。光绪十一年（1885）和民国三十二年（1943），肇庆大旱，竹树开花、赤地千里，肇庆城区许多水井干涸见底，唯独明直街姚家巷的一口大井仍然水满如故，引来众多街坊排队打水。明直街一连数日打水的居民排成长龙，成为当年的一道独特景观。

如今明直街的街坊过着自足、悠闲的生活，各家各户都敞开大门，街坊们摇着蒲扇、手捧茶杯、相互串门，街头巷尾不时可见三两街坊聚在一起聊天。

迎恩坊：万里端江留晚唱

迎恩巷，古叫迎恩坊，在江滨路内，北接二马路，南接江滨西路。“文革”期间曾称为红卫路二巷，1981 年复称迎恩巷。

清道光《高要县志》记载：“迎恩亭在城东门外临江，道光五年署县叶承基捐俸甃亭前石路……”传说，迎恩亭是明代嘉靖年间，由任山西道御史的陈九成回端州西厢时所建。从此迎恩亭处成了文武官员迎接“圣旨龙恩”的地方，故又称“接官亭”。

古代，肇庆既是府城，又是两广总督府的所在地。总督、知府和知县，经常出现在迎恩亭，迎来送往朝廷的官员，跪倒在迎恩亭附近的码头石阶上，恭候朝廷圣旨和接受御赐、赏封。迎恩亭有府城码头和官办驿站，当地官员还要在此接待朝廷的钦差大臣或者衣锦还乡的京城之官。于是，在清朝道光五年（1825），署县叶承基主持捐资修建迎恩路，由泥路变为石路，一直连接西江边的迎恩亭。

据说，迎恩亭呈正方形，四根极粗的方石柱，顶起了石梁，亭顶呈攒尖式，分三层缓缓向上，亭顶的正中是一个扁方敦实的顶饰，亭脊平缓而舒展，亭角上方有石雕花纹。整座亭古朴端庄，厚重大气。石亭路旧时为通衢大道，为古时迎接来崃上任的官员小憩之所。

相传，在乾隆年间，不少文人墨客在此赏景共叙，吟诗作对。一天，正当一班才子吟哦正兴时，忽然传来一阵高亢悦耳的山歌声，把才子们都吸引住了：

不羡官来不羡仙，端溪江上撑渔船。

百姓为家官为国，人生快活八千年。

歌声飘处，只见江面摇来一船，船头欲撒网的是一汉子，船尾把桨的是一妇女。亭中一秀才搭讪道："船家，刚才听你唱的山歌，说什么不羡官来不羡仙，做官做仙有何不好?"

汉子"呵呵"笑起来："公子有所不知，自古做官难，难在真正为国为民有几个？为名为利有几多？至于做神仙嘛，更是泥菩萨过河。"秀才一时无言以对，只好干笑几声沉默不语。才子们也感到扫兴，自然而散。

据《肇庆市志》载，后来有个叫方浚师的人把迎恩亭作为端州一景，为此亭撰写一联：

绎路界东西，直远通万里端江，千盘庾岭；

鸿泥谁主客，且坐看春帆细雨，秋水文波。

此景此联虽好，只是星移物换，世事变迁，已不见当年迎恩亭，今日只有迎恩巷之名。据说，迎恩亭被民国三年（1914）6月的那次特大洪水浸了很久，几年后就倒塌了。迎恩巷和二马路一带成为沼泽地，一些渔民和"咕厘"（码头搬运工）在原迎恩亭前的石路两旁搭棚居住，是肇庆有名的贫民窟。新中国成立后很长一段时间，迎恩巷仍然是一条毫不起眼的僻静小巷。后来，迎恩巷邻近建有肇庆客运码头，政府在迎恩巷南端临江处也修建了江滨招待所，还在招待所的大门两旁种植了两棵红棉树。时至今日，江滨招待所也已不见踪迹，但是那两棵红棉树已经长成参天大树。改革开放后，冷清、贫困的迎恩小巷变得热闹、富裕起来。如今道路两旁大多是高楼大厦，临街做批发生意的商铺林立。

行走在这条繁华的街巷中，回想起迎恩巷和迎恩亭的历史，不得不感叹世事的沧桑变幻。

文魁坊：打铁也能成文魁

在端州古城南门的府前路，有一条数十米长的小巷叫“文魁坊”，一块“打铁西巷”的牌子映入眼帘，这里原来就是宋代打铁行业的一条街。“文革”期间曾称为向前街一巷，1981 年恢复打铁西巷的巷名。

在宋代，打铁西巷称文魁坊，又称寿宁社。明代之后，那些文化人不见了，只留下那些打铁的，固俗名叫打铁西巷，与打铁东巷相对。如此一叫就是数百年。

文魁坊据说是因在宋代出了一个新科举人而得名的。举人第一名称解元，第二名称亚元，第三、四、五名称经魁，第六名称亚魁，其余称文魁，均由国家颁给 20 两牌坊银和顶戴衣帽匾额。匾额悬挂住宅大门之上，门前可以树立牌坊，这也说明端州这旧巷里曾是举人之家。

那么，文魁坊为何变为打铁巷呢？明代，这里成了打铁铺一条街。开始时，打铁铺是一家“兵工厂”，专门生产刀枪剑戟等兵器，后来发展成多家，也打制民用铁器，成品有与传统生产方式相配套的农具，如犁、耙、锄、镐、镰等；也有部分生活用品，如菜刀、锅铲、刨刀、剪刀等；此外还有如门环、泡钉、门插等。

明末年间，这里住着一户姓黄的铁匠，当地人都亲切地称他“黄老爷子”。黄老爷子祖辈几代都是打铁的，他自然也有一身打铁的技艺。他采当地矿石或溶一些废铁冶炼，铸造农具出售，买卖越来越兴隆。当年有副对联：

南端州北端州南北端州通南北；

东铁匠西铁匠东西铁匠打东西。

据说，当时有个年轻人看了对联，也以黄老爷子的打铁手艺写联，可是，只有上联，下联再也想不出了，于是成了绝对。他的上联中包含七种颜色及东西南北四个方位：

白石街，黄铁匠，生红炉，烧黑炭，冒青烟，闪蓝光，淬紫铁，坐北朝南打东西。

据传，黄老爷子还有一手“绝活”，锤为笔，铁为墨，砧为纸，锻铁成画。打铁也能成文魁，他的铁画风格独特，既有工笔白描，落笔瘦劲简洁、冷峭奇倔，又有剪纸的特征，似国画的线条，又有雕塑的立体美，可惜民间铁画在肇庆已无踪迹可寻。

所谓“无边风月，有限年华”，用独特的艺术构想去理解，行业的兴衰也如同人生。一条街的历史景观与印象人生巧妙地结合起来，呈现给人们的都是一种回忆的体验和感受，只能为我们追溯打铁巷提供历史的印记。

忠勇坊：精忠知耻而后勇

端州城北，有一条令人印象深刻的忠勇路，宋朝叫忠勇坊，又叫聚庆社，民国时称忠勇路，“文革”期间改名为新华东路。1981 年地名普查时，一个大翻新，又恢复忠勇路之名。

“忠勇”，意为忠诚勇敢，出自《后汉书·李固传》：“自非博陆忠勇，延年奋发，大汉之祀，几将倾矣。”相传，忠勇路由此而定名。

忠勇坊自古有苏、梁、谢、胡等大姓氏族居住。宋度宗时，苏明道咸淳四年（1268）中进士，任肇庆府教授，退职后定居青云坊。其后裔苏廷魁，于清咸丰九年掌教端溪书院，迁居肇庆忠勇路。康熙年间，梁天禄、梁会邦、梁广宗迁居于此。谢有宗是从化县忽洞村人，其子谢永朝，在雍正年间以武进士任督标中营守备，迁家落籍于忠勇路，其后子孙谢招恩、谢宗明、谢兆华多以武职显著。清乾隆年间，胡廷芳为高明三州巡检，卒于官。其子嘉庆举人胡敬业奉母来肇庆，留居忠勇路。

有人来，也有人走。比如胡敬业，字乐培，清嘉庆五年（1800）中举人后，到山东任高苑县令，后改任雷州府训导，史书称其“自授徒外无他营求，由诸生至筮仕，授徒二十余年，门下士千余人，多人显贵。及官雷州，复主讲雷阳书院，善奖掖后进，雷州士子多宗之”。

到了民国年间，忠勇坊变为忠勇路，好日子变为一段辛酸史。1944 年夏秋，侵华日军进犯端州区。入城当晚，汉奸流氓乘机抢劫，一夜之间，城北公路头（即现在星湖牌坊一带）千余店户摊档被掠劫后焚为灰烬。城北路（今端州区医院附近）一天发生数起日军调戏、强奸妇女事件。在城北斜坡脚，距日军的宪兵巢穴仅百米，就有日军当街调戏妇女和施暴事件发生。不管白天黑夜，都有日军到旅店索要“花姑娘”。

当时，日军在忠勇路强占苏家花园，暗设“慰安所”。明娼暗妓，充斥于途，随街卖俏。天宁酒店、福安旅店高悬艳帜，“导游社”藏污纳垢，寻游小姐倚门招客。天宁北路由旧大钟楼至肇庆公园（今儿童公园）体育场一带，赌档、馆舍林立，白天黑夜，呼幺喝六。密侦队、汉奸、流氓，三位一体坐地分赃。鸦片公开出售，到处设有烟馆。烟馆门前悬挂“大四喜”、“云香馆”的招牌，垂帘招客，室内“吞云吐雾”，美其名曰“谈话室”，坑害群众。有的还“敲竹杠”，即旧时黑心店主，凭借恶势力，或利用他人弱点，或以某种借口勒索讹诈人家钱财。

当年，入夜后锣声阵阵、哨声呜咽，抢劫事件经常发生。忠勇路的市民为了保安全，自发集资在街道分段、分社建设栅闸，入夜聘人打更巡夜，闭门自保，白天启闸站岗守卫。

如此挨过一年，到了1945年8月15日，日本宣布无条件投降。17日，在高要县商会（今端州区正东路工商银行储蓄所）举行仪式，接受日寇投降，肇庆人民从此才扬眉吐气。

景星坊：景星出而庆云生

走在端州街道，城市离我们很近，因为天天穿梭其中。然而，寻觅古街巷，又觉得城市离我们很远，逝去的历史令我们惘然……

在城西有一条宋朝的“景星坊”，清代叫西门大街，“文革”时期改称为红旗三路，1981年正名为正西路。

景星坊得名由来已久。相传，在宋朝建立屯落之初，人们骤然发现“景星”闪烁于天空，然后降于城西之山，预示吉祥，遂取名“景星山”，街名称“景星”。后来，人们依照《潜夫论》“景星出，庆云生”之说，在景星坊建庆云社。

读过《幼学琼林》的人，应该知道“王者政教无私，则景星见，王者德合山陵，则庆云生”，此句意思为天下有道，德星闪耀。

有人说，城市没有老街，就如祖母没有皱纹。这个比喻再贴切不过了。正西路与城中路对接处人称西门。古代，这里有座石桥，叫景星桥，与石咀街相邻。在漫长的岁月中，这里曾是大家族聚居之地，如嘉定年间高要县教谕伍天赐，定居景星坊，建有伍氏宗祠；清初王藉荫随军任职肇庆府，定居城西；龙瑞云于清雍正年间以武职官游肇庆，落籍西门；黎耀景咸丰年间任肇庆知府刘肇兰幕僚，居西门；清末进士龚骖文世居西门……可见景星坊多么聚集人气。

景星坊蛰伏在古端州西边腹地。风云历史的那些人物，通过这些大大小小的巷子时，在景星坊留下自己的脚印。宋初，包拯任职端州，在景星坊修建了一座文昌宫，传播中原儒家文化，教化一方，鼓励读书人走科举之途为国效力。明代后变为法轮寺，民国时用作西江讲武堂，今为市直机关第一幼儿园。清初书画名家之一的王宗烈，府学贡生，也是城西景星坊人，善画山水，亦善为文。

这个不大的片区，曾经是端州民居保存最多的地方，是小资们的淘宝之地，是市民们逛小物件的地方，是孩子们的小动物园、植物园，是热爱端州小吃一族的小吃天堂。

阅尽沧桑的古坊，虽然如今叫正西路，但依然充满景星的风情。穿行于雕花的回廊中，院门没什么特别的，和一路下来的院落似乎一样。斑驳的木门安然静立，在陈旧的木梯、雕花窗、灰瓦之间探寻一遍，在怀旧的精美建筑里，身不由己地感慨时光的苍茫。

永庆坊：一朝天赐得高第

永庆坊与高第里属同一个地方，古有永庆寺，又有高第社，是端州宋代的古地名。在清道光年间，永庆坊属城内厢都，也是百姓家族聚居的地方，遗址在城西府前路附近。清朝至民国前后，这里的名称只见“高第里”，却不见永庆坊，但在“文革”期间，高第里与永庆坊一起曾被称为红旗二路十四巷。1981 后永庆坊消失，只保留“高第里”。

“永庆”，意为永葆福泽，长久吉庆。因传说远古神农氏采药尝百草曾到过此地，故而得名。而“高第”，这里指科举高中及第的人家。相传在古时候这里修祠建宅，有家庙、戏台、书室、花园等，古色古香，雅致非常。

永庆坊为什么会变成高第里呢？传说，以前这里有个“福安”财主的女儿向外招婚，可是一月有余，上门相亲的不少，中意的却无一个。

财主向外招婚挂的上联是“高位加阶天赐福”。上联挂出后，财主按捺不住兴奋的心情，急切地眺望，但一连几天无人问津，好不愁闷。一天早上，“福安”财主忽然看见城中路一个身穿青袍的书童慢慢朝这里走来，以为来对联应婚，一点也不高兴，“一个书童有何本钱娶我女儿?”财主心想。

书童本是入西门出东门赶秋考的，经过“福安”门也不上心。财主看到书童这样不望高门一眼，就自作多情地说：“敢问后生来临，定为双喜临门之事?”书童一惊，诧异地看着这位财主反问道：“双喜临门?”

财主笑着回答：“主家招亲，你应婚，这是一喜。今秋上京赶考，你将折桂而回啊！不过，你要对得通这上联才行。”

书童一看：“这有何难。”便开始构思。财主睁大眼睛，吩咐书童入厅。

书童说：“贫苦的书生向富贵人家求婚，这就难了。还是考取功名回来再说吧。”

财主疑惑道：“你对不出下联，还夸海口。”书童一边行一边大声说：“第门延瑞世承安。”财主沉吟半刻，好对呀！待他反应过来时，书童已走远了。

“高位加阶天赐福，第门延瑞世承安。”此联用地名“高第”作凤顶，用堂名“福安”为雁足来压阵，俗谓“穿靴戴顶”。联文寄慨皇天赐福，裔孙进取功名，有朝加官晋爵。

一朝天赐得高第，书童果然双喜临门。后人一直美谈这个故事，便取“高中科举门第”之意作为里名。这样，永庆坊不叫了，高第里一名流传至今。

玉麟坊：天开灵岩彭玉麟

端州玉麟坊取其吉祥之意而得名，“玉麟”，古时是麒麟的美称；又因坊中有五显庙，此地亦称“庙前社”。清代属东厢都镇南街，即如今阅江路、五经里邻近。玉麟坊今已不存。

玉麟坊与彭玉麟有缘，地名与人名相同，这是历史的巧合。彭玉麟，清朝著名政治家，军事家。清末水师统帅，人称“雪帅”，与曾国藩、左宗棠并称“大清三杰”。他官至两江总督兼南洋通商大臣、兵部尚书，是中国近代海军奠基人。

光绪十一年（1885），水师营被废，由彭玉麟在端州的广安水军替代。于是，桂馨街名为“火攻营”，玉麟坊设立“水师箭道”，还有彭玉麟的游天府。这一条箭道是清代端州城内外多条箭道场（练靶场）之一。

“采江山之俊势，观天下之奇作。”彭玉麟到肇庆后，视察了羚羊峡。羚羊峡由羚羊山同烂柯山雄踞西江两岸而成。地形险要，扼两广咽喉，兵家必察。两岸陡坡险峻，峡谷绵亘7.5公里，河道窄，最窄处才200米；河床深，最深点达78米。水流湍急，水卷漩涡。旧时，东下的船艇可顺路直放，西上的船只就要靠撑蒿抬橹、架桨扬帆，更多的时候要由船工系缆登山拉纤。诗云：

几叠风帆挂夕阳，万重云嶂锁羚羊。山围江口容孤棹，天压潮头露短樯。
岚影夹船春水绿，林坳系缆暮烟苍。望夫石畔人如在，更睹归桡一断肠。

明代以前，纤道错落不整断断续续，行走不便。明正统十三年（1448），高要知县陆驹开始在峡山筑桥梁，到万历十年（1582）才凿石路，称为“峡山旱路”。万历三十九年（1611），陈一龙集资重修，筑桥13座，这是古栈道的雏形。清嘉庆二年（1797），高要知县裴盛清再加修理，筑桥19座，栈道更完整。

羚羊峡的龙门山上有石碑写着“增修羚羊峡道（桥）碑志”，由肇庆府事翰林院编修杨希铨撰，彭泰来书写。据记载，羚羊峡古道修于道光十九年（1839），道光二十二年（1842）完工，总长“两万五千八余丈”，约10公里。古道上有24道桥，乃当时肇庆通往广州的必经之路。碑上还刻有出资修羚羊峡古道的众商行名字，其中包括梧州有恒店、佛山巨丰行等，这些商行大多以经营进出口贸易为主。

羚羊峡有一洞为“羚峡古刹”，因地处羚羊峡口，故而得名峡山寺，曾是肇庆的一处佛教圣地，始建于萧梁时代（502—577）。唐代诗人沈佺期、杨衡以及以“山雨欲来风满楼”而扬名的许浑等，留下了不少西江三峡的文章。可惜古刹被毁，今只留遗址。

后来，此地名列古端州八景之一——“羚峡归帆”，远近闻名。每当夕阳西照，波光帆影，水天一色，如诗如画。清光绪十一年（1831）的一天，彭玉麟到来布防军事后，见一块大石壁上，镌刻着三款红漆楷书面向江面：一是清康熙三十年（1691）刻的“江上清风”；二是清嘉庆二年（1797）刻的“裴公十九桥”，落款印章比脸盆还大；三是清道光十八年（1838）张泉题刻最大者的“山川秀美”。于是彭玉麟请人刻一款“天开灵岩”。

后来，彭玉麟在玉麟坊建一座五显庙，让市民供奉“玉封佛中上善王显头官大帝”，了却心愿。清代同治年间，任兵部尚书的彭玉麟去世，谥号为“刚直”，端州人将玉麟坊路上的五显庙又称为“彭公祠”。

这段鲜为人知的历史，随着城市建设步伐加快，与昔日的玉麟坊一起消失，令人难免有弹指一挥就已百年的感觉。

慧福坊：莫状元私访砚村

端砚之名享誉于世，白石村也名为中国端砚文化村。离白石村不远，有一条街名叫慧福坊，在端州一路黄岗之南。“慧福”是佛家语，教给人们慧福双修，自然容易成就功名！

白石村，是端州砚艺的发祥地，“天下奇珍”就出自这里。据说，制砚可从唐武德年间计起，一千三百多年的历史，见证了端砚的兴盛与辉煌，也留下一段“状元访砚”的故事。

话说唐代末年，岭南第一个状元莫宣卿，从广州回封州，沿西江直上，中途到了端州。因为端砚闻名天下，那年秋夏，他游览鼎湖山，再行栏柯山紫云谷砚坑岩。莫宣卿明白，自己考取状元所用的端砚正是出产在这里。他到慧福坊一行，向坊中正在雕砚的老伯讨教。老伯并不知道，站在面前的这个年轻人便是当日凭着端砚有如神助而考取功名的“状元”，便没有说砚如何，反问道：“小哥，你认识端砚吗？”

莫宣卿虽然感到有些贸然，但却懂得尊重长者，就很有礼貌且谦逊地说：“当日我考取科场，感觉端砚并非一般。”雕砚老人又问：“怎的非一般？”莫宣卿很有韵律地说了一段话：

石性嫩润，油然脂肪，似婴儿面，如女乳房。水寒不冰，质强腾黄；贮水不耗，质润清霜；研墨无泡，质柔透朗；发墨无声，质嫩弥彰；停墨浮艳，质细莹光；护毫加秀，质腻端庄；起墨不滞，质洁流芳；经久不乏，质美泱泱。端砚奇石，世上无双。

雕砚老人兴奋地答道："年轻人真不简单，你把这老坑岩的优点说全了。老夫佩服。不过——"

"不过什么呢？"莫宣卿问雕砚老人。

雕砚老人说："看你应是考取科场的读书人，我有一个藏在心里多年但对不出来的上联，你把下联对出来吧。"

莫宣卿心想，雕砚老人要考人了。这位雕砚老人，就以自己雕砚的事，念出上联：

一世耕砚田，空劳碌碌；

与莫宣卿一起来的人中，不乏文人雅士，他们听了上联，一时应对无句，帮不了莫宣卿的忙，干着急，担心他对不上。才思敏捷的莫宣卿，眨眨眼，摸摸端砚的砚堂，不慌不忙地对了下联：

半池藏墨海，俯视茫茫。

莫宣卿话刚说完，众人拍手称妙。雕砚老人听了，也暗暗佩服："对得不错，但不知他是偶然而得，还是实有其才。"心想，再出一对试试。于是，雕砚老人开口说："小哥，让我再赐教一对如何？"众人见雕砚老人有点无礼，想发话，但还是耐着性子。只见莫宣卿恭恭敬敬地回答："敬请老伯教诲。"雕砚老人就以他们今天游览胜地白石村为题，侃侃念道：

白岩白端白石村，白也砚也；

同行的人听了上联，知道雕砚老人用的是复字的修辞手法，把白岩石、白端砚、白石村一齐融入联中，便绞尽脑汁，想助莫宣卿一臂之力。然而，莫宣卿已是心中有数，他回顾今日登山游览的情景，一幅幅美丽的画面，又重现在眼前：栏柯山上的紫洞寺，寺映紫霞，一时天上尽是紫云。他想到这里，立刻得了下联，就慢条斯理对道：

紫微紫气紫云谷，紫然洞然。

雕砚老人听了，高兴得竖起大拇指，连声称妙，即刻端出上等老坑岩。莫宣卿接过砚，正在赞叹，那雕砚老人说："来！你看——冻比鱼脑，点泛星光；白映蕉叶，纹绮细浪。"就在这时，雕砚老人发现砚中三只眼融入山水风云的砚刻中，见景生情，又叫一声："再对一联。"随着念了出来：

三只大眼，看山看水看长云；

这上联，不但难住同来的文人雅士，而且也确实难住了莫宣卿。这时，莫宣卿手捧“石性贵细润，石色贵青”的老坑砚，不敢抓紧。他放下端砚，低头苦苦思索，难得佳句，只好抬头，向四处寻找答对的素材，当他发现有一水塘湖，形似桃心，联想到百姓之情比水深，一时开窍！高兴地大叫：“有对了！”接着朗声念道：

一颗丹心，对地对天对百姓。

众人齐声叫好，听得雕砚老人也高兴得连胡须都翘起来，连忙叫人到村后瓜园，摘了几个大西瓜来招待客人。雕砚老人种的西瓜，又沙又甜，莫宣卿等人吃后只觉得清甜可口，舒服极了。雕砚老人一时高兴，再次高喊：“小哥！”大家一怔，以为他又要出难题了。原来他真的又要出难题：“你再对一联，我将此砚赠予你。”便顺口吟出一联：

东村老人送西瓜，些小礼物；

莫宣卿喜出望外，爱砚心喜，笑呵呵地又将端砚捧在手上，然后说：“老人家你讲话一定要算数哟！”莫宣卿接着就对：

南极仙翁拜北斗，天大人情。

雕砚老人高兴地说：“你太有才了！”随从这才接话：“那当然啦，他是新科状元莫宣卿啊！”

风采牌坊

《诗经》云："衡门之下，可以栖迟。""衡门"就是牌坊的雏形，后指城市居民区之间的"坊门"。老城的牌坊，为端州人文的重要地标之一，但作用不同，其意义自然也就各有不同。

江滨五：走笔广荫牌坊

江滨五路在端州城西，连着前沙街、后沙街，旧称白沙街。古时街东有鲁家园，街南有水窦口，西边就是白沙龙母庙了，庙前有一座“广荫牌坊”。

广荫牌坊与龙母庙依然存在，地处“龟顶松荫”美景之中，有深山隐庙之称。其建筑布局坐北向南，以中轴线贯穿整个建筑群。《高要县志》记载：“城西八里有白沙台濒临端江，台上有鹄奔亭，台邻有龙母祠。”据传，庙始建于南宋咸淳年间，但又有记载说，始建于明万历十五年（1587），清代多次修缮。

牌坊特别之处是清代石建筑，由祭天、祀孔的棂星门演变而来，可以说滥觞于汉阙，成熟于唐宋，至明清登峰造极。广荫牌坊之名，是“广布福荫”的意思。

由于西江经常水涨，堤陷渗溢，清光绪六年（1880），时任肇庆知府的绍荣认为“闻龙母神累昭灵庇，恳请襄封”，便上书两广总督兼广东巡抚曾国荃，请求朝廷加封龙母娘娘。

载湉于光绪八年（1882）十月二十日用朱笔圈出“广荫”为龙母娘娘封号。这是历朝历代皇帝第九次加封了，龙母娘娘被封为“程溪永安永宁永济夫人灵济崇福圣妃护国通天惠济显德昭显溥祐广荫龙母娘娘水府元君”。在这 38 个字中，“水府元君”是道教加封，龙母便由人变成了神。

绍荣奉旨按照“九五至尊”之意，斥巨资督建广荫牌坊，在西江流域众多“以奉龙媪”的龙母行宫中，这是规模最大且唯一得到皇帝敕封的龙母行宫了。秦汉以来，把龙母尊称为“龙媪”，这是多么富有人情味的亲切称呼。西江流域对龙母的称谓有四种说法，岑溪龙母称“温凤娇”，藤县龙母称“温媪”，梧州龙母称“温氏”，德庆龙母称“蒲媪”。

广荫牌坊顶部是“二龙戏水”图案，坊板正、背面镶嵌阴刻“圣旨”两个大字。坊额下面的坊板正面镌刻“加封广荫”，背面镌刻历朝历代皇帝加封龙母娘娘的“八大封号”。整座坊镌刻人物、龙狮、宝珠和花篮等图案，还有“永济”（永远和衷共济）和“孝道”（立身行道）字配。

“圣旨”二字是清德宗钦点著名的石雕大师用御用顶级石材精雕而成，并指派钦差大臣率领御前侍卫从京城送达端州。“三品衔肇庆府知府绍恭修撰书”联，镌刻在牌坊石柱的正、背面。

正面楹联：

圣世即今初膺旷典；

黎民从此共庆安澜。

背面楹联：

众母位隆千秋神圣；

六姬配享五子侯王。

“六姬配享五子侯王”讲述的是一段故事：话说安南招讨使郭逵，于北宋熙宁九年（1076）奉命征伐交趾（今越南），兵粮运送未遭风浪患害并凯旋，上表言称龙母娘娘有功。次年，宋神宗赵顼加封龙母娘娘为“灵济崇福圣妃”，赐额“永济”，后来改额为“孝通”；加封五位龙子：长龙为“显济广泽助顺侯”，二龙为“佑济助泽广惠侯”，三龙为“助济普泽敷顺侯”，四龙为“支济顺泽惠福侯”，五龙为“协济敷泽嗣应侯”；敕封龙母娘娘的姐姐为“柔泽翊惠赞灵夫人”，妹妹为“美泽昭惠协顺夫人”；敕封龙母娘娘结拜的邻姬许氏为“前殿赞泽夫人”，邓氏为“前殿翊济夫人”，黄氏为“后殿襄泽夫人”，魏氏为“后殿协济夫人”。

广荫牌坊见证庙中纸火延续到民国，之后，龙母庙曾经是高要县公安部门看守所，用以关押人犯，“大跃进”时期又变成肇庆钢铁厂的仓库。2000年后重新修缮成为了旅游景点。

如今，走近广荫牌坊，看看龙母庙朝厅大殿，再往里走就是庭院了，小鸟啼鸣，花香扑鼻，香烟袅绕，环境寂静清幽。不过，最让人心潮难平的却是眼前的西江，历史就这样被冲洗着。

石咀街：走笔节孝牌坊

端州城西有条石咀街，旧称忠和社，在“文革”期间曾改称为红旗三路一巷，1981年恢复称石咀街。街上有一座不太显眼的“旌表节孝”牌坊，是四柱三间冲天柱式的石牌坊，清嘉庆二十五年（1820）建造，诉说着石咀街的一段历史。

旌表，是古代统治者提倡封建德行的一种方式。历代王朝对所谓义夫、节妇、孝子、贤人、隐逸以及累世同居等大加推崇，往往由地方官申报朝廷，获准后则赐以匾额，或由官府为造石坊，以彰显其名声气节。明清时期，为加强对妇女的束缚，大力表彰节烈，节孝牌坊就属旌表的范畴。

该坊被一排平房夹在中间，难辨当年模样。只见其用花岗石砌成，坐北向南，四柱三门，石柱为方形。正门上方的横匾额正、背面，均镌刻“圣旨”、“旌表节孝”的字样。节孝牌坊右侧门柱上方的横匾额镌刻：

翁姑继逝，与庶姑苦节同守，现年六十余岁，节孝克全，都人重之，请诸大宪奏准，奉旨旌表，略述其概，以励贞操之，阖邑绅士识。

节孝牌坊左侧的石柱镌刻“嘉庆庚辰仲秋吉旦”，右侧的石柱镌刻“龚胡氏立”，两旁镌刻人像。粗略可知这旌表的是一名节孝之妇，是“圣旨”批准的。

节孝，即贞节与孝顺。从旌表节孝这段文字中，我们可以看到这样一种情景：在封建社会，妇女一生只准婚嫁一次，男人丧妻可以续娶，女子丧夫只能守寡，以示贞洁守节。这是当时许多女人共有的际遇，是一个残酷的现实。这种牌坊是封建社会赋予终生守寡妇女的一种象征性荣誉，折射出衡量妇女道德操守的评判标尺。所以，旌表节孝牌坊是封建专制制度下的妇女遭受逼迫、摧残的真实写照。

在明清两代的五百多年间，端州究竟有多少遵守封建礼教的贤媛、孝女和节烈之妇，无法考证。老街坊们不认同贞节牌坊所承载的封建思想，说：“古时候对女人‘三从四德’的约束害人不浅，为夫守节不能生搬硬套，这是对人自由的压抑。”

一辈子住在石咀街市场附近的老街坊，见证着这清代牌坊的没落。抗日战争期间，旌表节孝牌坊的左侧门被日本飞机炸毁；“文革”时期，牌坊遭受了较为严重的破坏，因为是花岗岩材质，所以不少人纷纷搬走了牌坊两旁的石板石柱，甚至修路的时候也拿一块石板作为路面。

一百九十多年过去了，历史的风云卷走了那些逝去的时代，残存的旌表节孝牌坊成了历史的见证。有一年七夕，我走近节孝牌坊，写下《江城梅花引》：

端州七夕却如春，雨纷纷，叶纷纷。石咀迷蒙，灯火又黄昏。旌表牌坊节孝里，银河梦，鹊桥愁，欲断魂。

迈出夏的门槛，走入秋的街道，清爽的笑意，在空气中渲染开来。沿着秋的古巷走下去，秋意倏然从巷两头直窜过来，眨眼间整个身心便被裹在了古色古香的秋色里。

天后街：走笔清节流芳牌坊

端州正西路有条天后街，在“文革”期间曾改称为红旗三路二巷，1981 年恢复原名。街上有座四柱三间冲天柱花岗岩牌坊，名为“清节流芳”，建于清道光二十八年（1848）。牌坊遍布青苔和蜘蛛网，似乎在说，这是对妇女不合理的束缚。

这个牌坊正门横额两面均刻“清节流芳”字样和人像，有当地举人何九鳌在正门柱上题刻一联：

清节勒贞珉，心铁铸成不朽事；

紫泥膺宠命，口碑刊诵示后人。

另一个当地拔贡生叫汤盘，也在侧门柱刻有题书：

竹劲松坚，四十年中标峻节；

冰清玉洁，九重天上锡纶音。

左侧门横额刻着：

天地之正气赋予人，为忠孝节义，固无分于男与女也，得之皆足增三纲五常之重，故朝廷有旌表之褒。至于待聘闺门，柏舟矢志之死，靡他，尤人情之所难者也。贞女梁氏，静涛黄君次子维善之聘妻，肇城西国学生崧亭君之次女也。

右侧门横额上续刻字如下：

未于归，舅姑早逝，闻夫讣，时梁氏年十七，誓以身刑，父母曲慰之，既而无家可归，乃以亲老弟幼，介然矢从一之志，撤其钗珥，奉侍父母以终身，守清节四十余年，倘所谓天地正气钟于女子者欤！道光丁未邑人上其事例，得旌表，戊申六月内奉旨建坊，因为之序。邑人口贡生□□□。

读文方知，原来，清代嘉庆年间，肇庆城有位梁氏女子，她嫁给黄静涛的儿子黄维善为妻。梁氏十七岁那年，丈夫去世，她“誓以身殉”，终身不嫁，孝顺公公婆婆，关心弟弟妹妹，“奉侍父母以终身，守清节四十余年”。可见牌坊旌表的人非同小可，守寡四十多年，才立得清节流芳牌坊。

梁氏女子十七岁的年华，守寡四十多年，心境的苦楚正如《贺圣朝·雨夜哭别》一词那样：

无眠最怕孤清住，心声对谁语。三更灯火五更风，眼泪空如雨。悠悠往事，深思几许。殉情守君侣。不知他日再生时，又相逢何处？

“清”，指寡妇，“节”，指贞节，女子不失身、不改嫁的道德行为。“贞女梁氏”为何有如此节烈之气呢？一怪历代女性教科书，如《列女传》等熏陶的作用。明清之际，端州宗族势盛，义学普设。县塾、私塾、书院请名儒灌输程朱理学，“明人伦，正风俗，崇孝悌，励廉耻”，影响颇深。二怪缙绅所起的卫道作用，大力褒奖贞节。自宋代开始，端州历代不少进士以及官职显赫的达官贵人，成为封建礼教的卫道士，对贞节妇女大加颂赞。三怪对节妇在经济上资助。

有人说，那些矗立在街边的贞节牌坊，必定埋葬着一个活泼的生命，埋葬着一个女子数十年的青春。这名垂青史的贞女节妇，本身就像这座森严冷酷的牌坊，是中国女性悲剧命运的见证。

军路头：走笔七星岩牌坊

在天宁北路与端州四路交接处，古时称为“军路”，因旧时驻军于此而得名，肇人至今还把天宁北路叫“军路头”。

民国时期修建的军路头后叫天宁北路，后来从麦仔园一带，不断向北延伸，如今与端州路交接了。“文革”时期，该路段曾改称解放北路，1981 年肇庆市人民政府颁布标准地名，称天宁北路。

1923 年 7 月开始修筑端州四路，是一条过境公路。与军路头一样，周围只有寥寥数间商店，多是卖鸡鸭、腊味之类，民居数十家也多为矮屋。解放以后，这一带的商店也还不多，晚上灯光暗淡，夜间或有一两档小贩叫卖声，如“热蔗啦”、“裹蒸啦”之类，九点钟以后行人稀少。有了“七星岩”牌坊后，它才成为一道华丽的风景线。

一提起牌坊，很多肇庆人都会指向七星岩牌坊，因为它是端州的标志。如今这里变成端州最为繁华的地方之一，每当人们路过这里，都会有一种油然而生的景仰。

为什么七星岩会建在“军路头”呢？因为牌坊广场身处的路段是七星岩景区的主要出入口，又是风景区与城市接壤地域，考虑到需要一座标志性的建筑凸显城市的中心，因而七星岩牌坊便应运而生，成了端州的地标和城雕。肇庆市民一般只简称其为“牌坊”，或称为“肇庆牌坊”。

七星岩牌坊是一座巍峨庄严、瑰丽夺目的钢筋混凝土建筑。牌坊坐北向南，是依照北京雍和宫前门牌坊的样式建造的，属北派风格。整座建筑高 12 米，宽 17.5 米，一跨三门四柱，花篮形柱础，仿歇山顶式。整座建筑用四根朱红大圆柱承托着三层七叠的琉璃瓦面，檐角饰以蹲狮，檐下刻有不少龙凤等精美工艺图案。左右两旁植有红棉树，衬托尤显华丽庄重。

七星岩牌坊始建于1958 年11 月，1959 年全国人大委员长朱德亲笔题字“七星岩”。然而，许多人所想不到的是，这“金漆招牌”并非朱德专门为了牌坊而题的，它的来历只是机缘巧合。

1959 年 2 月 17 至 19 日，朱德偕夫人康克清和警卫秘书乘坐苏制轿车，几位陪同人员坐一台面包车，用三天时间视察了肇庆城区、农村和星湖风景名胜区。他住在地委院内（现在城西旧卫校）南楼二楼，品尝完四菜一汤之后，在旁人的邀请下，朱德用钢笔即席挥毫，写下“七星岩”和“朱德”刚劲有力的题字。这一“神来之笔”后被作为七星岩牌坊的牌匾，从此“七星岩”牌坊成为肇庆的象征和游客摄影的最佳景点。

如今七星岩牌坊前的牌坊大广场上，音乐喷泉、演出展示、电影晚会等应运而生，成为端州新八景之一的“牌坊夜韵”，有《相见欢》词赞：

牌坊夜韵妆浓，胜熏风。万发龙泉，喷起到天宫。多姿彩，人如海，笑声中。歌舞悠扬，喜气乐融融。

端州四：走笔洞天敞奇牌坊

与雍容华贵的端州七星岩牌坊相比，洞天敞奇牌坊造型奇特，风格极为简单朴实，好比暖柔的阳光，在秋天中显得精致明快，使建筑艺术得到一定的升华。

“洞天敞奇”在端州区工农路与端州四路交界的西侧，有小公园。在明代，这里是东校场。民国二十四年（1935），留学日本回国的肇庆爱国人士梁祖诰，在此捐建牌坊。牌坊用混凝土砌筑，两柱单间冲天柱式。上端由两根混凝土横梁连接两柱，在两条横梁之间砌墙壁；正面是灰塑篆书“七星岩公园”，背面是行书“洞天敞奇”，取宋代道家“洞天福地”之意，称之谓名山胜地。

“洞天敞奇”奇在何处？牌坊设计正面向西，方柱两根，类似八字脚，略呈梯形，上窄下宽，形似“开”字，横跨路面，为钢筋混凝土结构。原先柱子表面是民国特色的“抓帽”批灰工艺装饰，这种“抓帽”技术只有民国时期才有，主要是将水泥铺在柱子上，用人手抓出帽子的形状来。专家说，可惜的是这座牌坊被某些不懂建筑艺术的人粉刷一新，装饰全被掩盖了。

捐建牌坊的梁祖诰，字孝郁，1889 年生，世居肇庆市。他幼年就读于肇庆府中学堂，后升读两广高等工业学校，后赴日留学，参加同盟会。历任海南万宁县、广东封川、惠州知事，江门市政局局长，广东省民政厅秘书，中山大学十五处主任，广东省教育厅秘书等职。

民国二十四年（1935），端州城区的面积较小，七星岩景区离城区较远。为此，七星岩公园筹备委员会开辟了一条长三公里的汽车专用道，在汽车始点建造了洞天敞奇牌坊站，直通到终点揽胜牌坊站，以方便游人从城区乘车前往名胜区。洞天敞奇牌坊为发车起点，而揽胜坊为车站终点纯属巧合。

当然，在解放前，为一个景区设汽车专用道及专门建造一座牌坊作为大门的做法并不多见，也由此可见端州一直重视旅游文化。20 世纪 90 年代，洞天敞奇牌坊“门前冷落车马稀”，如今只作为一个历史标志而存在。

风，掠过树梢，簌簌地像公园的絮语。早晨几声脆脆的鸟鸣，荡漾在含有花草香味的空气里。远离城市的拥挤和喧嚣，往日浮躁的心境变得豁然开朗。牌坊傲居街边，便拥有了一片自然和萦思，博得了一份淳朗和从容。

阆风岩：走笔揽胜牌坊

如果没有人指点，游人都不会意识到在七星岩景区一隅，周边长满了藤本植物的揽胜牌坊，它于民国二十三年（1934）建成，曾经辉煌过半个世纪。2007年，揽胜牌坊被定为肇庆市文物保护单位。

揽胜牌坊位于七星岩风景名胜区的阆风岩东南麓，是用混凝土和花岗石构筑，四柱三间冲天柱石牌坊。柱为方形，下端前、后置抱鼓。正门上端横额阴刻“揽胜”两个大字，上款阴刻“民国二十三年四月”，下款阴刻“县人余佶闲捐建，梁清平书”；背面阴刻“山色湖光”四个大字；侧门横额有简单的饰纹。从整体来看，揽胜牌坊雅致清幽，古意盎然，艺术价值较高。

如果说，七星岩牌坊是伟人题书，那么，揽胜牌坊则是文人题书了。有人把建于1934年的揽胜牌坊和建于1935年的洞天敞奇牌坊称为“兄弟坊”，按年份来说，“揽胜”为兄，“洞天敞奇”为弟。

捐建人余佶闲，即余骏谋，一生以经商为主，如今名胜区内的佶闲亭，就是以他的名字命名。题字者梁清平，世居端州城区，清末附生，肇庆名重才子，西泠印社社员。梁清平学识广博，国学功底深厚，工诗词，精书法，善篆刻；书法宗魏碑而多从清篆刻家、书画家赵之谦化出，意态潇洒，笔力雄健；篆刻则师从浙派，刀法严谨，浑厚古朴。

梁清平为何写“揽胜”，而不写“览胜”呢？不得而知。“览”即看、见的意思，指集中观赏某些胜景。时下“揽胜”这个字眼使用得越来越多，如“学海揽胜”、“教海揽胜”、“书海揽胜”等，前人也将“览”作“揽”，导致“揽胜”常见。

“揽胜”牌坊建成后，直至20世纪90年代，曾经进入了无数游人的镜头。以前游人进入七星岩，均要从它下面经过。

20世纪90年代后期，牌坊因故改建于现七星岩风景名胜区东门的位置。自此，游人进入名胜区不再经过牌坊，牌坊渐渐淡出了游人的视野。如今，牌坊仅供名胜区的工作人员出入。

犀牛岗：走笔浩气长存牌坊

犀牛岗是抗日战争时一个驻军的地方，身傍大名鼎鼎的七星岩。其形状如一只雄健的犀牛，因此原名就叫犀牛岗。这里曾经有一座“浩气长存”的牌坊，并修建了一条支道方便登临，于是被称为犀牛岗路。

时光回到1939年11月底，日军两个半师团6万人从北部湾登陆攻陷钦州，计划攻陷广西省会南宁，拉开了桂南会战序幕。1940年，驻肇庆的64军开往广西参加桂南会战。

经过整整一年的战斗，中国军队终于将日军赶出了桂南。桂南会战之后，64军驻防西江地区，在端州犀牛岗、双源洞一带设立军部。1942年春，64军在犀牛岗修筑坟场，将在兰封、武汉、粤北、桂南以及其他大小战斗中阵亡的将士遗骨，除不能及时带走的都集中安葬于此。

小小犀牛岗，成了与日军激战的伤心岗。据称，坟场台阶半山腰处有一座牌坊，上有64军军长陈公侠题写的“流芳百世”。在岗顶上，有一座纪念碑，正面刻着“陆军第六十四军抗日阵亡将士纪念碑”，由“陆军第三十五集团军总司令邓龙光拜题”。岗下另一座牌坊，上书“浩气长存”，为国民政府主席林森书写。两边柱上刻着一副对联，落款是“蒋中正”：

以丹心存令节，以碧血存令名，不愧七尺昂藏，顶天立地；

为国家尽大忠，为民族尽大孝，赢得千秋景仰，继往开来！

纪念碑右侧是第35集团军总司令部少将参谋长黄飞军的墓地，旁边还有在桂南、粤北战役中阵亡的155师营长关达璋、156师营长唐锦胜等人的坟墓，人称“抗日阵亡将士纪念牌坊”。于1959年被拆除。

国民党第64军坟场建成后，召开追悼会。第35集团军总司令邓龙光亲自主持祭祀，驻防在肇庆的第64军将士全体参加，还有广东三区行政督察专员公署专员兼保安司令李磊夫、高要县长张虞韶等。当时有人诵祭文，选段如下：

倭侵我国，天地晦暝，奸淫掳掠，无恶不作。兄伤弟亡，肝脑迸裂；夫死妻亡，肢体残缺；白发奶老，哀哭陋巷；稚子觅娘，泣声心裂；百万难民，生灵涂炭。粤桂将士，血骨横飞，断肘抗凶，裹肠杀敌，誓灭倭寇，还我家园。

一抔黄土，埋几许之英雄兮，神鬼哀号；三尺菁蒿，染无穷之碧血兮，忠心贯日。惜中华青山大地，粤桂将士万万忠骨，喋血赴死，国殇如云。建墓铭记，托体山阿，既以慰英雄之灵，凝聚民族之精神，还殉国英烈之尊严。竭诚致祭，表我斯衷。生者腾欢，英魂含笑。

嗟呼，朝生暮生生生死死，弘扬民族正气，秉浩然千秋，且凭幡而致祭，特呈祭文于灵前，西江呜咽，魂兮来格。哀哉——尚飨！

山岗下的树，齐刷刷地脱掉了绿色的外衣，些许皱巴巴的叶子悬在空中，让人一眼就看到了秋天个性的张扬。路的另一侧，蒲扇一般的叶子墨绿墨绿，挤挤挨挨吐着一抹青葱，在秋天的舞池里，漾着一波又一波绿色的涟漪，使人幡然醒悟：夏天并没有离我们远去。

风满亭楼

“古端名郡”，有众多的亭、台、楼、阁、塔，设计匠心独运，结构精巧古朴，造型奇特宏伟，表现极富浩气，是建筑艺术中非常迷人而又能典型反映端州文化艺术成就的一道风景。

城中路：丽谯楼记

城中路由旧时的东门内大街、道前街、县前街、西门内大街拆迁组成，丽谯楼就在此街上。

1646 年 11 月的一天，冬日融融，万里晴空，端州城中路八方街巷人山人海，大街小巷旌旗蔽日。丽谯楼上，红灯高挂，充满喜庆。楼宇雄姿，震人心魄，两旁甲士林立，架在两丈多高台基上的八尊礼炮威武壮观。这是明末朱由榔在此登位称帝，史称“南明”的场景。

于是，坐落在如今城中路的丽谯楼，既是古端州的府衙，又是治所，更是皇宫。台基拱门上镶嵌着“古端名郡”的匾额，令端州被誉为“一代帝王城，百年广督府”的历史文化名城。

一座厚实的红楼，曾几度冠名。汉隋唐宋，洼地之处的一幢土楼便是知州、刺史、司马的办公地。在端州拓土城墙为砖城墙时，端州升为“兴庆府”。知府郑敦义一举将州衙变府衙，楼台高筑，气可揽城，目可丽谯，意指华丽的高楼，便定名为“丽谯楼”。

1118 年，古革接任知府，府衙变成了“肇庆府”，这是宋徽宗赐名并亲笔御书题匾，也是端州人文环境取得的优异成绩和历史地位突显的真实写照。因为是皇帝圣书的府名，因而肇庆府被称为“天下第一府”。于是，古革就在府衙前大兴土木，将丽谯楼建为三层，取“天地人合一”和“国泰民安”之意，示为供奉，楼建成后便改名为“御书楼”。

御书楼经历了南宋、元朝多次炮火的洗礼，被烧毁成为残楼败瓦。直到明朝天顺六年（1462），肇庆郡守黄瑜收拾败瓦，重建此楼。成化七年（1471）八月，肇庆府署再度落成，高台上的美丽建筑，巍峨雄浑，又采用原名——“丽谯楼”。那时，“丽谯春晚，望东南千里，湖山佳色。画戟门前清似水，时节初过灯夕。封井年登，京华日近，每报平安驿……”

丽谯楼又是博物馆，府上陈列铜壶滴漏、乾宁铜钟、大藤鼓等报时器，以报时刻。城里的百姓“清清细数三更到，第一关心是丽谯”。清代乾隆时文人袁枚，来肇庆旅游时，曾写诗赞曰：

端州城楼有藤鼓，以尺围量丈有五。

其色黝黝瑕环黑，其声逢逢音节古。

……

在风雨飘摇的明末清初，丽谯楼成为朱由榔的“帝都行宫”。朱由榔在这座丽谯楼登基摄政，将其修复成一座古色古香的红彤彤的彩楼，改称“永明宫”。从“南来第一州”，到“天下第一府”，再成为“一朝帝都”，这幢楼充当着皇城和西京的角色。

西京的来源有此说法：顺治三年（1646）十月，肇庆成为西南地区反清复明的领导中心，遍及两广、云贵、江西、湖南、四川等省，将领们称肇庆为“西京”。一时间，西京有了许多新鲜事。君臣们在肇庆开科取士，铸造“永历通宝”钱，招兵买马，制造火炮，检阅水师。同时，李自成、张献忠的余部和其他军队附明，颇有中兴明室、“西京中兴”的迹象。

如今，丽谯楼再也不是永明皇宫了，而俗称为“红楼”。苏廷魁的《杨枝词》写道：“斜拂红楼映绿波，云痴雨腻淡烟搓。浪传通体能倾国，触着春风丝绪多。”一千多年来，丽谯楼被故事染色。李邕石刻经传，犹如墙体的历史典籍；“砚渚清风播古今”的余音，化作红楼的拱门；陈尧叟《集验方》的移风易俗，缭绕着乾宁铜钟；叶挺北伐的鼓角相闻，凝固在民众编织的大藤鼓中。门前老街百业，成了一幅和谐完美的市井风俗画。

我们看着红楼，看到了今日端州的中国红，正在闪耀着“兴国之光”，呈现着“祥和之福”。红色情结，再次搅动了茫茫端州大地，激荡着浓浓的“爱我端州”的深情。

披云楼脚：披云楼记

生动有趣的粤语童谣，勾起新端州人对披云楼的记忆：

宋城墙，高又长，好似条龙摆街上。龙头有座披云楼，琉璃绿瓦红红的墙。城楼有个包公像，我们大家都敬仰。八面来风哗啦啦，吹得端州美名扬。

踩着童谣的节拍，追逐宋朝。穿过披云楼脚之路，回想在“文革”时期被改名为人民北路西街，1981 年才恢复“披云楼脚”之名的地方，被后来修建的宋城路抽去，于是，我在“粤海第一楼”的披云楼驻下了步。

且看，披云楼采江西滕王阁之形，集湖北黄鹤楼之胜，添山西飞云楼之瓴，纳广西真武阁之灵，突显广府文化的精华，重现岭南文化的气派，交汇中原文化的底蕴，宛如帝苑一阁，玉宇一方。

胜景至今留旧迹，月明风露草如茵。如今登城上楼，披云楼却雄伟不再，因为当今的琼楼玉宇已遍布全城。然而，披云楼还是壮丽的。它矗立在北城墙至高处，金龙玉兽傲首长空，飞檐翘角气宇轩昂，廊柱斗拱披红挂翠，雕梁画栋富丽堂皇；再看那碧瓦朱甍，烨然绚彩，斗角璇题，突然凌空的勃勃英姿，令人想到了古代文化氛围浓厚的端州，有无数文人墨客留下了不朽的诗篇。清同治年间任肇阳罗分巡道方浚师题联：

举头天外，高处不胜寒，看修雉骈罗，几叠云山开画本；

倚槛风前，壮心殊未已，问元龙在否，千秋湖海共襟期。

有的或达官显贵一游，或际会四方之客，或酬唱应和之曲。放悲声，抒情怀，低吟浅唱，壮怀激烈，皆可乘兴而来，尽兴而去。极目远眺南岸的象山、王侯峰、铜鼓山，东北边的鼎湖山与莲花峰；近看星岩与龙顶岗公园，心旷神怡！明朝人一句“岭峤南来第一州”，千古传唱，无怪乎引来“登其上者若览星辰而临风雨，不知兹楼之在人寰也”之慨叹。清咸丰年间，高要县事刘维祯题联：

刚逢素月流天，更上一层，樽酒有谁邀太白；

拟种碧桃满树，登斯四望，名花知我是刘郎。

在民间，有个“龙头化作披云楼”的神话，但比不上“披云鹤唳”这一故事凄美。传说，明朝年间，有一位年轻人上京考试，不料名落孙山。年轻人心灰意冷，辗转来到端州，在西江上遥见披云楼雄踞江边，宏伟壮观。年轻人赞叹不已，于是在披云楼住了下来。

年轻人满腹辛酸，感怀身世，白天靠卖字换几个钱糊口，晚上读书之余就在披云楼上弄箫遣怀。有一天，忽然一股欢快动听的箫音悠然相和，江边的白鹤竟也闻之起舞。原来，一位美丽的渔女每晚聆听年轻人的箫声后，心中感动，不禁也以箫相和。年轻人和渔女一见钟情，结为夫妻。渔女秀外慧中，伺候丈夫寒窗苦读。这一年，她再送夫君上京。

有些学子在途中死了，在哀悼的同时，年轻人感到惋惜。等到年轻人赶回京师，朝廷已不再让他进考场。年轻人悲悔交加，心灰意冷地回到披云楼，仰天长哭，哭完则亡，鹤亦唳。渔女赶到披云楼，但只剩下凄厉的鹤鸣了。

渔女抚箫痛哭，既哀丧夫，又恨错爱。据传渔女之后也随夫而去了。从此，白鹤盘旋在披云唳鸣，成为端州一景——“披云鹤唳”。

其实，将披云楼移入端州八景之中，经过几次易名。史树骏观其楼“披云耸翠”，李良骥听其声“披云鹤唳”，星湖逸叟赞其色“披云浓荫”，老百姓睹其雅“披云揽月”。如今我辈复登临，纵观雄奇一楼，新八景之一——“宋城揽古”，那真是：

千山同一月，万户尽皆春。千江有水千江月，万里无云万里天。

当然，古代的披云楼并非现在这个样子，登楼人物也只是“江山留胜迹，我辈复登临”。古代点兵擂鼓的人物，幻化于秦风汉月；刀光剑影的历史，销迹在闲云晚霞。响马摇铃，转换成渔歌晚唱；唐诗宋词，凝固成青砖壁垒；明曲清赋，流传为披云鹤唳；土著风情，绘制为民俗图画；包公出巡、永历帝登基的风采，化作披云楼内的蜡像。然而，许多惊天动地的人文壮举，却还潜存在宋城墙内外百姓的记忆里。

东门大街：倚岩楼记

正东路在民国前叫东门大街，指古城东门的路，东起阅江楼旁边的路口，西止东门斜坡，全长大约500米，横跨古崧横巷，连接天宁南路。在古代，正东路的东段称古崧路，西段才称为正东路，“文革”期间曾称红旗一路，1981年复称正东路。

据清道光年间的《肇庆府城图》显示，正东路因为在明清时期地处宋城墙的东门，所以名为东门大街。明清时期，肇庆宋城墙内多为政府衙门和县学，谓之城；东西南北四座城门外的街道，谓之市，城与市构成了城市的基本框架。据史料记载，从明代开始，端州城区正东路一直都是肇庆的商业旺埠。而骑楼，是民国十二年（1923）五月，改造东门大街时才修复一新的。

正东路骑楼街的最大特色也是最早的茶楼名叫倚岩楼，在当今大展药行处。倚岩楼的前身叫景云楼，1924年开业。“景云”的解释是祥云、瑞云。也许“景云”冒犯了唐睿宗李旦的年号，总之，火了十八年后，就出现了“生意淡薄，人情险恶”的问题。于是，1942年，有老板接手便将其更名为“照岩楼”。楼主是想借照岩来比喻其映照七星岩。谁知“店怕安错名”，照岩楼生意无人“照”，经营更不如前一任主人，1944年则改名为“倚岩楼”。

“倚岩”之名也有来头，是由新楼主请了一些文人再三商议而定。“倚岩”一词语言清丽，寓情于景，与肇庆贴切，也对做生意具有“靠山”的作用。通过造朱栊，修屏风，就像豪富人家一样。

倚岩楼内有间“胜利厅”，是当时肇庆名流巨富常会贵宾的一个餐厅。抗战期间，国民党桂系首领李宗仁和白崇禧曾在该厅办过宴会，孙中山在肇庆也到此歇息、品尝美食。他还题了一副对联，现为七星岩星湖亭上：

众生平等；

一切有情。

肇庆人梁寒操也是稀客。1946年初秋，阔别家乡二十三年的他，回乡拜祭后母陆太夫人之墓。回到肇庆城，倚岩楼主人请梁寒操题诗写对，于是他提笔呵成七言绝句：“依然深秀星岩树，一样逍遥北岭云。屈指暌违廿三载，如今重见更相亲。”梁寒操意犹未尽，又欣然撰写一副鹤顶联赠予倚岩楼，悬挂于大厅之中：

倚栏低掌谈风味；
岩石点头赞异香。

年过古稀的老人回忆，他小时候家住睦民路，见倚岩楼生意红火，不少市民习惯到那里品尝“一盅两件”，他还是小孩子时就常跟父亲去那里喝茶。新中国成立后，倚岩楼曾几度改名，如倚岩饭店、倚岩小馆、倚岩酒店，但都未离开“倚岩”这一老字号。一直以来，这里都是肇庆市民一家老少或三五知己吃饭喝茶的地方，知名度甚高。

倚岩楼大概是于20世纪60年代末，摇身变为“大展药行”。建筑为楼高三层的房子，旧式骑楼设计，白色外墙经重新粉刷，红色窗棂有点褪色，乍眼看去，很难让人将其与当年的名茶楼联系起来。店内工作人员说，倚岩楼变成药行已有一段不短的时间，但附近的老街坊还是很清楚这栋楼房的历史。

西门大街：绿瓦桁记

西门大街在明代已有名称，民国拆城墙时改称正西路，“文革”期间曾称为红旗三路，1981年标名正西路。正西路东接康乐路，对接城中路，西连西江路。此街不大，但古民居多，古巷也多。民国时，城中有钱有势的资本家均聚集在正西路。

端州城区现有的民国洋楼本来就不多，而保存下来较有特色的，恐怕只有十字路的崖鹰楼和正西路的翕庐了。

崖鹰楼，楼高两层半，说是1928年修建，因楼顶安装着一个硕大的铜质老鹰，百姓因此称之为“崖鹰楼”。极少有人知道它的庐山真面目，至今依然是谜。崖鹰楼采用欧洲哥特式建筑风格，是两百年前欧洲流行的一种建筑风格，许多天主教堂使用，但在肇庆较少见，其建筑工艺和奢华程度可以与正西路的翕庐相媲美。

就说翕庐，又叫“绿瓦桁”，是一幢富有气势，典雅堂皇的民国旧楼。大概因为肇庆市民比较少见“翕”字，又因为“翕庐”的名字太难读了，所以一般人见其屋顶是用碧绿的琉璃瓦盖的，便称之为“绿瓦桁”（桁指的是房屋上的承重骨架）。“绿瓦桁”从此成了“翕庐”的代名词，而“翕庐”则少为人知了。

其实，“翕庐”这个名字，意为“和顺、和睦之宅”。“翕”有“天人合一”的意思，“庐”有“结草为庐”的恣肆随性，二者合一，就有了一种旷达的态度。这种态度，在20世纪30年代初的乱世中尤为难得。

“绿瓦桁”有传统民居的形式，又有中式园林布局，更巧妙的是融入西方建筑特色，是典型的中西合璧。这是身份的象征，有钱人家才盖得起这样的房子。其规模大，装修豪华，在当时堪称豪宅，也是正西路的标志。正如其楹联所题：

天章表里；

风采名楼。

“绿瓦桁”的主人余佶闲，又叫余骏谋，出生于官僚地主家庭，兄弟姐妹十多人，其中最有名的是其兄弟余汉谋。1933 年，刚好是余骏谋经商发展最好的时期。余骏谋早年在上海、广州、香港等地经商，“绿瓦桁”的建成可以说是他一生中最辉煌时期的见证。后来，余骏谋先生开始关注慈善公益事业。

据述，“文革”时期，“绿瓦桁”一度成为红卫兵的司令部，后来成为高要公安局，再有一段时间规划为市图书馆，从独乐乐变成了众乐乐，大家都可以进去。

入正门，是南方民居特有的大趟栊，用上等进口木材制作。刚漆过的门柱，厅堂铁锈红的大阶砖，门廊地上七彩拼色的马赛克，梯级铺面的实木地板和二楼精雕细刻的实木楼梯扶手。用糯米饭拌灰浆砌出来的水磨青砖墙，斗栱是钢筋混凝土仿木结构，窗户为西式上下推拉和定位的木窗、百叶窗，天花采用西式线条作为装饰。楼板为钢筋混凝土捣制，上铺进口彩色拼花马赛克阶砖。

“绿瓦桁”周围绿树拢荫，草茂花香，后花园还有石山、水池等，优雅美观。修葺后很“打眼”，像刚细细梳过短发、穿着青灰色长袄、夹着竹编书箱准备上路的旧式文人，穿过岁月活在一个错乱的空间里，风采依然。

北门大街：宋城墙记

端州古有北门大街，又称正北路，与城北路相交，如今成为宋城路了。宋城路是拆了不少旧街才在2000 年开通的，其由东向西依傍宋城墙而去，因此而得名。宋城墙的墙角里留下了千年齿痕，它像一条如意，构造了广东最绝美的古城，人称“广东第一古城”，也就是今天人们称的端州新八景之一——“宋城揽古”，《忆王孙》词有调：

宋词磊起半城高，朗曜西江引自豪。揽月披云唳鹤翱。看新城，满眼春光入画图。

宋城，顾名思义，是宋朝的城墙。一千年前，广西首领侬智高反宋，从广西南宁沿西江直下，兵锋直逼端州。端州太守丁宝臣不敢应战，称无城可守，便弃城逃跑，后被朝廷撤职。朝廷派狄青大将军领兵前来端州，与侬智高决战，把侬智高赶杀回南宁，最后平定了这场战争，演绎出一系列“狄青平西”的故事。

有战争必有城池，于是端州有了宋城墙。端州城墙是何时建造的呢？是在宋皇祐三年（1051）江东之任端州知州时，为吸取历史教训，建城抵御敌兵，于是依山靠水，修筑端州土城。城池坐北向南，背靠黄土岭，面向西江水。将州衙、县署所在的两个小土岗及南面部分溪塘用城墙围了起来。当时规模很小，“仅容廨宇”。

宋政和三年（1113），端州升级为兴庆（肇庆）府，郑敦义是第一任知府。他亲自勘度地势，设计城墙，将土城扩大，筑为砖城。东起正东路斜坡，西至宋城酒店侧；南从南溪路口延伸到人民中地段。古墙构造为内外砖墙，中间填土。墙围建有二十八个突出的敌台，开四个门：东曰“宋崇”，西曰“镇西”，南曰“端溪”，北曰“朝天”。城邑城墙建设，远远超越了对外防御侵略的意义，对地方治安、社会经济和商品商贸的繁荣发展具有不可低估的作用，因而城墙是肇庆城市发展史上的一个里程碑。

到了明成化十六年（1480），又加大了部分城墙的厚度，改东门为“庆云”，即今正东路斜坡；西门为“景星”，今城中路西门斜坡；南门为“南薰”，今体育路斜坡；北门仍为“朝天”，今宋城路。城墙周围筑有炮房炮台、大小窝铺、垛墙，用作放置火炮、隐藏士兵、拉弓放箭之处。军事设施一应俱全。

宋城墙历经宋、元、明、清的修葺，以石为基，垒砖以瓦其隙，端方圆正，见证了端州近千年的沧海桑田。其中，砖有九种不同的规格，堪称广东第一、全国罕见的砖的博物馆。

据说，民国中期，粤、桂在此一场大战，导致城墙损毁严重。古城墙的拆与留，争论不休。高要县长严博球主张全部拆毁，肇庆梁赞燊主张保留。当时，李济深在肇庆任西江善后督办，下令“拆东墙留西墙”。这样，宋城墙才得以保存历史的一角。

据了解，宋城路的宋城墙是目前中国国内保存较完好的宋城墙遗址之一。这宋代建筑文化，不仅是肇庆的文化品牌，也是岭南的历史文化品牌。2002 年，该处宋城墙被列为第五批全国重点保护单位。2005 年，国家历史文化名城年会在肇庆召开，签署了“历史文化名城保护、传承与可持续发展”的《肇庆宣言》。

如今的宋城墙，一边是市中心车水马龙，一边是老城区悠然自得。一道城墙居然分隔得如此明显，实在是令人惊叹。

正东路：端州骑楼记

从明代开始，端州城区正东路一直都是肇庆的商业旺埠，后来变成最大特色的“骑楼街”。大路两旁，骑楼和商铺林立，人群川流不息，街景非常热闹。虽然当今正东路的地理位置并不在市中心，但如果以正东路为一个圆心，再在适当的范围里（如与天宁路作交叉点），确定不同的半径，向四周画圆辐射，就发现会形成各种不同的组合。政治、经济、文化、教育、科技、宗教等方面，无不涉及，又更以文化教育为最。如果说正东路长期以来是端州文化的一个中心，此言并不虚妄。

正东路街至今还保留着以前的骑楼建筑，各有特点，耐人寻味，由此组成“骑楼街”，极具岭南建筑特色。由于岭南地区（包括台湾、东南亚一带）雨水较多，精明的岭南人在清末至民国时期发明了骑楼这种建筑。骑楼一般为两到三层，它的建筑结构是前店、后作坊、楼上住人，店铺前一般留有两米多宽的通道供人行走。即使在下雨天、大热天，骑楼里照样可以做生意，顾客和行人就“不怕太阳晒，不怕风雨狂”了。

骑楼既是道路向两侧的扩展，又是铺面向外部的延伸，人们行走在骑楼下，既可遮风挡雨，又可躲避烈日。漫步其中，仿佛行走在历史的长廊上。长廊之中百业兴旺，且说当年有间药店，叫“赞元堂”，是百年老字号。晚清和民国时期的正东路还是南北药材的集散地，这里曾有永福堂、永祥堂和赞元堂等三家老字号药店。但是，永福堂、永祥堂在解放后先后停业，赞元堂这家幸存下来的百年老字号，则被收入《肇庆之最》一书。

据史料记载，赞元堂由高要大湾冼氏开设于清光绪十四年（1888），距今已有一百二十余年的历史。历史上的赞元堂以经营地道中药材为主，以货真、价实、量足深受百姓信任。

新中国成立后，赞元堂公私合营，成为股份制国营企业，下属华南医药公司。2003 年，华南医药公司转制，他们坚持以弘扬中国传统的中药行业为己任，期待着擦亮百年老字号招牌。

同时期的骑楼附近水街（现天宁南路）建有肇庆酒店（现肇庆旅店），楼高四层，钢筋水泥建筑，成为当时肇庆的标志。

说起肇庆旅店，有一个传奇故事：在抗日战争时期，由于日寇入侵，飞机侵扰，民不聊生，肇庆好多商店酒店纷纷关闭歇业，房屋建筑被炸毁乃是家常便饭。但肇庆旅店在炮火中一直毫发未伤，真是个奇迹。

据说肇庆旅店的顶楼天台一米多高处，有一个用竹子扎成的“网”。避雷针就听得多了，而这一竹网乃“避炸网”，它既可以隔热，又可以避炸。因为炸弹前头有一个撞针，当撞针与地面剧烈相撞后才会引爆炸弹。如果炸弹投下来，触到“避炸网”的时候弹起，撞针无法获得强烈的撞击，这样炸弹就不响了。每次敌机走后，军队的拆弹工才上楼把炸弹拆下来。

解放初，肇庆旅店被用作工人文化宫，文化宫搬走后又恢复为旅店。

这里除了骑楼，西江码头也是兴旺发达的。从明代开始，天宁南路和阅江楼附近就有多个码头，阅江楼附近还有一个西江流域的大型集市。天南地北的商人乘船来到这个集市交易、贩运货物，从而带旺了正东路的商业。民国时期，肇庆开通了广州和广西梧州等地的客船，客运码头设在正东路附近的新街，使正东路这个商业旺埠更加繁华。民国二十七年（1938），广州、佛山和香港等地相继被日寇占领。肇庆处于敌前的偏安地带，大批沦陷区的百姓涌进肇庆，其中不乏达官贵人和富翁，使肇庆的旅业、饮食等行业十分兴盛，商业繁荣，出现倚岩茶楼、中南旅店等知名商号。同时，正东路又生出了不少街巷。

如今正东路骑楼仍在，旧梦难寻。它没有天宁路宽敞，商铺比不上建设路盛，人也比不上端州四路多，自行车、小卖部、散晾的衣服、堆放的杂物，使这里和普通的居民区几乎没什么区别。不过在不经意的角落，我们仍然可以随意地捕捉到骑楼那不加修饰的娴静与诗意。无限沉寂又蕴含无限激情的骑楼又作金色的幻梦。

阅江路：阅江楼记

犹忆登楼发尚髫，楼前亲见海龙朝。万乘旌旗屯北郭，千军万马聚寒潮。

这是“岭南三大家”之一的陈恭尹回忆当年永历帝登基，在端州阅江楼点将台的场景。

走进阅江楼，可行阅江路。阅江路，因阅江楼而得名，20 世纪 60 年代扩建，融入了三埠、迎祥、桂兴、擢桂和镇南五条古街坊而成。东接柑园南路，西连正东路，南联江滨路。在“文革”期间被称为东风路。1981 年，肇庆市政府颁布标准地名，将此地统一称为阅江路。

阅江楼坐落在阅江路，位于西江之滨。它是广府大式（这里定义为歇山顶或攒尖顶的）楼阁，在广东十分罕见，古时与披云楼、端明楼、丽谯楼、斗辉楼，并称为“五采宏光”，各有特色。

阅江楼在石岗之上，伸展 8 100 平方米。据说，曾留下倩影婀娜的鹄奔亭，寄托石头和尚的石头庵，蕴含古朴的嵩台书院，折射出拙朴的东隅学社，包容着孩子的学校。但是，无论怎么变，二层楼宇屹立在典型的岭南四合庭院中，已逾千年，依然楼台高耸、重檐飞阁。

穿过阅江楼的庭院，嗅一下三百多岁的米兰香，看一眼不知年龄的假山真水，享受那份清幽雅静；再洞穿历史的时光，睇一睇阅江楼的真面目。阅江楼之名是明朝两广总督张镜心所起，再由下一个两广总督劳崇光题匾。阅江楼成为明清时期广东四大名楼之一，有“岭南一楼”的美称。

一座临水而建的华丽高楼，巍峨雄浑。走进厚重之门，便是走进了纵深的历史。登楼眺望，江水横流，浮光点点，对岸青山，两塔相对，天边霞影余飞鹜，水际渔歌入韵秋。诗情画意令人陶醉，难怪古人定其为端城八景之一——“江楼晚眺”。清代举人邱郦君《端城竹枝词》云：

石头冈上阅江楼，楼远青山绿水洲。

十二栏杆人倚遍，笛声吹破木兰舟。

这古楼既是吟咏之所，又是军事重地。南明永历帝、清将彭玉麟、叶挺独立团等都曾在此指挥军事，训练队伍。自从西江唱起了“叶挺之歌”，阅江楼从此浩然大气。王朝的历史，被陈列的长矛、大刀、土枪、梭镖改写；北伐的军服、袖章，从1925年11月21日诞生这一天起，化为2 100多个中流砥柱，造就了众多的军事人才。中国共产党有了第一支“铁军”，“八一”南昌起义有了第一枪，朱德同志题写了“独立团团部旧址”匾额。

如今，阅江楼以“江楼浩气”成为新肇庆八景之一，闻名于世。正如《望江南》所写的：

魂铸就，南粤一名楼。威震八方担道义，气吞万里写春秋，天际水长流。

今上阅江楼，西江牵幽情。君不见，肇昌、穗昌华丽之船已成往事，被川流不息的大车小车代替；君不见，省梧、肇梧的“拖尾渡”，已成纪念之船，夜伴西江万家灯；君不见，老街百业，形成了现代版的清明上河图；君不见，闻名朝野、青史留名的人物，在百姓的心目中，“只见公仆不见官”；君不见，大江两岸，把“江楼浩气”，传递给今天的端州，带向更加繁荣的明天。

学前东：文昌阁记

走进正东路的学前东巷，好比进入胡同，巷宽仅一米，只能容下一个人单独通过。这条古巷在“文革”期间称红旗一路二巷，1981年称为学前东巷。

行走其中，只可看到巷前巷后窄窄的一线景色。穿过去，会看见一幢像是一支巨笔的楼阁，似塔非塔，当地人称其为“文笔塔”，其实叫“文昌阁”，又名“奎星阁”或“奎光阁”。

该阁形状怪异，别具一格，为平面六棱形，是一座砖木构筑的三层楼阁，有十多米高。每层均有瓦檐，由下而上逐层缩小，六角攒尖顶，顶部黄釉陶质，似葫芦形塔刹。

走近底层，南面开有一个门，上额镶嵌“文昌阁”汉白玉石匾；第二层无字无画，只留下小小的空间；第三层南面开的是一个圆窗，窗的上端镶嵌“奎光”匾，也是汉白玉石制造的。

这个文昌阁是何人建造，何时落成，暂无书可考。传说在明末年间，端州有个建筑设计师，他既懂天文，又通地理，便以风水格局为依据，取“文昌六星”之意建造了这一座文昌阁。他的选址是临江建楼，引以为“文昌位”，是有益于读书和考取功名的方位。在文昌位上的建筑物，叫“文笔峰”或者“笔架峰”，只要有秀丽的河水朝来，就有利于文。因此，这个设计师把“文昌阁”建在举目可瞩西江来水的最佳之处。

第三层的“奎光”匾，代表首位，意头十足。古时候，“奎”与“魁”相通，端州民间常说：“魁星赐斗，独占鳌头。”魁星又叫“文星”，尤为古代文人学子所顶礼膜拜，杜甫也信“北风随爽气，南斗避文星”。文昌阁造型六角也有意头，天上文昌有六星，是吉星，于是把阁楼设计成六角形像竖立，意为上应六星。

据老街坊说，旧时文昌阁摆放有魁星像，定七月七日为魁星诞。这个魁星造像不是文质彬彬的白面书生，而是面目狰狞，金身青面，赤发环眼，头上还有两只角，整个看起来仿佛是鬼的造型。

端州一方热土，自古学风盛行，文气十足，建造一座文昌阁就不足为奇了。这片土著文化的荒土，播下了中原文化的种子，结出了本土的果实。人们仿佛在此翻阅过乾隆时期的《四库全书》，看见过光禄大夫苏廷魁挑灯耕耘，聆听过西江文豪彭泰来浅唱低吟，欣赏过岭南大师黎雄才的“黎家山水”，感受过能工巧匠缔造出的“中国砚都”。

据说，现在很少人来学前东巷的文昌阁了，都跑去七星岩天柱山的“文昌阁”，特别是近年，登天柱岩摘取“文曲星”成了学子的活动内容。有个学子在凭栏静思，写下偶作《点绛唇》：

雨后晴烟，端州十里空缥缈。文星何处，独对苍天眇。

远是残云，近是低飞鸟。情未了，与星相照，终有那一笑。

豪居路：“韬园”记

“韬园”是民国初年的楼宇。“幽栖眠疏窗，豪居凭高楼”，因为从未见过摩天大楼，古人也就把十来米高的楼称为高楼了。

事有凑巧，端州城北区域宋城墙之东有条豪居路，古称豪居里（东横巷有头巷、二巷、三巷、四巷、五巷），清初又叫濠基里，“文革”年间称为群众路，

1981 年正名为豪居路。

豪居路早在明代以前已有地名存在。古时候，宋城墙外围有一条护城河，河旁有一条路，名为濠居路，意思是壕沟边的路。在清末民初，许多有地位的、有钱的人纷纷到濠居路，围绕护城河建大屋、豪宅。因此，“豪居之路”名正言顺。

如今走进豪居路，这里的确还有一幢四层高的“高楼”，是青砖小洋楼院落，称作“韬园”，占地面积数百平方米，坐落在豪居路 48 号。据介绍，“韬园”建于 1925 年，门上石匾“韬园”题字落款为晚清“戊戌变法”运动发起人之一康有为的手迹，几个字现在依然清晰可辨。有史料记载，1916 年，康有为和梁启超等人曾来过肇庆，韬园之名很有可能是康有为亲笔题书。

无独有偶，当时中国有四处“韬园”。南京第一公园又名“韬园”，位于复成桥东，明故宫南部，秦淮河畔，风景秀丽；另一处“韬园”，位于南京金銮巷与羊皮巷交汇处，1935 年，盐政官兼盐务专家景韬白在此建房居住，故名；第三处“韬园”，是王韬纪念馆，在上海角直中市下塘街 6 号，为一座具有清代建筑风格的住宅；第四处“韬园”是端州豪居路的韬园，以一个小花园楼，名为“韬园”。

据说，豪居路韬园的主人是林烈。林烈，字捷之，民国十一年（1922）授中将衔，1938 年回肇庆故居“韬园”疗养。日军进犯西江时，林烈将包公祠之大藤鼓、古铜鼎、锡香案等运至禄步庙校贮藏。

1944 年，肇庆沦陷，日军多次到林烈寓所“韬园”诱其出来当傀儡。林烈秉持民族气节，为避日寇逼迫，逃入山中，但因年老体衰，疲于奔命，1944 年病死于禄步黄田坑中。

如今豪居路韬园仍在，园中似有一树收获了果实，像完成了使命，已是满身轻松了。满树的枝丫，饱含笑意，舒展手臂，挽着秋风，直冲天空。

府前路：白楼仔记

端州有“红白”二楼，处在宋代的衙门内。“红楼”（丽谯楼）是民国年间叶挺独立团第三营战士的驻地；“白楼”即“白楼仔”，是一座洁白的中西合璧的特色建筑物，是大军阀林虎的别墅，也是叶挺团长和李秀文女士结婚的住处。

“白楼”与“红楼”相近，位于端州城中路的旧府衙内（即原肇庆市第一人民医院址内），靠近北城墙，即披云楼下东侧。前为浓荫夹道的“听鹤轩”，左临“包拯洗砚池”，正前方为旧县府的“督办处”，右侧垒土为台，台上榕荫蔽日，很像明代所说“仁寿山”，偏西就是传说中“包收陆放马成潭”的包公井。

"白楼仔"的四周，绿影婆娑，花香鸟语，环境清幽，不愧是居住的好地方。

民国年间，林虎独镇端州，大权在握。他把肇庆府署改为洋楼，便着手兴建这座"白楼仔"。林虎说："我是林虎，要建成一座像'虎'一样的别墅……"

据民国《高要县志》载，1919 年 6 月间，广东省长翟汪被迫去职，大军阀林虎率桂军从广州奔袭肇庆，继任为肇罗阳镇守使，独镇端州。肇庆府署在民国四年（1915）改为肇罗阳镇守使驻地，镇守使林虎改后楼为洋楼。林虎将洋楼改为"镇守肇庆的行宫"，于是，在府衙内要建一座像"虎"一样的别墅，工程人员只好按其意设图。不久，果然一座虎形别墅，蹲伏于榕荫地上。西边厢形，如猛虎扭头；门前设台阶数级，似猛虎张口吐舌。东边厢为圆形拱顶，号称老虎尾巴。全楼里外均粉刷乳白，色彩协调，构成绿荫粉墙，颇堪入目。从正面看，宛若绿树丛中隐藏一头林中猛虎。

但是，主人还嫌尾部不够突出，于是又别出心裁地在圆形拱顶之上竖起一支旗杆，犹如翘起的老虎尾巴。楼以其主人命名，称为"林虎别墅"，又因其白色，后来当地人称之为"白楼仔"。

1925 年，林虎寓居上海，叶挺入住。1926 年 5 月，独立团受命为"北伐先锋"，叶挺率全团北上参战，离开肇庆。叶挺团长居住的"白楼仔"，成为他和李秀文女士结婚的住处。但是，如今"红楼"依然存在，"白楼"却在 1986 年被拆除。有人附诗一首：

高台枇杷护葱茏，水滴心川逝者同。
砚池老井遗踪在，垒壁青砖岁月浓。

中衙巷：丰济仓嬗变记

古街建筑是凝固的音乐，也是一部泛黄的史书。这部史书可读可写，只要你静心细细品味，它可使你读出千重情感，万般曲折。中衙巷就是其中之一。

中衙巷原是丰济仓前门，始建于宋代，街成于清代，北连米仓巷，南接城中路和塘基头，路面宽阔。中衙巷实际是古时道前街（清道光年为肇罗道署）的一条北横巷，"文革"期间改路名为红旗二路七巷，1981 年恢复原名。

丰济仓建于宋祥兴二年（1279），毁于宋元兵火，元代至元二十七年（1290）在丰济仓原址建广储仓。中衙巷再充当要道门关。"中衙"是什么意思呢？端州城在古时候规划素有北埠、西居、东庙、南市、中衙的布局，这好比进入大宗祠的门，分东衙、西衙、中衙、小宗、都爷衙……

中衙在古代指的就是宅门。如地方州县官的住所就在衙门中轴线的最北端，免费居住在此是他们的权利，但更是一项严格的义务。他们所住的宅院称为“内衙”，或称“正衙”、“私衙”、“中衙”、“后宅”、“后衙”、“私宅”等。内衙的出入口就是衙门建筑群中轴线最北端的“宅门”。

中衙巷有什么作用呢？宋代包拯任端州长官后，在今城内中衙巷以东兴建丰济仓，储粮备荒，这便是粮食重地。于是，中衙巷便成为进出丰济仓的重要大门。从清道光年间的肇庆府城图看，中衙巷左为中营箭道，右为肇罗道，米仓巷后为后营守府，可见中衙巷进入米仓巷是门关森严。

宅门是整个衙门建筑群中戒备最为森严的门户之一。宅门终日上锁紧闭，宅门的钥匙往往由州县官亲自保管。衙门里的衙役、书吏伺候官员只到宅门的门口为限，宅门内自有官员随身带来的私人仆役服侍，不到万不得已的情况，衙门的衙役书吏绝不得进入内衙。

据史料记载，北宋初期，中衙巷所在的位置还是宋城内两座孤岗之间的一处低谷。北宋后期，肇庆始建城墙，当时的肇庆官府为了城内消防和运输军粮之需，引沥水（北岭山的山水）入城内，以芽菜堂（今为芽菜巷）为起点，流经米仓巷、塘基头等地，最后由水窦口注入西江。

中衙巷曾经是官兵用来运粮的水渠。包公在中衙巷与米仓巷之间兴建丰济仓，以储粮备荒。到了明代成化年间，这条水渠变细，粮运不畅，肇庆官府迁中衙巷附近的丰济仓至东岳庙，这条军用水渠逐渐失去作用。

康熙年间，肇庆官府迁丰济仓于城南，改监军道左渠为暗渠。随后，暗渠成涸地，暗渠上生活着几户张姓人家，并逐渐形成一条街巷，曾称“张衙巷”。道光年间，由于驻守肇庆的清军中营衙门建在附近，张家搬迁后就改称“中衙巷”。

现在，中衙巷生活着三十多户人家。古建筑也只剩下巷头的一幢清代古屋，还有几幢民国时期的房屋。清末，有周氏后裔从长砦里分居城内中衙巷，及城北登高四社、镇南路。沧海桑田，中衙巷的一幢清代古屋，就是周家大屋。

岁月的流逝，淹没了许多历史的记忆。走进古老的中衙巷，就可以望见周家大屋的高墙大院。它是一座布局严谨的三进清代建筑，占地面积约一千平方米，由门楼、大厅和后厢房等组成，雕檐画脊，古朴大方，庄严肃穆。木门、门柱、墙壁、屋脊、屋檐下的木雕等，仍然保持着修建时的模样，还夹杂了些许岭南古建筑的风韵，可见当年修建周家大屋的用料是何等上乘，工匠的技艺是何等精湛。这些有着两百多年历史的大宅门，是端州城区目前占地面积最大的清代古民居，依稀透出历史的气息。

行走在巷子里，你常常能看到一些平常的房屋之间突然冒出这样一幢特别的建筑来：高大的院墙、高大的门楣和门楣上各种绝美的雕饰，这些东西都有些陈旧，被岁月腐蚀过的墙体和门楣都有些斑驳，但透过那些精美的雕刻，当年建筑的威严与奢华显露无遗。毫无疑问，这里的主人当年要么功勋卓著，要么富甲一方，他和他的庄园曾经给这小巷带来的繁华和传奇是我们现在所不能想象的。

周家大屋虽然经历了两百多年的风雨洗礼，但仍然基本保存完好，成为一处珍贵的历史遗产，为文博部门研究清代中叶的建筑提供了难得的实物。

石桥头：石桥亭记

“天下十分明月夜，七分棱镜落端州”，我想，这应该是古代“石桥亭”的媚人之处。

在端州古街有条石桥头路，即现在的正西路一段。宋代到清朝，城内之西叫西门内大街，后改为城中路；而城外之西石桥头路一带改叫正西路，“文革”期间曾改称为红旗三路，1981 年复称正西路。石桥头，因古有石桥而得路名。然而，石桥今不存，路名也已改，不过石桥亭还在。

石桥亭，古代又称景星亭，坐北向南，为砖木结构石柱四角茶亭，亭正面匾额刻有“民国二十年肇庆广善堂立”，正中刻有苍劲有力的“石桥亭”三个大字，是端州城中难得一见的文化老亭，已列入《肇庆市文物志》。

广善堂创建于清光绪十二年（1886），地处商贾汇聚、客似云来的商业繁华地段——正东路，是当时唯一由社会团体集资兴办的慈善事业，由街坊、殷商、士绅捐资，广发缘簿，随缘乐助。光绪二十四年（1898）设立仁爱善堂，光绪三十二年（1906）设立方便医院，均先后并入广善堂。这个茶亭是广善堂“以旧修旧”的。

以前，在这个亭外，有种满荷花的大水塘，水塘之间有一石砌的小桥连着，小桥上还有一座精致的小凉亭，石桥亭因此而得名。里外四条石柱，里柱石刻的对联是邑人罗安详撰题，云：

石说生公，茶评陆羽；

桥题司马，亭爱子云。

此联巧用四个古典人名。所说的生公，是指东晋高僧竺道生，相传他曾在苏州虎丘寺立石为徒讲授《涅槃经》，至微妙处，石皆点头；陆羽，号“茶山御史”，一生嗜茶，精于茶道，以著中国第一部茶叶专著《茶经》闻名于世，被誉为“茶仙”，尊为“茶圣”，祀为“茶神”；司马，是指西汉大辞赋家司马相如，被后人称为“赋圣”，代表作为《子虚赋》，辞藻富丽，结构宏大。而他与卓文君私奔的故事也在民间广为流传。子云，是指西汉辞赋家、哲学家、语言学家扬雄。

老街石桥铺的是青石板，夏不扬尘，冬不积泥。住在附近的老人记得很清楚，每年夏天一到，这一片就成了城里最美的地方。街坊巷里四周荷香袭人，莲叶田田，蝉鸣蛙叫。整天在街上撒野晒得像黑泥鳅似的孩子们，最喜欢的就是在大雨初霁的时候跳进水塘里游泳、捉鱼，采来还滚着水珠的荷叶顶在头顶，从石桥亭往街上继续瞎跑。且看一词《满庭芳·莲寄相思》：

曙色朦胧，霞光放纵，若开若卷池中。情含雅致，裙翠拂芳容。最赏孤清玉立，好一朵、倩影惊鸿。羞还艳，幽香带露，依恋柳来风。

情重。烟水里，心仪若梦，爱意渐浓。看并蒂朝天，蕊化莲蓬。曲折迂回风雨，相映出、别后彩虹。缠绵藕，丝丝缕缕，只系伴余终。

这个艳美的词意，后来随着拆城修路，荷塘一个一个被填平，路上的青石板一块一块被撬起来，故事也就一个一个地发生了变化。只留下穿着长衫，摇着蒲扇的老人，在城市的一角悠闲地乘荫纳凉。

据说，以前像这样的茶亭在老城区有四座，主要是让来来往往的行人歇脚，也提供茶水。于是，茶亭周围总是聚集着形形色色的人。民国时期，战火烧遍全国的每个角落，天灾人祸，民不聊生，茶亭就成了政府和地方绅士向穷人施舍粥水的地方。解放后，石桥亭一直是群众休闲活动的场所，下象棋、讲古说书、阅读书报、民乐演奏等群众文化活动十分活跃。

而如今，石桥亭成了一个报摊，每日都有老人在亭内聊天，回顾往日胜景。现在亭子常聚着几个老人，装着一肚子的故事，而故事中是否还藏有梁清平撰题的一副楹联：

浮梁贯额，洒上英雄，引㳇水南来，可算得此亭宾主；

龟顶松阴，白沙月色，向石桥西望，写不尽本地风光。

古塔路：崇禧塔记

端州古塔路因有崇禧塔而得名，因为崇禧塔是地标性的景物。古塔路南北向，贯穿端州城中心，分南、中、北三段，北至星湖大道，南至江滨三路交会。在旧时，这一带属郊区河滩地，只有一条羊肠小道“塔根”路。改革开放后才规划现在的通道，也才有了肇庆第一个大花坛。后来有了江滨大堤，才有了路的出现。如今准确地说，江滨大堤已成为“端州外滩”。

在西江两岸四塔当中，崇禧塔名气最大，历史最早，花款最奇，人称“花塔”，与元魁塔、文明塔、巽峰塔形成“天之四极”。

明代端州，四水横流，陆地散落，如竹排漂泊，更有西江水患频发，运气不聚，人才疏散，这就激起了在肇庆为官者的“风水”之念。建塔可镇住“祸龙”，以聚气、旺人，永固堤围。于是，在1582年，肇庆知府王泮有“巨塔镇巨龙”的理念，发出了“文运兴旺、洪福无疆”的号召，在石顶岗上建崇禧塔。有道是：“鸿钧气转，邑运偕世运俱享；福地阳回，天文与人文互映。畴仰攀乎南斗，级可潜升；孰高摘乎北辰，梯堪入咏。”

建造崇禧塔历时四年之久，1585年4月底竣工。塔呈八角形，外观九层，内分十七层，花团锦簇，雄伟壮观。砖木结构，似唐宋楼阁之风，檐吊风铃，又具明代特色。崇禧塔建好后，老端州人就流传“篙插竹排”的故事了。

古时，西江经过三榕峡、大鼎峡后，分为三条支流滔滔向东，主干流由端州出羚羊峡，其中一条支流沿着北岭山山脚，从睦岗经七星岩流向鼎湖水基民乐桥一带，端州处于两条水道之间，地域狭长，像一块庞大的沙洲，犹如一只大竹排浮于水面。有风水师认为，端州人气财气都随江水流走，是不吉利的，应有一杆竹篙插在竹排上，才不会流失，才能聚气。用什么作“竹篙”呢？造塔，在沙洲上建造一座塔。“巨塔镇巨龙，竹篙稳竹排”，塔这支“竹篙”，不仅稳住端城这个“竹排”，更能够昌文运、聚人气。“篙插竹排”的传说就这样广为流传了。

是否真的如此？确有其事。王泮在1587年专门为崇禧塔撰写美文，让书法家陈一龙用楷书，刻上端砚石碑。原文开头为：

肇庆郡治，地脉自西而口，南有大江，北有沥水，顺流东下。若建瓴，然非所以聚风气，钟灵秀也。万历十年，诸生言：郡北故无堤，沥水环绕。自成弘后，沥为堤捍，上自桂林，下至羚羊峡，滔滔而东，其气不聚，人材遂如晨星，未可尽归于人事也……

这说明了建造崇禧塔的原因，也印证了“篙插竹排”的传说，只不过“诸生言”代替了“风水师说”。

如今崇禧花塔已经四百年多了，依然美轮美奂，风光无限，成为端州新八景之一——“江堤塔影”。有《捣练子》题：

云岭下，大江前，屹立端城四百年。继往开来耀北斗，日新月异映南天。

二塔路：元魁塔记

三百多年前，端州人就懂得阴阳平衡的道理，地标式的塔平衡地建了两座，一座是崇禧塔，另一座是元魁塔。元魁塔又称“二塔”，在西江边与崇禧塔一字线东西对向。

二塔路因有元魁塔而得名，它并非古街古巷，而是从村中的一条小路演变而来。但是，这里却有一段“古”，说的是元魁古塔的来历。

相传古时，渡头村西边有座牌坊写着“宁公堤”三个字，据说是太师梁储写的。无论状元、秀才、文武官员走过这里都要下马。梁储，字叔厚，顺德人，陈献章学生，成化十四年（1478）会试第一，正德十年（1515）官至首辅（宰相），卒于嘉靖年间，追赠太师。据渡头村《梁氏族谱》记载，在宋代至清代的七百多年间，梁夔的后人梁斗南、梁公锡考中进士，共有梁卞等19人考中举人，还有43人为岁贡、恩贡、拔贡和监生等，其中为官者多达60多人。

其实，立元魁塔另有传说，端州渡头村梁挺芳、梁挺高兄弟俩，于明朝万历三十一年（1603）同科中举，称为“举子”（明代为乡试中试者的专称，俗称“孝廉”，且作为一种出身资格，即初步具备入仕资格）。经过多年拼搏，兄弟俩一直仕途畅通，有名有利后就商议回乡建此塔，以报答家乡培育之恩，同时为了标榜望族，也为鼓励学子考取功名，故取“元魁”之名。因为“元”和“魁”都有第一之意，暗指兄弟俩科举双双第一，不分伯仲，也预示着从此之后继续第一，表达这个家族对子嗣夺取功名的向往。

相传，明天启三年（1623），肇庆府台来拜访他们兄弟，建议“将塔建在春风湾”。春风湾在渡头的东边，风水很好。兄弟俩觉得府台说得有理，决定在春风湾里建花塔。府台下令，凡是来往的船只，一定要在春风湾里倒两箩泥，扔两块大石才能通过。就这样，春风湾慢慢被填平，后建起元魁塔。

元魁塔造型独特，自下而上每层高度按比例减少，塔檐及平座逐渐收缩。看上去虽然觉得矮小，但结构玲珑，整座塔八角形，呈上细下粗之锥形，好比一个盆景。该塔高27米，从外面看有七层，实际上里面有十层，属楼阁式穿壁绕平座砖石塔。现在看上去有点斜了，固有“斜塔”之称。前人说此塔：

则见匠石程能，工师奏枝、斧修月以飞扬，斤运风而披靡。削成窣堵非关舍利之藏；涌现浮图，疑是天龙之指。象铜台之森列，拔地千寻；仰轮相之高张，去天尺咫。塔随云起，依稀阊阖前门；云逐塔飞，仿佛长千古里。用诞敷乎文德，理固宜然；斯肇锡以嘉名，初非无以。于是倒插烟霄，远离尘坌；云气霏徽，云容秀曼。入于汉而见位之尊，上于天而占德之健。飞来绝顶，昭回思云物之书；望到层巅，缥缈讶之旗之建。

但是，我对此塔取名为“元魁”有点疑问。元魁塔命名是否有据可查，真的有待考证了。据《广爱茶亭碑》记，1940年前元魁塔叫做“兴元塔”。查阅志书，兴元塔之名来自兴元寺，今已毁，遗址在元魁塔北侧（原高要县食品公司仓库）。“元魁”来源也无从考究，只能按如今的《肇庆市志》落名“元魁”之说，这恐怕是因“兴元”二字忌讳而得吧。

“兴元”一词是唐德宗在公元784年改用的年号，只用了一年。史载，德宗在位整整二十六年，共使用了三个年号：建中（四年）、兴元（一年）、贞元（二十一年）。他登基以后，大有图强复兴的雄心壮志。但是，德宗一生中，无论是性格还是行动，都充满了矛盾和悲剧色彩。

当然，不管“兴元”或是“元魁”，都没有损塔之意。元魁塔目前仍然耸立在渡头村东村口。古老的摇船渡呀，见证着斜塔曾经的风雨涤荡。

二塔路：广爱茶亭记

看过元魁塔，也应停踪广爱茶亭，因为此亭非一般，也有故事。

广爱亭在元魁塔东边，在东堤二路与杏园路和江滨三路之间的二塔路，属渡头村地域。在元代初年，此地创设渡口，抵达金渡、沙浦、广利、高明富湾等地，因为是通往各地的交通渡口，后人称作“渡头”，于是有了渡头村。

据民国二十九年（1940）《广爱茶亭碑记》所述：“广爱茶亭位于县一区渡头村之东，景福围之旁，兴元塔之下。北背崇岭，南面端江，东连卖花圩，西达肇庆市。”广爱茶亭是乐善好施的乡绅在二十多年前的民国七年（1918）捐资筹款建成，目的是让“劳者得息，渴者甘饮”。此亭方形攒尖顶，坐北向南，占地面积约200平方米，建筑面积近70平方米，四根花岗岩柱支撑整个亭顶。柱上阴刻有隶书楹联：

煮茗阴时，行客藉兹姑疗渴；

急鞭得地，何人到此不停踪。

古代，东堤二路的渡头村非常热闹，邱邴君《端城竹枝词》云：“渡头村接卖花墟，趁晓春风压担余。过得厚岗沽菜市，前篮花朵后篮蔬。”既然热闹，过河渡船的人就多，建亭歇脚、小憩就有必要，所以此亭很有人情味：

地不过三弓，风雨飘摇能立足；

水不嫌一勺，人情饥渴要思源。

风雨来临，行人便会急匆匆地跑进此处躲避；在骄阳似火、酷暑炎热的夏天，走得口干舌燥的行人可以在此处喝到免费的茶水，顿觉热散暑消，身心凉爽。建亭施茶，义举仁风，“虽小善举也”，但是真的要有善心才行，广爱在人嘛。茶亭烹茗煮茶，广施博惠，积德行善，播撒了和谐温馨，赢得了来来往往行人的广泛赞誉。

如今凉亭依然随处可见，但很少享受得到纯朴的古风了，真希望像梁清平在端州郊东屯题“宜亭”那样：

美此间宜雨宜晴，嘉荫常留，四座雄谈无主客；

且莫问亭长亭短，劳尘暂息，一年好景话桑麻。

塔根：景福祠记

一帘幽梦半盅茶，万里秋风万里家。

话说端州区塔根因有崇禧塔而得名，在清代已有，算是较长的一条旧河堤路。1966年塔脚路改名为东风一路五巷，1981年把镇东巷、礼乐里、塔根一并列为塔脚路，分为一至六巷。

塔根与景福围处有“景福祠”，称“景福亭”，又称“纪念亭”。景福围，古称“附郭堤”，又名“护城堤”、“王城围”，始建于北宋至道二年（996），分东西中三屯，上至睦岗，下至黄岗。联成一线，统名“景福围”。在塔根的景福祠，有着一段辛酸史。

景福围纪念亭，金柱四条，檐柱四条，均长方形，上盖绿色琉璃瓦，意为“四方平安”。现在有了西江十里防洪大堤，老百姓真的平安了。

民国二十三年（1934），龙兢持撰文《高要县景福围民国五年修复全围纪念碑记》，碑额“湛恩汪濊”篆书，正文为楷书，讲述“堤（景福围）决于水，通共决十七口，袤延四百丈，荡析千万家，郡城一隅，尽成泽国，屋宇颓圮，人畜漂流，瞻乌哀鸿，触目皆是，童号妇泣，惨不忍闻”。

纪念亭，是纪念谁呢？梁凤玥书的《景福围维护七十二鱼埗诸公纪念碑记》刻于民国二十四年（1935），碑额“惠泽绵长”四个字为隶书，记述邓瑶光、凌福彭、叶兰泉、余汉谋、梁祖诰的人和事，也就是人们常说的“纪念五君祠”，现在端州区城北路端州医院院内。

康熙三十六年（1697），高要知县景日昣为官多年，勤政爱民，深受百姓爱戴。据县志载，“百余年来，儿童走卒，无不知景候”。

据说，康熙四十年（1701）五月，西江暴涨，堤围破倒。景日昣心急如焚，“祷誓江神，愿以身代民命”。他朝河边跪下，向天上发誓：“我景日昣在此地为官，不能看着百姓受苦，如不能拯救百姓，我愿意以身代替百姓。”

经奋力抢险，筑复堤围，低者填之，倾者筑之，薄者厚之，砌之以石，堤得以保存，同年又获丰收。不久，景知府离任，百姓在飞鹅滩边建一座祠，叫“厚载祠”。“厚载祠”之名，出自《周易》“君子以厚德载物”之句。后来，有人直接说：“景日昣为民造福了，就‘景福’吧。”于是将这两字刻在厚载祠上，更名为“景福祠”。端州绅民“念侯（景日昣）之福民者大，从其姓而颜之曰‘景福’，由是厚载祠改名景福祠”。自此以后，上自桂林堤、附郭堤，下至羚山堤、水矶堤，连成一线，统名“景福围”，一直沿用至今。

景福祠就是一部社会史。民国时期，西江水患频繁，给肇庆人民带来深重灾难，民国四年，景福围因特大洪水决堤。民国五年（1916），为了纪念景福围全围修复，就在景福祠附近建景福围纪念亭。古祠嵌有记载祠堂修建始末、祖宗功德、宗族概况、捐资人等的碑文。知县刘斯组于雍正年撰有《修厚载祠记碑》；另一个知县白瑞宝，在道光二十四年（1844）就改撰为《重建景福祠碑记》了。这些记述有关景福祠修庙之事，为当时留下的重要史料，也为后人立了榜样。

由此而想起城中路的“止戈亭”。1928 年，广东李济深第四军第 11 师师长余汉谋驻扎肇庆，司令部就设在那里。余汉谋在园林内建了一座止戈亭，意求平息国内战乱。但是，他无能为力止戈平乱，反而次年就爆发了粤桂战争，“止戈亭”未见战争止戈。于是 1934 年，余汉谋又在七星岩建“后乐亭”，真有点“先忧后乐明公志，仰止平生未可忘”的气概。不过游客也另有一番感慨：

为官几人肯后乐，我到亭前思范公。

佶闲亭在星湖风景名胜区阆风岩东南麓。六角方柱，攒尖顶，敷绿色琉璃瓦，重檐飞角。1934 年余汉谋之兄余骏谋捐建。余骏谋，字佶闲，一生以经商为主，曾为七星岩、鼎湖山景区的景点建设作出过贡献，在星湖捐建有“揽胜牌坊”。

南华亭也在星湖风景名胜区内，听说是李汉魂取自南华寺的“灵瑞”意图而命名。李汉魂信佛，别号南华，点缀昇平，尊崇“灵瑞”的意图。1935 年，李汉魂身为当时粤军政大员，到南华寺的祖庭背后，见“九龙泉畔”的三株老榕树发新嫩芽。一时间，“瑞应灵感”、“虔诚所归”地吟哦，互相传诵。于是，这一年李汉魂到肇庆，在端州区星湖风景名胜区石室岩东北麓，捐建一亭，故以“南华”名之。

十友亭是四柱长方形凉亭，位于星湖玉屏岩麓至三仙观的蹬道上，蹬道从亭中通过，供人憩息。传说 1935 年由周良等十人捐建的，另说是工人赖荣等 18 人捐建而成的。总之，有心捐建的人，都能感动端州。

星湖荫梓岗有荫梓亭，相传包公任端州知府时，一次偕提点刑狱周湛、钱幸游七星岩，曾在此饮马小憩。这当然是传说，不足为信，因为此亭于清朝光绪二十年（1894）才建成。我们站在新装饰的亭内，透过八角大窗看风景，亭内设石凳，供人憩息，不妨学古人：

对坐评茶消酷暑；

停鞭下马寄游踪。

北斗七星亭在肇庆七星岩的太阳岛上，是按照天上的“北斗七星”排列设计的七座古亭，早些年正式落成，为美丽的七星岩湖畔又增添了一道亮丽的风景。

塘岗：李氏建筑群记

塘岗路因有塘岗村而得名。塘岗村在星湖大道岩前村路口对面，“一哥燕翅鲍”南背后，恒裕海湾北侧，依岗而建。这里是一个城中古村，一座座连片的清代建筑，被四面众多高楼大厦包围着，可以说是“隐于闹市的古建筑群”。

走近小山岗，迎面的风是那么的轻，那么的柔，偶尔一丝寒意，那定是太阳又躲到云层里去了。阵阵的桂香扑鼻而来，侵入耳鼓的是行在石巷的声响，令人钟情于秋天，也钟情于纯朴之风！

略显沧桑的16幢清代民居，共有四排，独立成屋，而又连片。石条巷纵横相连，一座高大的门楼是唯一出入口，有五米多高，近两米宽。如果关上门楼，这16幢清代民居就变成了一个整体。每幢房屋都是单门独户的两进房屋，占地面积两三百平方米，中间都有天井。透过民居，恍惚能够窥见历史的容颜以及时光还未老去的模样。

塘岗村原是李家村，据八旬老人李展权介绍，宋代从南雄珠玑巷迁到肇庆，明代嘉靖年间，李秀实举家从黄岗迁到塘岗开村。解放前，这里共有房屋20幢。村南是一口几百亩的水塘，西面有高大的围墙，如果关上门楼，土匪和盗贼很难进入村里。20世纪80年代，塘岗村修路，拆除了其中四幢清代房屋和一部分围墙，还填埋了那口百亩水塘。

村东有一幢两层、两进的洋楼，是初级国民学校，约300平方米，融入了罗马柱、圆拱门等西洋风格。碑文记载，此校建于民国二十七年（1938），由塘岗村李玉嫦捐建。八旬老人李能回忆：“解放前学校只有小学一到三年级，村里出钱请老师，我们不用交钱。解放后，政府在初级国民学校办了扫盲班，后来又当成了生产队队部，也租给别人办过厂。”

塘岗村除了连片的清代建筑群，民国时期的学校、碉楼，还遗留着三口分别为明代、清代和民国的古井，以及两块民国时期地界碑，还有建于1972年的知青住房。

建筑群历经数百年风雨的洗礼和战火的冲击，却没有受到损毁，也没有人为的严重破坏，众多古建筑和文物古迹依然得以保存下来，成为珍贵的文化遗产，这在端州城是绝无仅有的。

李展权说，1954年，西江特大洪水的袭击，山下的一排房屋也被水浸，村民要坐小木船进出。有一次，小木船撞在一幢房屋的山墙上，如今那面山墙上明显凹进去的一块，便是历史的见证。老人的幽默，让人会心一笑。

风过门前

风过街巷门前，有春熙大厦，有冷落鞍马，有窥探盛事，有流水落花，有渔父走过，也有花轿停下……其实，人人都有一扇门，每一扇门里都有各自的神话。

府前路：换了几家新字号

端州最繁华的路段高楼丛起，商店一间接一间，一派现代都市应有的繁华、热闹景象。而幽深古朴的街巷，是另一道风景，用九曲十八弯来形容，也不为过。骑楼作街，古居成景，低矮的平房拥挤在一起，一间串着一间，散发着一股古旧的传奇气息。

府前路，可以称得上是最古老的街名，有近一千年历史，因宋朝置“肇庆府”而得名。“文革”期间曾被称为向前路，1981 年地名整治后又恢复原名。

肇庆知府衙门的所在地，称之为府，在城中路丽谯楼，古时府署位于街道之北，衙门大门南开，衙门前的街道称为府前街。

府前路由旧时府前街、道前街、府前西街、文魁坊拆迁而建成。这一拆一建，府前路东西走向变形了，现在呈弓箭形拱向南面，府前路像弓，城中路像弦，而城南路又像一支箭搭在府前路之弓上，看上去就是“弯弓搭箭”的图形。

走在府前路，看到府衙地，会让人想到古时候官府判案的情景。相传，清末肇庆府曾发生过一宗广为人知的案件。

从前，端州城北边有个乡村，村头住着一对夫妇，家贫不堪，他们男耕女种，终日以农为业。一日，男人正在锄田，见田野外有一头牛无人看管，便贪一时方便，为减轻劳动力，将牛拉过来踩田。这时候地主发现了，报官说他偷牛，那男人当即被捉到官府去。

“任你官清如水，怎敌吏滑如油”，那男人心想这下肯定没救了。然而，衙门形状也许相似，但不同朝代的衙门内涵也总会有些区别，有些甚至是根本性的。此案府衙升堂，知府大人了解内情后，知道这男人并非有偷牛之念，念及其家贫如洗，于是动了恻忍之心想放走这男子，但又无理由。

这时，男人的妻子也走在堂前，向知府大人求情放人。知府一时无语，身后的师爷悄悄向知府大人说：“素闻其妻善吟诗，让她诗成即可。”于是，知府大人便对她说：“素闻你是一名才女，如果你能当堂吟成一首诗，且合情合理，本官不但将你丈夫免罪释放，还可赏银给你丈夫经营生活，做一个耕读人家！”

男人之妻一闻此言，有点不好意思，但也转愁为喜。她向前拜过知府大人后，沉思片刻，便随口吟道：

我夫不幸成阶囚，泪洗堂前半自羞。

妾是凡人非织女，嫁夫安得是牵牛？

其妻话音一落，知府大人连声叫好。好在什么地方呢？她把“牛郎织女”

的典故融入诗中，并且与案件贴切合情。于是知府大人差人立即释放其夫，赏银五十两，并嘱其夫今后安心营生，勿生邪念。夫妻俩感激涕零，拜谢知府大人后走了。

相反，在民国年间，与肇庆府百步之遥的高要县府，有个县长张虞韶，他为人态度粗鲁，风格恶劣，对部属常常大声呼喝，在街上动辄以手杖无理追打小贩。最不得人心之事，就是肆意逮捕无辜群众入狱，不加审讯，又不进行处置，以致囚满朝龙庙监仓（现宝月公园对面朝龙里）。夏天暑热，监仓臭气熏天，使不少犯人瘐死，导致民怨载道。

报社记者激于义愤，为弄清情形，寻机访问。张县长晓得《民族日报》的后盾是第七战区主座，不好在记者眼前持狂妄立场。第二天，记者将采访情况写成“张县长拜访记”，将他恫吓群众、疏忽民生、筹建大监仓、作风恶劣的丑陋事实揭露出来，登载报端。这些新闻在当时实属少见，为群众申了冤，广大读者一致叫好。新闻见报后，张县长不敢再放纵欺负部属和民众了，于是衙门贴出一联：

扪心自问，问十里古城，换了几家新字号；

处事须躬，躬一身热血，应无半点旧作风。

县前街：袁枚脱口文笔巷

县前街也就是县衙门前的街道。明洪武年间，县前街位于现城中路及人民中路第十五小学处，古代因有高要县署而得名。县前街在 1966 年变更为红旗二路十一巷，1981 年地名普查时复称为县前路。

清道光六年（1826）成书的《高要县志》，将县前街南横巷标为打铁东一巷、打铁东二巷、文笔巷、西大厅巷，可见这条街道在明清时已十分出名。1959 年，文笔巷部分民居被拆除，开辟为人民南路，西半部依然保留打铁巷。端州城此地古时一直建有高要县衙，于是，县前街其名一直沿用下来，现已不存。

县前街的出现得益于端州商业的繁盛和古集市的兴旺。端州自明初以后，随着市场经济的发展，作为商品交易场所的集市日渐增多。康熙年间，景日昣任高要县令时在署衙写有一门联：

勤种地，早完粮，父老有闲常课子；

省费钱，莫告状，乡民无事少来城。

话说，清代诗人袁枚来端州旅游，在乾隆四十九年（1784）的一天，袁枚刚走进县前街，这时有个封川（今封开县）县令彭翥（字竹林，云南人）专程以诗来见，恭敬行礼。当时，他与袁枚谈起诗，写道：“一官手板随人后，万里乡

后土、后稷的“后”是对帝王的尊称，不知何时起才专指皇帝的老婆。所以，社稷坛的“社”是指土地，“稷”是指五谷。“五谷”，古代有多种不同说法，最主要的有两种，一种指稻、黍、稷、麦、菽；另一种指麻、黍、稷、麦、菽。两者的区别是前者有稻无麻，后者有麻无稻。

社稷坛前街在民国时不存，统归入西门。据说，在清代坛前街住有一户唐姓人家，清末年间出了一位将军，叫唐云山。他从普通士兵做到陆军中将，身经百战，战功显赫，成为著名的军事家、战略家。

唐云山，别字民山，社稷坛前街人，父从商业，惨淡经营。他在高要县立国民小学毕业后，于民国十三年（1924）在省立第七中学（肇庆中学）毕业，后又在南京陆军大学正则班第13期毕业。曾任广东东路讨贼军第3军司令部委员，命令传达所副官等。

1922年11月，他在福州由李福林、练炳章介绍加入国民党。1924年春由李福林保荐投考黄埔军校，同年5月入黄埔军校第一期第四队学习。毕业后任黄埔军校教导1团3营排长，国民党军第2旅2团少尉排长、中尉副官，国民革命军北伐东路军第一纵队2师上尉连长。1927年起任第1军20师独立团少校参谋，温州警备司令部上校参谋长，警卫师2团团长。1929年任独立15旅旅长。1931年任独立第33旅旅长。1932年底任安庆警备司令。1933年任第5军第93师师长（该师先后属吴奇伟第四军、薛岳第五军，列入参加第四、第五次围剿中央苏区的国民党军序列），后调任第52师师长。1935年4月15日晋升为陆军少将，1937年12月于陆军大学毕业，任军事委员会委员长侍从室少将组长。

抗日战争爆发后，唐云山改任第25军第52师师长参加淞沪会战。1938年在军长王敬久的指挥下参加武汉会战；1940年升任86军副军长，该军属顾祝同为司令长官的第三战区，负责苏浙方面的南浔战役，对日作战；1942年任第25军副军长，在军长王文清、第32集团军总司令上官云相指挥下参加浙赣会战；1943年10月，25军改为整编25师，唐云山仍在该师任副师长。

1946年7月，国民党军进攻华中解放区，唐云山所在的整编第25师在第一绥靖区司令李默庵指挥下参与对解放军作战。1947年2月，国民党军以消灭华东野战军为目的，在鲁西南发起莱芜战役，唐云山的整编25师在南线第三兵团司令欧震指挥下参与反共内战。1948年9月22日，唐云山被晋升为陆军中将，调任东北“剿总”锦州指挥所范汉杰的参谋长，参与辽沈战役；10月16日，范汉杰被俘，唐云山只身由葫芦岛南逃至徐州，被任命为黄百韬兵团的第十四编练司令部副司令，指挥五个军，参加淮海战役；11月所在部于锦州被解放军全歼。1949年1月，国民党在淮海战役中失败，唐云山调任福州警备司令。同年秋战败逃台湾，后在台湾病亡。

西关驿前：自古唐官伤别处

西江一直是岭南水上交通的主要驿道，隋朝时端州便建立了广东最早的城东、城西两驿。驿，旧时供传递公文的人中途休息、换马的地方，亦指供传递公文用的驿站、驿馆。

端州城西龙岗山脚下，顺着西江北岸蜿蜒而行，有一条古风淳朴的老街，叫西关驿前街，此“驿”乃邮驿之驿，是岭南地区较早较大的邮驿之一。直至清末海关兼办邮政和大清邮政的相继设立，西关驿才于道光年间奉命裁撤。

端州驿在唐代接待过初盛唐之际文学家张说。唐代武后时期，麟台监张易之得宠，与其弟张昌宗设计陷害御史大夫魏元忠，诬他谋反，胁迫张说出面作证。张说为人忠正刚直，非但不作证，反而当着武后的面揭穿张氏阴谋。结果魏元忠免死，张说却负“忤旨”罪流配钦州。于是，他在路过端州驿时写下《端州别高六戬》诗，后四句为：

南海风潮壮，西江瘴疠多。

于焉复分手，此别伤如何。

题中的高六即高戬，排行第六，人称“高六戬”，当时他因为被诬而直言触怒权贵，以忤旨的罪名流配端州长史。他与张说同遭流贬，心中甚是愤然。张说以诗赠别，自感身世。

南方这样一个“风俗夷僚”、“蛮越杂处”的“卑湿”、“炎热”之地，在当时普遍为安置贬官谪吏的去处。中原人大多不适应南方偏僻地区炎热的气候，视岭南为“蛮荒之地”，被贬谪的人初到岭南都有九死一生的恐惧感。神龙元年（705）初，张说被赦返京，再过端州时，得知高戬就病死在那里。于是张说在端州驿站题有《还至端州驿前与高六别处》诗：

昔记山川是，今伤人代非。

往来皆此路，生死不同归。

一年后，宋之问被贬，在端州驿见景生情，也吟了《发端州初入西江》和《至端州驿见杜五审言沈三佺期阎五朝隐王二无竞题壁慨然成咏》。

杜审言、沈佺期、阎朝隐、王无竞都是与宋之问同时在朝的诗人。唐代习惯用兄弟排行的行次与人名并称，如杜审言排行第五，称“杜五审言”，其余几人的称谓亦如此。他们都因得罪张易之被贬往岭南，宋之问因病晚行，当途经端州驿时见杜、沈、阎、王各题诗于壁上，便感慨地写了这首诗。这首诗虽即兴而作，但情感充沛，语言流畅，生动感人。

“逐臣北地承严谴，谓到南中每相见”，臣子受罚，从北方流放到南荒，原以为在南荒大家还能够经常见面，也是一种安慰。“岂料南中歧路多，千山万水分乡县”，谁料到各个乡县重重相隔，哪里还能见面呢？“云摇雨散各翻飞，海阔天长音信稀”，宋之问在驿前孤寂地思念着同样遭遇的朋友，为朋友和自己的未来担心、忧虑：“处处山川同瘴疠，自怜能得几人归。”

前人曾评说，宋之问“运笔如舌”，“古诗多佳”。在封建社会里，要想贵为朝臣，不能单凭个人的才力，尤其是在唐代，知识分子要得到重用，必须有达官贵人举荐。宋之问深明个中奥秘，而且也深有体会。他媚附武则天的宠臣张易之，或许想乘其皇威或政治势力吧。岂知武则天病危，张易之被杀，而他也受到了株连。

杜审言流放峰州，在今越南河西省山西西北部；阎朝隐贬崖州，即今海南岛琼山区，要过海才能到达贬所。而沈佺期谪迁驩州，驩州即今广西崇左，相传是舜放驩兜的地方。这些地方离宋之问要去的贬所泷州，即今广东罗定，都很遥远。古代交通不便，因此彼此之间难以来往和互通消息。

宋之问还有一首《端州别袁侍郎》诗，为端州留下了诗章：

合浦途未极，端溪行暂临。泪来空泣脸，愁至不知心。

客醉山月静，猿啼江树深。明朝共分手，之子爱千金。

军门前街：大有名气的军街

古人言“宅以门户为冠带”，道出了大门具有显示形象的作用。门，入必由之，出必由之。于是，面对历史的风风雨雨，门总要首当其冲。打开一道前门，便可窥探逝去的历史。

军门前街，得名于明代，旧址在城中路东门内大街，因为两广总督称之为“军门”，并驻府在此大院，所以称作“军门前街”，如今变为城中路东段。

过去军门前街是最繁杂的街。在这里，繁杂的意思，跟繁华关系不大，而是繁复、复杂，从某种意义上来说有点类似于“说不清”。

从前，军门也和县衙一样，取“中”。中国人很重视“中”，《孟子》有“立中国而抚四夷”这样的说法，认为自己是在世界的中央。从北京的故宫到内乡的县衙，可以看到非常明显的一致性：主要建筑都摆在中轴线上，其他建筑对称地摆在两边。

从设两广提督府开始，到 1746 年迁至广州，肇庆作为华南首府达两个世纪之久，史事本身即说明其政治、军事地位曾经雄冠岭南。

军门前街是端州的衙役，在明清时代，外街是车水马龙，军门内，包括附近军事基地就很森严了。据《宣宗实录》载："肇庆府城南门贴城本有东西炮台旧址，相传系前明所建，坍废多年。因河岸淤高，台基已没入土中，但形迹尚存；旧台大炮现尚堆放城根之内。臣亲诣阅看，基地宛然。缘府城南门当临水一面适中之地，两炮台紧贴外部，形如雁翅，据险扼要，前人创建，实属尽善。臣饬令将修建工料撙节估计据禀。城角尚有旧制空心炮台，久未修造，应乘此一律缮修。"

1826 年，阮元重建肇庆总督行台，并续刻总督题名碑。"是时，修肇庆府总督行台成。旧有大青枫树一株，因名曰大树行台，并续刻《总督题名碑》。"《雷塘庵主弟子记》："道光五年，于旧基重建行台，惟立门屏两重，堂室两重，取可以校武暂住而已，无多构也。复于堂西开马射之埒，阶上设步射之序，阶下可练小队。东南建帅字旗。修复城南炮台。庶几体制得宜，而往来均便。且重兵所在，当务其本也。堂前题名碑自乾隆九年后续刻，爰书列之，以续前而开后焉。"

行台亦称为"行御史台"，行台主要为处理军务而设，故以兵部居首，又兼综民事，故吏、户、礼、刑、工并置，却往往一人兼两职或三职。阮元为阅兵暂住而重建行台，虽然看到此地的重要性，却也无法振兴这座城市。

后来军门前街是端州一条小有名气的街，但并非因军门而出名。不长的街道上，曾经布满了大大小小的馆、楼、铺。几百年来，它一直是官府的必经之地，是端州著名的文化街和商业街。

街坊说，从前端州商家每到春节开市，有的选在年初四，有的选在年初五。开业那天清晨，店家主人早早起来备好三牲祭拜财神，默祷神明保佑平安和发财，烧过纸钱宝烛后，打开店门燃放鞭炮。当第一个顾客入店购物时，店主认为是"财神"到了，特别高兴，热情接待。第一个入店的顾客，无论如何都要成交一项买卖，否则店主会非常丧气，认为开年不利，今年会行倒霉运。这风俗在 1949 年以后逐渐消失，今已不多见。

猪市前街：黄范一见机避难

唐宋年代，岭南就有墟市了。唐代柳宗元诗云："青箬裹盐归峒客，绿荷包饭趁墟人。"宋代钱易在《南部新书》亦云："端州以南，三日一市，谓之趁墟。"

猪市前就是端州当年墟市地，属农贸市场一角，因专门买卖生猪而得名，带有生猪交易市场物阜人众、熙来攘往、叫买叫卖的特征。后来发展成一条古街巷，即现在的禹门坊四巷，“文革”期间称阅江路四巷。猪市前在唐朝时其实是与禹门坊连在一起的，都是文化人聚居的地方。

端州文化人对猪市经商的传统反映在语言上，对有些字眼特别敏感。猪舌头，端州话叫“猪脷”。“舌”与“赊”谐音，做生意怎能赊本呢？改“舌”叫“脷”，与“利”谐音，就吉利了。猪血，端州话叫“猪红”，叫血不吉利，缘于有血光之灾的说法，是大凶之象，改“血”为“红”，表鸿运当头、大红大紫、大富大贵、大吉大利之意。

当年，有个反清义士黄范一，家居蟹栏街。1910 年革命新军首次起义失利后，邑人同盟会会员陈子忠奉命回肇庆组织群众，壮大实力，以资策应，黄范一即加入组织，跑往禄步，出入阅江楼，联络肇雅戏院，焚烧清军黄岗税厂，策动驻肇清军统带隆世储举义，进行秘密革命活动。

有一次，黄范一奉胡汉民大都督命，筹组肇阳罗军政府，建立地方新政权，西江重镇宣告光复。由于走漏消息，黄范一被追杀，他便跑到猪市前。当日正好是墟市，人山人海，他跑敌追，搞得市场鸡飞狗跳，猪也上街乱跑。最后他潜往一猪馆档口，将他人的草帽往自己头上一盖，逃过了一劫。

后来，黄范一在广东北伐军姚雨平创设的广东北伐军军官学校参与受训，期满后回端州任肇阳罗北伐军督导官，他又来到猪市前戏说，是当日在猪市前避过一难，才有今日之福。

随后，他率肇阳罗部属三千人离开端州，赴广州，进南京，参加北伐战斗，与清军张勋之辫子兵交战，一举克复宿州、固镇，立功受奖。

1912 年元旦，孙中山在南京就任临时大总统，南北和议告成，黄范一随广东北伐军凯旋回粤。1914 年，黄范一出任中华革命军西路司令，掀起反袁世凯称帝第二次革命运动，司令部设于高要金利圩。孙中山于广州成立军政府，黄范一改任少将参议，1920 年出任义勇军第三支队司令。1921 年孙中山筹备二次北伐，黄范一被委任为石龙厘金税厂总办，负责筹措军粮。

孙中山在广州时，陈炯明突然叛变，攻打总统府。黄范一参加许崇智大军策划回师，克复广州，任大本营东江招抚处少将副官长，后任中央直辖第四军独立第一旅旅长。

1931 年，第一军长余汉谋驻军赣南，黄范一任新兵训练主任。1936 年日寇侵华，黄范一在广州创办“统一通讯社”及在《民族日报》任社长。1938 年 10 月广州沦陷，黄范一将《民族日报》迁往肇庆猪市前继续出版，继而赴香港创办《时事晚报》开展海外宣传，增强抗敌御侮的力量。1945 年抗日胜利，他出任广东省政府委员。1975 年 6 月病逝台北，终年八十六岁。

风华姓氏

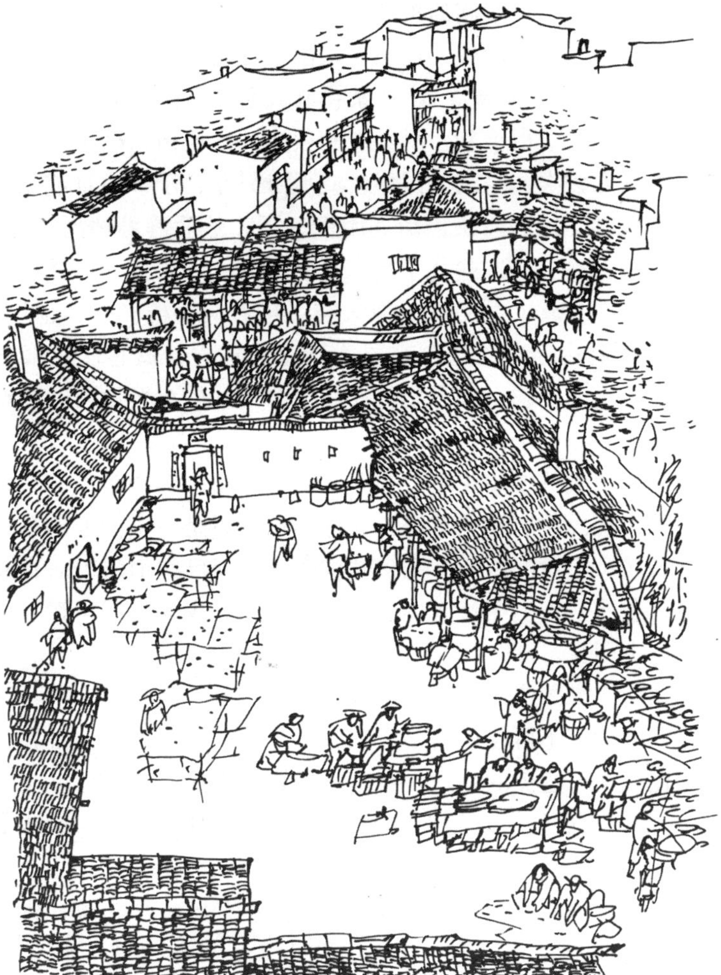

姓氏和名字，演绎出一部浩瀚的历史长卷。书不尽先贤英杰，旷世伟业；道不尽寻常百姓，蓬勃生气；叹不尽郡望名门，繁华遗梦；录不尽家族兴衰，萍踪胜迹。古来多少沧桑故事，待从姓氏说起。

张家巷：从巷里看百家

在清末时，端州城东睦民里，有张家巷、龙家巷、何家巷，各为一条横巷的专称，民国后期已不存，被划入睦民路横巷之中。透过这些姓氏巷，我们可以粗略了解端州的姓氏情况，从中也可反映出古时中原移民到端州时占籍一方，聚族而居，世代繁衍，于是形成宗族的聚居地。

据说，张家巷的始祖张国柱，在明初从南雄珠玑巷迁居端州城东南之冈边村（旧属堡约乡），建祠曰“申锡堂”。张家巷地名今已不存。

如果经常去端州的小街小巷，总会看到很多的姓氏街道名字。听听他们的故事，颇有趣味性。无数次，我或与同伴，或孤身只影，于节假日或某个黄昏，待落日余晖尚未消失时，找一两条古街巷闲逛一下，然后静静地望着地板、墙体、门牌、小院、屋顶，聆听从这些巷子传来的一串串悠扬的欢声笑语。许多时候，不大的街巷是安静的，放了学的孩子像天空飞翔着的一群飞鸟，他们迎着夕阳，在弯弯曲曲的路面上追逐。在这个充盈着诗意的黄昏，街巷往往聚满了街坊邻里，他们或做家务，或闲聊，或静坐，一幅恬静闲适的小城生活图卷在古街巷舒展开来。

时光荏苒，一代人的端州往事，在温馨的回念间已然物是人非。以姓氏命名的街道已失去了该姓氏聚居地的特质，名存实亡，只是一条街道的名称而已，随着时代的发展和城市建设的需要，大多数被改了名或已经消失了。昔日繁华的华庭大院，现已萧条冷清；当年让人迷恋的金碧辉煌，今天已成记忆。而我只是在寻找姓氏巷的历史回忆。

然而，端州历来是肇庆的政治经济文化中心，人口流动性大，发展速度快，一条以姓氏命名的街道不可能成为某一宗族的专有。随着时间的推移，其他姓氏的居民来此居住是不可避免的，故现在基本上是广大居民的居住区了。目前，端州区境内有47个民族居住，汉族人口最多，占总人口的99.54%；少数民族有壮族、瑶族、回族、黎族、土家族、苗族、满族、侗族等46个。

端州区姓氏以梁姓居首，达3.1万多人，其次是陈、李、黄、张，均在一万人以上。另外，端州“怪姓”多，全市面积152.3平方公里，2012年第六次人口普查数据是48万人左右。据该区统计显示，有诸如工、三、八、巳、飞、打、他、位、市等133个国内罕见的姓氏，且绝大多数属于汉族。此外，除常见的欧阳、司徒等姓氏之外，还有十分少见的慕容、刘付等复姓。

姓氏和名字，组成了我们的个人符号，是最重要的个人特征，更是一个家族的印记，它折射出一个家族的兴衰荣辱，具有特殊的文化内涵。姓氏巷在端州存留着深刻的印记，昭示着亲近的血缘关系和人文的历史。

祝家路：端州第一家

按史料记载，在端州最早列入姓氏巷的，恐怕要数西厢坊的祝家巷了，它在明洪武年间就是标准命名。

路变得面目全非，故事也变得曲折离奇。讲是祝家路，那是旧话，现在已改称为端州康乐中路了。祝家路在“文革”期间改名为团结路，1981 年后又改为康乐中路。“祝家路个名好熟，不过唔记得嗲边度咯。”不过，直到现在，还有不少老端州人知道祝家路。

据说，端州祝姓的来源是，祝姓祖先从外地迁来，开始住在一座破旧的房子里，后繁衍成为居住点。为纪念始祖的住地，取路名为“祝家路”。在唐中期以后，特别是安史之乱和黄巢起义之后，今中原一带十室九空，祝姓由河南避居长江以南。两宋时期，祝姓在北方趋于沉寂，而南方之祝姓却日昌起来，其中已有定居广东直及端州。如今在端州的祝姓人数多达几百人。

据载，最早以姓氏称路名的就是祝家路，人称“端州第一家”。端州祝家路在宋代已初具成形，景定年间（1260—1264），祝家路处于庆云坊。祝家路古时较繁华，路中曾建有击竹堂和西竺尼堂，是佛教寺庙。传说，明代初年，祝家曾贴有一副对联为：

宋朝分居四百载；

独占端州第一家。

事实是否如此，有待考证。不过，史料载述，明代已有祝家路，并且是古端州有记述的最早命名的“私家路”。乾隆三十二年（1767），回教徒刘士芳等捐资增建祝家路。又有人说，祝家路的祝姓，是名门大户，曾建有一座祝氏宗祠，撰写一联为：

受业文公，捷才倚马；

书宗怀素，走笔游龙。

看来该主人认为他们与祝穆是一脉的。上联说宋代名儒祝穆与弟祝癸一起跟随姑父朱熹学习，下联则典指明代文学家、书画家祝枝山了。

传说，祝枝山曾任广东兴宁知县，在唐伯虎被陷害后不久，祝枝山也辞了知县。他与表妹同行，首选远游的地方是端州。他常拎着酒壶，乘着渔船，一面饮酒赋诗，一面欣赏山水，颇有避世弃俗之意。听说端州有个祝公庄，人物风雅，喜好联句成诗，祝枝山便来到祝门。祝公暮年丧偶，提出续娶其表妹为妻。祝枝山说："我无意见，只要表妹中意。"祝公高兴地吟了一首诗：

春水春满池，春时春草生。

春人饮春酒，春鸟啼春声。

祝枝山后归向道家，为"枝山道人"。其表妹觉得"此祝不是那祝"，年龄、容貌跟自己悬殊太大，不相匹配，所以"春"不上面容，终日愁眉苦脸，郁郁寡欢。

祝公见此，体贴地询问道："娘子莫非嫌我年纪太大？"表妹回答："不是。"祝公又问："是恨我官职卑微吧？"表妹摇摇头："也不是。"祝公非常纳闷："既然不嫌我年老，不恨我官小，那么你整天忧愁烦闷，又是为何呢？"表妹再也憋不住了，随口吟诗一首：

不恨祝郎年纪大，不恨祝郎官职卑。

只恨妾身生太晚，不见祝郎少年时。

梁家巷：一梁担大屋

"参天之木，必有其根；怀山之水，必有其源。"人皆有姓与名，姓氏街巷，是端州一种悠久的传统文化。

端州的姓氏街巷自宋以后出现，也就是从宋元明清四朝，珠玑巷不断有居民南迁珠江三角洲，在各朝都有较大规模的移民。

梁家巷，属城厢梁氏，曾在古端城之中，原与文笔巷相连。端州在宋代就有梁氏居住，梁氏是庞大家族，从南宋开始发展很快，人丁兴旺，繁衍迅速，遍布城乡。当今端州姓氏，梁氏是数量最多之一，共有三万多人，排在前十位。如黄江村头梁氏，始祖梁祜，号纯仁，元时曾任判官；又如古街巷石簕的梁氏始祖是梁成祖，字云集。元顺帝时，因避乱由南雄珠玑巷迁居端州北面岩前都石簕，称其为始祖。

而在广塘的梁氏，据说是梁元福，字善长，于南宋绍熙三年（1192），由南雄珠玑巷徙居广州纪纲街。直至明代景泰年间，有"名义者官于肇庆"。宗祠名曰"善庆堂"。渡头村梁氏，包括桂荣系、白象系、爱村系、新围系、都棠系、杨溪新村系、槎布系等，其祖先是宋时河南洛阳人，名叫梁燮，字汝和，咸平元年进士。初在南雄做州判官，后来又在端州做知州官，"富有传奇"，随后便在城东之令津即今渡头村卜居……这些庞大的梁氏都能各立街名了。

而真正以梁氏命名的梁家巷，一姓成街，俗称"一梁担大屋"，确实也是如此。族谱记："宋资政大夫梁协元，号大通。由南雄珠玑巷徙居南海大通堡。十八世有名文诰，字觉英者，清乾隆间官督标中营千总。家于肇庆府城（今端州城内），遂占籍焉。"

梁家巷在1959年被拆迁了一半后，在"文革"期间又改为跃进路北段，梁家巷从始消失。1981年标准地名颁布，原来的梁家巷"溶入"了人民南路，梁家巷这一地名今已不存。

梁家在端州的故事较多，如二塔与梁氏、明直里梁氏一门三进士等，流传较广。另外，值得一提的是梁夔与包公在端州的关系也非同一般。

爱梁夔的人亲切地称呼他"大叔"，敬他的人送他外号"梁胆大"，而梁夔对端州的父老乡亲们也怀有深厚的感情。他在端州最大的遗憾是未能有包公的影响力，最满意的是退职却能与包公相处。由此，不禁令人吟起赞美包公的《潇湘夜雨》词：

铁笔凌云，郡斋题壁，铮铮大吕黄钟。振发聩，腕底吐长虹。穷僻壤，民歌善政，合肥客，座挹春风。论青史，改写端州，文德播英雄。

世人皆已醉，君能独醒，律己明宗。仕林修干，泰岳寒松。情堪敬，清心直道，威尽慑，兔迹狐踪。苔难掩，龙袭满壁，留待碧纱笼！

龙家巷：龙家女不穿绫罗

龙家巷，原在睦民里一巷，今已不存。在高要镇塘龙氏谱称："其先来自南雄珠玑巷。有龙伏辉者，于明万历间始居县南新江口镇塘村（今属莲坊乡），为其始祖。"说的是后来有龙氏迁至端州城睦民里一带，成了龙家巷。

龙家巷与其他姓氏巷一样，都有其出现、发展、更迭的原因和过程。然而我想提及的是端州姓氏巷形成的根源。

街巷曾经有不少的手工作坊、商会会馆、茶馆、庙宇、戏园子、学堂、菜市场等。而除了富贵人家的小楼外，更多的是贫困市民赖以蜗居的低矮小屋。只是岁月老人的无情，历史风雨的冲刷，竟使它远离昔日的辉煌与荣耀，日渐凋敝，破旧而荒凉。

据说，在清末民国年代，龙家巷有个龙家女坦言自己不穿绫罗绸缎。这是为什么呢？这位龙家女叫敏义，上小学一年级时，第一次月考的成绩单全班排名29，而她的二哥小时候在睦民里"称霸"，让她很是郁闷，觉得这是"男女差距"的原因。龙家对敏义这颗掌上明珠是有些"私心"的。女儿漂亮、贴心，从小到大几乎没有让老爸担过忧、伤过神。面对女儿的第一张成绩单，龙家选择当“慈父”，用“女子无才便是德”、“身体健康就好”等话为女儿打气。

此后，对女儿的课业，龙家不再要求名次或成绩，只要她尽力了，家长都会爽快地在成绩单上签名，让女儿快乐成长。身处这样宽松的环境，敏义决定，学习上不去，一生不穿绫罗绸缎。最后，没有辜负父母的良苦用心，敏义居然从大学堂毕业，后赴广州求学，顺利拿到了学位。不过，敏义还是不穿绫罗绸缎。龙家说，自己最大的骄傲不是女儿在学业上的表现，而是她从小到大始终保持的善良与正直。

后来，敏义身为教师，绝大多数的时间，她不是埋首教务，就是在帮助平民学生，与家里相处的时间并不多，一个月见不了几次面。对此，敏义总是心存愧疚。不过，有一点她毫不含糊，就是非常看重身教的潜移默化，她说，她结婚后，子女都和她一样简朴，鞋总要穿到破才换新的，浑身上下看不见一件绫罗绸缎。

鲁家园：最早的私家庄园

中国的城市，大多都有一条江河在身旁静静流淌。这种现象，用风水学诠释便是“有水的城才是活城”。西江从端州奔流而过，其流量，在中国除了长江，再没有其他江河能与之匹敌。因有了西江，端州很早就成了一座水埠。但西江不是小河小涧，不像周庄水乡的居民那样可以造一条乌篷船，然后带上童年的阿娇，摇啊摇，摇过了外婆桥。端州城的居民绝大多数都是从事陆上营生的，只有很小一部分是船民。

因为有了西江才有了端州百家姓，也是因为绝大多数人从事陆上营生才产生了不少的以姓氏为名称的街道。

鲁家园，古时在现在的端州前白沙路，古称“白沙鲁氏之园地”。鲁家园，据称是端州最早的私家庄园，其祖先也是来自南雄珠玑巷。当时移民似乎更集中于西江流域的端州（高要）一带。时至元明之后，古南海已被湮平，西江流域泥沙含量较大，似乎有更多的新生河坦被冲刷积淀而成，故能容纳新的移民。由《高要县志初编》所载的明清大量南迁氏族的分布来看，似乎当时的迁移也是比较集中的。

据记载，迁来端州的始祖名叫鲁湖冈，迁来时间在明代，居于端州城西龙潭都的白沙村“处女地”，名曰“鲁家园”，旧时属北桂乡，即今睦岗地域。在民国时传至十九世，鲁家园地名今已不存。

当然，战争移民，都是由于战乱或动乱而引起。在天灾人祸并迫的情况下，引起的大批战争难民南迁，如在宋代白沙路也有陆姓人家居住了。陆家巷的陆氏祖先在公元 950 年入端州。“时任端州牧之陆训，视势变幻，辞官为民，原籍难归，隐端州西之白沙，避之。”当时只是没有名为私家庄园罢了。

另外，后白沙旧时有“黄家祠”。据说黄尧镜，字尔撑，于清康熙年始迁端州东厢都蟹栏（旧属东社乡）居住，是为蟹栏黄氏始祖。曾孙登瀛，以拔贡知名于时。其子大年岁贡，松年、康年、书年，孙兴廉、兴邦皆举人，为教职或知县。浩源亦任知州，同族为诸生者又数人。仕官表者有鼎可、范一、天任、求实、仲文即其曾孙。黄氏无姓氏巷名，却在后白沙有“黄家祠”，今已不存。

清咸丰年间，署肇庆协左营守备鲁国材是鲁湖冈族人。今天端州的白沙路段的前身是偏僻路，老百姓称之为“鲁家园”。咸丰初年，肇庆搞道路建设，指挥中心设在紧邻厂排街，鲁国材提出选址鲁家园，因为鲁家园就在当地的地理中心，使四面八方都能有很好的指挥覆盖，更有利于管理和发展平衡。后来，有前后白沙马路率先建成。遗憾的是，当时鲁国材离开了鲁家园舒适的环境，搬入市区，鲁家园不再存在了。

鲁国材当年确实有过人的眼光，也有大气度，他第一时间想到的是不能让老百姓再贫穷下去了，人民不能再等了，大胆发展经济，先把路搞上去，再搞生产，全力以赴尽快使百姓生活好起来。

姚家巷：豆腐姑娘的才智

古端州的姚家巷在如今的明直里之西一带，与何家巷相连，今已不存。

古代，姚姓成名成街，人口自然兴旺，发展到现在进千位数之列。说起姚姓，其中高要《姚氏源流》载：“崇公始入粤东，封为文考公，即当时之宰相也。自南雄珠玑巷初迁博罗，二迁东莞，三迁增城，几十世矣。至吾高要始祖。”

传说，在很久以前，天宁南路旁有条很不起眼的无名小巷，巷子口住着一家姓姚的老倌，无儿无女，老两口靠磨豆腐维持生活。

有一年的年三十晚，别的人家都在热热闹闹地忙着吃团圆饭，姚家却冷冷清清。姚大妈看着丈夫叹气说：“我们都年过半百，土埋靠颈边了，但仍然年年两公婆，岁岁你看我我看你，唉！将来我们动不得了了，真不晓得会怎样？”

姚老倌听了也十分难过，心想，大年三十夜晚总该高兴才吉利呀，于是连忙岔开话题：“三十夜里的火，元宵晚上的灯。老婆子，我们烧炉火热和热和吧。”说完从门外抱来一捆柴火，在堂屋中间烧了起来，旺旺的火把整个房子烤得热烘烘的。姚大妈怕浪费柴火，便拿来一只小铁锅，把豆汁倒进去煮，谁知人老体弱，不小心把豆汁洒在火堆上，那火就像添了油似的，越烧越旺。豆浆的香气，充满整个屋子，溢放到屋外，飘散在深邃的空中。

这时，南海的送子观音正路过端州上空，闻到这异常的香气，好生奇怪。她顺着香气来到姚家屋的巷前，听到姚家二老的感叹，于是大发慈悲，将手中捧着的童女遣入姚家大妈的怀内。

姚大妈怀孕了，十个月后，生了个眉清目秀的小丫头。姚老倌捧着女儿左瞧右看，嘴里不停地唠叨："真漂亮，真白净，真是个白嫩的豆腐女哟。"从此，"豆腐女"便成了小姑娘的芳名。

只愁不养，不愁不长，转眼间豆腐女长成秀丽端庄的大姑娘。姚老倌见女儿从小聪颖过人，就托付隔壁的私塾梁先生教她些文墨。不到几年，豆腐女便精通诗文，赛过了私塾里的所有弟子。

"豆腐老倌的女儿不但貌赛仙女，还是一位女才子啰……"人们交口相传，福庆社成了远近闻名的豆腐巷。姚家门前也就多了不少显贵富户人家的纨绔子弟，他们自恃家有万贯，钱能通神，怀着金屋藏娇的美梦而来，却被豆腐姑娘羞得掩脸丧气而去。于是，有关豆腐姑娘的传闻，也就越传越奇了。

有一个秀才，诗词歌赋都能来几句，一向自命不凡，目空一切。当他听到人们说豆腐姑娘如何有才学，心里很不服气；又听说她有闭月羞花之貌，沉鱼落雁之容，更抑制不住内心的荒淫念头，想戏弄她一番呢！

有一次，豆腐女跟随母亲来到天宁宫烧香还愿。秀才看见豆腐女果然美貌出众，便邪念一动，想占点便宜，于是尾随她们进入庙堂。豆腐母女拜神进香，秀才也跪在一旁作揖磕头，眼盯着豆腐女嘴里念道："窈窕淑女，君子好逑，菩萨送我美貌妻。"

姚大妈见秀才如此无理，忙拉着女儿走出庙门，谁知那秀才得寸进尺，从地上爬起来，追着挡住她们说了一上联：

小娘子一天欢喜，何不伴郎还室宅；

豆腐姑娘见这秀才身为读书人，却这样一副无赖嘴脸，十分气愤，一边扶着老母亲，一边应对下联，将秀才讽刺了一顿，拂袖而去：

酸秀才恁地贪痴，只能单身进孤坟。

这条很不起眼的小巷，后来多了一个名字，叫"姚家巷"了。

刘家巷：闻名世界的刘茶

据说，刘氏在端州历史悠久，"始祖名复亨，字元贞。据称其先本居岩前（一说来自墨编），横洲谱则谓为横洲道存祖，传十世所分支，于清康熙间迁徙来城，卜居东厢都高墩里（旧属东社乡）。清举人刘成芳、刘振升其后人也……"

另说南宋年间，刘向的后裔刘家，偕同族人从南雄珠玑巷于端州时，泛舟西江，进入古溪，在城西附近忽见有座台形高墩，便登岸赏景，北望大山，南眺西江，流连忘返。刘家人就在端州高墩里定居，名为刘家巷，即现在的高墩里正巷。乾嘉年间，刘氏后裔当了文官，住宅命名为“大夫第”。

过去高墩里的刘家巷，出了一个大人物，他叫刘峻周，又称刘泽荣，早年逃荒到汉口，在汉家刘氏茶坊学徒。清光绪十九年（1893），应俄国茶商波波夫邀请，受清政府和汉家刘氏茶坊委派，于十月十三日携带茶籽、茶苗到格鲁吉亚黑海沿岸的阿扎里栽培茶树。经过三年试验，获得成功。三年期满，受波波夫委托回国再选一批优良茶籽，于光绪二十三年（1897）五月带全家重返阿扎里亚，继续植茶，茶园面积逐渐扩大到十多公顷，并按中国生产方式办起制茶厂。光绪二十六年（1900），该厂产茶叶在巴黎世界展览会获金质奖章，引起沙皇政府注意。次年，受沙皇政府邀请，到卡柯夫筹建茶厂，年产茶两千磅，是年获沙皇政府三级奖章。这是没有取得俄国国籍而受勋的第一个中国人。

十月革命后，苏联政府重视发展茶业，刘峻周担任苏联政府国营茶厂经理，被列宁接见过三次。民国十三年（1924）10月13日被苏联政府授予劳动红旗勋章。格鲁吉亚《东方曙光报》刊载一篇文章赞誉他为“伟大的中国和格鲁吉亚人民的光荣儿子”。格鲁吉亚盛产茶叶，黑海沿岸茶林漫山，成为茶叶基地。所产的“刘茶”，就是以刘峻周的姓氏命名的。

1919年3月初，共产国际召开第一次代表大会，当时中国国内没派代表，刘峻周以刘泽荣这个名字作为中国代表出席。第二年，他又参加了共产国际召开的二大会议。他是中国第一个共产国际代表，又是最早同列宁见面的中国人。布尔什维克的大报《真理报》、《消息报》都刊登华工联合会活动的消息，称刘泽荣为刘峻周或刘同志，有时甚至称呼为“中国广东的同志”。刘泽荣是中国人进行社会主义革命最早的宣传者、组织者之一。

刘峻周在苏联格鲁吉亚工作三十多年，一直保留中国国籍。民国十四年（1925），他带全家回国，在哈尔滨定居。回国前，赠送给巴统博物馆的照片和一个佩戴了三十二年的象牙小圆球，现在还完好地在巴统博物馆陈列着。

刘峻周，是从端州刘家巷走出来的历史名人。

杨家巷：与烂柯山的传奇

1975年，我还是知青，在烂柯山上植树造林，生活了两年。听说烂柯山产端砚石，称作“仙山宝藏”，也说烂柯山有仙人活动：“昔有道士负斧入山采桐为琴，遇赤松子、安期生棋，而斧柯烂处。”

而最早发现神仙的是谁呢？据说是端州杨家巷人氏。古时候，端州杨家巷自1966年被改为高墩里一巷后，杨家巷的名字便不复存在了。

《氏源》记载：“宋咸淳年间，有皇妃贬出宫，潜藏于南雄珠玑巷。巷人自惊惧，曰私藏皇妃罪莫大焉，将必有诛戮之及，于是竞相投奔。杨氏亦谋远徙，但事起倥偬，恐迁之后各地分居。为让子孙知同出一脉，在临行之际，口占一律记于竹，折竹为四，各执其一，为日后好相认。其诗曰：‘一支杨柳发四枝，种栽各处须逢时。耕读勤俭无余事，心志幼迈莫迟疑。’于是，乘筏而去。”高墩里杨家巷的居民也就是杨士益的后代了。

高墩里一巷，曾是杨氏家族的聚居地，原以杨氏宗姓命名此巷，是过去端州密集居住的通道。据老人说，旧时巷两侧以两层滴水房为主，风火墙形成一道景观线。如今不见了。由于时代的变迁，一些旧名旧址已无可挽回地从人们的视野和记忆中消逝，或变更，或模糊，或不存。这不能不说是一种莫大的遗憾。不过，所幸还留下一个故事。

传说，杨家有个儿子叫杨二郎，为人善良，尽职孝道。但杨二郎家境贫寒，母亲身体有病，视力极差，靠他上山砍柴才勉强维持生活。

一日，有两个陌生人经过杨二郎家，称肚子饿，就向杨母借灶做饭。杨二郎砍柴未归，家中无柴，这两个过路人并不在意，只见其中一人索性把自己腿伸进灶里当柴烧，另一个人用桌腿、凳腿作面条。煮好了一锅面条，两个人吃个精光。其实，这两个人都是神仙，吃饱喝足后，留下了一纸“欢迎来仙山寻宝藏”作酬谢，便告辞而去。

待杨二郎打柴回家，发现八仙桌的腿、板凳的腿都不见了，凳桌都是凌空的，一碰就翻倒了。杨二郎问母亲，母亲便一五一十如实相告。

杨二郎听后顿时火冒三丈，要与二人算账，拿起斧头就追出门去了。听邻居说二人刚过江，杨二郎便追过江去，一路询问，得知二人进山了。杨二郎追到了烂柯山依然不见人，不管三七二十一便走上山。这时天色渐晚，但隐隐约约可见有二人好似在对话。杨二郎仔细一看，见二人正在对弈。他本来就爱棋，见这两人下得正兴起，便想坐下来观棋，于是就用斧头柄往地上一垫，坐在一旁看棋。神仙也知道杨二郎好棋，便故意下棋戏弄他。

这两个神仙一个是南极赤松子，一个是北斗仙翁。两个仙人一边下棋一边吃桃，还掰了半个桃递给杨二郎，杨二郎边吃边看，没等吃完，扔在地上的桃核已发芽长成了桃树。天将亮时，南极赤松子提醒杨二郎说：“你还不回家去，看你的斧头柄都烂了。宝不要寻了，回家自然有。”

杨二郎这时才想起了出门的目的。他低头一看斧头柄，大吃一惊，真的烂了，斧头也变成了端砚石。再抬头看时，两个神仙已经不知去向了。杨二郎只好赶紧下山回家，可是家乡全都变了样。向街坊邻居一打听，才知世上已过几百年。

杨二郎感叹地说："山中方一日，世上已千年！"从此，人们就把这座山叫作烂柯山。清代谢星岛有诗记云：

断石苍崖迹已陈，双岩前路遍荆榛。
无端会合游兼博，莫辨神仙幻与真。
尘世沧桑同一局，故乡云树阅千春。
流光迅逝旋株朽，空令名山也笑人。

宋家巷：百年合宜的人家

古老的巷子故事特别多，因此会有更多的迷信，这也是正常的事儿。不过，有些事还真是特别有趣的。

就说高墩里吧，是根据原来的地形而得名的。在宋代以后，高墩里住着刘、杨、宋三家，并不以高墩里为名，而是各自以名门望族为巷名，于是有了刘家巷、杨家巷、宋家巷。1966 年"文革"开始后，这里的姓氏巷都统称为"高墩里"。

宋家巷就是现在的端州高墩里二巷，1966 年被改名后沿用至今。据宋氏谱记载："宋文荣在乾隆年间徙居端州高墩里，自立三街，曰'宋家巷'，聚族而居。"

当地上了年纪的老人听前辈讲，宋家巷成于明末，兴于清朝。而有明确记载的是，宋家巷已有数百年历史。这里不是商业街，远近也不算闻名，是当时人居之地，是远离繁华的街道。

当夕阳的余晖照在宋家巷上时，古墙外的老人或围坐在一起下棋，或散步遛弯，孩子们则开心地嬉戏、玩耍。不远处，三三两两的游人在巷里穿过……

古时，居住在这里的人都信奉财神，巷外原来有座很小的财神庙，过店街从财神庙边而过。据说，当时本地人很看重这儿的财神爷带给他们的财运，故财神庙香火很旺。解放后，财神庙被废弃，拆除了。

高墩在民间有个传说。清朝年间，有一次，外地有个姓王的人说："你们刘、杨、宋三家都精于医术，到底哪一位最好呢？"杨大夫答："刘兄资历最老，宋兄次之，我最差。"

姓王的再问："那么为什么你姓杨的最出名呢？"杨大夫答："刘兄治病，是治病于体内，并治于病情发作之前。由于一般人不知道自己体内病因，所以他的名气无人知晓。宋兄治病，是治外伤，一般不易马上痊愈。别人以为他只能是草药外敷，所以他的名气只及本乡里。而我治病用针灸，一般人经过我在经脉上扎几针就不痛了，所以以为我的医术高明。这是一般人所不能理解的，其实，有时看重病要三家合力的呢。”

清代，高墩里的刘、杨、宋三家聚会一起，形成民居，特殊的人文环境创造了丰富多彩的融合型的合居文化。相传，刘、杨、宋三家过去还互有联姻呢。刘家子娶杨家女，杨家子娶宋家女，宋家子娶刘家女。刘家女芳龄十八，是一名大家闺秀。有一次，在春暖花开的一天，她用一朵木棉花夹着一封情书，书内有一阕词，投向宋家的心上人。词中写道：

园林晴昼春谁主。暖律潜催，幽谷暄和，黄鹂翩翩，乍迁芳树。观露湿缕金衣，叶映如簧语。晓来枝上绵蛮，似把芳心、深意低诉。

有情人终成佳偶。从此，这段姻缘故事，还被传为“红棉传书”的佳话。据说在清末，谁家办喜事都写有这副对联：

和睦和谐，贺三家共和；

宜人宜地，祝百年合宜。

娱家巷：余家虞家的故事

端州城中路与正东路之间有一条小巷，称为娱家巷。在清代道光年间，娱家巷称余家巷，1949 年后改称为虞家巷。1966 年至 1980 年，虞家巷又改称为红旗二路五巷。1981 年，这条古街巷再次改称为娱家巷，并一直沿用至今。

说起历史，余家巷曾住着一个名人叫谢鹤年，字鸣皋，清代其祖落籍肇庆余家巷。老人曾听过谢鹤年讲述娱家巷的故事。

民间传说，娱家巷最早时原名余家巷，也住有姚、虞等姓人家。唐五代时，王审知自河南光州固始入闽，909 年封为闽王，当时有很多余姓的人跟随闽王自河南光州固始入闽，后来有部分人转入广东。据说，当时端州有个叫余文浩的人，因得到端州府台的赏识，府台便把他住的整条巷的房屋称为余家巷。

关于余家巷的得名，民间另有一个传说。从前，有个人在江西做官，任期三年已满，将要到端州当府台。他的父亲知道消息，从家乡来到端州，左等右等都不见儿子上任，带来的钱都用光了，几乎沦为乞丐。这时，一个叫余文浩的人收留了他，供他吃，供他住，待他非常好。

又过了几个月，仍不见儿子来上任，他愁眉苦脸，暗暗叹气，余文浩看见了，问他："世伯（伯父），想家了吗?"

"不知道我儿是不是真的来端州上任，这样等下去不是办法，我想回家乡了。"老人答道。

余文浩给了他一些船钱水脚（盘缠），让他上路。

一天傍晚，他乘坐的民船要停靠码头了，他一眼看见儿子乘的官船就在附近，就对船老板说："靠过去，停在那只船的旁边。"

船老板疑惑："那是只官船，能随便靠过去的吗?"说着，用竹篙一插，把船停了。

他走到船头，对着官船大声喊儿子的名字。他的儿子听见后命令听差挥动旗子，示意民船靠过去。

父亲问儿子为何现在才上任，儿子告诉父亲，他在江西为百姓做了些好事，百姓联名上书皇上，要他再留任一年，所以现在才到端州上任。父亲把自己在端州的遭遇告诉儿子，要儿子好好感谢余文浩。

府台上任后，派人请余文浩来府衙。寒暄了一番后，府台要封余文浩一官半职，余文浩很忠厚老实，觉得自己不是当官的料，坚决推辞不当，只要求号房一职。

逢年过节，当地的官员豪绅都请府台去赴宴，府台说："只请我一人，我不去；如果你们还请余文浩，我才去。"以后，凡是请府台赴宴，设宴的人一定要请余文浩的，当时，端州流传着这么一句话："无余不成席。"

三年又快过去了，府台将要到别处上任，他看到余文浩家境并不宽裕，想最后助他一把。一天，府台走到死牢里，看了几个家缠万贯的死犯一眼，自言自语地说："唉，看来除了余文浩，谁也救不了你们的命。"

这几个犯人会意，叫家人偷偷带上重金去请求余文浩保释他们。谁知，余文浩一个铜钱也不收。

府台知道了，摇摇头说："这个余文浩，真拿他没办法。"

府台的父亲说："余文浩是个忠厚之人，怎么会要这些人的钱呢？不如你买几幢房屋送给他，让他以后收房租度日。"

府台听了父亲的话，在城中路将一条巷子两旁的房屋都买下来又派人修缮了一番，离任时，把这条巷子的房屋全部送给了余文浩。这条巷子，就是余家巷。现在，又把余家巷定名为"娱家巷"。

后来，一户姓"虞"的人家，也迁来姓余人家的街巷上，余、虞同住一条巷。有一天，府衙口头来报喜，人们却不知是"余"有喜，还是"虞"有喜。后来两户人家为了方便别人的记认，经商量后各自在自家大门挂上"余宅"和"虞宅"。

到了清末，虞家搬迁走了，让出“江山”留余姚，可后人依然称之“虞家巷”。“文革”期间这条巷子改名红旗二路五巷，到1981年地名重新核准时，为避免诸多误解，遂将虞家巷定名为“娱家巷”。也可算是：一名跟随新时代，留下历史传佳话。

岗尾程：“理学”后人

历史上的端州由于西江水患不断，城外的百姓为了躲避洪灾，多选择依山岗而居，于是留下了厚岗、景山岗、黄茅岗、凤岗、隔岗等地名。

在端州，有个地名叫岗尾程，岗尾程的得名是因为驻地位于隔岗的山脚下，一直居住着程姓人家，故称之为岗尾程。全长约150米。“文革”期间，这里被改称友谊北路四巷，1981年复称原名。

据说这个叫法有一段“古”。这一座山岗，东西两边都有一个村子，而两个村子的人都想把自己的村子称为岗头，而不愿称岗尾。

山岗东边村子的人振振有词：“东南西北四方，东方为首，我们村子在山岗之东，应该称作岗头。”山岗西边村子的人也认为自己有理：“西江河水向东流，河水的源头在西边，应该叫作岗头。”

官司打到府衙里。府官说：“日出为东，日落为西。”于是，山岗东边的村子称为岗头，西边的村子称岗尾。这两个村子的名称一直沿用至今。为了易于分辨，习惯上程姓人家都会说居住何处，如云路村程氏，清道光十三年（1833）景福围决，因避洪水居于今睦岗镇大洲村。于是，居住岗尾的便叫为“岗尾程”了。一叫就叫了几百年，一叫就叫出了程家南下的沧桑。

虽然岗尾程的古老建筑已不多见，但是历史的痕迹仍然明显，不时能见到明代和清代的石条、门墩和门柱。只是不少石门槛都用作铺路了，有的被扔在巷道的某个角落，像是把岗尾程扔进悠久的历史长河中。走进一座两进青砖房屋，面积三百多平方米，据说是程姓人家在清朝光绪年间修建的。百年老屋风貌依然，现在还被使用着。老屋外的石磨也很老了，老到转动一下，仿佛就能道出岗尾程的过去。岗尾程居住着四十多户人家，姓程的祖先是北宋理学家程颢。据说，北宋靖康元年（1126），金兵攻入京城开封，徽宗二帝等朝廷大员被金人俘虏，押解到塞外囚禁。身为朝廷命官的程昂侥幸逃脱，辗转入岭南，居南雄珠玑巷。到了南宋咸淳二年（1266），程昂之孙程思圣始来肇，定居于今端州区睦岗镇。

族谱记载，咸淳二年记载遭皇妃之祸案，程思圣始来肇卜居城西桂林都塘心布（原属桂湘乡），遂为高要程氏鼻祖。元至正二十七年（1367），经兵燹后皆弃祖宅散处各地。程氏后人将岗尾程形成巷子，号曰毓秀坊，在这里繁衍生息。明代天顺进士程霓，清代乾隆恩贡程琦就是其裔了。民国三十五年（1946）始建阖族祠于睦岗（桂林）庆村，即今大州，额曰“明道堂”，各房同奉祀。另建一祠于右，曰“大州五福堂”。端州白石村程氏也是“理学”后代，从岗尾程迁居而成族，在清末民国成为“广作”端砚四大家的罗、程、郭、蔡之一。如今的岗尾程好比程氏前人写的一首诗所说那样：

月陂堤上四徘徊，北有中天百尺台。

万物已随秋气改，一樽聊为晚凉开。

水心云影闲相照，林下泉声静自来。

世事无端何足计，但逢佳节约重陪。

这是一首记游诗，也是一首理趣诗。作者在这首诗中，虽然也写了一些较为生动的景物，但其着眼点仍在于表达自己的人生哲理，同时抒发一种随遇而安、不计较得失的淡泊情怀。

朱家里：九里飘香的故事

在端州城西有一条名不见经传的小古巷，叫作“九里香”，并着的另一条巷叫“朱家里”，朱氏于宋代入端州。族谱记曰：“宋时，朱祖安，字正乾，世居南雄保昌县。咸淳末，保昌民因事移徙，祖安来至肇庆。”当时百户称“里”，朱家里地名由此而得。“文革”期间，九里香和朱家里曾改称为团结路一巷、二巷。1981年颁布标准地名又复称原名。如今九里香巷消失了，化为历史的尘迹。

“酒香不怕巷子深”，朱家里古巷就是一杯浓香的酒，散发着九里香巷得名的陈年传说。

相传，郭祥正在元丰年间因“文字狱”而遭贬谪，任端州知州，与苏轼、黄庭坚、张孝祥等都是“文字狱”的遭遇者。话说郭祥正在端州任上，一天看到西江景色写下一首诗：“双峡天开控江水，水自牂牁（西江）万里来。端州正在双峡间，石室嵩台压孤垒。”然后造访朱家里，受到了当地居民的热情招待。他见朱家里一幢民宅种了几枝桃花，于是开怀畅饮，后来写了一首诗：

桃花不解饮，向我如情亲。迎风更低昂，狂杀对酒人。

桃无十日花，人无百岁身。竟须醒复醉，不负花上春。

在朱家里隔壁，郭祥正又见种有九里香。株姿优美，枝叶秀丽，花香浓郁，香动九里，令人舒心惬意。他醉言：“九里香，九里香，这里就是九里香。”于是，这巷名便叫“九里香”了。整治后的九里香面貌焕然一新，九里香的独特自然环境，使之成为朱家里文化的新亮点。

据传，在清代，有个叫周弥浩的人，原籍新会河塘塔岗乡。清顺治初，大兵南下，乡间不靖，居民相率搬迁。时方童年的周弥浩，中途与亲属相失，随亲戚逃难至肇庆城北之九里香。

听说，周弥浩到九里香之后改种桂花，赞其为“天香”。唐朝流传开这名称以后，又因传月中有桂而称为“月桂”，引申到月中又有蟾，故又以“登科”为“登蟾宫”。于是，“蟾宫折桂”就成了旧时人们仕途得志、飞黄腾达的代名词。

后来周弥浩是否也像姓郗的成为天下第一不得而知。但是，自唐宋以来，端州的文人墨客和官宦之家都竞相种植桂花，也许是寓意仕途通达，“蟾宫折桂”吧。当然，现在种桂花已进入寻常百姓家。

凑巧，街边那株九里香正在开花，那种香气在早晨的雨气中一点点地袭来，让人忍不住倚在木窗前发一会儿呆。

何家巷：崇祀名宦何家聪

我与一位何伯交谈，他说，家中用联是“家传三桂；学贯六经”，讲的是宋代有户何姓人家三代中进士登第，家中建有“三桂堂”；又说东汉时的何休，用十七年时间著成《春秋公羊解诂》，成为今文经学家议政的主要依据。何伯认为这些名人都是端州何家巷的同宗。

我查看史志，古端州何家巷有三处，一是睦民里的东横巷有何家巷，与龙家巷、张家巷一起，1966 年称为爱民路三巷，1981 年颁布标准地名，此地又复称何家巷，今已不存；二是忠和路的西横巷有何家巷，今不存；三是明直里西横巷的何家巷，今也不存。

据述，宋庆元年间，进士何琇在肇庆做官任通判，解职后留居端州擢桂坊。旋迁砚山之东中屏冈，名其地曰“化龙坊”，遂为其名缘起。另有何贵甫历官端州知府、朝议大夫，其子孙后裔在端州繁衍生息。何氏入端州还有多支，但都视为一脉，如金渡何氏原《宋肇守何公祠》大门口柱楹联言：

世系本卢江，玉融为干，金渡为枝，奕叶绵长垂祖荫；

地形盘肇郡，定岭如屏，端溪如带，山川灵秀尉人文。

据传，清道光十四年（1834），端州有个举人叫何家聪，名献，字秩九，在徽州府任职。一天，有州民兄弟二人因争家产而互为诉讼，兄弟俩都贿送白银给家聪，求为疏通胜诉，家聪悉数收下，越三年案不结。三年来兄弟俩都争送贿赂，直到家财耗尽，家聪才开庭结案，问争讼兄弟俩，还诉讼否。其时争讼的兄弟俩家财耗尽，生活潦倒，败诉固不欲，胜诉亦无益，于是都要求撤诉。此时家聪才叫人把他们兄弟俩分别贿送来的白银抬出来，全部交还他们兄弟俩，并劝其兄弟要和睦相处，不要“煮豆燃萁”。兄弟俩目睹累累白银去而复得，顿时目瞪口呆，唯有感激流涕。从此，发愤读书，后皆出仕。这一事，在徽州府内传为美谈。

后来，家聪以病辞归故里端州。家聪曾官至知府，却家无田产物业。在家聪死后三十年，即光绪二十八年（1902），徽州学子怀念家聪一生清廉，遂将其生平事迹上表清廷，请旌表其人。是年，由清廷省库拨款和族人捐资建牌坊一座于故里，以志不忘。

据说，永安中学何氏家庙大门前有牌坊，石砌四柱三门，高有6米，下设台阶三级而上，正面上刻“圣旨”二字，下刻“崇祀名宦”，其下刻有家聪生平官职和事迹。牌坊两侧，各立大石狮子一座，看上去殊为壮观。

牌坊落成揭幕之日，肇庆府、高要县地方官员都来庆祝。是日牌坊之前摆设台桌，上摆香案祭器，中奉圣旨，由地方官员率领何家聪子孙及族中耆老，排班朝拜圣旨，行礼如仪，然后鸣炮揭幕。

如今，牌坊于20世纪70年代毁去，仅两石狮子尚存。

甘家巷：有个百岁寿星

据述，端州甘氏在清顺治四年（1647），由紫金县河塘村迁肇庆，于是端州睦民里的东横巷便为“甘家巷”，与原来忠和社的石狗巷、何家巷为邻。在“文革”期间，甘家巷改称为爱民路四巷；1981年，肇庆市政府颁布标准地名，复称甘家巷，今已不存。

相传，甘家通常用两句联话引出两个典故：

率兵御曹，江东虎臣望重；

事秦使赵，少年上卿计奇。

上句说三国时的猛将甘宁，字兴霸，定计取黄祖，随周瑜破曹操，军功显赫，人称“江表虎臣”；下句指甘罗，是战国时期著名小神童，出身于当时秦国的名门，是秦武王左相甘茂的孙子，十二岁时跟秦相吕不韦从政，做事胸有成竹，善于言辩，为秦国使于赵国，赵王不但躬亲郊迎，而且在甘罗的伶牙俐齿之下，心甘情愿地割五城以事秦。结果，未费一兵一卒而净得五城。甘罗回到秦国之后，就被高拜为上卿，为后世留下了这么一段充满着传奇意味的故事。

众人所知，三国时刘备之妻妾甘氏被称为“蜀昭烈皇后”。她天生丽质，体态轻盈，河南有人献玉人放在甘后身旁，映得其更加洁白丽润。她跟随刘备去荆州，在半路生下一子刘禅。当被曹操大军追至当阳长阪时，她与刘备失散。正当困顿急迫之际，有赖赵云的保护，幸免于难。甘氏死后被追谥为“皇思夫人”。

说到甘氏夫人，高要曾出了个百岁寿星。据《高要文史》载：

清末，高要新桥银江村李珠浦（堂号“遂志”），是个富贵人家，家财万贯，拥有田地一千五百多亩，婢女数十人。其子弟的官衔都是用金钱买得，在新桥开设“逢源大押”。其妻甘氏夫人，年逾百岁。为了显耀声威，李珠浦禀奏朝廷，请旨建造百岁牌坊，以“流芳百世”。皇帝准许后，在宣统年间，建起一座花岗岩石三门牌坊，高达十米，雕梁画栋，图案精致，装饰美观，甚为古雅。其左右两旁门楣顶上相对各立着石雕童孩，手拿圣旨，形态各异，栩栩如生；中间有石刻“圣旨”两个金色大字；其下就是横书“百岁流芳”的石匾镶嵌在左右两旁的石柱上端；两旁石柱书刻对联，恭颂词碑，立于牌坊正门之下的两侧。当时的人称其为“银江牌坊”。

这座古建筑在“文革”期间被毁，只留遗址，成为留在历史长河中的一滴水珠……

该恭颂词被收录入书，全文如下：

恭颂。李寿妇甘氏世伯母，封五品宜人，年逾百岁，德兼贤孝，性并慈和，本勤俭以持家，能循妇道，捐资财而好善，远播徽音，庆集门庭，正永春秋于鹤寸祥徵，邦国而膺，宠赐于鸾章，钦加五品，衔赐进士出身，特授。

宣统二年（1910）冬，由高要县正堂（明清时对府县等地方正印官的称呼）谢质拜赠。

曾家巷：挂出搞笑的对联

端州城北路有一条小巷，叫曾家巷。据说，古时的曾家巷是直直的、瘦瘦的。从城北老街走进巷子的人，像是钻进去的；从巷子走出的人，像是变出来的。晴天，正午的阳光射到巷子里，是一束白光，眨个眼就溜了。雨天，下到巷子里的雨，是一排长长的花洒，被风摇得飘飞起来。

旧时，巷子里才住着十来户人家，就已被叫曾家巷了。据资料记载，广东曾氏族人通过宋、元、明、清多朝分衍各县市，至今广东可谓“无县不曾”。端州曾氏族谱说，北门曾氏，始祖曾兴所，福建人，清初始迁来，定居于城北北门大街曾家巷。在“文革”期间改称为友谊北路二巷；1981 年，肇庆市政府颁布标准地名，复称曾家巷，今已不存。

有人这样形容曾家巷，巷子里的阳光像是长了脚，如短暂的人生，一步一步在一幅油画上行走。走得多的地面，脚印是灰色的，走得少的地方，脚印是黑色的，靠巷边的那两面，是阳光走得最少的，脚印是青苔铺成的。

一条小巷，泥墙与砖墙之间的一条缝隙，是被岁月挣扎出来的一块小天地。从春到夏，从秋到冬，巷子里每天都演绎着自己的故事。

有些人家围着残壁种了葫芦瓜，瓜藤爬上栅后，随心所欲地缠着枝架，一个个金色的葫芦吊在院子的上空，仿佛巷子变成了葫芦巷。巷子里的人从来不吃葫芦，他们说，观赏葫芦比吃葫芦有味。到了初冬，树叶在一夜之间也长了脚，瓦上、巷子里，不同颜色的脚印垒了一层又一层。吊着的葫芦，光洁新鲜，看上去特别诱人。到了这个时候，就可以把葫芦摘下来了，摘下来的葫芦是巷子里一冬的乐趣，人们用小钢锯把葫芦锯成对等的两块，然后用小刀掏净绒子，大的做水瓢，小的做汤瓢，更大一点的雕成傩愿戏面具。巷子里的人大方，老街上的人赖皮，哪家人的水瓢汤瓢用坏了，不要紧，到巷子里去拿；哪家孩子的面具丢了，没关系，巷子里准有。

过春节就是过年，在巷子里贴对子，人们从来就不懂得吝惜，红的纸，黑的字，能贴的地方几乎都贴上了，不会有任何的疏漏。也怪，墨香经久不散，红纸也不会烂，一贴就是一年 365 天。到了年底，对子就褪色了，泛白了，但还工工整整地粘在原来的地方招惹行人。

清代初年有一户曾家，在街巷里有一副对联，无论岁月刮起多大的风，都没有从巷子里吹走，都没有从人们的记忆里吹走：

龙生龙，凤生凤，生只老鼠会打洞；

日过日，辰过辰，过个大年不愁穷。

范家巷：西施凉茶的故事

据说，范邑即现在河南范县，是范氏发祥地。而范氏到端州何时落籍？据载，草场路、大菜园的范姓，祖籍浙江严州府分水县。范应捷于清康熙间，由福建随两广总督吴兴祚至粤，任武职。离职后，留居肇庆，其子范崇文官督标营守备，后定居于城北十字路。范崇文长孙范政伦迁寓于城北草场路，次孙范政伯则徙居草场路尾的大菜园。

当然，端州有条范家巷，大概形成于清末，即是如今人民中路的一条横巷，1966 年改称为人民北路横巷后，范家巷便已不存。很多上了年纪的肇庆人，都知道人民中路横巷原叫范家巷。

传说，范家巷住着一位范公子，负才不羁，安贫自乐，放情山水，不慕荣利，长于诗歌。对比其他显贵，他宁静淡泊，潇洒自豪。

但是，长期如此也不是办法。范家有个娘子，为人善良，常常独带一女在家，怕虚度芳华，不禁抚女而叹。为了生计，她决定开始学做生意摆卖凉茶。可是买者不多，她便每天将多余的茶送给他人饮用。

有一天，范公子出了远门，留下娘子在家做生意。天寒地冻的清晨，娘子刚开大门，忽见门外蜷缩着一个骨瘦如柴、衣难护体的年轻汉子，看样子是个乞丐。娘子见那人还有点气息，就把他背进家里，用热茶给他服用。那汉子慢慢地苏醒过来了，想报答娘子的救命之恩。于是，那汉子在屋里屋外比画了一番，然后写了两行字，对她说："将此联贴出门桩，这里便是黄金屋，颜如玉。"便不见了。娘子看纸上写着：

四海云霞开曙色；

五湖烟水荡春光。

娘子也不知是什么意思，本想等相公回来再研究的，后来干脆自己写了贴出去。

说来也奇，第二天，娘子摆出的凉茶不到一个时辰便卖完了，而且天天如此，饮的人特别多，方圆十里的百姓慕名而来，说是茶香扑鼻可嗅，饮之有效。娘子精神愉悦，也一天一天靓了起来，貌比西施，于是人称为"西施凉茶"。

更神奇的是，屋边一夜之间自然长出三株桂花，繁花簇簇，星光点点，似露似霜，如雪如云，香飘凝人。有人说乞儿汉子是吴刚变的，也有人说是花神安排的。而娘子的小女每天总是伴花读书，聪明过人，像一个花仙子那样，"自是花中第一流"，人见人爱。后来，便有了范家巷。

端城到底有多少巷子，谁也说不清楚。大家只记得每条大巷子尽头，又分支出好几条小巷子。这条范家巷归入人民路后，最显赫的是饮食文化的辉煌。沿路曾经有小吃馆、面馆、餐厅，为端州人民留下了美味的记忆。如今路上有小学、中学等，在端州也算得上是声名显赫的了。

但在过去，住在巷子里的大多是些平民百姓，他们在巷子的住所里加工一些食品、工具和手工艺品，然后拿到扁担街上去卖。有的人在街上有门面，有的干脆在街道边上摆起了地摊。曾经在街上做过小吃生意的人说："吃手艺饭不是一件容易事，靠的是手艺人的勤劳和一双灵巧的双手，当时的五香豆腐就是杰出的代表。"

当然，百姓们说过去夏夜是他们在小巷里最惬意的时刻。炎热了一天，每到傍晚，老城人将小木桌、小木椅、凉床搬到了街道两边，不少人围在一起"打调子"，有的玩着扑克牌，有的下着象棋……老人们躺在凉床上摇着蒲扇，小孩子你追我赶，嬉笑玩耍，好一派热闹的景象。很多人夜不闭户，也很少出现失窃的现象，社会安定和谐。

关家巷：孔子庙的故事

关家巷是端州众多古巷道中以名人姓氏命名的巷道之一。古时的关姓人家，就在如今近圣里。

关家巷名已不存在，但民居还有较为久远的历史。关家巷关氏始祖关允鳌，原居开平赤坎，清初游幕广西，以肇庆道里适中，移家城东永厚社，时称关家巷。

据说，关家世代行医。高要新桥关氏祖宗有关积昌，于1845年左右由广东新会淡雅里迁来安居业，在正街开设有“万春堂”。1866年，关积昌之子关文其，又名关亨陸，继承父业，改名为“树滋堂”，另有其孙关积厚也继承祖业开设了“逢春堂”。他们曾被1987年的《高要卫生志》收录列为清代名医。

相传，端州城的关家巷在清初有关家大屋，有楹联“志耽松石；义结桃园”。上联典指南朝宋时期的关康之，性清约，累征不仕，守志闲居，常席松叶耽白石而卧；下联典指三国时期关羽，字云长，河东解县人，与刘备、张飞桃园结义。宋朝以后，他的事迹被统治者渲染神化，尊为“关公”、“关帝”，以重义气著称于史。

在关家巷附近古有孔子庙，也供奉关公像，后来也成为端州关家私人学校。人们请来了一位老先生，他身边聚拢着一帮虔诚的弟子。一天，他嘱咐弟子每人去北岭山打一担柴回来。弟子们匆匆行至离山不远的溪边，人称“跃龙河”，人人目瞪口呆。只见洪水从山上奔泻而下，无论如何也休想渡水打柴了。弟子们无功而返，都有些垂头丧气。唯独一个姓关的小生与老师坦然相对。老师问其故，小生从怀中掏出一个石榴，递给老师说：“过不了水，打不了柴，见溪边有棵石榴树，我就顺手把树上唯一的一个石榴摘来了。这也算有收获吧。”

老先生打量学生一番说：“一个人不管读书能领会多少，总会有收获，不会空空如也，而学以致用方为上上策。”后来，这位姓关的小生成了一名学者，做出了成绩。这个故事如今说来算是一次人生的测验了。

关家巷留下的史料不多，“文革”期间，“革”掉了关家巷，变为胜利巷；1981年又正名为近圣里九巷，只能从历史的记忆中寻找关家巷的片段。

慕容巷：慕容光到端州

慕容氏，在端州是难得一见的复姓，然而却有着近六百年的端州姓氏家族的历史。

历史上的鲜卑族，在今天的内蒙古西拉木伦河与洮儿河之间，慕容氏的发源地和老家便在这里。端州慕容巷形成于元末明初，在如今水师营街，民国时已不存。

慕容氏为何迁来端州？原因是宋理宗亲政时，本来在各方面采取了一系列改革措施，人称“端平更化”，持续了近二十年的时间。但是，在宋理宗统治的最后十余年，他丧失了早年的锐气，沉迷于享乐，国势日渐衰微，从而天下大乱。

据说，慕容光身强体壮，很能打仗，他在平乱的职责下一路南征，最后在端州为军官，在水师营定居。慕容氏到了元朝顺帝时，在端州已是第五代，并分为东、西房，至民国时为二十七代，有六百多人分居各地。

古时，端州慕容东房祖祠曰“利源堂”，西房祖祠曰“源远堂”。其后代又在城东睦民路另建宗祠为“崇福堂”，作为诸慕容氏所共立同祀之用。在清乾隆、嘉庆、光绪年间均曾重修。清康熙间，慕容尚昭官为高州镇右营守备，其第五世孙慕容楠，字右良，于乾隆时分居城东水师营街，建祖堂为“阴余堂”。

高要慕容氏大宗族谱（现代），慕容遇益始修，慕容瑞湖续修，白粗布手写版，现被收藏在广东省高要市白土镇幕村村委会、三燕文化研究会的孟昭凯处。据说，该支慕容氏为慕容绍奕嫡系后裔。根据高要大旗村《慕容氏族谱·序》介绍：

慕容器公，宋末咸淳年因度宗之舟日南，贯贼之风日炽，由南雄珠玑巷始迁端州宋隆水大倚村。迨元、明、清垂五百余年，自器公居肇庆，相传世二十有奇。先后相承，汇成一帙，先谱世系见统绪脉络相分明，谱世表见尊卑梗概昭晰，事实详见祖积功累仁者。远迁徙志见祖贻谋……

今高要市白土镇，据族谱记载，明洪武五年（1372），其始祖慕容绍奕迁徙到高要蛟塘镇金鸡村，一百多年后其后代部分人迁到白土镇幕村，后又有分支迁往该镇的大旗村。目前肇庆市的端州、广宁、怀集等地都有慕容氏居民，但人丁兴旺、居住集中的还数高要市白土镇幕村、大旗村，约有三千多人姓慕容，仅大旗村就有两千多人。

冯家巷：冯誉骥的书信

冯家巷在今五经里西，后称为五经里二巷。据述，五经里冯氏先居南雄珠玑巷。清乾隆初，有冯家人考选高要吏目，遂卜居城东五经里西便巷（旧属东社乡）。

自古五经里与其周围邻近地区的关系，是一种文化相互传播、互通往来的关系，彼此相辅相成，难以割舍。人文气息浓厚，文人雅士辈出。尤以位于肇庆古城东厢，西倚肇庆府学，南临阅江楼的五经里最为突出。自宋代起，祭祀圣贤的孔庙和官办的试院、府学、县学，以及诸多书院、私塾都在此地附近建立。

2010 年，端州图书馆在整理古籍时，在一册清代《潜园五十名家书札》中发现端州进士冯誉骥写给李鸿章、陆心源的书信手迹。该册《潜园五十名家书札》印于清光绪三十年（1904），收录了清代李鸿章、曾国藩和冯誉骥等 50 位名人的书信。

据民国《高要县志》记载，冯誉骥，字仲良，号展云，是冯显端之后，清代端州附城五经里西便巷人（城区五经里二巷），他于清道光二十四年（1844）考取进士二甲第六名，殿试（皇帝钦考）授翰林院编修（相当于现在的国务院办公厅秘书）。冯誉骥曾担任山东和湖北等地的学政（相当于现代的省教育厅厅长）。清代同治年间，回肇庆“丁忧”（父或母去世，儿子守孝）时，曾受聘到广州应元书院主讲。清光绪九年（1883），冯誉骥任陕西巡抚时，御史刘思溥弹劾其贪渎、任用非人（品德不好之人），冯誉骥被革职回籍。他平生酷爱书画，是晚清著名书画家。

据说，这套书札分文、信、忠、行四册，由湖州陆氏皕宋楼摹刻，光绪甲午春上海复古斋石印，线装。湖州陆氏即陆心源家族。陆心源，字刚甫、刚父，号存斋，清代医家，晚号潜园老人，官至福建盐运使，精金石之学。

据介绍，书中收录的冯誉骥书札是其晚年写给李鸿章、陆心源的，用行书书写，内容都是日常琐事和探讨书画艺术。这 50 位名家包括李鸿章、曾国藩、丁日昌、赵之谦、吴澂等名人，既有一定的史料价值，又有比较高的书法欣赏价值，怎能不令人爱不释手。

冯家巷出了几个在当时很有名气的学者。冯誉骥的弟弟冯誉骢，字铁华，清代肇庆附城五经里西便巷人，道光甲辰举人，官博罗县教谕。署衢州、处州、金华知府，咸丰十年（1860），太平军攻克杭州，冯誉骢奉令回粤请饷，尝谓清廷大吏用人，“喜谐悦而不论其才，治事喜虚饰而不求其当。属吏就其所喜而避其所恶，风气既成，相率为伪，此浙江之所以为太平军所破也”。著有《说文谐声表》、《广韵切语》、《双声迭韵谱》、《钝斋诗存》等。番禺著名学者陈沣为其诗集作序。

冯誉骢的儿子冯元鼎，字次台，清末民初肇庆附城五经里西便巷人。光绪十七年（1891）顺天科举人。曾任清廷津浦铁路督办，升铁路总局总文案，邮传部丞参，民国元年（1912）4 月，任北京政府交通部次长。民国二年（1913）7 月，任汉粤川铁路督办。

功名的流芳，有的记载在史书，有的流传在民间。也许冯家巷之名的留世，不因岁月流逝而被人们遗忘，反而给城市蒙上了一层历史底蕴的神奇黄纱！

潘家巷：潘毓珩敌前陈词

说到潘氏，就要说一下历史上最早出名的人潘岳，人称潘安，字安仁，西晋文学家，河南荥阳人。他“姿容既好，神情亦佳”。作为西晋文学的代表，潘安在文学史上有一定地位。他擅缀词令，长于铺陈，造句工整，时人称他是“忧郁的美男作家”。

而在端州，据说潘家巷是潘飞英形成的。潘飞英，字元杰，在宋绍兴二年（1132）中进士后，任职朝奉郎，为肇庆知府，卸任后在五经里处定居而扎根于此。

潘家巷位于端州古城东外五经里处，现成为五经里三条巷之一，古时名为五经里西，宽 3 米左右，与阅江路为邻。五经里是一方书香之地，人才辈出，今已无存潘家巷名称。

但是，潘氏在隋朝已有，并且是个女名人。距端州数十公里西行有个地方叫三州岩，岩东有一座隋朝潘夫人墓。潘夫人为隋朝时的一位烈女，在隋文帝开皇十年（590），岭南行军总管王续率大军南征至肇庆，潘夫人亲自率领族人到军队驻地犒劳将士，犒品包括大米七十斛（一斛为十斗，等于一百升）、马五十疋（同匹）、军杖四十具。在隋开皇十六年（596），隋文帝敕授潘夫人为“黎阳郡夫人”。潘夫人在唐贞观四年（630）去世，之后被安葬在这个地方。

潘夫人是岭南的开拓者，她在岭南拓殖积累了一定的财富，所以犒劳军队也是出手大方，献上丰富的犒品。当然，更重要的是她希望和平。

古时的潘家，在肇庆被称为名人的，还要数潘毓珩。潘毓珩，字葱石，号他山，聪颖好学，藏书万卷，触手遍及。他在明崇祯十二年（1693）为科举人，勤政廉明，也是风流倜傥、才华横溢的才子，当时居住在今新兴县六祖镇官洞村。

潘毓珩夙娴韬略，吴三桂部将马雄进军肇庆，踏入新兴时，有一兵卒据说自毙于官洞，马雄认为是乡人所杀，发兵围困，绝对是危急时刻。潘毓珩慨然冲锋在前，与马雄论理，谈笑解围，赖之生存者数千人，乡村不灭，因此有“敌前陈词”的故事。

潘毓珩安居之日，纂辑群书，刻成《卢溪志》及同修康熙新兴县志；又精郭景纯书，县境内山水俱踏遍，起伏远近，无不洞悉。

吴家园：吴桂丹轶事

在五经里冯誉骥故居的斜对面，是晚清古建筑吴桂丹故居，人称“吴家园”。吴桂丹曾任翰林院庶吉士等职，吴桂丹的孙子吴大猷、吴大业、吴大任、吴大立全是留学美国、英国等国的博士。其中吴大猷是著名物理学家，被誉为“近代中国物理学之父”；吴大任是知名数学家，编写了民国时期的大学数学教材，他们都为五经里的历史添上了辉煌的一笔。但吴桂丹在清光绪十五年（1889）考取进士，其次子吴国基是清光绪年间的举人。

清末，五经里的吴家园住有一个诗人叫吴桂丹，他有一首《寄内》诗，以丈夫对爱妻说话的口吻，写出一生的感受：

家书缄后意萦萦，万迭情波纸上生。廿载糟糠贫已惯，半生蓬梗别原轻。

病躯珍重今惩昔，酒债寻常我赖聊。莫为天涯损眠食，平安二字认分明。

从这首诗中，可以深入地探寻作者的思想感情。写此诗的时候，吴桂丹在京为官已十一年，且官至四品，按清朝的称谓，四品官的妻子称“恭人”，而恭人及其子女是有权随丈夫在一起生活的。但吴桂丹为官清廉，无任何额外收入，他的薪俸只够让一家老小在原地生活。

吴桂丹，字万程，号秋舫，是鼎湖区水坑村人，生于内忧外患的岁月，鸦片战争的硝烟刚散去，太平天国已定都南京。八岁那年，吴桂丹的父亲去世，母亲挑起了生活重担，移居端州五经里。白天耕田种地，夜晚灯下编织草席出售，桂丹每夜与母亲在同一盏灯下读书，直到深夜。吴桂丹十一岁从肇庆去广州读书，后考上举人，三十四岁高中进士，后来建成吴家园。

吴桂丹取得了通往仕途的“文凭”，被朝廷授予“翰林院遮吉士”七品官，此后，被授予翰林院编修、国史馆协修、功臣馆纂修正四品文官，后来特授予他“记名御史”的官衔，为正三品，相当于今天的省部级高官。但是，他依然戴着“寒儒”的桂冠，写《贺新郎》一词作一生的反思：

乱世难为士。哭穷途，儒冠误我，一寒至此。生不逢时文章贱，兀兀先生乌几？抵多少，客嘲宾戏。拄腹撑肠三万卷，忍斯饥，嚼尽朱詹纸。读书种，今无矣！

人生穷途须臾耳。念古来，铗弹齐舍，箫吹吴市。得意千金酬一饭，失路朔饥欲死。问青眼高歌谁是？肮脏风尘羞狗监，掷毛锥，欲敛凌云气。埋没了，秦坑里。

开篇一句“乱世难为士”，概括了他做官十几年来的坎坷经历。这是一声沉积多年不敢喊出的感叹，只有在这荒野山村，在这清朝“老佛爷”已出逃西安的时候，才敢发泄积怨。感叹之中是“声声血，字字泪”的控诉，一声“儒冠误我，一寒至此”，把一千多年来科举制度下盛行的“读书做官”论全否定了。因为生在乱世，读书人贬值，即使做了京官，也不过如此。又因为贫困，不但生活苦不堪言，且常受同僚、宾客的冷嘲热讽。想到自己肚子里空有诗书万卷撑着，却无一粒粮食充饥而饿得头昏眼花，今后谁还读书啊。

下阕用嘲讽的口气叙述人生的不确定性。头一句的意思是人生是变化无常的。有时候，富贵贫贱是顷刻间造成的，得意时，可散下千金买一餐饭，而失意时也许就成了饿死鬼。吴桂丹疾恶如仇，对腐败的官场、肮脏的社会风气不屑一顾，认为读书人如果随波逐流，不守气节，倒不如书被秦始皇焚掉，再活埋在土坑里算了。

据说，吴桂丹死后，家中所剩的银两竟不够买一副普通的棺材。其子扶柩回乡，葬于白土镇岭脚村之虎山，人称“翰林墓”，当朝礼部尚书李文田颂扬他为“粤东时贤第一”。

李家巷：老知青的回忆

李家巷，在端州城东兴贤里，后归入其中一条巷。李家巷之名于民国年间存在，今已不存了，标准名为兴贤里一巷。兴贤里本来是单列的名称，后来将邻近的三条巷划入了兴贤里，于是出现了兴贤里的三条巷。

据说，李家巷的李氏与敦厚里李氏同出一脉，始祖是李嵩山，于明初由南雄珠玑巷来居端州文明堡敦厚里。另在明初，由李少常于南雄珠玑巷迁来端州文明堡村头，为其始祖。

在 1975 年，我参加烂柯山三万亩造林大会战时，认识了一个肇庆的知青，他比我年长四岁，听说他家原是住在向阳街（即兴贤里）李家巷的，1981 年后恢复为兴贤里。这个姓李的知青向我说起李家的“威水”史。

在 1968 年前后，他们家住在李家巷。这个巷子很窄，一条水泥石板路一直延伸很远。童年时代他曾在这里度过一段温馨的日子。

李家巷原有李氏宗祠，始建于明朝永乐年间，分前后两进，前进由两房、天井、两廊组成，后进则是一个大厅。门前有两根大石柱，由于年代久远，已有些风化了。托梁雕刻设计，巧夺天工，实在难得一见。屋檐上有壁画，荷花、凤凰等图案，虽因经年累月而蒙上了一层厚厚的黑尘，却依然栩栩如生，呼之欲出。

“文革”开始了，从此，他们经历了一段辛酸的岁月。先是一天中午，他父亲正在睡午觉，突然家里来了十几个红卫兵，把他父亲叫醒，说是要开批斗会。李父不理解，和他们发生了争执。一气之下，李父一边安慰母亲，一边收拾东西，最后扬长而去，再也不回兴贤里。当时，他和小妹由母亲抱着，母亲伤心地流泪了。

不久，兴贤里出现了铺天盖地的大字报。转眼之间，李父就成了“牛鬼蛇神”，接着红卫兵闯进来翻箱倒柜，进行大抄家。家里被翻得满目狼藉，一塌糊涂，连米缸、面粉袋都被倒出来清查。由于人去房空，任由他们“发挥”了。一直到天漆黑，红卫兵才怏怏离去。

那时，灾难越演越烈，街头有戴着高帽、挂着牌子的人，被气势汹汹地批斗，那样子真够吓人的。其中有一个就当场宣布被拘留了。被批斗的人站在那里发呆，面色严峻，一言不发。天寒地冻，有些人已经到了无法忍受的地步，脚都站不稳了。这一场面他至今都记忆犹新。

直到有一年，李先生读完初中，偷偷地回兴贤里看了一眼，感到很惊讶。大字报依然贴在墙上，各种恶毒的语言，司空见惯的造谣诽谤，令他脸上露出不安的神色，心情更加沉重。要是李父被捉住的话，不死也可能落得一身残疾。

自从李家离开兴贤里，他们的一切都发生了变化。他母亲哮喘病越来越严重，只搬出李家巷半年她就在抑郁中去世了。李父含着眼泪草草掩埋了妻子，带着小孩艰难度日。后来，李先生“上山下乡”成了知青。

四十年过去了，烂柯山和端州都发生了很大的变化。李家巷也随同“文革”成了过去的历史。

如今我走进李家巷，李家巷至今依然是一条小巷，只是李家巷无人叫了，那狭窄的石板路也不见了，只有一种历史的沉重感在我心头萦绕。站在那里，我就想起了一面之交的李先生，李家巷留给他的是沧桑的记忆，还是财富，我无从得知。逆境、挫折，是人生常事，好在那个不正常的年代已经一去不复返了。

区家巷：学生对老师

据说，区氏在夏禹时食粟于欧山，因而以“欧”为姓。到了汉朝，欧氏族人欧安是一位富商，他乐善好施，深得人们尊敬，汉景帝很赏识他的为人：“卿才德兼备，何欠之有，应去欠为区。”在封建时代，皇帝赐姓给臣民或叫臣民改姓，对百姓而言是一种荣誉，表示皇帝关心他的臣民，只能乖乖接受。这一来，欧安便改姓为“区”，成为区安。从此，他的子孙便成为“区”氏族人了。

据述，南宋末年，有区天泉自南雄珠玑卷迁至端洲西门大街，在南横巷的石嘴与天后街处安居，后发展为区家巷。再后来，区家巷在民国末年并入了石嘴街西巷。

相传，明末永历年时，区家巷有个小孩区宁，小时候就长得与众不同，他的身体特别修长和瘦弱，面黄肌瘦的。由于他秉性聪明，又刻苦用功，一直是老师喜爱的学生。

有一天，教室外面下起了大雨，教室里开始漏雨，雨水“滴滴答答”地溅到了座位上，有些座位已经不能坐了，同学们都争着到没有雨的座位上去坐。区宁和一个富家子弟争一个座位，谁也不让谁，还请先生来评理。先生虽然喜欢区宁，但又怕得罪了有钱的大户人家，便想出了一个两全其美的办法。他对两人说：“你们不要争了，我出一句五字的上联，谁能对上，谁就坐好的座位 。”先生见外面一间庙香火之烟正在升上门檐，他出的联是：

风助焚香，烟绕画堂蟠白蟒；

那富家子弟平时就不爱学习 ，只见他抓耳挠腮地想了半天，还是无词可对，而区宁听了稍微思索了一下就想好了，当老师问他时，他便答道：

雨帮洗砚，墨随流水化乌龙。

老师听了很高兴 ，觉得他对句不仅快 ，而且内容想象丰富，所形容的池里洗砚台的情景，有动有静，如诗如画，句子很优美。老师和同学们拍手叫好，好座位当然让给了区宁。

陆家巷：有个兵部侍郎

陆家巷，在民国时有其命名，古时又称麻丝坑，近旧迎祥路，属十八坊。“文革”时期曾称东风一路五巷，后来陆家巷并入现端州阅江路一带。

古代，有个陆东升，他在晚唐时期，跟随刘隐作裨将（即副将）。刘隐当上节度使来驻守两广，那时，陆东升随刘隐从封州到广州。907年，朱温脱离唐朝李氏，自己称帝，在开封建立后梁政权。十年后，刘隐的弟弟刘龚有样学样，在广东也称起帝来，史称南汉。陆东升便当上兵部侍郎，为兵部副职，正四品官，守端州（即肇庆）。

陆东升在端州麻丝坑成家立室，生有一子，叫陆昂，后任桂州刺史，领静江军节度使，武英殿大学士。陆昂也生有一子叫陆光图，出身显贵，他的事迹在《南汉书》有专门记载，《广东通志》和《四会县志》亦有记载。

另外，也有陆训其人入籍端州。陆训生于904年，三岁那年，唐朝灭亡，五代后梁由此开始。他原住河南省开封府祥符县怀孟乡端礼街井头里。十九岁那年，沙陀部人李克用之子李存勖推翻后梁，建立后唐，建都洛阳，为"残唐五代"的第二代。三十二岁那年，驻守在太原的河东节度使石敬瑭勾结契丹人灭了后唐，建起后晋，首都在开封，即陆训居住地。四十三岁那年，即947年，河东节度使刘知远借契丹人灭后晋，在太原称帝，后建都开封，即"五代"的四代，史称"后汉"。当年，陆训被委派到岭南的端州（即肇庆）来当端州牧（一个州的军政长官）。他携妻冯氏带儿来上任。之后，陆训不做官了，也安居端州麻丝坑，其后形成了陆家巷。

据说，两个陆家官员皆出身于书香门第，自幼开始入学读书，几乎无不从经、史、子、集读起，博览群书似乎早已成为他们的一种良好生活习惯，而且秉持"达则兼济天下，穷则独善其身"等传统价值理念，使之在入仕为官之初便能知晓为人处世之理和治乱兴衰之道。

也许正是由于陆家在入仕为官之前，就有了喜爱读书的良好习惯，才使得他们在步入仕途之后，依然继承和保持这种主流历史文化传统。这种良好习惯，主要依靠的是入仕制度，即所谓"学而优则仕"。可以说，没有若干年寒窗苦读经历的人、没有对儒家学问有一定学习和造诣的人，是不可能通过严格的科举考试进入官场的。于是，科举考试就成了中国历代选拔官员的风向标，并直接引导着中国历代社会各阶层逐渐形成一种社会道德文化习惯。

在一个相对和平和稳定的朝代里，考量一位官员，不仅要看其政德、政绩，也要看其文化学识和文化修养的高低，而且还把后者当成前者的重要铺垫和补充来考量。

比如，按照儒家核心价值观的要求，人们很难想象一个有较好政德、政绩的官员会没有一定的文化学识修养。在中国古代官场，出身、门第、谈吐、书法、辞章、风度、名望、口碑等，都是评价官员的标准。久而久之，社会形成读书、写字的风气便是水到渠成。

宿国巷：武烈的后人

一个城市街道名称是否古雅，其先决条件在于其名称的独特性。端州有一条宿国巷，与芽菜巷相对，其名称就很令人寻味。宿国巷在“文革”期间改名为解放北路一巷，芽菜巷为解放北路二巷；1981 年都恢复原称。

秋天的阳光已少了热辣和刺目，沐着丝丝清凉的风，我们走进了窄小的宿国巷。它像一册“洞穿世事”的史料，坦然地展现着如烟的过往沧桑。为什么叫宿国巷呢？宿国本是春秋战国时期的古国名称，周初分封七十一国之一，故址在今山东东平县的南面。公元前684 年，宋国宋泯公将宿国土地并入本宋国，而将宿国百姓南迁入宋地，建立宿国作为附庸地。宿国消失了，却演变为宿州、宿迁县之名。

端州宿国巷，据说取名于“宿国书院”，也许是宗祠。宿国人为麦氏，广东《麦氏宗谱·序》：“雍正十年壬子又置鹤山，隶属肇庆。是以广肇诸郡县，始有麦氏开基成族，支孙繁衍……”

据记载，麦氏从珠玑巷南迁之前，他们还经过探查，“以南方烟瘴地面，土广人稀，必有好处”，才动身南移。绍兴元年（1131）正月十六日至四月廿六日，麦氏与33 姓97 户家人从南雄迁至广州、冈州（新会）、端州（肇庆），有当地人士照应。后“辟土以种食，辟草以结庐”，开辟基地，互相扶持，共结婚姻，和睦相处。这次集体南迁以家庭为单位，多属有农业知识的、有劳动力的家庭。

说到端州，相传宋代时，麦氏在水师营边建有宿国祠。据史料记述，1718 年，两广总督杨琳在城东天宁寺附近创办“宿国书院”（今宿国巷内）。可惜资料少、实体不存，后来就鲜为人知了。至于宿国巷与麦仔园和麦氏三者有无渊源，还有待专家进一步考证。而麦氏与宿国公是息息相关的。如联：

始兴祖业；宿国家声。

这讲的是隋代麦铁杖封宿国公的故事。麦铁杖，名饶丰，号铁杖，父曾唯，母梁氏，广东省始兴人，青年时即勇敢，有臂力，且步行如风，跑能及奔马，能“日行五百里”。其人性开朗，喜酒，好交游，重信义。在陈朝和隋朝期间，屡立战功，封官赐姓。隋大业八年（612）三月战死于“辽东战役”。

出征时他对送他的朋友吴景贤说：“大丈夫生死自有安排，怎能睡在床上，死在儿女身边？”将到辽东时，他又对儿子说：“我若战死，你们对富贵、孝道不要看得太重，只要有一些诚意就可以了。”到了济桥地方，敌兵大队涌来，铁杖率先跳上岸与敌奋战，不幸身亡。皇帝流着眼泪，叫人购买他的尸首，隆重安葬，同时下了一道诏书说：“麦铁杖跟着我东征西讨，骁勇善战，功勋卓著，理应彰以殊荣。”追赠麦铁杖正一品光禄大夫，封宿国公、智勇武烈大将军，谥武烈。

宿国巷，就是麦氏武烈后人的所在地。

麦仔园：南拳王在端州

麦仔园与宿国巷、芽菜巷，都相距较近，都与麦氏有关。麦仔园在古代是麦氏居住地，占地面积较大，分三条巷，“文革”时期改称为解放北路，1981年复称“麦仔园”。旧时有个人叫麦仔，喜欢武术，是蔡九仪的高徒。

司马迁时期已经知道“越（粤）人好相攻击”，但“攻击”者，胡乱斗殴也，真正称得上“术”的武术源自外省，且很晚才传到广东。有据可查的是广东首位拳师名为蔡九仪，是南拳创始人。崇祯年间，蔡九仪出生在端州，幼年家境贫寒，九岁时就被迫做睇牛仔（放牛郎）。

一天傍晚，蔡九仪放牛回家，他的牛走到村边时拉了很多牛屎在路上，正好一群放学回家的富家子弟踩上了牛屎，弄得满裤裙都是，他们决定去找蔡九仪撒气。几位肥胖的、年纪大一点的富家子上前一把揪住蔡九仪，左右开弓打他几个耳光，并将他的头按在牛屎上，弄得他满嘴满面脏兮兮的，富家子弟才哈哈大笑地走远了。当时蔡九仪心中非常愤恨，恨不得三拳两脚把他们打个屁滚尿流，无奈家境贫寒加上自己毫无功夫。

从此，他在放牛时抽时间苦练搏击技术，在沙滩上练铁砂掌，后在竹林、树腰间学推撑、格挡，再用牛学推力，一两年后，他的身体强壮了很多，结实了很多，搏击技术也进步很快。

有一天，蔡九仪到井边打水，遇上了几位在村里横行霸道惯了的富家子弟在玩耍。他们不但没帮蔡九仪拉水，反而在他弯腰拉水时，打他的屁股，打完一巴掌后还取笑他说：“你妈生你怎不生肥点的屁股？打得我们手很痛。”真是岂有此理，蔡九仪无名火起三千丈，用他练的功夫，三下五落二地将他们打得头破血流。事情坏了，富家大人找他算账。倔强的他准备和他们拼命，可他的父母深知“穷不与富斗的道理”，忍痛叫他离开这个村庄到外地谋生。

一日，蔡九仪遇见一位法师，掌握了法师功夫的精华。明崇祯时，他以武科登第，后随洪承畴部队驻辽东，任军令承宣尉。1642年，洪承畴兵败降清。明朝灭亡，蔡九仪愤然投奔河南嵩山少林寺，学少林武功，为一贯禅师的高足弟子，精少林五拳和轻功，最长于超举术和腿击法。他每与人较量，能腾身飞跃于丈寻以外，疾如鹰隼，令人不易防备。

少林五拳，蔡九仪练习极精，至七十余岁时，犹朝夕演练不稍辍。他将少林武术改造成适合南方人身体特质的南拳，从此“南拳北腿”名震天下。蔡九仪于1650年学成少林功夫返回广东，开始暗中收徒，朝夕传授少林武功。当时他的众多弟子中要数门徒莫、麦二人最佳。莫得击腿法和轻功，麦得拳术。

蔡九仪死后，麦氏就住在肇庆，莫氏则往来于三水番禺之地。麦氏性醇厚，而体魄甚灵活，故蔡以五拳之秘诀授之，自是麦之拳法，遂为两粤冠；莫则身材短小而精悍，独得蔡之腿击与超跃术。麦莫两氏，各专心致志于师法，大有青出于蓝之势。

数十年间，莫、麦两家虽师承于蔡，久之乃各自出其心裁，以达专精独造之域。二人并为粤东技击之名家，后声誉日腾，徒众亦广。

话说民国时期，“铁拳”单车四，原名梁润明，因排行第四，又叫梁四，又因开自行车维修店，也有人叫他“单车四”。他在肇庆市城区中心的大钟楼附近（今宁南路斜坡顶）开了一间自行车店，经营单车维修、出租、教车等业务，晚上就开馆授徒。

据说，单车四是“蔡李佛”后人，师拜周慎之，以拳著称，一拳打出，气浪能将竖排的四支蜡烛吹灭；他也使棍棒，一棍刺过去也能令竖排的四支蜡烛火苗熄灭。

而在天宁南路开医馆的梁全，人称梁大夫，也是一个习武之人，武功也是相当了得，也开馆授徒。

有一次武术表演，大家慕名前来。梁大夫首先上场表演“空手劈砖”，只见他令人拿来一块明朝的桶砖，长46厘米、宽22厘米、厚13厘米，是出了名的硬砖。“哗，不会搞错吧，用手能劈断?”人们带着疑惑的眼光看梁全。梁全把砖平放在长登一头，静静地运了一下气，突然间，梁全挥手一掌劈下，只听到沉重的一声，眨眼工夫，砖头分为了两截，一截重重地落地，大家目瞪口呆，砖头居然被梁全一掌就断了！顿时，在场的人发出阵阵的赞叹声，热闹起来。

轮到单车四表演，他让徒弟们斩四根最粗、最硬的红蔗头，长约30厘米，然后用两根麻绳缠紧；再在一张长凳上放两组砖，把这捆好的红蔗搁在两组砖之间。围观的人想知道单车四怎样把这劈断，甚至很多人认为这次单车四要丢脸了。

只见单车四站在凳前，马步扎稳，提起右拳，凝神运气，猛然大喝一声，右拳闪电般下劈，“咔嚓！咔嚓!”奇怪了，怎么有两次断裂声呢？原来是单车四一拳劈下，不但把四根蔗头劈断了，还把麻绳也劈断了，甚至连搁砖头的长凳也劈断了。

厉害！观众在短暂的震惊后鼓起了震耳欲聋的掌声。

黄家祠：黄胜的传说

古时候端州城西有座黄家祠，后居民多了变成街巷。1966 年改为红旗四路北巷，1981 年后称后沙街北巷，在端州城西。今已不存。

黄家祠是端州黄氏的祠堂。据史料载，黄尧镜于清康熙年迁来端州东厢都东社乡蟹栏街居住，后分城乡各地。端州黄氏后人，有任职千总守备、袭云骑尉的，达十多人。还有以拔贡知名的，中举的，有任教职和知县、知州的，都算是“邑中望族”了。

据传，早时后沙街北巷黄氏曾与水上人发生冲突，因有许多身穿黄甲兵士相助，终于免受外患，保住村庄。为纪奉神兵之功，于境内建一庙宇，供奉一尊身着黄色盔甲神像，故将地名称为“黄家祠”。而在此之前有一个传说。

那时，沙街住有苏、陶、伦、李、萧、黄六家姓。有位风水先生，在沙街一看，认定这里是好地方，居住在此的人将来一定会发达。果然，没多久黄家发达了。据说，黄家写了一副对联：“苏陶伦李未为姓，黄帝弹琴不用萧。”意思是财富万贯了，苏、陶、伦、李、萧姓的人都入不了黄家的眼。

黄家发达了，但有个人叫黄胜，母亲为他的婚事担心，常常感叹：“别人生儿子，我也生儿子，偏偏我的儿子胳肢窝下有一对翅膀这么奇怪，谁愿意嫁给你呢?”

黄胜说：“阿妈，你不用担心，我非公主不娶。”母亲以为他开玩笑，说：“普通人家的女子能嫁给你，我就心满意足了，还说娶公主，大胆，大胆!”

一天，黄胜进入西京肇庆城，把永历帝朱由榔的妹妹背回来成亲，他想，等生米煮成熟饭，皇帝不招我做驸马也不行了。后来，还没有待到举行婚礼，清兵杀来了。黄胜带上母亲和公主跑到龟顶上的元贞观。

黄胜对老道长诚恳地说：“道长，我能否给观里捐一万金银首饰?”老道长正在拂拭烛台，听了这句话问道：“你心中有什么事吗?”黄胜脸上微微掠过一丝不快，顿了顿，恢复平和神态说：“这个……”老道长说：“你不要介意，我只是不希望你浪费金钱。请告诉我，你的钱是准备捐献给谁呢?”黄胜听了这句话，很意外：“这不是明摆着吗?”老道长笑了：“具体地说，是捐给我本人，还是献给神?”黄胜眉头微皱：“道长，您在开玩笑吗?”老道长说：“常人做事，必有目的，你的目的何在呢?”黄胜终于生气了：“看来你不愿意接受，算了。”

说完，转身就走。

大约一刻钟后，黄胜又回来了，态度恢复了和善。老道长问："还有事吗?"黄胜有点惭愧地说："请道长原谅我刚才的冒失。是这样的，我的确真心想捐助，就算是用来建观吧。"老道长说："庙观目前状况良好。"黄胜一听，说："我只想献给庙观。"老道长说："如果我们接受了捐款，你会有什么感受呢?"黄胜说："我会觉得宽慰。"老道长说："好了，我能不能认为你是在用钱买宽慰呢?"黄胜犹豫片刻，点点头。老道长道："请别介意我直言，通常来这里捐钱的人，都是直接把钱塞进功德箱里，他们大多不是为了买宽慰，因为钱很少。而你，是用一万之财来买宽慰，是不是因为有别的事?"

黄胜有些惊慌，也有些恼怒，无言以对。

老道长诚恳地说："按理说，你是在做善事，可是，善事不等于善心，如果想以一两件善事抵消别的念头，那么，这个善就不是真善。"

黄胜掏出手绢擦汗。老道长继续说："有些人来捐钱，是用善举而非善心，来欺骗神。"黄胜终于支撑不住了："我要用一万金银首饰来安定我的母亲和妻子。"老道长对着他抱拳说："若是如此，我暂且代你保管，待日后你用来建黄家祠吧。"

后来，黄家祠就这样建成了。

福建巷：隐藏着的廖氏巷

中国许多城市都有福建巷，端州在南宋年间城内街巷也有福建巷，一般人却不知有何来历和典故。

端州西是老城区，除了东西绵延数里的城中路之外，是数不尽的蜘蛛网般的旧街里巷，福建巷是其中之一，"文革"时期一度更名为红旗二路六巷，1981 年地名普查时恢复原名。

据说，福建巷是隐藏着的姓氏巷。宋代有个廖德明，字子晦，从学于著名学者朱熹之门，在宋孝宗乾道元年登进士，以宣教郎出任福建莆田知县，后历任广西浔州知州、广东潮州通判、吏部左选正郎官、广东提刑，入侍中领左拾遗将军，权知枢密院事。宋宁宗开禧六年（1205），因善政于民又有平夷之功，被宋宁宗赵扩册封为武威王，王府就设在肇庆府的宋城内。

武威王府侧边有一条街叫塘基头路，王府两边为厅东路与厅西路。廖德明祖辈在福建定居，因此他在肇庆当武威王时，引领一群福建籍的人与他共事。这些随从人等，都居住在塘基头路的东侧。故此，在塘基头路的东侧的一条街道，有人提议叫它为廖家巷，而武威王廖德明则认为“福建”之源不可忘，便把巷名叫作福建巷。

相传，有“一鞭为界建王府”的故事。当年，宋宁宗赐廖德明马鞭一支，安居肇庆。教他以一鞭为界，就地建造武威王府。何谓“一鞭为界”？就是任其骑着马，随意抽一鞭，纵马驰骋，马跑到什么地方，就以那个地方为界，不管是田园菜地，还是官宅民房、商场作坊，都归其所有。廖德明不是一个倚权仗势的贪官酷吏，而是一位“居庙堂之高则忧其民”的清官，他不肯随便占百姓的利益，可是圣旨已下，不能忤逆。他骑在马上在端州城内寻来找去，找来寻去，实在不忍下手抽鞭。最后他来到塘基头，看见有一片荒芜的旷地，才确定下来。于是他拿起马鞭，轻轻地往马背上拍了一下，不一会儿，又紧紧地收住缰绳，结果，马跑不远便停了下来，占地也就不多，他便在塘基头建了一座不大的武威王府。

据端州廖老伯介绍，廖德明，娶妻龙氏，生两子，长子文通，次子文达。文通发扬父亲的优良品德，文章学术一禀，在宋孝宗淳熙二年（1175）乡试中举人，乙未年京试登进士，为朝议大夫，任广西贺州刺史，清正廉明，不谋私利，很得民心。文通任满离职后，回到肇庆住在武威王府，端州人对他很是推崇和爱戴，把他居住的地方叫作王府街。后来是福建籍住民出于联络感情、加强交流、节庆娱乐、集会议事的地方，便称“福建巷”，一直沿用至今。

当然，福建巷如今不只是福建人的居所，而是五湖四海的百姓人家的街巷了。

董塘：神奇的母爱

董塘，是古端州城的地方名，见于明代。相传，董塘是北方董氏分裔至此创业定居。“董氏，其先云：来自南雄珠玑巷。明季，有名国才者始居县东南典水都苏坑村（今属端州），为其始祖……”

此境溪流回绕形成水泽，汇聚成塘故名。这里较穷，有民谣传：“家穷人丑，一米四九，小学文化农村户口，破屋三间薄田一亩，冷锅热灶老婆没有，一年四季药不离口。”“文革”期间改称为建设西路北侧，1981 年后叫肇庆市建设四路，如今属宋城一路地段。今已不存。

古代董塘，有个“鬼母养子”的传说。董氏农妇在孩子要降生的时候，突然生病去世。家人很悲痛，大人去世了，可怜的孩子还没出世便夭折了。在空旷的山冈上又多了一奎孤零零的坟墓。在农妇死后不久，她的坟前长出了一棵瓜秧。怪事发生了，每天天还没亮，镇上就会出现一个妇人，来到一家豆腐磨坊买豆浆，可她从不说一句话，放下钱拿起豆浆就走了。起初谁也没注意，可是掌柜每天到结账的时候总是对不上账，总是少一碗豆浆的钱，掌柜很纳闷，怀疑是伙计把豆浆偷喝了，也没吱声，心想一定要查个究竟。

第二天刚蒙蒙亮，掌柜的就起了床，躲在门后，静静地看伙计干活。这时那个妇人又出现了，起初掌柜的还没看清楚，也没在意，那妇人还是像往常一样放下钱端起豆浆就走。在她走出去的时候，掌柜看清了："是她……她不是死了吗?怎么会……"掌柜吓坏了，躲在门后一直没敢出来，等那妇人走远了，他才战战兢兢地走出来，拿起那妇人给的钱一看，居然是一张冥币。他明白了为什么每天都会差一碗豆浆的钱。他没敢和伙计说什么，带着那妇人给的纸钱直奔那妇人的家。董家人听了掌柜的诉说，也感到很惊奇，于是召集所有的亲戚朋友商议，后来大家决定去那妇人的坟前看个究竟。

大家来到那妇人的坟前，看到了那棵瓜秧长得很旺盛。坟墓被一点一点地打开，大家的心也在紧紧地攥着。棺木终于露了出来，突然棺材里传出一个孩子的哭啼声，年龄小的人都被吓跑了。只剩下那年长的老人，口中念着咒语，小心翼翼地打开棺盖。棺盖被一点一点地打开，只见妇人的怀里搂着一个胖乎乎的小孩，他憨憨地冲着大家笑，妇人的面庞非常安详，完全看不出是一个死去的人。那棵瓜秧就是从孩子的肚脐上长出来的，原来这孩子是通过瓜秧吸收氧气的，那妇人买豆浆也是给孩子喝的。看着那可爱的孩子，再看看那妇人安详的样子，大家都感动得哭了。

老人小心翼翼把孩子抱了出来。这时奇迹出现了，妇人姣好的面庞开始萎缩，一阵阴风吹来，顷刻间妇人化为灰烬。原来是母爱的力量使妇人支撑到现在。即使生命终止也凭借无私的母爱把孩子生下来，甘愿牺牲自己转世投胎的机会来养育那个不知是否可以生存的孩子。老人向那妇人深深地鞠了一躬，感谢她给他的家族添了个男丁，也是对妇人深深的敬意。妇人的家人把她重新安葬了。

故事到此也该结束，我无心考究这故事的真假，只是被这位母亲感动。听老人讲，后来那孩子还平步青云，做了大官。

风流人物

风流千古，一时人物，好记樽前语。有多少才子，有多少名士，都留下足迹，为这个城市烙下了印记。海江涵孕，端州乃诞毓才贤之地；光岳萃气，灵秀全在一个“人”字！

府前街：朱由榔轶事

明崇祯十七年（1644）三月十九日，李自成率领农民军攻入北京城，崇祯皇帝在煤山（今景山）上吊自杀。于是，南方的明朝旧臣打着“反清复明”的旗号，纷纷组织军队“勤王”，拥立了多个明室后裔称帝，史称“南明”。

福王朱由崧建立弘光政权，唐王朱聿键建立隆武政权，但是都失败了。靖江王朱亨嘉也想称帝，惹来了杀身之祸。桂王朱常瀛，在明崇祯十六年（1643）八月南下广西避难，走永州，逃梧州。

不久，朱常瀛在梧州病故。其长子、次子早死，第三子也染病不起，第四子朱由榔因此当上了桂王。朱由榔生于明天启三年（1623）十月，天启七年（1627）随父来到衡州就藩，明崇祯十五年（1642）被封为永明王。后来到梧州与父亲相聚。

清顺治三年（1646）八月，朱由榔被拥立为帝。从血缘上说，朱由榔是万历皇帝的嫡孙，算得上“根正苗红”，身世显赫，是南明皇帝的最佳人选。十一月十八日，朱由榔在肇庆称帝，定年号为永历，史称“永历皇帝”。由此，肇庆成为“南明帝都”，简称“南明”，定都府为“西京”，皇宫在府前路的丽谯楼。他统治南明十六年，成为南明历时最长的政权。他既是大明王朝最后一位皇帝，也是汉民族的最后一位天子。

据说，朱由榔称帝时，太妃王氏坚决反对：“诸臣何患乎无君？吾儿仁柔，非拨乱才，愿更择可者。”朱由榔确实“仁柔”，面对势如破竹的南下清军，他拿不出任何主见，只是明朝残余势力的一面旗帜而已。

《南明野史》卷下记载，定永历为年号是“取藩封永字，又以神宗孙取历字”，即永明王与万历各取一字。同时，朱由榔追尊其父朱常瀛为端皇帝，兄朱由楥为桂恭王；嫡母王氏为慈圣皇太后，生母马氏为昭圣皇太后。另外，下令在肇庆开铸“永历通宝”钱，沿用南明历法。

朱由榔称帝之日，端州府前街人山人海，大街小巷旌旗遮日，红灯高挂；丽谯楼、阅江楼之间的大道两旁甲士林立，威武喜庆。皇宫丽谯楼深红色楼体粉刷一新，“古端名郡”金字光彩夺目，“星岩朗曜光山海，砚渚清风播古今”楹联与日争辉。往上看，古楼雄姿震人心魄，那架在两丈多高台基上的八尊礼炮威武壮观。午时正，大门口鼓乐齐鸣，府前路醒狮狂舞，参加大典的官员和来宾鱼贯入宫，拾级上楼。他们是来自两广、湖南、江西、贵州、云南等省、州、府三品以上大员，还有活动在东南沿海的民族英雄郑成功派来的使节。来宾是意大利、西班牙、葡萄牙、暹罗（泰国）、安南（越南）等国的使节。这些明朝的友好邻邦前来祝贺，是南明政权外交史上一件大事。朱由榔对天主教有很深厚的认识，在即位后曾经向罗马教廷派遣使节，这在中国历史中是非常罕见的。二楼是殿堂。只见永历帝端坐龙椅，内侍夏国祥肃立一旁，堂上肃立群臣贵宾。午时三刻，夏国祥宣布庆典开始，楼下鸣礼炮 24 响，夏国祥宣读皇帝即位诏书，群臣宾客三呼万岁，礼毕。为表示普天同庆，与民同乐，登基礼后，群臣宾客簇拥新帝步出皇宫，浩浩荡荡沿城中路绕一圈后走向阅江楼。此时，万余将士已列队恭候于楼前，请皇上检阅；24 门红衣火炮排列江边，等皇上揭彩鸣炮。此时，两广总督丁魁楚跪呈火把，皇上接过，从容地揭开第一尊炮的红衣，点燃火捻，“轰”的一声响过，其余 23 尊火炮依次轰响。24 发炮弹呼啸越过西江，落于南岸响成一片，“万岁”的呼声响彻两岸，庆典气氛达到高潮。

清顺治四年（1647），永历政权开始与农民军协同抗清。朱由榔先和李自成的大顺军余部合作，分别由郝摇旗、刘体纯和李过、高一功率领，先后进入湖南，与明湖广总督何腾蛟、湖北巡抚堵胤锡联合抗清。次年，永历政权控制的区域扩大到了云南、贵州、广东、广西、湖南、江西、四川七省，此时出现了南明时期第一次抗清斗争的高潮。

顺治六年（1649）十二月，朱由榔驻在肇庆，开科取士，授刘苣等八人为庶吉士。顺治九年（1652），朱由榔接受张献忠的大西军余部孙可望、李定国联合抗清建议，十万人齐指广西、湖南，“两蹶名王，天下震动”；同时，出击四川，克复川南。东南沿海的抗清军队也并接受了永历封号，抗清斗争再次出现高潮。

不幸的是，孙可望同李定国之间矛盾爆发，破坏了大好形势。朱由榔逃入缅甸。康熙元年（1662），吴三桂进兵缅甸，向缅甸国王索取朱由榔，缅甸国王哇达姆摩刚弑兄自立，内部不稳，无力与吴三桂对抗，只得答应吴三桂的要求。兵士把朱由榔连人带座地抬到吴三桂军营，眷属 25 人哭着相随。王皇后不甘屈辱，就在被清军押解的途中，与马太后互相勉励，在槛车中自相扼喉而死。壮哉，烈女皇后！就在她们断气的那一刻，天降大雨，山川也与之同悲！

朱由榔被押回昆明时，依然一身皇家装束，头戴“马鬃瓦楞帽”，身着“纯绢大袖袍”，腰系“黄丝带”，“举止有度”；加上身材魁伟，体态丰满，相貌堂堂，年方三十九岁，显出一副英武之气，不失皇帝风度。他被囚禁在室内，经常端坐不动，不管谁来送饭，或谁人来观看，他都无动于衷，一言不发。有一名士兵看后，不禁赞叹：“这才是真皇帝呀！”

四月二十五日，吴三桂主张将朱由榔、朱慈煊和王维恭的儿子拖出去砍头，满洲将领爱星阿不赞成：“永历尝为中国之君，今若斩首，未免太惨，仍当赐以自尽，始为得体。”安南将军卓罗也说：“一死而已，彼亦曾为君，全其首领可也。”于是，把朱由榔父子和王维恭父子抬到门首小庙内，用弓弦勒死。临刑之前，年轻的朱慈炫大骂吴三桂：“逆贼！明朝负了你什么？我父子俩负了你什么？使我有此下场？”行刑结束，昆明知县聂联甲带领员役搬运柴薪把三人棺木焚化于北门外。二十五人死于昆明篦子坡，从此，篦子坡改名为“迫死坡”。云南人民不忘故主，以出城上坟为借口，寻得未烬小骨葬于太华山。朱由榔死后庙号“昭宗”，谥号“匡皇帝”。南明最后一个政权永历朝廷至此灭亡，明朝的历史亦宣告结束。

朱由榔从端州丽谯楼称帝，到被吴三桂索回绞杀于昆明，终年四十岁，在位长达十六年，永历帝个人品行，颇为人所称道，作风朴实，厌恶奢华，不饮酒，也无声色玩好，喜闻和谈论忠义事，奉母至孝，夫妻恩爱。因为他和王皇后是一对贤伉俪，死得如此悲惨，颇引人同情，人们容易为此洒下哀伤的泪水。一些对新政权不满的人，也就从中寄托怀念故国之情。

道前街：丁魁楚轶事

明代的端州道前街，有座两广总督办公大楼，丁魁楚就在这里任职。他是南明的重臣，是拥立桂王朱由榔建立永历政权的关键人物。

丁魁楚，河南永城市人。万历年间中进士。1644 年 6 月明亡后，马士英、史可法等在南京拥立福王朱由崧，建立弘光政权，便任命丁魁楚为两广总督，在肇庆工作，加兵部尚书衔。

那时清军南下的步伐日益加快，时局十分紧张。两广地处大陆最南，地理条件又十分好，倘若很好地经营，建成抗清的后方基地，肯定能成就一番事业。然而，丁魁楚却“怙安不修戎备”，每天只会享乐。他派水军挖掘端砚老坑石头，制作精美砚台；在用人方面，“将吏以贿为进退”。

由于丁魁楚总制两广，“带甲五岭”，拥有实力，所以是建立新的南明政权的不可缺少的支柱。瞿式耜以“同仇恢复”和“立贤立亲”为由提出拥立桂王朱由榔的建议，丁魁楚同意了。顺治三年（1646）十一月十八日，他与吕大器、李永茂等拥立朱由榔称帝，南明史上的最后一个小朝廷就这样诞生了。

同年十二月十五日，李成栋率领降清伪军攻入广州。瞿式耜主张立足肇庆，组织顽强的抵抗。但丁魁楚不主持抗清的战斗，唯以身家私财为虑，到了梧州。“竟不随扈”，别走岑溪。

丁魁楚的辎重繁多，以三百余艘载黄金 20 万两、白金 240 余万两入岑溪。

原来他自从南雄回到肇庆后，就任命中军苏聘的岳父钟鸣远为岑溪令，日运财货到此作为退身之地。他一夜之间便派出侍女 17 人，慰劳那些为他出力的又没有妻室的壮士。

到了岑溪，又西上左江，舳舻相接。李成栋清军 18 人追至，苏聘想杀死他们再走，丁魁楚却不允许，以此作为“偷生保货”的退路。他密派亲信携带金宝贿送李成栋，“恃以无恐”。李成栋率兵至，便剃发迎降。李成栋表面上接受了丁魁楚的投降，许以两广总督的职位，却暗地设计诱杀丁魁楚。“籍其家口数百人，凡男子少长悉斩之。”丁魁楚曾哀求免杀其一子。李成栋讥讽道：“汝身且莫保，尚求活人耶?”四月初四，丁魁楚被开肠破肚，至夜断气，妻妾三四百人分给营中将士随意轮奸至死。幼孙子为李成栋部将罗成曜收养。

明代最后一个两广总督就这样死了。丁魁楚四十年的积蓄，全部为李成栋所占有。丁魁楚死时船中所存的精金 84 万，都是三年间在广东横取得来的。南明史家温睿临由此发出感叹：“以区区之粤，而柄国者宝赂如是，不以之佐国用，而以之资敌，且抢扰之秘，而弃君营私，其杀身夷家，不亦宜乎!”

丁魁楚大敌当前，作为永历政权的秉政之臣，又以职位相争，因循苟且，“弃君营私”，不致力于抗清复明的大业。清军未至，苟安一隅，清军既至，剃发迎降。面对清军凌厉的兵锋，南明政权的支柱是这样一班人马，其败亡的厄运自不待言。丁魁楚的行为是南明历史的一面镜子，它为明朝残余势力整体腐朽的状况做了一个典型的注解。

清泰里：彭泰来轶事

端州清太里，古为清泰里，是城南的一条小巷，属城西区域。清泰里在“文革”期间曾改称为红旗二路十三巷，1981 年定名为“清太里”。从“清泰”改为“清太”，失去了意义，也失去了文化韵味。

清泰，意为清平和安泰，古时候流传有“六合清泰，庆流子孙”之语。清泰里在唐宋时就有，在南宋是端州很重要的商业街。近百年来，它所拥有的细节，多多少少有变化，更多的属于城市街道从不变到万变的开端。

清朝，端砚刻画已蔚然成风，清泰里是风云人物常到的地方。当时端州城有“玉铨斋”、“美玉斋”、“绿石斋”等有名的端砚刻石店。这些店拥有以刻云龙称著于时的端砚艺人黄纯甫和罗赞、罗宝兄弟二人。黄纯甫刻的云龙，形态生动，见者赞不绝口。据说，当年安装在端州城清泰里前之牌坊下的“龙跳天门”绿端石柱，是他一生中的最精作品。这对绿端石柱上的云龙，鳞甲飞动，首尾顾盼生姿。竖立石柱时，观赏者络绎不绝。黄纯甫又用砚石刻“渊明抚松”、“羲之换鹅”两件坊石，作为他自己住处的装饰。黄纯甫死后，到了清代中叶，古董商人竟愿以七千两白银和他的儿子兑换上述两种石雕。

清泰里有清泰花朝。南宋端城，以农历二月十五日为花朝节，俗谓“百花生日”。是日，正当春序正中，风和日丽，百花竞放，端城人皆往风景秀丽之处游览，踏青嬉戏，观赏奇花异木。每逢花朝节，宋城门外的寺庙及诸教院僧尼建佛涅槃胜会，罗列幡幢，用种种香花异果供养，挂名贤书画，设异果玩具。庄严道场，观者纷集，竟日不绝。有的人或观赏旷野平川，或渔舟游驶，欣赏沙汀鸟翔。近观西江碧水，远眺松山逶迤，是一处赏景游览的好地方。

清泰里的人，也是非富则贵。如彭氏，始祖彭礼，明永乐中自高要榄江分居长利龙头村，清代迁城中路清泰里，该族知名人士有乾隆举人彭显、彭辑，嘉庆著名学者彭泰来，民国后中山大学文学士彭伟堂。

彭泰来，在清泰里出生，自小聪颖过人，十四岁能写诗，十五岁补邑庠生（秀才）。清嘉庆十八年（1813）拔贡，二十三岁进入国子监读书，考进士落第，选为教谕。彭泰来勤奋好学，是晚清的一位文学家、书法家、篆刻家和诗人。人称其诗可与杜甫、李贺、韩愈诸家比美，书法隶、草俱佳，曾被当时著名文学家翁方纲称为“粤东三才子”之一，著作甚丰。

状元林绍棠在肇庆主讲端溪书院时，与彭来往甚密，题“天问书屋”刻匾以赠。据传，彭泰来罢归居家，以文字自娱。有一天，本邑人苏廷魁入都时，于阅江楼宴客，向彭泰来索诗为别，彭泰来即席口占云：

无数山川有数才，他时云海此时杯。

君行莫为燕昭说，一仕黄金买不来。

彭泰来父子虽为教谕，家中藏书甚富，兼有薄产，但年迈时期，家运奇蹇，空老食贫，弄得家人食粥度日，更有甚者，生病亦无钱医治。然而，有不少浪子登门，用金钱索买其文其字，多推却不卖；而志同道合者，则馈赠之。特别是春节期间，从不以卖字为生，但穷苦邻居上门求取，则有求必应。

岁月悠悠，古巷穿越时空而来，帮我们翻阅着过去，解读着未来。它必将和我们一起见证古城日新月异的风貌，续写着古巷和与古巷有关的历史。

芝兰街：谢启祚轶事

在端州天宁南路处，有一条鲜为人知的芝兰街，具体位置在肇庆市第十中学周边。虽然现在还有其名，但是如今的新市民极少有熟悉的，大概年过半百在附近居住多年的居民才知道。

芝兰街在宋代诞生，后来是水街的横巷，又称城东水街横巷，即从现在的天宁南路一直到街尾，大约长250米，宽3米。而水街就是现在天宁南路的前身，在“文革”时期，芝兰街曾改称为解放南路东巷，直到1981年肇庆对街道重新编审才复称原名。

在20世纪80年代中期，肇庆大力发展教育事业，市第十中学扩建校园，芝兰街被拦腰斩断，居民纷纷搬迁。十几年后，由于芝兰街靠近天宁南路的巷口一带被开发成商品楼，芝兰街从此“名存实亡”，街不成街，巷不成巷了。街上偶尔散落几块石条、石墩，不清楚是哪一个朝代的了，也许只能够证明此地曾是一条古街道。

芝兰街是如何得名的呢？这就要讲“古”了。芝兰街在宋代属端州龙津坊地域，坊内有街巷。龙津，即河津，实意指近西江，寓意指龙池，在古代有指龙门之意，有喻高德硕望，也喻仕宦腾达之路。

据资料记述，唐末宋初，一直居住南雄珠玑巷的谢成禄祖辈，在1272年由宗人携带，避乱南下，来到肇庆崧台择里定居。崧台即龙津坊地域，知书识礼的谢成禄便在此地“开枝发叶”，建有“芝兰书室”，故址在今市第十中学内。于是芝兰街由此得名。

芝兰，一般寓指谢氏，有一个“芝兰玉树”的故事：在晋朝时期，太傅谢安曾问众子侄：“你们想成为有出息的子弟，又何尝需要过问政事，非要坐堂做官呢？”大家都不说话，只有车骑将军谢玄回答说：“就像芝兰玉树一样，应该长在适合它生长的位置。”

许多人也许还不知道，历史上有芝兰街，还有芝兰后街之名。芝兰街曾有谢、冼、刘、梁等多个姓氏人家居住，到了清代便发展成为“芝兰后街”，也在肇庆市第十中学一带。据说，南宋绍兴末年，冼氏后人曾经修建“华石公祠”，遗址在今第十中学的操场。但是，芝兰后街在明代以后得名，却在民国末年无存，如今只留“芝兰街”一名了。

当时，谢成禄被称为“肇庆孝人”。传说谢成禄年轻的时候，在西江边上耕作，一声雷响，击倒身边所有人，他却安然无恙。人们说他因“孝”而命大。

据肇庆谢氏族谱载，后人有迁往高要县“水坑都”各地，清代曾出了个九十四岁的举人谢启祚，祖先就居在芝兰街这里。如今高要广利水坑村后，在清代立有一个牌坊，称“御书坊”。牌坊有一联是清乾隆皇帝亲笔题赐：

百岁登科古无今有；

一经裕后人瑞国华。

相传，清乾隆四十七年（1782），弘历七十一岁大寿，要在翰林院官员中物色一个九十岁以上的老人，在寿诞时负责点寿烛。可是找不到这么长寿的翰林官员呀，于是，乾隆便下诏降格在举人中去找。举人谢启祚时年九十四岁，被选中，那真是“幸运”了。朝廷通知他上京参加乾隆寿礼。

穿州过省上京，有专人“恩迎”。乾隆一见谢启祚，龙颜大喜，钦赐他为翰林院检讨（官名，掌修国史，明清属翰林院，从七品，常以三甲进士出身之庶吉士留馆者担任）。谢启祚年迈还登五凤楼，年将百岁登科朝圣主，一时天下共仰，声名远播。

乾隆皇帝善对诗，对汉字颇有研究。于席间，乾隆开玩笑问谢启祚：“你称老夫，知道‘夫’字怎么写吗？”

谢启祚心想这不是简单一问呀，想了一下便答道：“农夫之夫有别，轿夫之夫不同，孔夫子之夫不一般，夫妻之夫不一样，匹夫之夫不易写。”乾隆听后，哈哈大笑，说：“一个夫字你能辨别清楚，说来听下。”谢启祚接着解释道：“农夫是刨土之人，这个‘夫’是先写土字，下加人字；轿夫抬轿时肩上扛两根轿竿，所以这个‘夫’字先写人字，再加上代表两根轿竿子的两横；孔夫子是圣人，天下只有一个，他上懂天文，下知地理，所以他这个‘夫’字是先写天字，再出头就是了；夫妻本是两个人，这个‘夫’字当然是先写两横再写人了；匹夫之夫是指大丈夫，这个‘夫’字应是先写大字而后加上一横。”

谢启祚对“夫”字的写法解释，虽有戏人玩字之嫌，但也可以看出他作为肇庆的一名举人，对汉字的理解绝非一般，他的知识渊博是一般人比不上的。

于是，乾隆亲赐“福”字，亲书“恩迎”匾，亲笔题“升平瑞应”，并赐其这副对联。谢启祚返乡后，在其家乡，现高要广利水坑村建立牌坊，将皇帝所赐的对联刻于牌坊两侧，作永世感恩。而他，一直活到了一百零五岁。

芝兰后街：林召棠轶事

在清代以前，天宁南路有芝兰街和芝兰后街，后来经过改造只留下芝兰街，再到现在，很多人都不知道芝兰街了，更何况芝兰后街呢，因为芝兰后街合并为芝兰街之后，如今面目也全非了。

据史料记载，芝兰后街原先居住着冼氏族人，其始祖冼劲为晋代广州中直兵参将。到了宋代，冼劲的后代冼天眷，字华石，曾任江西信丰知县，后来由南雄珠玑巷迁至肇庆，定居于城东水街横巷，即芝兰街遗址。南宋绍兴末年，冼天眷的后人曾经修建华石公祠，遗址在今肇庆市第十中学的操场一带。

芝兰后街曾发生了这样一段风情故事。

清代状元林召棠，在肇庆受聘到端溪书院主讲。一年夏天，林召棠手摇折扇，到芝兰街访友。忽见一个村姑在冼菜，便想借洗手降温之机搭话。于是，他笑盈盈地边走近村姑边说道：“大小姐冼黑白菜？”

村姑听了觉得奇怪：“大白菜为何说是黑白菜？”瞧了他一下，答道：“高矮子饮热凉茶！”随即用手掬水向他泼去。被泼得一身水的林召棠觉得很吃惊，也很有兴致，拍手大笑地说：“对得好，对得妙，大小姐原来也会对句。”

村姑没有理会他，依然冼菜。林召棠问她芝兰村有何来由？村姑也想试一下他的才华，随口出了一句对子：“没甚来由，本乃林中生草。”林召棠一听是上联来，哈哈笑道：“有些意思，此行锦上添花。”

村姑一听“此行锦上添花”的语气，便抹了抹手上的水，笑着说：“公子此行恐怕不是锦上添花，而是拈花惹草吧。”林召棠随即辩解：“非也，非也，只是到此地探望一位姓冼的朋友，也好探讨吟诗作对。”“哦，找姓冼的，我们村全都姓冼。你不是喜欢吟诗作对吗？我出三道对子，你如对得上，我便报与你。”林召棠把扇一收：“此话当真？”见村姑点头，他连声说好，转而又诡秘地一笑，说：“我能对上，你可要付出代价了。”

村姑不予理会地说：“公子你就等着吧，听好了。”说完念出了上联：

对联，对联，对对联，对对对联联对联；

说完，提菜欲往村中走去。林召棠感觉出句不凡，认定这家女子有才华。他思考了一会儿，即吟道：

相思，相思，相相思，相相相思思相思。

接着问：“对得如何？”村姑脸上红了一阵，即入华石公祠。林召棠也跟着进门，怎知她大喝道：

快出去，盗者莫来道者来；

林召棠起初认为小女子翻脸不认人，随即转念，这是出对，正要高兴地进门，但心头一惊，此联难对呵，“盗”与“道”同音不同义，怎么办？他站在大门外，沉思片刻，然后踏入祠堂，向她大声道：

别走开，闲人免进贤人进。

村姑笑道：“你也算贤人呀？”说着在祠堂上香。林召棠兴致大起，漫不经心地开扇一摇说：“肇庆方圆百里，何人不知林召棠。”村姑一听，心中又惊又喜，这人就是状元林召棠？便偷偷地瞧了他几眼。

林召棠待她上香之机，四周观看。只见祠堂檐牙高啄，栋宇如鳞；内设有天然石块，因形状颇似读书人使用的文房四宝，其中一块石是端砚，而其他的三块石被命名为石墨、石笔、石纸，轻轻叹道，可见其文风鼎盛。

村姑轻步欲离开祠堂，被林召棠及时发现，拦住了出路。“小姐何故不辞而别？莫非认输了？"她不服气地说："谁认输了？我回家做饭。"

"你还有一联未出，快快道来，否则你就准备付出代价吧。"村姑回头一笑说："什么代价？好，林状元你听着，我有一联。"接着念出上联：

绝对佳联，联佳对绝；

林召棠听了乖乖地把手放下，让芝兰出门。因为这句是回文对，前后倒读不变字位，一样通顺。他只好在祠堂内苦思冥想。过了一刻钟，他走出祠堂门，正想拜别而去，见门上楹联有孝子贤孙之字，便反复寻吟，突然灵感上来。他喜出望外，追寻那村姑，见她站在家门等候，随即笑着说："小姐有礼，我已对出下联。小姐请听。"说完念出了下联：

孝子贤孙，孙贤子孝。

接着，他问小姐何时肯嫁。那村姑愕然道："我何时说要嫁人了？""你应允的。我说你要付出代价，我说的代价即待嫁。"不等林召棠说完，村姑已经不好意思地躲进了家门。

蟹栏街：黄永强轶事

蟹栏街黄氏族谱记载，黄尧镜，字尔撑，于清康熙年迁端州城东厢都蟹栏迕居，是为蟹栏黄氏始祖。

民国年间，端州蟹栏街有个人叫黄永强，二十五岁时到香港明德小学任教，在香港结识了进步人士和共产党人，参加了革命。1948 年 8 月，中共香港分局派他回肇庆，担任交通情报站站长。当时，肇庆是国民党势力十分猖獗的地方。他住回蟹栏街，利用叔辈黄航普、黄求实与国民党军政界人士有往来的关系做掩护，以《大光报》记者的身份，出入国民党的军政机关搜集情报，通过交通站传递信息。

1949 年秋，肇庆解放前夕，黄永强将一面五星红旗的式样，交由伍觉铿、谢拼、梁兆松等老师制作，准备在宝月台的高要县中学校园内升起。这是肇庆人亲自制作的第一面五星红旗。

10 月 15 日晚，国民党西江指挥所指挥官叶肇、保安司令谢锡珍和高要县长朱健雄率部两千余人逃离肇庆，驻肇庆的国民党 62 军第 152 师梁荫南部也于 16 日南逃。当时，肇庆只有西江指挥所第三清剿总队廖强等部数百人组成的城防部队。

于是，粤桂湘边纵队派出代表与廖强协商起义事宜。10 月 17 日，黄永强以记者身份，约请警察局长冯泽年、国大代表黄航普、卸任县长陈斗宿等，商讨组织群众欢迎解放军入城事项。

高要县委指示黄永强加紧城市工作，防止敌人破坏，争取和平接管。黄永强召集工商界人士如李启东、梁君玉和当地士绅梁孝郁等开会，组织他们协助解放军稳定肇庆社会秩序，并要求高要县警察局长冯泽辛维持地方治安。黄永强又对肇庆电厂老板父子、技师、工程师等做了大量说服教育工作，还通过工人潘源组织了护厂小组，使肇庆供电如常，电话畅通，确保解放军顺利入城。

10 月 18 日，南下解放军集结肇庆城郊梅亭，继续前往木桥头，分兵从芹田村向城内包抄。一切准备就绪后，于当日下午 5 点左右，先头部队搜索入城，未遇抵抗，只听到城西有几声零碎的枪响，城内敌据点就树起了白旗，以示投降。随后，野战军 125 团由团政委周力率领，大部队于 6 点左右从天宁北路入城。马路两旁站满欢迎的群众，有的商店还燃放鞭炮庆祝。肇庆城内民心安定，秩序如常。国民党城防司令廖强率部三百八十余人投诚，缴交各种枪支六百余支，当日，肇庆获得和平解放。当即，高要县中学师生在校内升起肇庆第一面五星红旗。

10 月 20 日，黄永强、冯泽年率领三条大轮船，到高要沙头近接解放军六支队司令部、政治部等机关干部渡过西江，于下午 2 点左右，在风炉街码头上岸。他们列着整齐的队伍，在六支队司令员吴桐、政委周天行的率领下，穿过夹道欢迎的人群，向肇庆城内进军。自此，肇庆迎来了新的天地。

1949 年 11 月，《广州联合报》刊登诗承写的《解放后的肇庆》，其中这样写道："肇庆的真空时期，不过四个钟头，伪县长朱健雄中午狼狈渡江南逃，临走时地方人士要他投降，但是朱匪执迷不悟，只在无可奈何中，留下警察所来迎接大军。大军在当天（10 月 18 日）下午 4 时入城。警察所和地方人士都出来欢迎大军，民众站在两边……"

塔脚路：王泮轶事

端州塔脚路，在"文革"期间称为东风一路，在此朝往崇禧塔西边走去，就可见于明朝万历十五年（1587）初建成的王泮生祠。

自宋代开始，端州就有建造祠宇奉祀名人或官员之风，明代此风特盛，甚至自建生祠。生祠，旧时指为活人修建的祠堂。以王泮为例，1587 年文昌宫因他改为王公祠。

传说，王泮因治肇庆有功而建生祠。王泮，明万历八年（1580）任肇庆知府，为官八年，是在肇庆任职较长的一个知府。据载，他"性恬淡，自奉如寒土。与民接，未尝疾言厉色。然端悫有执，虽门生故交，无所私”，百姓称他为“端州第二包公”。也许是他为官清廉，政绩非常显著。

王泮任职期间治理水患、重教兴文、建崇禧塔、引进西学的功劳已成为历史佳话。他点缀星岩一事，更为他的政绩添彩着色。

明人对人间仙境七星岩评价很高，说可“与兰亭、西湖、凤台、燕矶比雄于中原”。七星岩是一处自然的天赐景色，山是自然山，水是自然水，巨大的潜力与能量需要开发利用，为民造福。

王泮开始了对七星岩山峰和周围环境的整治和建设。他开辟了环湖山通道，铺设蹊径石磴，以方便攀登，保证安全；把七座岩分别命名为阆风峰、玉屏峰、石室峰、天柱峰、蟾蜍峰、仙掌峰、阿坡峰；还亲自点题命名二十景，为每一处秀色奇观都赋了诗篇。

在王泮的感染下，文豪们有的单为某一景点作句，有的为几处景观同时作诗，有的为二十景作诗附和，较有代表性的是欧大任、梁有誉、吴旦、李时行、梁景先，他们并称“南园后五子”。

当七星岩《端州石室志》撰成时，王泮为其作了序：“七星岩在端州东北境，唐宋时已著名。代有游者，辄留题于石。余自万历庚辰来守兹郡，政务丛剧，奔谒趋陪，劳劳一俗吏，讵暇他及。一日，秉隙睇观，见石势壁立，苍翠渺霭，超然有振衣千仞之思，归而求其志。欲时展玩，以拟神游，而岩故无志……余思夫三秋桂子，十里荷花，昔人有牵动长江万里愁之根。而装点湖山，又恐士大夫之流连光景。则兹岩也，奚以志为然，方舆所载，胜览何限。造物巧铸，岂必为崇。所贵士君子操心御情，取适而不为溺耳，江湖廊庙，循环于怀，斯岩殆卷石之矣。志士劳人，幸无讶兹刻哉！政知所重也，是为跋。”

王泮即将离任时，百姓于明万历十五年（1587）为王泮建生祠。祠分前后两座，三开间，坐北向南，面阔十多米，进深近八米。正殿为砖木建筑，单檐硬山顶，梁架结构，金柱四根，檐柱两根，木质圆形，双层石质柱础。金柱上架六椽栿，檐柱上架木梁，向外延伸，无斗拱铺作。檐柱外（南侧）的砖墙与原结构无关，为后来加砌的附属物。王泮生祠周边环境杂乱，解放前被拆毁的前座位置曾建有市景福围工程管理处办公楼。

王泮生祠飞檐翘角，有石雕、木雕、砖雕、彩绘、书法、泥塑等艺术装饰，却早已在大火中灰飞烟灭。虽然这座建筑的后殿还在，志书也记述了他的名字，但是，之后的几百年，没人认为他是一个要被浓墨重彩地写进历史的大人物。

2006 年 10 月，政府出资四十万，挑选出有国家文物维修一级资质、国家古建筑一级资质单位，本着维修恢复风貌的原则，对王泮生祠及周边地区进行维修整治施工，并使其成为纪念前人抗洪斗争的教育场所，同时重新修葺成肇庆旅游景点。这是让历史文化遗迹重放光彩与发展文化旅游景点和爱国主义教育基地相结合的一项遗产挖掘工程。

木棉路：邓兆祥轶事

端州西区的郊区，现厂排街处，有一条双木棉古巷，“文革”期间曾改称为红旗四路一巷，属肇庆市端州区沙街管理。直到 1981 年，市政府颁布标准地名，此地又复称木棉巷。

这里曾出了一位中国近代海军史上的将军——人称“大海之子”的邓兆祥，这是一位有着传奇色彩的人物。

邓氏的先祖邓贤举，在清乾隆间迁居城西双木棉村。邓兆祥于 1903 年 4 月 1 日出生在端州区厂排一街 35 号的家里。此处现为普通的砖木结构民居，占地面积 91 平方米，由两间住房和一个小天井组成。兄弟姐妹十二人中，他排行第六。父亲是黄岗税务局查货员，母亲务农持家。

邓兆祥六岁进入启颖学堂（现为肇庆市第八小学）就读，七岁时父亲病逝，家境逐渐贫困，全仗母亲维持一家生活，解放后邓母去世，享年九十岁。当时家中生计困难，十一岁的邓兆祥经邓佩光之兄邓瑶光（时任广州警察厅厅长）担保引荐，报大了两岁，以优秀成绩考入黄埔海军学校，成为第十六期学员，开始了漫长而又曲折的海军生涯。

邓兆祥在黄埔海军学校五年，毕业后再北上山东烟台海军学校深造，又到南京鱼雷枪炮学校学习，毕业后安排到舰上。他掌握了海军的舰艇、枪炮、水中兵器的操作等多种专业知识，从实习生逐步升迁为副部门长、部门长和少校副舰长。1927 年，陈策介绍他入广东江防司令所属“飞鹰航”当枪炮正。

1929 年，国民党海军部选派邓兆祥到英国留学。他先在英国舰艇上见习，后又进入格林尼治海军学校指挥专业学习，经考核，以优秀学员身份进入英国皇家海军学院深造。1934 年返国，被委派为南京鱼雷营营长。抗日战争爆发，邓兆祥带领人员转到武汉，在长江一带布雷，阻止日军向上游进犯。有一次。邓兆祥正在江上布飞雷，日机突然疯狂空袭，以机枪向布雷艇扫射，后又投下一枚炸弹，落在离他身边一丈的地方，这枚炸弹不知何故没有爆炸，他才幸免于难。

1938 年 10 月，广州沦陷，敌军进驻广东三水河口一带。当时广东的江防司令部一些舰艇在前线抗击敌人，其中“执信舰”在抗击战中被敌军击沉，舰长和部分官兵壮烈牺牲。西江一带防务吃紧，邓兆祥奉命率领一水雷队来西江布雷。进驻肇庆后，在羚羊峡下一带布雷，阻止敌舰艇到西江上游进扰。1942 年，邓兆祥被调到贵州桐梓海军学校任训育主任，他亲自书写一块“雪甲午耻”的横匾悬挂在学校图书馆门口，以表其志，号召学生，不忘雪耻救国，誓死驱除日寇。他把学生看成朋友，并尽力帮助他们解决困难，许多海军学员对他言行至今仍铭记在心。

1945 年 8 月 15 日，日本宣告投降，邓兆祥东下接收日军“长治号”军舰（该舰起义后改为“南昌号”）。由于邓兆祥曾在英国皇家海军学院深造过，英国人对他的才华非常赞赏，认为他是中国航海家，于是，1946 年 11 月，国民党政府派他率领第三批中国海军数百人乘坐澳大利亚“皇后号”去英国学习，并接收英政府赠送的一艘七千吨的“重庆号”巡洋舰试航。1948 年 5 月，英国国旗降下，中国国旗升起，中国海军正式接收“重庆号”，邓兆祥被任命为“重庆号”舰长，晋升为海军上校，起航回国。

1948 年 8 月，邓兆祥调到葫芦岛基地，参与塔山战役。之后，邓兆祥于 1949 年 2 月 25 日毅然在上海吴淞口发动“重庆号”起义。

起义那天，新舰长不肯开船。在生死存亡的关键时刻，邓兆祥挺身而出，毅然下令“开船”！他随即走上舰梯，亲自驾舰，冲出长江口，直向山东烟台驶去。国民党发现“重庆号”已驶离吴淞口，立即多次派出飞机进行侦察，结果发现“重庆号”已投奔共产党，抛锚停泊在解放区烟台港。

第二天，国民党出动大批轰炸机，沿途向“重庆号”轰炸。当时他们用无线电同国民党联系，叫他们不要炸自己的同胞。轰炸机上的人哪里肯听，一股劲地向着战艇扔炸弹。“隆隆”的爆炸声震耳欲聋，舰艇周围的海面也被炸起一条条冲天的水柱。为了避免重大损失，邓兆祥一行本想把舰艇开进旅顺口暂避，但苏联驻军要他们卸下全部武器装备才准进港。最后，党中央批准，同意“重庆号”开往葫芦岛基地。由于当时官兵上下同心同德，战胜困难，终于把“重庆号”驶到解放区，投向人民的怀抱。“重庆号”巡洋舰因此写下光辉的一页。

1949 年 8 月，邓兆祥作为第一届中国人民政治协商会议的特邀代表，到北京开会，受到毛主席、朱总司令和周恩来总理的亲切接见。新中国成立后，邓兆祥历任安东人民解放军海军学校、青岛海军舰艇学校、大连海军学校校长以及海军青岛基地和北海舰队司令部副参谋长、副司令等职。1955 年，被授予海军少将军衔，并获一级解放勋章。1965 年 7 月光荣加入中国共产党，1981 年 12 月任海军副司令员，1988 年获中国人民解放军胜利功勋荣誉章。曾任第六、七、八届全国政协副主席。

邓兆祥在海军服役长达七十余年，堪称世界海军之“最”。他把一生献给大海，献给了中国的海军事业，是名副其实的“大海之子”。

前沙街：张闻天轶事

端州前沙街东接西江南路，西连厂排街，后沙街在前沙街北面的背后，它们全长都约 300 米。1966 年“文革”爆发，它们被改称为红旗四路。直到 1981 年，市政府颁布标准地名，此地才称前沙街、后沙街。

端州是百越之地，远离京都，历史上不少名人曾到此处主政，如宋朝的包拯，就在这里做过知州。端州又是历代贬谪、流放之地，唐朝宰相魏元忠、张柬之，名将郭元振等曾被贬谪、流放到这里。端州的八贤祠，就是人们为纪念这些忠良贤士而建造的。“文革”期间，端州又是张闻天的“鸟笼”地。

1969 年 10 月的一天，在北京的张闻天，在专案组的“护送”下，与夫人刘英带着十岁的养女小倩匆匆离京南下，来到肇庆军分区大院，一个半山坡的平房里，人称牛岗山。这是为军分区离休老干部盖的院子，里面有四栋房子。张闻天夫妇就被安排在最后一栋。说是“遣送”，或是“发配”，实际是“流放”在偏僻山坡上，周围一片荒凉，也没人肯来住。

这里离最近的集镇有两里路，没有熟人，没有电话，部队还设岗“警卫”，从监护到遣送，张闻天和刘英进了没有栅栏的“鸟笼”。就这样，曾经为共和国抛头颅、洒热血的两位老人，开始了长达六年的端州生活。

然而，他在肇庆的六年，除了军分区、地委和市委几个主要负责人外，谁也不清楚他的真实姓名，只晓得他叫“张普”。“张普”，这是张闻天到肇庆后用的化名。这名字的背后有一段故事：1969 年 11 月，张闻天安顿后，养女小倩要上学读书了。学校发了一份入学简表要填写，其中有“家长姓名”一栏。该怎样填写呢，这难住了军分区的领导。若照实填写，就会违反“看管”规定。军分区领导经过一番苦思，突然想起张闻天的别名叫“洛甫”，于是灵机一动，要给他起个“张甫”的化名。张闻天淡淡地说：“既然我是普通劳动者了，那就叫‘张普’吧。”从此，“张普”这个化名一直伴随着他，直到他于 1976 年 7 月 1 日在无锡去世。

“鹤鸣于九皋，声闻于天”，这两句诗出自《诗经》中的《小雅·鹤鸣》。张闻天的名字是取其中之意。在党史上，张闻天当过党的总负责人（亦称“总书记”），遵义会议后三年多存在着“洛（张闻天当时笔名为洛甫）毛合作”的领导体制；不过这位被誉为“红色教授”的学者型人物，一向愿意钻研理论而不长于具体事务，曾三次主动“让贤”，这也被后人传为佳话。

张闻天夫妇每每走过沙街，最爱到旁边的西江大堤散步，面对着滚滚东去的江水出神。他每餐吃的饭菜十分简单，青菜、豆腐、鸡蛋是他们的常年菜谱，每隔一个星期甚至半个月才买一次鱼吃。每年的大年初五，张闻天都会把同一个党小组的其他几个成员以及身边的警卫战士请来住所，一齐吃新年饭。与肇庆人民建立的友谊，使张闻天在逆境中得到了一点慰藉。

张闻天省吃俭用，积蓄了大笔钱，但他并没有留给自己的亲属，而是无私献给党和人民的事业。不久，他和夫人刘英过去被扣的工资得到补发，在北京的存款也解冻了。当时他们商定要把这笔存款全部用作党费。后来，张闻天在无锡去世，刘英按照他的遗愿，把他的四万元存款交给党组织，作为他的最后一次党费。过了几年，刘英也拿出自己的四万元存款捐赠给中国儿童基金会，赞助儿童教育事业。

张闻天在六年内一直写作“肇庆文稿”，直到1975年8月离开端州。这些“肇庆文稿”，是张闻天与刘英在警卫战士陪同下，到过肇庆通用机械厂、肇庆火柴厂、肇庆酒厂，一共参观了二十多个工厂、街道和郊区农场而整理出来的。通过参观调查，他们掌握了第一手材料，为探索社会主义建设道路的理论提供了一些依据。

1979年8月25日，中共中央在北京人民大会堂召开大会，隆重追悼张闻天。在举行追悼会的当天，《人民日报》在显著位置发表了张闻天在肇庆写成又在无锡精心修改的文稿《无产阶级专政下的政治和经济》。8月27日，又发表了肇庆文稿中的《党内斗争要正确进行》，使全党共享他在“文革”中创造的宝贵精神财富。1985年8月30日，“肇庆文稿”中的精彩篇章列入了人民出版社出版的《张闻天选集》。

岁月悠悠，几度沧桑。现在川流不息的沙街，因张闻天“流放”肇庆而见证了这位伟人坎坷曲折的一段人生经历；古老美丽的端州，因“肇庆文稿”的产生而竖立着中国共产党人艰辛探索社会主义道路的一座理论丰碑。

柑园路：梁敏轶事

端州柑园路，古时属郊区，叫大柑园村，或大金园村，与芹田村相依。1990年后分为柑园南北路、工农南路、建设三路东段，与芹田路交错相连。现实与历史总是连在一起。顾名思义，柑园路因古时有“柑橘之园”而得名。

大柑园村，即现在柑园北路周边一带，在1980年后期有了路叫柑园北路。而柑园南路呢，旧时叫大金园村。话说以前吃柑，是一件奢侈的事。孩子们总是会想办法，趁柑园主人不在时，钻进篱笆去偷柑。

在清代，种柑也不容易，耕地是农业生产最基本的条件。正当乾隆自鸣得意，陶醉于大清帝国的升平盛世、物阜民丰时，广大人民群众的生活水平已经开始急剧下降，人口与土地的矛盾突出。一些封建知识分子已经开始意识到这个问题，并且探索解决的途径。1776 年，端州童生梁畅善居于柑园，他向广州将军永玮呈递禀帖，请永玮代奏“复均田”的建议。对于这些关心国事的下层知识分子，乾隆并不予以鼓励，反而指斥他们“穷极无聊，借上书而图希冀”，给予严厉制裁。乾隆认为梁畅善等人的建议，是对盛世的“执刺”，是对他这个“圣明天子”的不满，非给予严惩不可。可想而知，端州用地从此一直都很艰难。

梁畅善有一位前人，是在明朝洪武年间柑园的举人，名叫梁敏（史料记载其出生在端州黄岗镇渡头村），写得一手好诗赋，是明初“台阁体”诗人之一。据述，梁敏，字以讷，端州黄岗人。洪武五年（1372）考取举人，历任清远教谕，繁昌、宛平县丞，系文学史上明初“台阁体”诗人之一。后回乡致仕，中年丧偶，不再娶，自奉如寒士，以勤俭训诸子，年九十六卒。

一日，年近六十的梁敏，偕诸子同游沥湖，即现在端州新沥塘一带，看见许多村姑在采莲，便即兴吟了一首《沥湖采莲曲》，其中有两句为“花红叶绿令伊羡，莲叶遮头花映面”。当时在场有个名叫王六的人，连声叫好，也有意识地劝梁敏再娶。梁敏听后，不禁回忆起与妻子的往事，慨叹地说：“荷败莲残，落叶归根成老藕。若是我这婆娘在世也成老藕了呀！面对莲藕，我就尊称她一声为老婆吧。”

老婆？王六听起来觉得挺有新意，他说：“先生把妻子称谓老婆，真也词性新生。”此后方言的“婆”字，泛指为已婚的青年妇女，也称妻子。

他便又继续劝梁敏：“荷败莲残，落叶归根成老藕。何不也来一句——禾黄稻熟，吹糠见米现新粮（谐‘娘’音）呢？”梁敏明白王六劝娶之意，便摇头摆手不赞成，忽然问王六：“妻称老婆，我该称作什么？”

王六稍思片刻说：“称老公。公在人中为尊，有敬重之意。”梁敏沉吟地：“老婆，老公；老公，老婆。好，那就称老公，老婆吧，哈哈哈……”

也许这就是老公、老婆最早的出处了。有一次，梁敏居住的村子有对夫妇争吵不休，真是“公说公有理，婆说婆有理”，事请梁敏评理。梁敏听后说了两句话：

老公十分公道，老婆一片婆心。

梁敏一番肺腑之言一出，事态也就平息了。梁敏九十六岁去世，虽然终身不再续娶“老婆”，但老公、老婆的俗称成为方言，被后人自然而然地在民间流传，直至当代仍被广泛应用。

可以说，比较有名的是这里产生了“老公”、“老婆”的俗称。夫妻俗称，各地不一，南北有别。譬如北方把老夫老妻自称作“老头”、“老娘”。而对夫称作“老公”，对妻称作“老婆”的，也许最早出现在岭南方言中。查阅一些史料，文字记载年代不清，却在散记中有这样的故事。

阅江路：石头和尚轶事

端州阅江楼，闻名于明代，历史上曾为鹄奔亭，南宋隆兴年间改建为纪念唐代高僧石头和尚陈希迁的“石头庵”。

端州是“希迁故乡、佛缘之地”。《宋高僧传》记载：“释希迁，姓陈氏，端州高要人也。”陈希迁生于700年，卒于790年，死后被唐德宗赐谥“无际大师”。他十二岁出家到曹溪宝林寺（今南华寺），拜六祖惠能为师。惠能圆寂后，往吉州（今江西）青原山静居寺，拜行思为师。不久，受行思之命到南岳般若寺观音台，参学于怀若禅师。二十三年后，他重返静居寺，得行思衣钵真传。742年受请住持湖南衡山南寺，寺东有大石平坦如台，他在石上结庵而居，故被称为“石头和尚”。764年，应邀往长沙招提寺。四方禅学者齐集门下，影响甚广，与怀让禅师高徒马祖道一合称“并世二大士”。

据了解，石头和尚著有《参同契》、《草庵歌》等，倡导“回互”禅法，可称作六祖惠能之后禅学思想的理论代表。其在海内外的影响实则代表并体现了珠江文化（岭南文化）在海内外的影响。其三传弟子曹山木寂、洞山良价将其思想发展为曹洞一派，即“曹洞宗”，主张禅学与儒学结合，直言忠孝之道，得到广泛的认可。唐时在赣东北发展迅速，后扩展至长江北以至海外，成为中国佛教史上规模最大、影响深远的主流。南宋后期传至日本，日本的曹洞宗发展到20世纪末，信徒有上千万人，至今仍拜希迁为祖师，以《参同契》为每日必读经典。

陈希迁的一生充满传奇色彩。相传，790年，九十岁高龄的石头和尚自知将不久于人世间，便不再进食，还吩咐僧徒将平时搜集的草药数百种泡制成大汤剂。制好的大汤剂奇香无比，他每天都饮这种汤剂数十次，喝下以后浑身大汗，大小便频繁，僧徒们大感不解。陈笑而不答，照旧每日大饮不止。转眼一月有余，渐减饮量，此时的石头和尚脸面变得润如枣色，两眼炯炯有神，镇坐如钟。一日，他口念佛经，无病而终。石头和尚的肉身停放月余不腐，且满室溢满香气。门下弟子与地方绅耆特意四处募捐，筹建寺庙，并安置其肉身于其中。

而根据相关媒体报道，石头和尚肉身舍利迄今一千一百余年仍完好如初，现供奉在日本横滨市鹤见区曹洞宗总部。关于石头和尚的肉身流转于日本最流行的说法是在20世纪30年代，一位日本牙医暗地将其肉身从寺中移往他处收藏，并在1940年偷运回日本，又辗转存放东京郊外的一座小山里的地下仓库内。直到1947年，该牙医死后，后人在清查遗物时查阅他的日记时，事情才为世人所知。当揭去罩在石头和尚身上的黄绸时，只见石头和尚躯体仍是生前盘腿打坐的姿势，保存完好。

朝圣路：李调元轶事

直为街，曲为巷；大者为街，小者为巷。古代的城市也有路，然而路的名称都是有标志性意义的，如朝圣路南北向，连接正东路和江滨二马路，1966年称朝阳路，1981年复称原名。

朝圣，是一项具有重大的道德或灵性意义的旅程或探寻。通常，它是指去一个人信仰的圣地或其他重要地点的旅程。如今我们穿越时空，也作一番“朝圣”。

话说“蜀中才子”李调元，在乾隆年间中进士后，任广东学政，来端州“朝圣”。有个船家听说他是“蜀中才子”，想试探他一下，朗声念道：

船载橹，橹摇船，橹动而船行；

李调元明白船家的用意，当他看见岸上渔家姑娘在织网，随口应道：

线穿梭，梭引线，梭缝而线缀。

船家一听，不禁惊讶，心生佩服，赶忙下船靠岸，迎李调元上岸。李调元入了城，过闹市，应邀到朝圣路饮宴。

李调元一进新厅，只见大屋很宏伟，对联、木雕的窗格、木塔的阁楼，精致而华丽。未及尽情欣赏，当地文人应邀早来了，一时文星荟萃。饮宴间，众诗友素慕李调元的才华，便纷纷出联请他续对。李调元才思敏捷，均一一应对。其中，有一上联是：

山径晓行，岚气似烟，烟似雾；

李调元稍思片刻，带笑对道：

江楼夜坐，月光如水，水如天。

众人听了，赞叹不已，皆尽称绝。

李调元为端砚而“朝圣”，写有《岭南杂记》：“端砚出肇庆羚羊峡东。有上岩、中岩、下岩之别，有水坑、旱坑之分，有旧坑、新坑之目。其石之精粗美恶，人人聚讼，皆由身不至端溪，究莫能辨真石也。大约不论石之大小，眼之有无，细润光嫩者为上。其发墨与否，久而后贵，初出未有不发墨也。其眼亦不论大小，以层次分明，色泽圆活者为佳。”

然而，他也遇到过难题。一天，当地的文人墨客陪李调元郊游。他们到了星岩一个有山有水的地方。这里悬崖峭壁，风景幽静，谁料山路突然中断，只有溪水仍从路旁崖下潺潺流着。李调元发现天上出现一个落日，一个明月，随口吟出了上联：

日在东，月在西，天上生成“明”字；

但他费尽心机，再也吟不出下联来。他思虑再三，难成佳对，不免心焦。这时，本地一个老秀才便说：“我可试对吗？”李调元欣然答应。老秀才赶紧补一句：

子居右，女居左，世间配定“好”人。

下联与上联，配合得天衣无缝，博得众人齐声喝彩。事后，老秀才发觉自己一时冲动怕有冒犯，对不起李调元，立即赔礼道歉。李调元连忙制止老秀才施礼，并自愧说：“我来忘却山行远，要趁山深好论文。我本岷山一腐寒，读书酷爱品行端。”

大厅东：苏东坡轶事

位于端州城西的大厅东，因古代建造公寓而得名。在我看来，这既不成街，也不成巷，只是民宅的一条通道。不过，这条通道小巷却浓缩着端州的历史人情。大厅东巷名，在古代是县前街的一段，后来又分为东大厅巷、西大厅巷，民国时又统称“子孙社”。“文革”时将这两条巷名改叫作红旗二路九巷、红旗二路十巷。1981 年标准地名后复称大厅东巷、大厅西巷。

据说，苏轼曾在城厢（大厅东）的官家逗留。元祐八年（1093），苏轼被贬至惠州，因作诗有“报道先生春睡美，道人轻打五更钟”之句，传到京师，宰相张惇气怒地说：“苏子瞻尚尔快活！”于是以莫须有的罪名将苏轼责受琼州别驾的虚衔，到昌化军（今儋州市中和镇）安置，不得签书公事。

绍圣二年（1095），苏轼写信给黄庭坚说：“或谓居士：‘吾当往端溪，可为公购砚。’居士曰：‘吾两手，其一解写字，而有三砚，何以多为？’”四月廿三日，苏轼到端州，逗留多日。一天，六十二岁的苏轼爬上端州砚坑。

当时有人送过苏东坡一块砚石，他慨叹道：“端溪岩之美，止于滑而发墨，其他皆余事也。”后来他在端砚铭文，对采砚工人的艰难困苦进行真实描述：

千夫挽绠，百夫运斤，篝火下縋，以出斯砚。

一嘘而注，岁久愈新。谁其似之，我怀斯人。

之后，苏轼的几方名砚给世人留下了传奇瑰宝。当年苏轼离开端州，抵达贬所儋州州城，已经是绍圣五年（1098），六月改国号为元符，苏轼六十三岁。元符二年（1099）九月，琼州有个学子姜唐佐，来儋州向苏轼求学。后在元符三年（1100）三月二十一日，姜唐佐辞别苏轼，去了广州，东坡书写柳子厚《饮酒》、《读书》二首诗作为送别，后又写“沧海何曾断地脉，白袍端合破天荒”一联在扇，以勉其行。六月，苏轼获准回内地，父子一同离开儋州。姜唐佐自广州返琼，此时苏轼已取道澄迈渡海，无缘相见。临行前苏轼特将所借的《烟梦子》、《吾志》、《会要》等书籍托人还姜唐佐，同时将自己所用的一只端砚送给姜唐佐留念。

元符三年（1100）七月，苏轼从儋州到廉州（合浦）。一天，他与知州士人游览，在海角亭上挥毫写下了“万里瞻天”四个大字。当时苏轼使用的一方端砚，质料上乘，雕工精致，知州看后心里痒痒的。有一天，苏轼闲着无事，信步到东门街边。他看见一个几岁大的小孩坐在屋前篱笆旁写字，便走向前去。只见小孩用笔在一烂菜碟里蘸墨写字，字写得清秀端正，苏轼暗暗赞许，情不自禁地蹲下问：“你叫什么名字?”小孩望了东坡一眼，回答了。苏轼又说：“我给你磨墨好吗?”小孩点点头。苏轼一面研墨，一面看小孩写字，一不留神，将墨碟压碎了。苏轼过意不去，对小孩说：“你的墨碟被我打碎了，我赔你一个墨砚好吗?”小孩连连点头说：“好呀，以后我有墨砚写字了。”没有一个时辰，苏轼捧着自己的老坑砚送给了小孩。小孩的父亲看到老坑砚底写着“眉山苏轼”四个字，知道送砚的是当今大文学家苏轼，十分感动，便将此砚珍藏起来。

苏轼送砚之事传到了知州的耳朵里。知州暗自高兴，心想苏轼这方砚逃不出他的手心了。待苏轼离开廉州后，知州便派人去买苏轼的老坑砚，可是被拒绝了。知州恼羞成怒，威胁地说：“你不要敬酒不吃吃罚酒，一百两银子够你一家吃用一世了。你如不识抬举，就要抓你去坐班房。限你三天之内答复知州大人。”为了免遭毒手，这户人家将苏轼的砚抛进了碧波湖（即现在的东坡湖）。

据说，清朝的伊秉绶，嘉庆五年（1800）在惠州上任，修理白鹤峰苏轼故居时，在墨沼中发现一方被人用了很久的砚，中间刻有行草“轼”字和阴文篆书“德有邻堂”的字。伊氏得砚后第二年上京都，便带上此砚，叫当时负有盛名的古物鉴识家翁方纲考证。翁生认定是苏轼的“德有邻堂”砚。传说当年，苏东坡被诬陷陷入囹圄时，有一方“天砚”不见踪迹。到了明代，权倾朝野的严嵩被世宗所杀，抄没家产时竟发现了苏轼的“天砚”。也许，说的就是这一块端砚吧。

1982年4月2日，《人民日报》报道一个消息，说湖北省竹溪县文化馆也征集到一方苏轼曾经用过的端砚。此砚呈瓦形状，色泽如猪肝，中有冰纹，敲击有铿锵之声，犹如石磬。正上方雕有一独角兽，山海经注为螭虎，面如狮，下巴有须，五爪登云，二目观日。这方砚长 22 厘米，宽 13.5 厘米。正面左侧摹刻有东坡亲书的“金声玉质，卉垂于瑕”八个生动的行楷，左下方落有苏轼两字，并有藏宝篆书小印一方，背后上方为“后朵阁瓦”，可能是制造此砚的作坊名。据传，此端砚也是在池塘中发现的。

如今，大厅东留下过苏轼当年的足迹，可是被蛮烟瘴雨淹没了；砚铭也被山鸣江啸掩盖。而砚魂啊，一直屹立不朽，苏轼应该安慰了。因为端砚如今已是：

采山钓水得来，威镇文房推第一；

以砚称都形势，扬名世界本无双。

大厅西：余汉谋轶事

据说，在端州大厅西巷，出了个国民党陆军高级将领余汉谋。据肇庆史志载，余汉谋父亲余运生曾任兴仁营守备迁至大厅西，后来，余家发展成一个盐商家庭。1896 年，余汉谋就出生在这里。

余汉谋幼年就读于肇庆城西图始小学，1910 年考入黄埔广东陆军小学第五期，1914 年就读湖北武昌陆军第二预备学校，1917 年春升读保定陆军军官学校第六期，毕业后被派往段祺瑞边防军第一师曲同丰部见习，从此走上军旅之路。

1936 年 7 月，余汉谋任广东绥靖主任兼第四路军总司令；9 月，兼中央陆军军官学校校务委员，授予上将军衔。此时有一段插曲，说的是余汉谋建“孝桥”。

1936 年秋，余汉谋拨白银二十万两，派梁少衡到三水县建筑河口半江桥，作军事运输交通之用。半江桥建造于三水县，如今还流传一个余汉谋因何授意梁少衡建造半江桥的故事。

20 世纪 30 年代的河口原是个在稍高于水面的河滩上杂乱设店的古老村镇，全无堤岸码头等旅运设施。船到河口，只能停啶在离镇几十米远的河面，客货上落必须靠小船往返接送。即使吃水较浅的来往清远、迳口等地的小轮船也得如此。到了秋冬水浅之时，连小船也不能靠岸，人们只有涉水才能登岸。过往商旅无不为此叫苦不迭。

当时，余汉谋的母亲跟随儿子居住广州。但是，因为她是虔诚的佛教信徒，需要经常返回肇庆老家烧香拜佛。那时候，广东的交通十分落后，广州与肇庆之间最便捷的途径是从肇庆乘坐港梧轮抵河口，然后转乘广三线火车到达广州。余母不胜河口涉水换船之烦，常向儿子诉苦。余汉谋又是个大孝子，为体恤母亲，亲自视察河口水运情况，授意省建设厅拨款建造半江桥，并指明桥的长度以枯水季节船能靠泊为合格。桥修建好后，后人彰其孝行而称之为“孝桥”。

江山形胜而人稠勤富，交通便利而商贾常行。余汉谋是否真是为免其母亲受涉水换船之苦，因自家需要而耗费公款建造半江桥呢？这只是传说，桥的作用在当时是战备。

1938 年 10 月 12 日，日军以七万陆军、五百艘战船、一百架战机的兵力，强行在大亚湾登陆，向广州进攻。当时余汉谋是广东省的最高军事长官，与省长吴铁城、广州市市长曾养甫一起抗战，最终不利，导致广州陷落日本鬼子手中，于是广州流传一首民谣：“余汉无谋，吴铁失城，曾养无谱。”

这时，日军从广州向粤北韶关进攻，企图打开交通线。余汉谋通过半江桥，在英德至河源一带设置防线，积极抵抗，进行两次粤北会战。也就是 1939 年底，余汉谋指挥所部在从化、牛背脊及新丰梅坑重创日军，取得粤北第一次大捷。次年 5 月及 6 月，又取得第二次粤北大捷。同年国民党军事委员会设第七战区，任命余汉谋为战区司令长官。这是余汉谋在抗战期间的雪耻杰作。

1948 年，余汉谋被任命为陆军总司令；1949 年，任广州绥靖公署主任。是年 4 月，余汉谋一度回肇庆大厅西；8 月，被任命为华南军政长官公署主任。解放大军压境，他指挥所部从粤北节节退却，既不起义，也不抵抗。10 月上旬，他自掏腰包发三个月薪金遣散长官公署人员；10 月 13 日，从虎门坐海轮经湛江逃往海口，改任海南特区副行政长官。1950 年赴台湾，任“总统府战略顾问”。

1957 年后，余汉谋在台湾任国民党七至十二届中央评议委员；1965 年，晋叙陆军一级上将；1981 年 12 月 27 日，病逝于台北三军总医院。

登高社：冯拯轶事

在端州宋城墙披云楼不远处，有一街名叫登高路，又叫登高社，宋时是庆云坊的一条街，古时候叫“孖土地”，建有聚龙社、龙安社，“文革”期间曾改称为新华西路，1981 年复称原名。

宋时，聚居到如今登高路一带的人很多，密集的民居形成了街市，街上居民制麦芽糖、山楂饼，把莲藕制成糖莲藕销售。990 年，有一个京官，他与一班大臣上书请宋太宗立许王赵元僖为太子，激怒了皇帝，被贬为端州知州。他就是冯拯。冯拯在庆云坊设厢军巡逻营，维持治安。一时间，登高社变成“为民社”。

冯拯，字道济，为人淳朴、恭谨、谦逊，不喜欢声色犬马，所得俸禄和赏赐大多用来接济孤寡贫困的人。特别是在走马上任端州知州时，他竟请求宋太宗说：“我的家人都已安排妥当，只是担心在我走了之后，家里人会到陛下这里来提出什么非分要求，希望陛下不要答应他们。”宋太宗十分感慨地说：“你到了地方不挥霍浪费，不腐化堕落，管好身边人，不向朝廷上伸手提非分要求，这才是真正的执政为民啊！”

冯拯到了端州，有一年天久雨，谷难干，仓司以老百姓送来的谷不干拒绝收纳。好些人远道送来加上等候收粮盘缠都用完了，很是着急。冯拯了解到这一情况后，令仓司全部收下。为使这笔谷不致霉烂变质，在另放一处的同时，又要求凡来仓要粮者，不分先后，一律先支湿谷。

话说，端州有了好安居，趣事也多。991年，登高路住有一户员外，生有一女一子，女儿及笄待嫁。儿子尚年少，正在塾中读书。那塾师生性刁滑，常常给学生留下作业就出去游荡。一日，他满腹春情，给学生出了一句上联：

有客登堂，惊醒万里春梦；

学生对不上，就去求姐姐代对，姐姐代对道：

无人共枕，枉存一片痴心。

塾师回来一问，知是姐代弟对，便自作多情，以为小姐对他有意，于是又出句：

六尺绫罗，三尺系腰，三尺坠；

小姐看后，挥笔而就：

一床棉被，半床遮体，半床闲。

塾师一看，认为小姐对自己含情无疑，便欲立即与小姐定情，又赤裸裸地写了一联：

风紧林密，问樵夫何处下手？

小姐见塾师心术不正，立即严词训斥：

山高水深，劝渔翁及早回头。

塾师看了，心中凉了半截，但未死心，去硬着头皮纠缠，继续传联：

桃李杏梅，这些花哪时开放？

小姐不客气地回敬道：

稻麦黍稷，此杂种是何先生。

至此，塾师也无计可施，但心中总是愤愤不平。不久，便眼睁睁地看着小姐出嫁了。一年后，小姐生了对男双胞胎，回娘家做满月，那刁塾师凑上去，指着双胞胎戏弄小姐说：

谁是先生子，孰为后生儿？

小姐一听，塾师又出污言秽语，就撕破面正颜道：

后生为我子，先生是我儿。

塾师自讨苦吃，只羞得无地自容。在场的宾客听了，一个个捧腹大笑。

再说冯拯在端州上书，请更制版籍，重新核定岭南各路的版图和人口，并就岭南盐法、岭南与中原通商等问题，提出了一系列对策。他奉行“恬丁法”（清查土著酋长所隐部曲，变之为国家户籍人丁），严格按大宋律例办事，制定了一系列促进岭南封建化进程的措施。他上书皇帝，请派遣使臣，强行将岭南诸路藏在土著豪强门下的农奴（洞丁）清查出来，变为国家户籍管辖下的人丁。这一措施不仅增加了国家赋税，而且保证了宋太宗淳化元年八月已颁布的“禁岭南杀人祀鬼”等法令得以实施。

“于是岭西之僚，多为良民”，被历代奉为治理岭南的有效方法。同时，他“禁杀人祀鬼”，甚至“备洞寇”，征剿出山骚扰的少数民族等。手段强硬，但是“为尊者讳，为贤者隐”，这是古代作史，甚至是做人的最高准则，于是有人说，冯拯这一“恬丁法”对岭南封建化进程作出了重大贡献，他是一位颇有才能的政治家。

宋真宗鉴于冯拯的政治才能，在祥符七年（1014）召冯拯升为吏部尚书。至年底，他当上了宰相。

睦民路：黎家山水轶事

睦民路，北接宋城路，南连正东路，直通江滨二马路。而在明代，这里横巷较多，十分繁华，邻里和睦相处，如有东横巷、西横巷，龙家巷、何家巷、张家巷等，从而组成“睦民里”。

睦民路的来由有一个小故事。古时候，此地曾有一棵高高大大的木棉树，以此划分，一头是忠和路，另一头便是木棉路。后来住在木棉路的人总觉得木棉路之名太俗了，也与城西双木棉、单木棉的路名有重复之嫌，于是经过大家推荐，一致赞同取名为“睦民里”。睦民，既有意境，又是木棉的谐音，符合街坊和睦的心愿，这样就流传了几百年。在“文革”期间，睦民路曾被称为爱民路。1981年复称原名。

在1926年的一天，岭南画派的创始人高剑父来到端州，游览了星湖之后，便走在端州繁华的正东路上。他一边看闹市，一边谈风情。当他走到睦民路与正东路交汇处一家字画店门前时，停住了脚步。原来，高剑父看中了店里的画，那店里挂着12幅清代花鸟图，虽是临摹之作，却很传神。一打听，这些画作出自店里一位十六岁的少年之手，高剑父惊叹其奇才。

这个少年就是后来享誉中国画坛的国画大师、岭南画派巨擘黎雄才先生。1910年5月15日，黎雄才生于端州旧城区，七岁在父亲黎廷俊的指导下开始临摹古画，1923年升入肇庆中学就读，得岭南花鸟画家居廉之入室弟子陈鉴指导，渐入门径。

据说，黎雄才之父的木棉画，大都以睦民路的木棉树为原形。他们一家人就在这一带刻下岁月的年轮。黎雄才的成长也从这里开始，直到被高剑父在端州街上慧眼相中，黎雄才成为其门下弟子。

经过一番考察，星湖采风，鼎湖写生，高剑父观其作画，决定招收黎雄才成为岭南画派的传人。于是，高剑父把黎雄才带到了广州“春睡画院”。

高剑父对黎雄才要求很严，每天让他上阁楼去临摹古画，学会“折衷中西，融汇古今”。他为了让黎雄才能集中精力，不使其分心，每天当黎雄才一上楼阁画画，高剑父便把梯子抽掉，真可谓用心良苦。高剑父拿出自己收藏的几百幅宋元古画，让黎雄才专心临摹，还带他外出写生。严师出高徒，黎雄才在高剑父的严格训练之下，果然技法大进。后来，高剑父又送他到日本留学，进一步深造。这期间，黎雄才在老师的严格要求下，先后画出了一批有名的作品，为世界各地博物馆所收藏。勤奋学习与深入生活，是一个画家成功的必由之路。黎雄才铭记老师的教诲：“学问之道，劳而不获者有之，未有不劳而获者。”他不怕艰苦，长期坚持写生。他曾经从广东出发，取道广西、贵州、重庆、成都，而后转到陕西、宁夏、青海、甘肃，再入新疆、内蒙古等地，一方面饱览祖国山川之胜，一方面探访古代的艺术宝藏。直到20世纪80年代，他还每天坚持写生活动，并创作出震撼人心的画作。

黎雄才终其一生，一直难以忘记高剑父对他的悉心培养。一说起高剑父，必称其为“高师”，晚年他经常和朋友谈起高剑父对他的教导，认为这是他终生受用的最大财富。

黎雄才勤于笔耕，擅画山水，兼及花鸟、草虫，尤以画松称雄画坛。他的作品在继承传统中创新，广采博取，多从师法，注重深入生活，以摄取造化精蕴为旨归，形成了雄浑清新、具有时代气息的“黎家山水”风格。其作品境界旷远深秀，笔法生辣劲健，意态高华。

传说，黎雄才有个雅号叫“黎松才”。在1977年秋，一天晚饭后，黎雄才和同伴外出散步，走着走着，他不见了。当时大家都以为黎雄才可能被老朋友请去了，也就没有在意。其实，黎雄才走在半路上，看到一棵长势很好的松树，有一枝出枝很奇，就停下画了起来。当下就有人给黎老起了个雅号叫“黎松才”。

在他的山水画中，松树画有非常强烈的艺术感染力，这和他一生对松树的偏爱和长年累月进行松树写生分不开。据说，黎雄才写生画有一万多幅，其中两千多幅是松树。

品味黎雄才的画与品味睦民路一样，一股氤氲厚重的历史气息扑面而来，仿佛让人置身于历史与现实交错的时空里，每个人都在想象着过去发生过或未曾发生过的往事。历史时空的交错，成为驰骋百年的思绪风帆，成为每个到那端州古街人心里的一道风景。

无论你想到还是没有想到，或不愿想到，历史永远和现实连在一起，无法改变，正如黎雄才的画一样在这里流传。因此，在扑面而来的带着西江水乡特有气味的历史气息环绕周身的同时，心灵也被这古城的历史所震撼。我不禁感叹，“端州作画今朝胜，岭派豪门至此开”。

西门后街：何国良轶事

清代，端州西门后街有一位金石篆刻家何昆玉。1887 年，他与弟翰林待诏何瑗玉，同石砚匠梁念忠一起，向两广总督张之洞申领承包老坑石砚的制作与经营，并拿出白银二千两，资助端溪书院办学，对端砚艺术与文化教育的发展有所贡献。

民国初年，西门后街又出了一个人物叫何国良，他幼年丧父，七岁进肇庆第四小学读书，1927 年进高要县立中学，1933 年考进广州市立师范学校。1957 年，他在海南岛华南热带作物研究院图书馆担任馆员和翻译，受到周恩来总理的接见和表扬。

何国良把一生的时间和精力用在学习、钻研翻译外文上，掌握外语有 14 种，除了英、法、俄、日、德、西班牙等国际主要语种之外，还能笔译荷、捷、波、葡、意、越、瑞典、印尼等国文字。此外，他还从事世界语活动，与日本的世界语活动家、福冈市动植物园负责人森真吾保持联系，能笔译世界语。

1960 年 2 月 9 日，周恩来来到海南西联农场时说：“我们国家的建设，要立足于自给，橡胶也是如此。”当时，全垦区经济最为困难。农场创业者每天只能分到二三两米，要靠上山挖木薯、摘野果、采野菜充饥；水肿病流行，饥饿威胁着他们的生命，有的因此倒下了，而站着的人仍咬紧牙关，默默地奋战在茫茫胶林中。

“天任”和“蔡惠”橡胶园，是檐县爱国华侨 1919 年从南洋引种成功的两个橡胶园，也是新中国橡胶事业的发祥地。周恩来深情地抚摸着已有五十多年高龄的“老祖宗”树，仔细地观看着从割线上汩汩涌出、“叮叮咚咚”落入胶杯的洁白胶乳，语重心长地说：“橡胶树，我们自己有了，我们要多产胶！我们国家很需要橡胶呀！”

周恩来一行还到了近乎穷乡僻壤的儋县宝岛公社，看望从事科研和教学的人员。在简陋的图书馆门前，周恩来问何国良：“你什么大学毕业的？”

“广州市立师范学校毕业”。

“来了多久，习惯吗？”

“五年了，习惯了，政府照顾得可周到，连我们没想到的，政府都替我们办了。”

“听你的口音——你是哪里人？”

“肇庆人。”

周恩来怕是听错了，开玩笑地问：“哦——你是绍兴人吗？不会是老乡吧？”

何国良不好意思地补充说：“我是广东肇庆的。”周恩来当听到负责人介绍何国良自学 14 种语言，为热带作物科技情报翻译作出贡献的事迹时，周恩来握着他的手称赞道：“了不起，了不起！”然后勉励何国良和所有有志于献身中国橡胶事业的知识分子们“好好干下去”。

创业者用期望的眼神望着就要离去的周恩来，说道：“总理，请您为农垦工人写几句话，不知行不行？”情绪高涨的周恩来爽快地答应：“行！”写什么呢？他略为沉思了一下，就挥笔写下了意境深远、雄浑有力的题词：“儋州立业，宝岛生根。”字中饱含着赞美之情与殷切期望。

1978 年 2 月，何国良被评为全国科学大会先进工作者，并光荣地出席了全国科学大会；第二年又被评为广东省科学大会先进工作者，同年还加入了中国共产党。

1979 年 4 月，何国良调到中山大学图书馆工作，晋升为副研究员。他长期从事图书资料情报工作，先后担任《热带作物译丛》、《园艺译丛》、《重庆农业文稿》等杂志翻译工作，编译过英、法、德、俄、日、西班牙、荷、捷、波、葡、意、越、瑞典和印尼等 14 个国家科技情报资料，每年平均译校约 15 万字。另外，翻译出《潜水学》专著，参加翻译由科学出版社出版的《美国科技百科全书》农业部分，以及《世界科学家人名辞典》等大型工具书。20 世纪 80 年代，他加入广州世界语协会，曾当选为理事，被人称为“世界语学的骑士”。1986 年 5 月病逝。何国良的一生正如他的诗，有着“唯愿多读书”的精神：

丹青妙手百战身，为画寒梅来报春。
定知离离原上草，一年一度又萌新。

南门正街：彭显轶事

南门正街即城南路的前身，宋元明朝称南门正街，意思是古城南门的正面街道；在清初时称南门大街，衙门前这半条街也叫作“县门”。直到“文革”期间改称为城南路。

历史在古端州这块中心之地演绎了无数的悲欢离合，可现在不见了粉墙、黛瓦、古民居的画面，也没有想象中的热闹。

其实，端州南门正街有过繁荣历史。南门，是南大道的出入口，通出西江，交通便利。历朝各代的官署衙门以及达官贵人的府第公馆多在古城南隅，均距南门不远，因而人流稠密。也就是说，是由于人文环境及地理条件的优越，造就了城南路之繁荣。当时流传着这样的顺口溜：

绸缎布匹秀衣坊，钟表眼镜亨得行。

中药西药大药房，首饰古董老典当。

日杂鞋帽慎昌堂，要买百货乐福祥。

窜街走巷麦芽糖，想生贵子门诊张。

据传，彭泰来的长辈彭显，是乾隆年间的举人，出生在清泰里。他装束得体，热情谦和，通情达理，风趣幽默，谈笑风生，是一位懂得享受生活的清代名士。彭显虽然名声没有彭泰来显赫，人却有点儿古怪，从不轻易给人吟诗题字。

一般来说，只要彭显在南门正街饮茶，远远近近，慕名而来的，多是索画写条幅的人。可惜如今彭显留在端州的墨宝并不多。

有一年冬天，下着残雨，彭显去南门正街，街上大小火锅的门面都要踏进一次。可是，一连几家酒馆都没有狗肉宴，唯独一家“云来茶馆”有狗肉宴。彭显不管三七二十一，拂袖坐下，便点一煲狗肉。为什么？原来，彭显生平最爱品茶吃狗肉，有狗肉吃，连命都可豁出去。这时，狗肉浓郁喷香，香气随风飘逸，彭显馋得几乎流下了口水。越垂涎越想吃，彭显终于无法忍耐，于是说：“好香啊！叔公，狗肉煮好了，够火候了，怎么还不给我端上？”

“噢，先生，这一锅狗肉不是你的，是留给另外一个人哩。”

“谁呀？”

“一位会吟诗咏对写字的先生，我们请他来题诗哩。”

彭显一听，急了，自己也算是端州名人了，也称得上一位文学家、书法家、篆刻家和诗人，自己不写谁写？便问：“哪一个秀才啊？嘿，叔公，我彭显来为你题诗！先写先吃。”还没等叔公开腔说话，彭显早已拿过了准备好的纸张笔墨，问写什么内容，叔公说：“随意就行。”彭显看了一眼窗外，便“唰唰唰”地挥舞起手中的大笔来了：

越井人南去，湘川水北流。江边数杯酒，海内一孤舟。

岭峤同仙客，京华即旧游。春心将别恨，万里共悠悠。

这是唐代贾至的题诗，为《送陆协律赴端州》，真是少见的彭显书法。诗写好了，狗肉也就摆上了。这是老板为索墨宝巧定的妙计：上门请彭显来写，彭显就是不肯。可怎么办？只有摆狗肉煲计。

彭显事后自知中计，也就落款不盖章。但是，他只能无奈地留下“一煲狗肉一首诗”的故事。

印象中的古代文化名人并不善解人意，很难与人沟通，张口就是“之乎者也”，闭嘴就是一副愚夫子架势，可彭显全不是这样。如今的城南路，似乎少了人文气息，有了另外一种感觉。

巡捕巷：张允文轶事

据说，清代端州巡捕巷有个张玉屏，又名张星广，精通岐黄之术，也会武功，以“武”闻世。年轻时血气方刚，体格健硕，喜欢习武，尤以腿上功夫了得。如果他扎起马步，即使两边有两个人同时扯其双脚，也休想拉得动他。有一年，他只身外出，路上遇到几个匪贼。他们仗着人多势众，以为打劫张玉屏是手到擒来之事，结果被他赤手空拳地制服了。

张玉屏之子张允文，以“医”出名，曾与孙中山在广州博济医院附属南区学校同班。1890 年，张允文毕业回到肇庆行医。他先在巡捕巷开设“存济医局”，是肇庆地方有西医之始，之后迁到福建巷；1906 年又搬到东门街，改名“存济西药房”。到了 1917 年，两广浸信联会医院成立，张允文被选立为首届董事。

1923 年 7 月下旬，时任非常大总统的孙中山偕夫人宋庆龄、广州卫戍区司令魏邦平，以及华侨伍于簪、伍学晃、杨逸仙、杨西岩等人游览鼎湖山。孙中山还专程来到存济西药房，与张允文叙旧。两个当年学医的同班同学，一个医国，一个医人，抚今追昔，感慨万分。

据传，1923 年，端州要构筑东门街、天宁北路等几条马路。在拆迁商铺时，高要县长严博球亲自督阵。张允文向他提出几点意见，严某很不高兴，心想“我堂堂一县之长，岂容你说三道四”，认为是张允文有意捣蛋，竟然举起手中的文明棍，要打张允文。张允文也并非等闲之辈，他一字一句地说：“你打我一下，就要赔银一千元。”这时候，严某恼羞成怒，大喝一声“可恕也”，手起棍落，“啪！啪！”两下，果真打在张允文身上。身为县太爷，虽是七品，竟然在光天化日之下殴打教会人员！张允文不依不饶，遂向两广浸信会投诉严某侵犯人权，仗势欺人，滥打无辜。两广浸信会马上派人前来处理，要求严博球赔偿三千元。严某为了息事宁人，只好乖乖地如数照赔。张允文并没有将钱收为己用，他不差钱，而是把钱平均分作三份捐赠出去：一份给肇庆善堂，一份给浸信会，一份给梧州思达医院。

第二年，张允文为肇庆基督教会牧师。他为了纪念父亲张玉屏，在米仓巷购买近两千平方米的地，修建一座专门收留失明女孩的场所，取名“玉屏园”。那些女孩子有的是先天失明而被遗弃，有的是后天失明，由父母送来这个充满爱和怜悯的家园。园中有两栋大楼，一栋是牧师及管理人员宿舍，一栋是女孩子学习和生活的地方。还有菜地和小花园，并种了果树，环境优雅、洁净。直到肇庆解放后，1952 年，“玉屏园”才由人民政府接收，成为高要县委宿舍。而那班失明女子则搬到德庆县，政府为她们成立了德庆福利院。

1929 年，张允之应聘担任高要县平民医院筹备处主任，并将浸信医院改为信立学校，收养孤儿及盲童；1937 年任平民医院院长，直到去世。后人称赞张允文行医一辈子，积蓄多奉献给端州、莲塘等地教会及社会慈善事业，乐善好施是其一生的美德。

君子里：刘椿年轶事

在端州城西走了一趟，发现有“千年街市”之称的君子里，就在康乐中路西门路段的基围脚。君子里在“文革”期间曾被称为团结路四巷，1981 年地名普查时恢复原名。

怎样才能称得上君子呢？“君子”一词出现较早的，可能算孔子《论语》“君子坦荡荡，小人长戚戚”之句了。对君子的含义要求，孔子曾言：“君子有九思：视思明、听思聪、色思温、貌思恭、言思忠、事思敬、疑思问、忿思难、见思义。”这样，君子应该特指有学问与有修养的人。

在宋朝，宋绍圣三年（1096），十四岁的赵佶被封为端王，以端州为封地。有一年，赵佶带领两名随从微服私访。他对“君子”有疑问，特地来实地查察。只见这条街上的老百姓不管是做工的，还是经商、种地的，他们身上都带有书本，一有空，就拿出书来读。耳闻是虚，眼见为实，赵佶查察后大喜，后来做了皇帝，即降旨封这里为“君子里”。这当然是传说，因为赵佶未必到过端州。

话说元代端州龙津坊有个刘椿年，为高要都监。有一年深秋，府前路周边街道上传来了迎娶喜事的悦耳之声。刘椿年对随从说：“听说此地男女老少都有君子风度，夜不闭户，路不拾遗，人称‘君子街’。今天我们就来试一试，看是否果真如此。”刘椿年灵机一动，想出了一个办法：“我们三人扮成要饭的叫花子，到娶亲之家赶喜酒。你二人假装为一个铜钱而争吵打架，来引起东家的注意，看他如何处置。”

主意已定，三人依计而行，简单打扮一番，走出府门来到街上，正巧是一户富商之家在大办喜事。两名“叫花子”开始争吵，从街口一直打打闹闹到了商家门口。东家得到管家的报告，说外面来了几个叫花子贺喜，因为争夺一个铜钱打了起来，把大门口堵住了，贺客进出很不方便。东家连忙步出大门，见刘椿年三人正打得满地翻滚，门口尘烟四起。老东家慌忙上前劝架，吩咐下人将三人请进客厅后堂，打来清水让三人净面洗手。

刘椿年这时才慢吞吞从怀中取出三枚铜钱，随手扯来一块红纸包好，递到东家面前说：“我们师徒三人来赶喜事，两个徒弟却为了一个铜钱打了起来，见笑了。我只有三文钱作贺礼，望老东家不要嫌弃。”

东家接过刘椿年的三文钱，不但不计较，还连忙吩咐下人将三人引进主客厅，安排上座。东家亲自来敬酒，边饮边对三人说：“三位方家，我坛里的酒是自家酿的，菜是自家烧的，请不要客气，慢慢饮用。”又找来几位老者陪酒。

三人酒饭过半，中途告辞，东家再三劝留，并吩咐管家拿来一些银两，递到三人手中说：“这是我的一点心意，以备有难之用，吃饱再走也不迟。”

刘椿年接过银子说：“我三人在东家打扰了，还劳烦以银相赠，实在不好意思。”接着问：“东家可有文房四宝借我一用?”东家不解其意，刘椿年说是助庆。东家随即安排纸、笔、砚、墨，摆开八仙桌。只见刘椿年挽起袖子，提笔在手，力贯指尖，挥笔写就“君子里”三个大字，然后将银两压纸上打揖告辞了。

东家慢慢品味“君子里”三个字，连声喜道：“题得好！也写得好！”这是何方高人呢？见落款是椿年，莫非此人就是都监刘椿年？

他吩咐下人跟踪观察，不足一顿饭工夫，下人匆匆忙忙跑来报告说，刚才三个叫花子已换上了一身官服，嬉笑而去。东家断定此人定是刘椿年，随即叫下人收好字幅。后来，从砚坑运来上好的砚石，请来上好的石匠，将刘椿年的题字刻嵌在牌坊，“君子里”就这样在端州传开了名。

如今当我们走近古代的君子里的时候，才明白老街虽老，却不朽。端州富于地方文化的环境营造出中国“君子人家”的氛围，应该深受当代都市人的关注。

新元路：拦街递品轶事

早年有个外地老板第一次来端州，我陪他在城区兜了一圈入席食庄。点菜时他说肇庆的蚬很有名，服务员就介绍炒黄沙大蚬。我很惊奇：“你怎知道肇庆有蚬呢?”他更惊奇：“肇庆不是蚬都吗？刚刚才经过蚬都大道，高速路上还有蚬岗呢?”我怔了半天才知道他搞错了字，砚、蚬不分。怪不得他食蚬，而不食砚，“此砚非食用蚬”！

1886年，端州出现砚石开采无序的情况，再加上“只许州官放火，不许百姓点灯”，石工没了饭碗，于是村民怨言不少，一时间向县衙、府衙等部门诉讼不休。但是一直得不到解决，村民因此深受困扰。有一天，两广总督兼广东巡抚张之洞鸣锣开道来到肇庆，行至黄岗新元路时，白石村人“拦街递品”，当面向张之洞呈上诉状。

而新元路，是从“羊肠小道”扩展拓宽之后改为路名。此路于2000年建成，路名取自21世纪新元年之意。

当时，张之洞被“拦街递品”的突发事件吓了一跳。张之洞是清末四大名臣，任两广总督时，对广州、肇庆等地做了很多有益的事，重点是大抓教育，成效显著。当他了解这是一桩民事兼行政处事的复杂案件时，他亲力亲为，调查研究，决定给村民一个满意的答复。

随后，张之洞亲自巡视羚羊峡，对端砚砚坑进行了实地调查，当场裁定当地不许白石村人采石是“不当封禁”，并且核定由黄岗石匠梁念忠等人进行开采砚石以备贡品，同时还严令当地官员不得私分或者私受砚石等。张之洞的裁决，真是一举三得，既平息了砚石山坑的纠纷，让村民普受实惠，又使珍稀的端砚资源得到了很好的保护，更重要的是也让自己获得了稀世精品。

清光绪十五年（1889）八月，应日坊的白石村民，将张之洞为保护开采砚石以备贡品事案而立下的碑文，整块上好的砚石高130厘米，宽83厘米，字体楷书直行阴雕，共1 172字，记述了“拦街递品”的事情，称“张之洞为开采砚石以贡品事碑”，虔诚供奉。石碑上斑驳的字迹，凌乱的划痕以及碑前两棵枝繁叶茂的松柏似乎在向驻足观看的人们诉说年代久远的往事。

有人还把张之洞下令开采的“水岩”砚坑称之为“张坑”。其坑石品好，质较高，于是村民精心雕刻了一方端石送给张之洞。张之洞心花怒放，在边款刻上“西洞神品”，“光绪己丑重开水岩得此佳石，子青仁兄赏之甚喜遂敬赠。弟张之洞经记”。

此砚为张之洞铭文的端砚，亦是张坑端砚的标准件。此砚半璞半琢，石色天青，石质细润，叩之为木声，为砚中的极品。配红木砚盒。

据传，张之洞另一方书卷式的端砚，下款为“光绪辛卯年清明张之洞”。书脊所刻文字记载了该砚的刻制过程，内容为“光绪十七年，官府众等瞻拜端州包公祠”，张之洞题联“余念其笔墨流畅而摹刻之”，下有款“程氏砚坊珍玩”。砚台上镌刻的对联是：

丹心一颗，千金哪比人格贵；

清风两袖，万贯不移品行贞。

“文革”时期，张之洞石碑几被毁掉，村民想尽一切办法，冒着生命危险把它藏起来才逃过一劫。据悉，这是目前仅存的有关端砚生产的碑记，有着重要的历史意义，现已被列为肇庆市重点保护文物。

迎恩巷："不持一砚归"轶事

端州迎恩巷，在宋代是迎恩坊的一条街，有官用码头，是历史上端州通往外埠的重要路径。古代皇帝或高官驾临端州，百官需在此迎候，故"迎恩坊（巷）"由此得名。迎恩坊的作用，一副对联可概述全部：

隔水建坊共通富路，岭云端江由蕴英才；

迎仰尧天人沾惠雨，恩承舜日鲤化飞龙。

宋仁宗康定元年（1040），包拯被调来端州做官。他从迎恩巷码头上岸到任，三年后也从这个码头离任，平时还从这个码头乘船去巡视工作。

他到任不久，听说历任地方长官借进贡端砚为名，盘剥百姓，砚工苦不堪言的事。为了弄个究竟，包公特意穿上便服私访。

一个夏日正午，包公徒步走到那段陡峭的端砚坑口。他看见了光身汗渍、蓬头垢面的采石工，正在用杂粮充饥；他看见了一个披麻戴孝的少年，脸上充满了淡淡的忧伤。此时，少年拿出随身携带的笛子吹了起来，乐音瑟瑟。顿时，凄凉的笛声在烂柯山上空回荡，让人觉得六月飞霜，暑热顿消，一下子走进了一个寒气袭人的世界。

包公为规范贡砚而来，带了些酒菜，招呼疲惫的大伙坐在一块儿吃喝，可是石工们无动于衷。包公见大伙不动身只好自己动手了，逐个为他们添些酒菜。石工们的心如枯草断茎的丫枝颤动了一下。

包公既不问石工的情况，也不说贡砚之事，因为少年忧郁的笛声，似在倾诉石工怨恨的心声：端溪石头多，百姓苦最多，自从贡端砚，百姓砸了锅。包公明白，是衙门强行加征贡砚的苦与累让大伙陷入苦闷和彷徨。

人们盯着包公，一会儿，他躬着背消失在砚坑里；一会儿，他带着沉郁的眼神爬出洞来。他的衣服脏了，脸也黑了。石工们相视良久，仿佛要把包公摄入心底。刚才只顾沉浸在离愁别恨之中的少年，悲怆的双眸原本带有的冷冷的薄冰开始溶化，断肠的笛声停顿了。

包公也明白了他们的想法，再次把大伙招呼坐在茅棚里。大伙预感到此人可信，没人拒绝了。

包公把一大碗烧酒端给了少年。少年不知是因为惊恐，还是悲伤，止不住浑身的微微颤抖。

包公点点头，让他喝一口，然后，从自己身上解下一块布，替他轻轻擦去脸上的泪水，为他感到有种说不出的心酸！一个壮汉看在眼里，凑上前来，端起少年喝了一口的烧酒，来一个俯仰天地，喝了个精光。

包公看了看大伙，眼睛潮湿了："大伙都喊一声吧，喊一声什么都好了。"

倏尔，少年站起来大喊"啊——"一声，大山也动荡起来。接着，那些石工们一起冲着滚滚涨水的西江放声大喊"啊——"那声音撕心裂肺，神鬼皆惊。

大喊，是本真，是另一种心声，是对灵魂深处自我的呼唤！包公抹去了眼泪，说："你们的声音就是我的声音……"

从此，包公审案的时候时常回想起这砚工洪壮之声。

据传，包公离任时，端城男女老幼都来码头送行。一些名流、士绅纷纷携物相赠，都被他一一谢绝了。官船在万人围观中解缆沿西江而下，不久就到了羚羊峡。他再抬头遥望端砚坑口，砚工们在向他挥手，向他跪拜，向他呐喊。包公回想当日一叙，热泪盈眶。

本来风和日丽，天色晴朗，但是风云突变，乌云翻滚，浊浪排空。

包公感到事有蹊跷，心想莫非手下人背着自己私受贿赂，藏于船上？他马上命家人包兴把随行人员叫来身边查问。他的随从书童忽然跪下："大人，有一事我忘了禀告，我们离开端州之前，绅士徐乐天特地送给大人端砚一个，因小的认为是小事，没有启禀，私下替大人收了，现放在船上。"

包公一听，当即命令书童从速将砚取出。这块端砚，外包黄布袱，砚身雕龙刻凤，鸲鹆眼碧绿晶莹，果然是方好砚。包公拿到手，而向山上的砚工，随手将端砚抛去，落到江里。说来也奇怪，砚一落江，顿时风平浪静，云开日出。不久，就在端砚下沉的地方隆起一片沙洲。包裹端砚的黄布，掉进水里，顺流而下，形成一片黄光，后来这也成为沙滩。据说现在广利镇的"砚洲"和沙浦镇的"黄布沙"就是这样形成。

包公"不持一砚归"之说，在《宋史·包拯传》中确有记载，包公的清廉耿介、正直无私，为群众所赞颂，连端砚也随之增添了身价。

城基脚：包公审哑仔轶事

城市的路名，多有记录历史和方向的功能，方便路人记认。例如，端州城基脚巷，路名兼具历史和方位，一说路名也大概能猜到在哪里，不用东找西问，可见路名起得准确的重要。

我在一个阳光灿烂的下午进入城基脚巷，之所以选择这样一个下午，是因为我觉得在阳光最炽热的时候走进去，光影的交错会提供给我一个进入历史的最佳时机。

城基脚巷这一名字让人立刻明白历史积淀赋予城市的通俗之气，全写在斑驳的宋城砖上，在古巷的残壁间，老宅的天井里，甚至连那些树的枝叶仿佛也记忆着端州学子走过这里，诵读四书五经和唐诗宋词的旧事。站在古巷往前一望，静静的小巷里，没有青石板，只有灰色的廊檐迤逦伸延，因古朴引得我左顾右盼。

街上的行人很少，走起来显得有些空旷，像一个人走在旷野里。空气中留下了潮湿的尘土味，尘土味伴有故事味，飘过大街小巷，深入我的内心，深入千年后一个路人的内心。

据说，城基脚巷在九百年前发生过一宗奇案。话说一天包公在端州坐厅，有公吏前来称："门外有一名石哑仔手持大棒前来献官。"

石哑仔献棒？包公略思不得其解，便令他进来，亲自问之。诸吏遂复包公道："这厮每遇新官上任，几度来献此棒，任官责打。大人休要问他。"

包公听罢思忖："这哑仔必有冤枉的事，故忍此刑，特来献棒。不然，怎肯屡屡无罪吃棒？"遂心生一计，他令人用猪血遍涂在哑仔臀上，又以长枷枷于街上号令；同时暗差数个军人打探，若有人称屈者，引来见他。

石哑仔，家住端州城西山脚，即现在的康乐路宋城墙边的城基脚巷，许多人都认识他。上街不久后，街上百姓纷纷来看。有一老者嗟叹道："此人冤屈，今日反受此苦。"军人听得，便引老人至厅前见包公。包公详问因由，老人道："此人是城西石哑仔，伊兄石全，家财巨万，此人自小不能言，被兄赶出，应有家财，并无分与他。每年告官，不能申冤，今日又被杖责，小老因此感叹。"

包公闻其言，即差人去追唤石全到衙，问道："这哑仔是你同胞兄弟么?"石全答道："他原是家中养猪的人，少年原在本家庄地居住，不是亲骨肉。"包公闻其言，遂将哑仔开枷放了去，石全欢喜而回。包公见他回去，再唤过哑仔教道："你日后若撞见石全哥哥，你去扭打他无妨。"哑仔便点头而去。一日在东街外，忽遇石全来到，哑仔怨怼，随即推倒石全，扯破其头面，乱打一番，弄得他十分狼狈。石全受亏，不免具状投包公来告，言哑仔不尊礼法，将亲兄殴打。包公遂问石全道："哑仔若是你亲弟，他罪过非小，断不轻恕；若是常人，只作斗殴论。"石全道："他果真是我同胞兄弟。"包公道："这哑仔既是亲兄弟，如何不将家财分与他？还是你贪心独占。"石全无言可对。包公即差人押二人去，将所有家财各分一半。众人闻之，无不称快。

我默默地走着，走在充满故事的路面，放慢了脚步。岁月的风尘，也许会在一声叹息中悄然消逝，然后再也找不到。而我似乎感觉到故事还在流动，它不是静止的，像墙上渗延的古迹。

吉仔巷：恶师误徒轶事

明代的文人说包公很会审鬼案，其中有一宗案就发生在端州吉仔巷。宋代的端州吉仔巷，即现在的米仓巷一段。

话说人家教育子弟，择师为先。做先生的误了学生终身大事，确实可恨。宋代有个姓张的先生，名字叫作大智，书没读过几年，只写得一本《百家姓》而已。那先生有一件好处，惯会谋人家好馆，处了三年五载，得了七两八贯，并不会教训一字，把学生大事误尽。于是，有个东家姓杨名梁，小名叫吉仔，因学无成，死去后化为鬼仍要告于包公台下。

杨吉仔的状文为《恶师误徒事书》：

易子而教，成人是望，夫子之患，在好为师。今某一丁不识，强谋人馆。束修争多，何曾立教。误子无成，杀人不啻。乞正斯文，重扶名教。上告。

包公看罢，大怒道："做先生的误了学生，其罪不小。"即唤鬼卒速拿恶师张大智！不多时，张大智到。包公道："张大智，你如何误了人家学生？"

张大智道："张某虽不才，亦知教法，但凡教法要因人而施。学生生来下愚，叫作先生的也无可奈何。就是孔夫子有三千徒弟，哪里个个做得贤人！况做先生的就如做父母一样，只要儿子好，哪里要儿子不好！还有一件，孔夫子说'自行束修以上，我未尝无诲焉'，又有孟子说'待先生如此，其忠且敬也'，看来做主人家的也有难做处。因见杨某学生又蠢，礼数又疏，故未能造到大贤地位。"

包公听张大智说得头头是道，不似没文化的先生，于是又差人叫唤杨吉仔上堂，问道："杨吉仔，你如何怠慢先生？"杨吉仔道："因见先生不善教诲，故此怠慢他也许有的。"张大智道："你见我不善教诲，何不辞了我另请别人？"杨吉仔道："你见我怠慢你，何不辞了我到别家去？"二人斥辩多时，包公喝道："休得折辩，毕竟两家都有不足处。"

张大智当即又补一上诉词，《诉为诬师事》：

天因材笃焉，圣因人教哉。有朋自远方来，亦将有以利吾国乎？自行束修以上，三月不知肉味。上大人容某禀告，化三千唯天可表。上诉。

包公看罢这"一告一诉"，笑道："待我考试先生一番，这是主人家的意思。"于是，遂出下一个题目来。先生作起文章来果然文辞不通。

包公道："果然没冤枉你，主人怠慢你是该有的；先生误了学生，罪同谋财杀命。但主人家既请了那先生，虽则不通，该当礼待，以终其事，不可坏了斯文体面。今罚先生为牛，替主人家耕田，还了宿债；罚主人为猪，今生舍不得礼待先生，来生割肉与人吃。”

批道：

审得师有师道，黑漆灯笼如何照得；弟有弟道，朽樗栎如何雕得；主有主道，一毛不拔如何成得。先生没教法，误了多少后生，罚牛非过；主人无道理，坏了天下斯文，做猪何辞。从此去劝先生，不要自家吃草；自今后语主人，勿得来世受屠。批完，各杖去讫。

豪魁巷：洪颐煊轶事

端州的豪魁巷，是明清后期的古巷，在“文革”期间称为群众路七巷，1981年后正名为豪居路七巷。豪居路借用了“豪魁”的谐音和字义而得名。

豪魁，寓意强横而杰出。这里有豪杰，也有豪宅。古代有一间建筑，通道与厅、房、后轩、天井等错落组合。现在豪宅不见，已是寻常百姓家。

两百年前，豪魁巷来了一名官方收藏家，将端州书画砚一收而去，那真是“豪魁”。这人叫洪颐煊，字旌贤，临海城关镇人。少时曾与其兄坤煊、其弟震煊苦读于僧舍之中，以通经博古、学问优良为人称道。当时浙江学使阮元带携洪颐煊，就读于杭州敷文书院，点名颐煊、震煊同到孤山诂经精舍研学。当时的“西湖第一楼”平津馆，就有一副对联高度称赞他俩是“专家绝学通中法，二俊才名过古人”。

但洪颐煊并非考试的料，多次考试都名落孙山，只好“买官”。他“买官”先得直隶州州判一职，后任广东罗定州州判、新兴知县。期间，他只顾藏书，不顾从政。他入住端州豪魁巷一间豪宅，致力于藏书、藏画、藏砚。“市上时多旧书，而收藏人少，价值亦不甚昂，予历年既久，因得积有卷册。”这时候，他已决心做一个真正的收藏家了，不惜重资在端州搜购，得以集藏古书旧籍万余卷，至于碑版、书画等亦得上千种，其中不少世人罕见。

1816年夏，洪颐煊的恩师阮元就任两广总督后，知道他并非是当官的料，就说他“吏才短而文学优”，将他聘入其幕，这样洪颐煊更空闲了。1824年9月，他将在粤所得的名人书画墨迹，聘请端州知名石工梁琨、梁端荣父子汇刻《倦舫法帖》8册。洪颐煊在广东任职十年，从广东回乡后仅古籍的数量就有1 886部32 675卷，其他如金石、书画等均至数千。有人说，浙江人为什么那么有文化，在此可略见一斑。

而后，洪颐煊在他家乡建了一幢新宅，就是“小停云山馆”，俗称“芝麻园洪家”。馆名取自陶渊明《停云》一诗：“停云，思亲友也。”洪颐煊据此取名，大概表明其性好友的意思吧。

“小停云山馆”是清代台州收藏文物和古籍最多的一座“私人博物馆”。它所藏的书画方面，卷轴类主要有宋元明清代的名人作品计八十余件，册页类有二十余册，扇面有8册208幅。

可惜的是，小停云山馆在同治元年太平军撤离台州时，穿窬之辈乘乱夜间入馆，使该楼被烛火所毁，藏品损失殆尽。后来到了孙辈，家道衰落，残藏的又被售去部分，其中《倦舫法贴》的原石，以三千大洋售给他人。后人罗华曾两访洪宅，对洪氏当时的情形感慨良多。他在《浣花集》中写道：

十年前记过筠轩，今日犹存竹满园。

先后与君同一慨，买书人有卖书孙。

忠和路：钱公子轶事

端州有条忠和路，在今睦民路附近，“文革”时期改名叫爱民路，1981年复称原名。路名取“忠实谦和”之意。

话说古时忠和路有家姓钱的富户，世代经商，广有良田，大小绸缎庄数处，家资颇丰；但美中不足的却是钱家一直子孙不旺、人丁单薄，直至传到了钱桂这一代，家产虽依旧丰盈，不过仍是后继无人，眼见他已年近四旬了，膝下却仍无一男半女。

为了续接香火，这些年来钱桂不断娶妻纳妾，不断烧香拜佛。有道是“功夫不负有心人”，钱桂刚过了四十岁生日的时候，他的一个小妾终于有了身孕，钱家上下自然是欢喜不已。

从十月怀胎到一朝分娩，在苍天的保佑下，一个男婴顺利地来到了他们钱家。钱桂给他的宝贝儿子取名叫钱继。钱继到了十七八岁时，虽然眉清目秀招人疼爱，但他一不爱读书，二不喜欢经商。

钱继以学着做生意为名到处去鬼混。一日，他来到了富庶繁华的西门。正走着，钱继忽然看到不远处一户人家，门口站着一位轻罗曼纱的年轻女子，女子仿佛也正在朝钱继这边望着。他赶紧往前走去，在距那位女子数步远的地方，不敢再朝前走了，心慌意乱地停了下来。人虽然站住了，但他的眼睛却始终没有离开过那位女子桃花一般的脸庞。

这位女子身材窈窕，衣着艳丽，髻云低垂，钗玉生辉，媚眼摄魂。此时的她，也被眼前的这位细皮嫩肉的翩翩公子哥所迷，正盯住他。

钱继走到了女子的身边，一把握住了这女子娇小的玉手，口中刚刚说出“姐姐”二字，突然院中传来一声“芳儿”，女子闻声立即挣脱了钱继的手，娇声颤动地小声说了一句“你晚上再来”，便像鹿儿一般地跑回院子里。

这位名叫芳儿的年轻女子是一位商人的妻子。丈夫常年在外经商，家中只有她和双目失明的婆母以及一位女佣三人。清冷单调的生活，使得她内心的孤独寂寞与日俱增。今天见到的这位玉面小少爷，勾起了她内心深处的那份渴求，使她芳心大乱。

好不容易等到天黑，芳儿悄悄地走到院子里，轻轻地打开了大门上的门闩，微微地让大门开了一条缝，然后躲在大门附近的花丛里，等待着那位玉面小少爷的到来。这正是：

月浅灯收，多在偷情处。今夜掩妆花下语，明朝芳草东西路，但了心愿事，不学相思树。

话说西门有个姓王的屠户，皮肤黝黑，人称“王黑”。虽以屠宰为业，但平素最好赌钱，一旦赌输了，就常常干一些偷鸡摸狗的营生来弥补损失。这天天一黑，他便带上尖尖的屠刀出门寻事去了。

突然，他发现有一户人家的大门微微地开着，便轻轻地推门走了进去。这时候，藏在花丛中的芳儿看到一个人影走进来，她还以为是她的那位玉面小少爷来了呢，于是一面小声喊着“冤家，挨千刀的”，一面激动地扑了上去。

王黑还未来得及判断是怎么回事，以为是人家来抓他，便本能地举刀朝黑影刺了过去，只这一刀，可怜的芳儿便芳魂归西了。王黑吓得连刀都顾不上拿走就夺门而逃了。

就在王黑逃走不久后，钱继也悄悄地摸进门来，突然发现死了人，顿时魂飞魄散，拔腿就跑回忠和路。

第二天，倒霉的钱继被带进了衙门，经过初步审问，钱继供出了他和芳儿如何约定，如何赴约，又如何发现芳儿已被人杀害等细节，接下来无论再怎样严刑拷打，他也不肯承认自己是杀人凶手。

当时的肇庆知府叫王莹，断案如神，他仔细地勘察了一番现场，拿着那把作案用的凶器反复地端详了起来，发现那是屠户专用的刀具，他的心里已有了破案的方向。

王莹当即对手下说道：“三日后本府要大宴宾客，你等传令下去，明日全城的屠户都要带上刀具到府衙听候差遣。”

屠夫们如约来到府衙后开始认取自己的刀具，剩下最后的一个屠夫说什么也不肯拿那件凶器，他大声喊道有人拿错刀了。王莹闻讯走了过来，他问众人这是谁的刀子？有人认出这是西门王黑的刀子。王黑对所犯罪行供认不讳，得到了应有的惩罚。

钱公子经此一难后，性情大变，从此努力读书，广结善缘，后来竟成了当地的贤明绅士；再后来，儿女绕膝，子孙满堂。

镇南街：陈焕章轶事

在阅江路西段南侧古称镇南街。康熙三十二年（1693），两广总督石琳重修阅江楼，修后将阅江楼改名为镇南楼，因为肇庆地处五岭之南，而中原人一向称岭南人为“南蛮”，而“镇南”此词则有“镇压南蛮”之意味。但是，由于肇庆人不甘心被“镇”，始终称之为阅江楼，故在康熙三十五年（1696），清政府将其复名为阅江楼。

陈焕章幼年在鼎湖区广利镇砚洲家塾读书，八岁“谒圣”，在励刚家塾学习“训诂辞章，考订八股”，打下了牢固的古文根基。陈焕章之父为陈锦泉，是清朝的候补巡检。后来，他带着陈焕章到肇庆，住入端州镇南街，这里离府学宫不远，读书方便。陈焕章十一岁“应童子试”，十三岁“补县学弟子员”，十四岁时便考中了秀才。当年风云历史的那些人物，通过这大大小小的巷子时，一定留下过自己的脚印。陈焕章从这条巷子走出，一举成名。

后来，陈焕章到广州学习、教书，并于1903年考中了举人。这年冬天，回家乡砚洲陈族创立了“颖川两等小学堂”，这既是肇庆有府属学堂的首创，也是全省家庭学堂的首创。他在学堂大门亲笔书写“敬教劝学”四个大字，作为师生座右铭。

1904年，二十四岁的陈焕章考上“恩科联捷进士”，是清末最后一次科举考进士，钦点“内阁中书”。1905年，由学务大臣张万熙奏派为留美学员，入哥伦比亚大学政治经济系；1910年，他用英文撰写了36卷的《孔门理财学》一书，是国人在西方出版的最早一部经济学名著。四年后，陈焕章获得哲学博士学位，称为“西江第一博士”。

陈焕章回国寓居上海，以天主教“尚贤堂”名义创办文化基地，撰写了《论孔教是一宗教》、《中国今日当昌明孔教》等文。他还与梁鼎芬、麦孟华等发起组织全国孔教会，在得到民国政府立案批准后，于1912年在上海山东会馆召开成立大会，自任主任干事主持会务工作。

1913年9月，在上海、曲阜、广州三地设立孔教会总事务所，康有为任总会长，陈焕章被聘为袁世凯总统府顾问。1916年，黎元洪任中华民国总统，陈焕章被选为国会议员。他在北京创立《经世报》，任总编辑，宣传孔教。当时康有为支持并参加复辟，失败后兵临城下。张勋逃往荷兰使馆，而康有为惶然不知所措。陈焕章在危急时念师生之情，想方设法，迎康有为避居于美国使馆“美森院”。患难见真情，陈焕章虽然不同意也不介入老师的复辟活动，但在危难时仍然挺身而出救了老师一回。康氏写诗赠曰：

高禾蝉鸣年若暑，围城炮声密如雨。

回廊搔首步呻吟，下帷且校春秋注。

陈焕章与康有为关系亲密，他在砚洲故居的门匾也是康有为题写的。他在康有为去世后曾写挽联：

新教新政，大难横生，最怜美馆幽居，随待三时，承命独校论语春秋之注；

传道传经，过奖蒙劝，岂意郑州一别，睽违五载，去国忽闻泰山梁木之歌。

1919年，陈焕章四方奔走，筹款修建北京孔教大学，其言行受到总统徐世昌的赏识，聘他为总统府顾问，授予文虎勋章。1923年1月，他获北洋政府颁发“大绥宝光嘉禾”勋章。同年10月，曹锟当上总统，陈焕章第三次被聘为总统顾问。

1923年9月，孔教大学正式开学。担任校长的他以“昌明孔教，培养通儒”为学校宗旨，并自撰一楹联云：

孔子之徒皆忠鲁国；

上帝临女无二尔心。

1927年12月，世界宗教和平会执行委员会议在巴黎召开，他被推选为世界宗教和平会副会长。回国途中，意气风发的陈焕章写诗寄给在北京的母亲。诗云：

任道何曾敢息肩，古巴除日独登船。东南西北人无定，春夏秋冬岁已迁。

肃整衣冠迎正朔，静歌雅颂乐吾天。每逢佳节思亲倍，况是初行五十年。

1933年10月24日，陈焕章因中风症于香港孔教学院内辞世，终年五十二岁。

塘基头横巷：花冢铭碑轶事

城中路边上有一条街，叫塘基头；塘基头中有一条巷，叫塘基头横巷。塘基头是一条古巷，“文革”时期塘基头叫红旗二路八巷，而塘基头横巷叫跃进路三巷，后来在1981年恢复原名，没了横巷，也没了跃进路三巷。

据悉，在“文革”前后，市政协就在塘基头横巷办公。这里保管着一块彭泰来撰书的“花冢铭”碑。花冢铭碑有记，是清朝道光年间所刻，碑高两尺，宽一尺，隶书，从右至左竖列14行，全文269字。

花冢铭碑虽然小，来头却大，是彭泰来及其相好的文人，仿效前人怜香葬花而写的一篇游戏文字，语言精炼，一气呵成。字体刚劲又不失秀逸，布局严谨工整，堪称彭泰来的书法艺术的代表作，故历来受到文人、画家、书法家的赞誉和喜爱，纷纷拓印收藏。

据说，清道光九年（1829）的一天，彭泰来与好友陈愚谷、何星查、罗玉符等人，走到烂柯山桂源第二峰下去葬花。葬花之后过了五年，彭泰来回想当年此举觉得有趣，便写了一篇花冢铭，然后将花冢铭刻碑，最初存放在羚羊峡山之南、水口村之东、烂柯山西麓的龙华寺明翰堂内。

彭泰来等人为何搞一出葬花小戏？因为众人在龙华寺玩得十分开心。龙华寺创建于明万历年间，清康熙年间又加以扩建，并在寺东筑“涵碧园”，寺西辟“养西园”。到了嘉庆时又增建“桂源精舍”和吉羊亭、明翰堂以及翠巢、风月等建筑。当时梵宫琳宇，气象万千，因而吸引了不少邑中名士，常临酌酒吟诗，故有葬花之举。彭泰来在此写有一联：

鹿苑狮林，证有情果；

江风山月，结无尽缘。

后来，龙华寺的寺僧换了，花冢铭石碑也没了。无人再过问此事。

数十年之后，到了 1917 年，端州吴德元、陈涤吾闲聊时，跑到龙华寺访求花冢铭石刻，却不知石碑去向，都认为已经丢失，深感可惜。第二年初春，二人就请谢炳奎（号星岛，清光绪拔贡，擅写诗及书法）将吴远基家中所藏的拓本钩摹，重刻一石，连同吴德元撰文、谢炳奎书写的“跋”一并刻石上。用小楷所书的跋非常好，算是佳作。但是，奇怪的是，这块碑后来也不见了。

大概又过了几年，有一年夏天，又有吴远基、陈德彬、孔桑浦、马呈图等人寻碑。他们泛舟到羚羊峡口登上龙华寺，查访葬花冢，当时寺僧恰好外出，询问侍者亦不知。他们翻遍寺院来找，无意中在禅榻之下发现一块碑石，拿起一看，原来是花冢铭碑记。意外所得，大家狂喜不已，便当即将碑石搬上船，运回端州后，将碑刻镶嵌在阅江楼西侧的“仓沮圣庙”东壁。

时隔数十年，梁赞燊老先生为了更好地保护花冢铭碑刻，又从仓沮圣庙壁上将其取下交由专人保管。1960 年，梁赞燊将花冢铭碑刻移交给肇庆市文物管理委员会。1962 年，政协肇庆市委员会与市文物管理委员会联合举办文物展览，将此碑列为展品，在肇庆工人文化宫展出，展后就存放在城中路塘基头的市政协。

十年动乱期间，市政协被迫停止活动，会址变为市葵篮草席编织厂的工场，花冢铭碑无人保管，一时不知下落。后来在室外东侧的小巷道查找，终于发现此碑放在自来水管下，横搁在沟渠之上，原来职工们把它当作承物的石板使用。于是立即取回，妥善安放。花冢铭碑又一次被寻回，现由肇庆市博物馆珍存。

花冢铭碑文如下：

于乎！古而无死，蛾眉同木石之顽。天若有情，鲛泪溢沧溟之涨。风雨如晦，茵溷随化。伤心者才人之竟，游戏者幼妇之事。冥冥泰虚，问孰畣哉？

牂牁之阴，高峡之阳，柯山之西麓，陈子愚谷，何子星查，罗子玉符，葬花之冢在焉。桂源诸峰，实曰灵窟。坟依莲寓，参此色界。玉棺三寸，撰神仙之挽歌。漆镫九泉，照蝴蝶之幽梦。万艳抱于同穴，孤云怆而忆泥。斯亦缘从感幻，哀以乐致也者。倩女未嫁，生已离魂。空香不灰，死异凡骨。明月白露，筑金粉以埋忧。山空水流，藏文章而度劫。

宰树红豆，忽然为人。墓田素馨，再世倾国。偏何姗姗在鸾情凤想间乎？冢立屠维赤奋若之岁。后五年，昨梦生为之铭。非春非秋，迟云容出地之日。歌耶哭耶，镌娲皇补天之石。铭曰：

香国非佛，蓉城非仙，女夷之阡，男儿可怜。

风雅书香

端州古有省级书院、府级书院、直隶州书院、县级书院、乡镇书院，一应俱全，是开启了唐宋古文运动序幕的基石，使之成为岭南文化史上富有理性光辉的篇章。不管是私塾、学宫、书院，还是学院、学校，都是天下学子的“摇篮”。

道前路：斗南书院旧话

端州古时有条道前路，在如今的正东路与城中路段交汇处，因明代设立“分守道署”而得名。史料记述，明嘉靖十八年（1539），兵巡道周相在分守道署的西侧，即今城中路高要老干局西半部建斗南书院。明隆庆四年（1570），两广总督李迁将斗南书院撤销，改为“分守道署”。道前路今已不存，斗南书院也已销声。

然而，端州的教育序幕，并不是从斗南书院拉开的。书院作为地方官学源于宋代。北宋宝元三年（1040），包拯任端州知州官，也是一个文化传播的使者。当年他在宝月台兴建第一所公立学校——星岩书院，拉开了端州地方官学教育的序幕。

在此之前，端州一直未有地方官学。端城附近只有零星私塾，由家族延师教子，属初等启蒙教育。包拯创办半官学形式的星岩书院，使地方青少年能够接受进一步的教育。

包拯还在今城东渡头附近创建宝光寺祀奉玉皇大帝，意在鼓励端州民众包括山民服从朝廷的管教和统治，以维护社会稳定与国家统一。包拯离任后，宝光寺迁至玉屏岩，建为玉皇殿。而宝光寺的原址后来相继建为天后宫、濂溪祠、景福祠，遗址在今污水处理厂东南侧。同时，包拯还在城西景星坊创建文昌宫（后变为法轮寺、西江讲武堂，今为市直机关第一幼园），传播中原儒家文化，教化一方，鼓励读书人走科举之途为国效力，可见他在端州也是一个教育家。

宋代开设地方官学因元代兵燹频繁而多被焚毁；明代官学大兴的同时，社学、书院学风渐起。1523 年，知府曾创设“东隅社学”于阅江楼侧，创设“西隅社学”于城西门外。1562 年，知府邹光祚复建东隅社学于濂溪祠（今渡头村），复建西隅社学于城中路城隍庙西侧。1567 年后，东隅社学改为铎阳书院，西隅社学改为孚德祠。

但是，明代也出现了天下书院一齐毁的现象。之后，书院“虽世宗力禁，而终不能止”。支持办书院的名臣王守仁、湛若水在两广地区有较大的影响。端州依然是一个地区的文化中心，一城之内或先后或同时建有很多书院就是其表征之一。明代，城中先后建有九所书院：

崧台书院在城东，宣德中，知府王台改建。

濂溪书院在城东，嘉靖四年（1525）知府曾直改建。

仰湖书院在城东，嘉靖三十六年（1557）都御史吴桂芳建。

端溪书院在城西，万历元年（1573）佥事李材建。

文峰书院在城中，万历十六年（1588）知府郑一傚建。

庆云书院在城东天宁寺右，万历二十三年（1595）总督陈大科建。

铎阳书院在城中，万历二十八年（1600）知府陈深建。

景星书院在城东天宁寺左，万历三十一年（1603）总督戴耀建。

瞻淇书院在城中，万历三十七年（1609）知府江中楠建。

此外，嘉靖二十五年（1546），肇庆知府胡纯扩建崧台书院，“跨街为楼，中通隧道，上为崇文阁。两廊而下，各为号舍”。嘉靖四十三年（1564），两广总督吴桂芳将崧台书院东侧的预备仓改建为仰湖书院，在今阅江楼东侧。

明代隆庆至万历年初，宰相张居正不满地方官员借书院讲学非议朝政，且以“科敛民财”为理由，下令封闭全国所有书院。端州所剩的三所书院全部被迫停办，崧台书院、濂溪书院改作兵营，仰湖书院改作吴桂芳生祠。张居正病逝后，各地纷纷复办书院。肇庆知府王泮复办崧台书院、濂溪书院；但没多久，天启五年（1625），太监魏忠贤下令禁毁全国所有书院。端州的崧台、景星、铎阳、庆云、萦梧、瞻淇、行素七所书院被迫停办。

“康熙盛世”时期，书院陆续复办，端州教育又一次兴盛起来。如康熙三十九年（1700），经两广总督石琳批准，以督标中营副将林兆麟为首的一班官僚，将七星岩风景区内的熊文灿生祠（今水月宫西侧），改为星岩书院。康熙四十二年（1703），两广总督赵宏灿在鼓铸局旧址，今肇庆中学西北角创办天章书院。康熙五十七年（1718），两广总督杨琳在城东天宁寺附近创办宿国书院（今宿国巷内）。雍正三年（1725），两广总督孔毓珣改李率泰、王国光、李栖凤三公祠，今阅江楼西侧高要县粮食局宾兴仓为崧台书院。乾隆三年（1738），两广总督马尔泰改天章书院为端溪书院。乾隆五十年（1787），肇庆知府查克顺用宿国、嵩崖书院经费，在宋代兰陵庙遗址，今擢英路第三幼儿园开办铎阳书院。咸丰二年（1852），黄冈、陶山（今河旁）、岩前三都乡绅集资兴建三都书院。咸丰五年（1855），宝月台观音庵僧人碧青参加红巾军起义，知府郭汝诚没收观音庵庙产，改办龙图书院。光绪三年（1877），桂林都（今睦岗办事处）建桂林书院。这些书院各有所长，造就不少人才。

然而，岁月流转，学校在育人的同时，蹉跎了自己，都成了端州教育历史的前奏曲。

人民南路：端溪书院旧话

从肇庆市政府大门出发，沿着城中路向前走，一条两边骑楼式的街，像阿伯的皱纹。挨个儿看过去，这些皱纹就是端州的民风古巷；再到红绿灯路口，就被人民南路拦腰截断。穿过人民南路依然是城中路段。

人民南路是1981年前修建的大街，南接江滨西路，北连端州六路。它是将皱纹般的古米仓巷西段、南溪路东段、梁家巷、文笔巷等一带用“整容术”拆建而成的，贯穿着人民中路和北路。

人民路一带存在过不少明代的古街巷，与官家府门大户结缘。人民路中端有“朝元社”，起初是道教徒朝拜老子之用，后来用作“臣属在每年元旦贺见帝王”的地方。他们要见的是明代桂王。明朝历史上有三个桂王，湖南（衡阳）、广西、云南、缅甸等地都有桂王的遗迹。第一个桂王是明神宗第七子朱常瀛，明天启七年（1627）九月廿六于衡阳就藩；清顺治二年（1645）十一月初四，病死于梧州。他死后先由其第三子安仁王袭位，也称“桂王”；但安仁王不久也去世，便又由朱常瀛第四子朱由榔沿袭为桂王。他就是在端州称王的南永明帝，最终为吴三桂杀害。1966年后，肇庆市政府将端州朝元社、范家巷等街合并，名为人民中路。

而在人民南路这一段，在明代初，有米仓巷西段南北流向，有高要县学宫在此。乾隆十八年（1753），分巡岭西道佥事李材在现城中路的肇庆中学西北角，即鼓铸局旧址创办了端溪书院。书院大门原向东开，即开向现人民南路，与第十五小学同向。

到了嘉庆二十年（1815），两广总督蒋攸铦将端溪书院原朝东向的大门改建为朝南向，即向现在城中路。端溪书院为什么要改门向呢？传说蒋攸铦信命。蒋攸铦在河北满城县乡下读书时，每当夜晚，先生能够看到他的头和两肩顶有三盏灯，知其以后必成大器，说是门向风水好，便将毕生所学悉数倾授。从此以后，他更加勤奋读书，终学业有成，赴京赶考，金榜题名后做了官。这样，蒋攸铦改端溪书院门向是风水学的正常事了。

不过，关于端溪书院的前世今生更加有趣。

端溪，是端州西江河段的古名。由于端溪一带所产的端砚享有盛名，深受文人墨客的喜爱，因而端溪也出名了。1573年，李材佥事创办书院，以“端溪”命名。想不到的是书院典礼的余热未过，到了第二年，两广总督殷正茂强行将端溪书院改为“监军道”，随之“端溪书院”也就“下岗”了。为此李材负气辞职，离开端州。

后来，赵宏灿任两广总督，因与巡抚满丕不据实陈报广东米价腾贵之事被革职留任。于是，康熙四十七年（1708），赵宏灿复建端溪书院，取名“天章书院”，选招广东、广西的学生。天章，本义是“天文”，指天空的日月星辰。书院取名“天章”，是取“天彰”之意，认为能够镇一方之文风，关系一方科举兴衰。因此，天章书院的前面为讲堂，讲堂背后是两层重檐的飞甍楼宇，名曰“天章阁”，又名“掞天阁”，是藏书之处。到了乾隆元年（1736），天章书院复名端溪书院，定为省级书院。

1752年，全祖望任院长。他提出书院办学的目标是“明经”（选举官员的科目），教育的内容是“行修”（品行端正），并指出要学习应付公职需要的各种文体；同时还提出要培养贡生。科举时代，挑选府、州、县生员（秀才）中成绩或资格优异者，升入京师的国子监读书，称为“贡生”，意谓以人才贡献给皇帝。清代有恩贡、拔贡、副贡、岁贡、优贡和例贡。于是，他在斋舍大门写有楹联：

雅饮纯和气；

清吟冰雪文。

光绪十三年（1887），两广总督张之洞主持重修端溪书院，梁鼎芬任院长。相传有一天，汪精卫之兄汪兆镛（有名的学者，人称“汪大夫”），到端溪书院拜访同乡梁鼎芬。这天，汪兆镛在书院的爱莲亭读梁鼎芬写的楹联：

前贤草木皆可敬；

独对江山有何思。

汪兆镛对这楹联有意见却说不出，恰好他见到书院的一名学究朱先生，竟是一位衣帽俭朴、面貌不扬的“乡巴佬”，便不把他放在眼里，几句客套话之后，他借题发挥，借拆字出联句嘲讽：

朱先生三只牛头，半个鬼样；

在场的人心态各异，有等着看笑话的，也有为朱先生暗抱不平的。朱先生在心里想了想，张口说出：

汪大夫一额汗面，二等人渣。

“朱先生”均为“牛”字头，“鬼”字第一笔；“汪”拆作“一额汗”，“大夫”分拆为一人、二人。汪甚感惊惭，虽然窘迫，但嘴里仍称赞道：“反应果然奇快！”

汪兆镛还想难住对方，即说：“为师者，懂琴棋诗书画不难，懂对联也不难，难在写赋。自古称大学问者，赋要晓得，不知先生能否？”朱先生回答：“写赋不难，难在身为师，月薪薄，人贫扑。”随即开宗明义，不到一炷香时间就写下

《为师赋》。汪兆镛拿起一看，脸色由阴转晴，越看越想看，不禁开口诵道：

学以修身为本，不可无谋食之计；师以淑仁为善，尤当严教道之理。一金虽甚薄，府首于浊富之门；千里不辞劳，委身于不亲之地。视学生犹骨肉，遂弃子而抛妻；以书院为福堂，甘离乡而别井。风吹绛帐影翩翩，惊回旧梦；雨打书窗声淅淅，滴破痴心。两袖清风，十年依然故我；一身蘸墨，满床自负诗书。看今朝，旨酒佳肴，以宴汪学者；残汤剩肉，搭待朱先生。春光烂漫，君有致邀伴同游；秋月扬辉，我无暇登楼玩赏。叹明日，灯花未开时，惆怅频生新幻想；学生归去后，凄凉顿忆故家乡……

读着读着，汪兆镛的面色由晴转阴，声调从朗朗而转喏喏。众人听后，目瞪口呆，都捏把汗，猜想汪兆镛肯定会暴风骤雨般狠骂朱先生。然而，他当着梁鼎芬的面却不敢过分指责，还红着脸，硬着头皮评价一番："一篇师赋，半篇佳作；随手挥就，直抒胸臆，急才难得。虽非情文并茂，却也谦和得体。乃知端溪书院人文之盛，可谓'端溪溪不浅，书院院也深'。"

汪兆镛说完，羞愧地转身离开了书院。

正东路：肇庆府学宫旧话

1923 年 5 月，两广军队争夺肇庆时，东门正街、水街、新街等均毁于战火。同年 7 月，肇庆一场战争平定过后，李济深设督办署于宋城府署，主持构筑正东路和天宁北路。1924 年拆东门楼和月城，填塞庆云门，改东门街为正东街，又称正东路。"文革"期间被称为红旗一路，意思是红旗指引的第一条大街道。1981 年后才恢复原名。

正东路曾经是商业旺地，最为繁华。路面是青石砖铺成的，经历了时间的打磨，青石已经不见，古色被日照翻新。如今两边的骑楼商铺，刻画出的依然是沧桑的景象和昔日的风光。正东路骑楼城很有特色，走在廊下也很有不同现代街市的感觉，这恐怕都是岭南天气"热与雨"的缘故，令建筑师思想意识体现一个"遮"字。整条街气势连绵、淡若流云，在很多方面展现了南方传统建筑艺术的特色和水平。

街古而有趣，感觉周边的点滴都积淀着深沉厚重的历史。而在正东路上，我情有独钟的是肇庆府学宫，古时也称高要学宫，在正东路 42 号，南临西江，东接阅江楼，与西江南岸的文明塔隔江相对，景色宜人。

据说，肇庆学宫是端州最古老的"文庙"，始建于宋崇宁初，约崇宁元年（1102），由郡守毛衍发起，经历张新、林景新两郡守建成。南宋绍兴年间，郡守李麟、郑起沃继而扩建。元末曾加以修葺，后毁于兵战。到明朝洪武二年（1369），知府李从培主持重新修建，天顺年间学宫两被匪贼所据，毁坏严重，被迫迁至城中，到嘉靖十年（1531）迁原址，复加扩建。后经隆庆到万历三十年（1602）的重修、扩展，建成现存规模。

当年，四周筑以石栏，连接街道，树牌坊四个，即“嵩山起凤”、“端水蛟龙”、“崇儒”和“贞教”，中间为青云路，路尽处两旁有贤关、圣域两坊，连接入学宫通道。头门称“文明门”，二门上榜书“黉宫”。泮池上建三孔桥，通大成门。门内为丹墀，丹墀北面高台上是大成殿，殿前东西两侧为庑廊，殿后有尊经阁、明伦堂、名宦祠、乡贤祠、敬一亭等建筑。

学宫从辉煌走向“废址”，历经沧桑，一遇战乱，也厄运难逃。特别是清末和民国时期，屡遭战火之劫，损毁甚多。咸丰四年（1854），红巾军与清军交战，学宫内的木材毁坏极甚；民国初期，借废除科举制度，宫内“古学”（即科举考试的地方）的建筑物和文物被拆毁；民国十三年（1924），两广军阀交战，正东路被焚，学宫的门头和文明门毁于烈火之中；民国十五年（1926），为辟马路，棂星门、东西两坊、黉宫坊及石栏杆被拆，青云路也被改作马路（现朝圣路），两旁设店经商；1940 年至 1943 年间，肇庆屡遭日机轰炸，学宫的大部分建筑物遭受严重破坏，幸存的只有大成殿、两庑和大成门、泮池桥，但也弹痕累累。

为什么一座文庙有两个牌子？文庙的大门上嵌着一块石碑写着“高要学宫”等字眼，而文庙另外一个名字叫“肇庆府学宫”。同一座文庙，居然有两个称呼，官方的解释是，这座文庙是肇庆府学与高要县学的合用庙，庙东为府学，庙西为县学。

其实并非如此。自从端州城有文庙以来，府学与县学的孔庙是分开的。据宣统《高要县志》记载，高要县学宫是另立的，在省立肇庆中学校（原端溪书院）之东、县衙监狱之西，即大约在现在的肇庆中学东教学楼与中山纪念堂间的连线及其南北延长线上，与庙前青云路算上的长度总进深有三百多米，接近肇庆城的南北宽度。据说，现在中山纪念堂旧址前躺着几根粗硕的石柱，可能属于原来庙前青云路石坊。

至于肇庆府学宫变成了“高要学宫”的原因，一是天顺年间肇庆学宫迁至城中，与县学合庙在嘉靖十一年（1532）至万历二十年（1592）间（据《道光肇庆府志》）；二是民国二十一年（1932）“府学、县学互易”，将高要县学划给了肇庆中学充作校舍；三是肇庆府学一直由高要县管理，直到 2009 年 5 月，已经变成“高要学宫”的肇庆府学宫才交回给肇庆市管理。

学宫有什么用途呢？学宫的建筑，一般有两部分，一是祀奉孔子的圣殿，即大成殿；一是学宫衙署。旧时，学宫上都榜书“文庙”二字。端州的文庙既具有古代“学校”的地位，又带上南方建筑的特色。据悉，文庙最早供奉着孔圣人像，是城里读书人每年按时朝拜的圣地。封建王朝的大多数统治者都把尊孔崇儒视为巩固政权的重要手段，所以肇庆和全国各地一样建有孔庙，且规模宏伟，巍峨肃穆。

在一般人的印象中，文庙应该没有了昔日的繁华。古旧的建筑在风中摇摇欲倒，颜色灰中透黑，随时都会被风化的样子。到处都被风尘和蛛丝遮掩，让人的心绪也变得遥远而渺茫起来。

但是，这座文庙没有想象中那样差，原因是解放后，政府把文庙列为重点文物加以保护。1959 年省政府拨出专款维修大成殿，并于 1979 年 12 月将学宫列为第二批文物保护单位；1985 年正式重新公布并立碑为记。当时国家文物局、省文化厅、肇庆地区行署等随之拨出专款进行修葺。历经一年，大成殿恢复了壮丽的风貌，孔子圣像被重塑立于大殿中央，供游人瞻仰；东、西、北三面还增放了多功能展览柜，展出 400 多件学宫珍藏文物以及历年出土文物。在学宫的外墙重新嵌上明代肇庆府学榜文卧碑“钦奉敕旨”、嘉靖年间颁赐给旧肇庆学宫的“御制宸翰”等碑。

1988 年 6 月，举行了“文庙”大成殿修缮竣工暨“大成殿”匾揭幕仪式。学宫的修复，有助于我们对崇儒思想的研究，也为发展文物旅游增添一个好景点。可是，肇庆学宫的利用率太低了，低到只相当于文物保管处，人们可能只听过其名，不见尊容。

建设路：肇庆第一中学旧话

端州城区建设三路，1978 年前都是郊区农田，曾出土过古汉墓。宋代，建设三路属城东厢，绍兴年间建有华严庵和五通庙，故址在市一中东北角。1985 年 10 月扩建工程动工，开辟的街道西接天宁路，东连古塔路。

建设三路南面以前是古村古街巷，现在是标志性的 46 号“肇庆市第一中学”，整个校园掩映在枝繁叶茂的绿树花丛中，走进去就像进入了一个美丽的花园。透过花园的绿荫，会影现出千年书院的前身。

肇庆一中的前身是庆历元年（1041）的星岩书院。当年，包拯任职端州后，兴办学校，在城北的宝月路荷台创立了星岩书院，面对“宝月荷香”之景，旧址于今端州文化馆处。这是肇庆历史上第一所官办书院，也是肇庆公立的最高学府。

话说隋唐时代的古端州，在西江流域就已见瑶人踪迹。有个魏元忠原为凤阁侍郎，在武则天时期，即公元703年9月，他被贬为高要（现端州）尉。他到来后就“整戎旅，备峒寇”，数月后，瑶民就安静了。

端州属南蛮百越之地，州官上任，首先是“备峒寇”，即准备对付从山谷走出来不服朝廷管治的土著俚僚族群。包公前任的端州官刘起陈、范雍、任旦、贾守文等教化峒民成事不足，《续资治通鉴长编》记载：“宝元二年（1039）三月甲寅，广州地界三百余人反宋。”

包公上任后，察看民间疾苦，设法使俚僚落后的移动式山谷经济变为定居式农耕经济，让俚僚融合到汉人之中。由于汉人和俚僚上学者无几，文盲甚多，缺乏教化，包公痛感兴文办学之急。

当时的端州豪绅沈殿坤为了巴结包公，召集各富豪乡绅出资，要替包公兴建一所豪华府宅。包公欣然答应，但提出要用自己设计的建筑方案，并指定在风景秀丽的宝月台兴建。府第建好后，在揭幕仪式上，包公揭开横匾上的红布，显出“星岩书院”四个大字。原来，包公早就想兴学建校，但又苦于资金短缺，于是借沈殿坤巴结建宅一事将计就计，建起星岩书院，以兴教办学，培养人才。

星岩书院聘请梁夔为首任掌教。梁夔当时已落籍端州渡头村。他二十岁中进士，当过南雄州通判，中年举家迁居渡头，是个饱学之士。一天，梁夔拜访包拯，突然大笑起来，包拯问：“老先生为何发笑？”梁夔说：“包大人心有百姓，胸次山河，朝廷之福，百姓之福呀。”包拯挥挥手说：“梁老先生过誉了。”突然想起聘请掌教之事，便问：“请问老先生，可否掌教星岩书院？”

梁夔道：“惭愧呀，惭愧呀，我梁夔也曾任知州，看到官场腐败，社鼠横行，只有解绶归田，退缩隐忍。大人你正气干云，清心直道，相比起来，云泥之别呀。”

包拯说：“老先生饱读诗书，心藏锦绣，理应掌教呀。”二人一席谈，可谓肝胆相照，心中有话，不吐不快。梁夔最终答应掌教了。

话说包拯善政之举是开办星岩书院。然而，历史却令星岩书院面目全非。北宋元丰年间，端州知州王洎已把星岩书院更名为西石头庵，以区别于东石头庵（今阅江楼侧边）。南宋淳熙年间，高要人黄执矩复名为星岩书院。明万历三十六年（1608），端州知府张一栋在星岩书院旧址建观音殿、殿后建楼，称为太和阁。

清嘉庆十年（1805），肇庆巡道窦国华复名星岩书院，开辟五峰园、增添溯洄、半舫室、晚香榭、退思台等亭台楼阁，使肇庆星岩书院与惠州丰湖书院、广州学海堂书院、顺德容山书院并称“广东四大书院”。

清道光十年（1830），知府夏森圃新建水台，名为“观荷观音庵”。清咸丰四年，宝月台观音殿、太和阁因战乱遭毁。咸丰五年（1855），知府郭汝诚没收观音庵，改办龙图书院以纪念包公，希望以儒家的教化手段来化解矛盾冲突，“改禅归儒，泽以诗书，直臣芳烈，订顽砭愚……愿人才之蔚起，惟正直之是趋。庶几乎顽石思义，刚方严毅之操，歌泣敬服之。忱足以上追乎名臣，而不愧乎宋之龙图”。由此可见，他重建书院之举正是他任职期间的善政之一。清同治元年(1862)，州府复办龙图书院，恢复“星岩书院”之名。

张曾敭任肇庆知府期间，重修星岩书院，增造斋舍、讲堂，购置书籍，选正、附课生住院，肄习经史辞章，自任主讲督课，以儒家理学精神为先导，树立了一代严谨学风，培养了一批富有成就的人才，形成了对后世影响深远的“西江学派”。历史名人多有题咏，民间传说更是数不胜数。张曾敭为书院强学堂撰题一副楹联：

此地为江山灵秀所钟，后起英才皆磊砢；

我辈有道德切磋之谊，愿持旧学与商量。

星岩书院可谓历尽沧桑，数度变化，几度迁徙。清光绪三十二年（1906），由州府更名为师范讲习所，次年更名为“政治传习所”；光绪三十四年（1908）州府拆观音殿，创办高要阖邑公立中学堂，开始中学制；1912 年，由政府更名为高要县立中学；1950 年，星岩书院由政府更名为高要县第一中学，1953 年迁至五经里；1961 年正式更名为肇庆市第一中学，迁至建设三路 46 号。

此前，肇庆市第一中学在端州区 128 号建设一路东南侧（黄岗沙寮街一带）兴建新校区。总投资 3.43 亿元，建设了具有地方传统文化特色的现代化园林校园，并于 2013 年落成使用。

芹田路：肇庆第一小学旧话

1980 年开通了端州文明路和芹田路，也开启了肇庆市第一小学的史话。肇庆市第一小学坐落在文明路六巷与芹田路交汇处，也叫文明路第九幢。有人会问，这是全市最早开办的小学吗？

如果以初等小学堂来计，旧时肇庆市最早开办的小学名称应是“高要阖邑高等小学堂”，于清光绪三十年（1904）创办。据说这是“肇庆一小”的前身，人称“八易校址，九更校名”，真可谓历尽沧桑。

由于肇庆与高要的历史原因，一般人搞不清两级机构在民国、新中国成立后、改革开放前后时期的管辖问题，因为以前的高要不是指如今的地域。1988 年前，高要包括了现在的端州区域，也是高要县城。“阖邑”应该就是“全城”的意思。高要阖邑小学堂，最初以端州区城东的阅江楼为校址，在清光绪三十年

(1904）由乡绅高要县宾兴局黎佩兰等人创办。

据肇庆史料记载，黎佩兰，字咏陔，清代肇庆城北西厢乡上瑶登云社人（今端州区睦岗街道办事处上瑶村)。他幼从著名史学家朱一新学于端溪、广雅书院，钻研天文地理。光绪十七年（1891）中举，后绝意仕进，家居授徒。尝制直倒二景晷天体仪（按照日影测定时刻的仪器)、地球仪，其测量度板，精确不爽锱铢(不差毫厘)。据说他石刻有赤道恒星图。这块清代石刻赤道恒星图雕刻了经纬度，除了雕刻赤道北恒星图，还雕刻了南美洲和欧洲等国家的赤道南恒星图，在国内极为罕见，在省内也是首次发现。

朱一新是义乌毛店镇朱店人，清光绪二年（1876）登进士，历官内阁中书舍人、翰林院编修、陕西道监察御史。他为官正义刚直，爱国忧民，因直言遭贬后，便致意执教，任广东肇庆端溪书院主讲及广州广雅书院山长（校长)。其著述颇丰，对经学尤有研究，为清末著名学者、汉宋调和学派代表人物之一。

1913 年，南京临时政府教育部颁布学制规定，改“学堂”为“学校”。于是，阖邑小学堂更为“高要县立模范高等小学校”。当时，由于模范高等小学未办初小，便在府学宫（今文庙）东斋开办模范国民初级小学。陈禹范、罗冕先后就任校长之职。

1916 年，袁世凯称帝，讨袁护国军两广都司令部有一军事驻地设在阅江楼校址。小学便迁到古崧路的青钱书院，陈禹范再任校长。两广都司令部裁撤后，小学又迁回阅江楼原址。1918 年，何自元继任校长；1921 年，覃元超继任。

1922 年春，该校设补习班，为升中预备。1923 年增办初小两个班，借用阅江楼东边的张忠武公祠为教室，拆东后墙砌石级以通连。又租赁大简圩三社之地，围以木栅，为学生运动场，设天桥相通。是年开办女生班，聘女教员杨坤一等，为该校设女班、聘女教员之始。

1925 年春，林世恩任校长。1927 年，梁庆镗、邹祖培相继代理校长。1928 年，初级小学与高等小学合并，便正名为“高要县立模范小学校”，陈鸿恩被选任校长。1931 年改名为“高要县立第一小学”，校址仍在阅江楼，曾祖荫任校长。邱郈君在当时为小学题有一联：

小子为有造初基，少而习焉，践博学行已两言，异日毋惭顾炎武；

国家之需才孔亟，登斯楼也，推后乐先忧一念，同堂谁是范希文。

1933 年秋，梁靖寰任校长。1935 年，梁靖寰调任湖山师范校长，改派梁述初继为校长。1938 年，日军入侵南粤，被迫停课。翌年复课，由冯泳濂为校长，迁校于五经里的五显庙，又叫端江书院，以书院左侧的大帝庙作校舍。

1942 年春，肇庆国民党驻军暂编第 2 军军长邹洪提议，并征得县长林世恩同意，名为高要县立中正小学。

1940年，叶守中任校长，因国民政府推行新制。1942年春，改高要县立第一小学校为高要县立中正小学。1942年春，改高要县立第一小学校为县立中正小学；同年7月，叶守中去职，林素娴接任校长。1944年9月，日寇西犯，肇庆沦陷，学校又告停课。

1945年8月，抗日战争胜利，日本投降，肇庆光复，中正小学迁回阅江楼复课。五经里旧五显庙中正小学校址为县立简易师范学校所用。1947年，县府行政会议决定将中正小学并入在宝月台侧的旧慧日寺为校址的高要县一区第六小学，两校合并后称“高要县简易师范附属小学”，延续至解放。

1950年，“简师附小”改称为高要县中心小学。1951年3月，由县中心小学改为高要县第一小学，校址设在麦仔园佛圣庙。1955年，全县小学整改之后，将肇庆镇内的小学原冠有“高要县”的校名，全部改冠“肇庆镇”，高要县第一小学改为肇庆镇第一小学。自此，高要县第一小学停办，肇庆市第一小学诞生。

三都街：农民子弟学校旧话

端州区有条三都街，在黄岗旧圩河旁路上。最出名的是一间农民子弟学校，叫三都书院。古端州大力提倡民间讲学之风，打破了“学在官府”的局面，使学术下到民间。三都书院以独具魅力的品牌文化理念，成为一个都市里的村庄，亦成为一个记忆中的民办小学。

东汉时期的三都，即东都洛阳、西都长安、南都宛；而唐代的三都指东都洛阳、北都晋阳和京都长安。有篇《三都赋》由西晋左思所撰写，分别是《魏都赋》、《蜀都赋》、《吴都赋》，是魏晋赋中独有的长篇，写的是魏、蜀、吴三国的国都。这篇赋实际上不只是写三个都城，而是写魏、蜀、吴三个国家的概况。

曾经有一个小笑话，很深刻地说明了“望文生义”这个道理。话说，有一个居留中国不久的洋人，一天到端州告诉同学说：“你们肇庆人的确很勤奋。”肇庆人问道：“何以见得?”洋人说道：“每当我早晨经过街道，常常可以看到路旁的很多招牌上都写着‘早点’两个大字，提醒过路上班的人，不要迟到!”早点，早餐是也。而洋人不知，仅从字面含义将其理解为“抓紧时间”，结果闹了这么一个小笑话。

我这里要说的端州三都，是古代黄岗都、陶山都（河旁）和岩前都。在明清时期，基层是图，图下分十庄，图有地保；图上设都，相当于区或乡。清咸丰二年（1852），端州区河旁沙寮村经三都乡绅的三方集资，在现黄岗河旁管理区沙寮村西南兴建一座书院。因其专供三都子弟读书之用，故此取名为“三都书院”。

清代中叶，书院讲学受到鼓励，取得较大成绩。至清代末，乡村所办供年龄较大青年读书的地方，亦称为“书院”。清代书院以县级书院为主体，以府、州级书院为骨干，以省级书院为鳌头，以乡镇级书院为辅助，形成了一个极为庞大的教育体系。清同治元年（1862），重建三都书院并扩大其规模。

三都书院在黄岗人的心中，留下了任何历史尘埃都无法遮蔽的深层积淀，那是一种精神、一种情结、一种责任和一种向心力。当时不论士绅百姓还是官民达人都十分关心教育，支持筹办书院。这种重视教育、重视培养后代和重视培育社会良好风气的精神激励和鼓舞着后人。

当时端州人深知“学校兴则民知礼，礼让行则民不争”。于是，官方、乡绅倡办民间教育，兴学育才，规定凡是年满七岁的儿童都要送进学堂。三都书院的创建为学子提供了学习平台，一批又一批的学子在这里得到了老师们的谆谆教诲，启迪了智慧。

随着历史脚步的前进，三都书院的教与学也在发生变化。清末罢科举设立学堂后，三都书院改为“成德初等小学”。

之后的几十年来，又先后改名为高要县东屯乡第七国民小学、高要县第一区第二小学、高要县东屯乡中心小学、东文乡中心小学。1950 年后，学校又易名为双东小学、黄岗完全小学、双东中心校、河旁小学。1979 年 7 月，校名改为黄岗镇中心小学。1981 年后，河旁村新建起了一幢面积 860 平方米，有 12 个教室的三层教学大楼和一个体育场的新校区，并于 1996 年更名为肇庆市端州区河苑小学。

为纪念和延续三都书院的百年历史，学校特在新建教学大楼处立下一块砚碑，镌刻新学校创建之简记，以此铭刻永留纪念。

五经里：师范变迁的旧话

师范学院是教师的“摇篮”。端州的这个“摇篮”曾迁移过多个地方，五经里是“摇篮”经历最艰难又最重要的几年。

肇庆师范学校的古校址原在城中路，现在市二中地方，原名叫“学堂”。清末光绪三十二年（1906）由广肇罗道蒋式芬创办，前身叫广肇罗工艺学堂。民国元年改名为广肇罗实业学堂。第一任校长是邱丙君，第二年孔剑坡接任校长，又把实业学堂改为广肇罗中等实业学堂。由办工业改办农业，实际只办蚕桑，于是后来再改名为广肇罗甲种农业学校，在东校场办有农场，即现在端州路星湖大道口“大唐盛世”附近一带地方。

1920年，梁赞燊接校长职。翌年，奉令将农校改为广东省立第四师范学校。1935年，奉令改名为广东肇庆师范学校，由此肇庆师范之光照耀端州。抗日战争时期，肇师迁往新桥，云浮河口新围村，德庆播植圩鹿鸣书院，抗日胜利后迁校回原址。

高要师范的前身是湖山简易师范学校，民国二十二年（1933）由陈德彬筹创。1934年，高要下莲塘谢玉良先生，有志于教育事业。在县长马炳乾的支持下，奉命考察东北、华东、华南、西南九省市的教育工作，对陶行知先生首创之晓庄师范学校的办学精神及其方式方法十分佩服。其时，梁靖寰正执教于高要县立第一小学，与谢玉良研究开办一所仿晓庄的矫正时俗的新型师范学校，作为普及和改革乡村教育的先河。彼此分工合作，择址征地筹建校舍。1935年，师范学校建立于鼎湖山麓之迪村，定名为“高要县立湖山简易师范学校”，这是全省第一所“晓庄式”乡村师范。

时势变得快，高要师范校长的更替比学校变迁快。梁靖寰是湖山简易师范第一任校长；马仰乾，字毓健，高要永安人，于1937年8月接任，成为第二任校长。1938年10月抗日战争爆发，湖山师范停课，马毓健此时又毅然投笔从戎。1940年冬复课，梁荣墀任校长，后梁请辞，陆庆庸继任校长。由于鼎湖山麓旧校址被敌人毁坏，加上1943年县行政会议曾有湖山简易师范旧校址将改办中正农林职业学校的打算，另择禄步文社为校址，1941年2月湖山师范改名为“高要县立简易师范学校”。

1944年9月，日寇犯西江，高要县府迁新桥，校长陆庆庸择得二区三民乡隔岸村元龙小学为校址。1945年8月抗战胜利，迁校于端州五经里旧中正小学校址，将中正小学并为附小，同校上课。旧时五经里是端州教育的集散地，肇庆曾经有多间学校聚集在此地。1946年，师范校长之职由本校教导主任梁荣墀担任；1949年，高要县立简易师范与肇庆师范合并。

“文革”时期高要师范停办，1970年复办，校址在禄步北根。同年4月迁至新桥，附设在新桥中学。1973年2月，搬到鼎湖永安新村，以劳动大学为校址。1980年2月，高要师范从肇庆师范分出后，迁至南岸现址。高要师范校歌的歌词如下：

文明塔下，歌声飞扬，教师的诗篇，注入了一代青年的心房。我们自豪，我们骄傲，传播文明的火种，振兴伟大的民众。勤奋求实创新，良好的校风代代传。德才兼备，一专多能。明天的教师从今天做起。

烛光熊熊，火箭升空，生命的飞船，驶入了教育战线的领空。我们兴奋，我们幸福，培育祖国的花朵，建树四化的栋梁。勤奋求实创新，良好的校风代代传。德才兼备，一专多能。明天的教师从今天做起。

水师营：女子学校旧话

如今端州女子医院、女子学校早已是耳闻眼熟，但是在一百年前，创办一间女子学校真不容易。

1913年，端州人刘晓林，在城东水师营的文昌宫创设圣德女子学校，也称高要女子师范学校，吴翊珊任校长。另外，那时西门的“昆公祠”开有一间坤德女子小学，地址位于现在的城中路西段，西门斜坡脚宋城酒店内。这地方原是贤后院（姑娘堂），亦是天主教办的，原办有圣罗撒女子小学一间。这是端州最早的县立女子学校了。

这两间女子学校都要聘女教师教学，但女教师稀少。因此，1919年，在劝学所所长梁赞燊的建议和支持下，改称高要县立女子师范学校，设附属小学，吴翊珊任校长。

吴翊珊，原鼎湖区水坑村人，清光绪五年（1879）出身于书香门第。父吴桂丹是清进士翰林院编修，兄吴远基是清丁酉拔贡生，四个侄儿吴大业、吴大猷、吴大任、吴大刚均是饱学之士。

吴翊珊自幼聪敏，读书过目不忘，有才女之称。她自广州坤维女子师范学校毕业后，以发展妇女学校教育为已任，并于1913年担任端州圣德女子小学校长。不久，她遭丧夫之痛，虽正新寡，却能强忍悲凄，潜心办学。在她辛勤的努力下，学校深得社会各界人士的称赞，因而要求入学的女孩不断增加。吴翊珊无子女，因看破红尘，遂皈依一尼师茹素求解脱，同时潜心办学和弘扬佛法。其时，有不少女学生加入佛门茹素念佛。高要县立女子师范和附属圣德女子小学不断发展，班额年年增加，校舍越来越不能满足生员入住的要求，故于1918年把圣德女子小学迁至府学宫明伦堂。

她为扩大学校，使端州城中路的一间“艺徒学校”（专招收贫民子女，授之织造毛巾、土布和纺织藤品等手艺，后因经费困难而停办）空置的校舍为本校使用。吴翊珊向政府提议，征得肇庆师范的同意，把女子师范和圣德女子小学迁到原艺徒学校（即现在肇庆市二中西南部）。

1919年，吴翊珊升任高要县立女子师范学校校长，选聘当地的优秀教师，如马仲坚、谢弼荪、刘友林、梁仲埙、梁仲琦、唐乃昌、吴明韶等，锐意办好端州城这两所女子学校。本校有一个女生叫张云翘，是新兴县城人，在女师就读期间深受吴翊珊影响。张云翘毕业后，任新兴县立女子小学校长，同时在新兴县城锦水南开设佛堂——普门精舍。

1926年，吴翊珊辞去校长之职，往香港九龙青山寺，拜显琦和尚为师，剃发出家，法号“了生”，于青山寺之右麓结庐，名长明精舍，并在此收徒，耕种修持，禅农并举，聚众徒在青山麓开垦了大片荒山。因此，她可称为皈依佛门的女校长。

1942年，日军侵占香港，在新兴县城的张云翘派专人去香港迎接了生尼师到其普门精舍顿居弘法。白天随众到城郊，既避日机空袭，又垦地耕耘，晚上回佛堂讲经。她发起佛徒组织广东佛教会新兴分会，推举国恩寺方丈自觉法师为分会会长，其本人则被选为副会长。

了生尼师留居新兴期间，率徒往国恩寺参拜六祖惠能禅师。她见六祖塑像穿红衣戴花帽，认为于佛制不合，又与禅师身份不称，便向寺僧建议给塑像改穿僧人袍服。国恩寺大殿年久失修，她发动地方人士组织了新兴各界集资修葺国恩寺及筹建龙山下院委员会，修葺国恩寺的大雄宝殿和六祖殿。1945年秋，日寇投降。她在新兴县城四姓祠集中全县僧尼和善信，做庆祝抗战胜利追荐抗战阵亡将士及死难同胞的水陆法会，缅慰英灵。

1945年12月，了生尼师与郭旦华女居士（后任广州市佛教协会副会长）离开了新兴往广州。1946年春，她率徒众返回香港九龙青山，住持长明精舍，直至圆寂。

再说1926年冬，吴翊珊辞职后，由毕业于天津女子师范的杨进德继任，也是一名女校长。一年后杨校长辞职，刘友林出任校长，这是高要女子学校任用男校长之始。刘友林接任后，增设了幼稚园和妇女补习班。后来女师的校舍太狭小，便向当时停办的艺徒学校借用校舍，作为女师的校本部。艺徒学校原是广肇罗中等实业学堂所设的，即现在市二中操场西南角地方。女师的学制和科目，仿照初中，期限是三年，但加授教育科目。

1931年，高要县立女子师范改称高要县立女子初级中学，将师范生改为初中生，女子小学仍附属女子初级中学。1935年，因出于节省教育经费和便于管理的考虑，又将女子初级中学并入高要县立中学，称县中女子部，女子小学则只办高小，学校行政管理由县立中学校长兼任。

1937年，抗日战争爆发，肇庆惨遭日机狂轰滥炸，县立中学女子部的建筑物全部被夷为平地，成了一片瓦砾场。1948年，加拿大雷淑英又在西门筹建圣罗撒女子中学，校长为杜有金。

以上是创办女子学校的艰苦历程。

肇庆大道：肇庆学院旧话

肇庆学院是一所具有优良师范教育传统的学校，其前身是西江大学和肇庆教育学院的合并，均开始于师范。也就是说，肇庆学院是在肇庆师范的基础上建立起来的。如今肇庆学院在肇庆大道中，东岗村地带，北岭山下。

1906 年的肇庆师范学校是省立学校，校址在城中路，即现在肇庆市第二中学所在的地方。

清末光绪三十二年（1906），广肇罗道蒋式芬创办广肇罗工艺学堂，后改名为广肇罗甲种农业学校，由工变农，既办师范，又办农业班。1935 年，其正名为广东肇庆师范学校，后又经历“肇师三迁”，可见创业的艰辛。1966 年“文革”开始，肇庆师范停办了。

1976 年至 1977 年 10 月，在端州区仙女湖景区内，筹建肇庆地区师范学校；1980 年 10 月，在端州区仙女湖景区内，改名为肇庆地区教师进修学院；1983 年 4 月，在端州区仙女湖景区内，改名为肇庆教育学院。

1970 年，广东教育行政学院下放到肇庆地区新兴县高村办学而创立的肇庆地区师范学校，1975 年改名为肇庆地区五・七师范学院，1977 年 6 月经国务院批准更名为肇庆师范专科学校，1979 年迁至七星岩旅游区（即肇庆学院现址）继续办学。1985 年 11 月，在肇庆师专的基础上成立西江大学，但仍保留肇庆师专，直至 1990 年 12 月裁撤肇庆师专并入西江大学，更名为西江大学师范部。

2000 年 3 月，经教育部批准，西江大学和肇庆教育学院两校合并成立本科层次的肇庆学院。

肇庆学院的来历，令人想到“燕相举烛”的故事。写信人只是因为夜晚写信光线不够，才要求仆人“举烛”照明，他是从写信时的自然环境出发而“举烛”；而作为燕国宰相来说，他满脑子都是在思考治国安邦的大计，因此将“举烛”解读成“举贤任能”，他是从自身的职业素质环境出发而“举烛”。因此，同为“举烛”，而意不同，原因、意境不同也。

俗话说：“错有错着。”“举烛者，尚明也；尚明者，举贤而任之。”学校教师本来就是“举烛者”。试看，肇庆学院的变迁有所不同，而校训“厚德、明智、博学、力行”又有什么不同呢？

厚德，强调了德行在人性改造、做人做事及施政治国方面的重要作用，出自《周易》的“厚德载物”句，这是中华美德的一种概括，是历来志士仁人崇尚的最高道德境界。德为才之帅，厚德乃学生成才的基础。君子应增厚美德，容载万物，心胸宽广，重公轻私，不以个人得失为主。学校把提升学生的道德修养放在首要位置，强调道德修养是人才培养的关键。

明智，是人才的根本，是衡量人才优劣的主要指标，也是现代人才思维方式和认识能力的体现。明智即有非凡的见识，能洞察人间一切，做出符合事实和规律的决策。明智是厚德实现的重要条件。具有高明的智慧，应该是提升道德水准、实现道德完善的一个重要因素。大学教育非常重要的一点就是开启学生的智慧，但智慧的培养，并不仅仅是停留在书本知识的传授上，更重要的是通过知识的传授，去培养学生的人生智慧，尤其是那种关乎社会和人生的大智慧。

博学，是实现道德修养与提升智慧的重要途径，出自《礼记·中庸》："博学之，审问之，慎思之，明辨之，笃行之。"意为学识渊博，知道得多，了解得广，学问丰富。博学将学与智联系起来，表示对学习的高度重视。学校是传授知识的场所，综合性大学的特点就是博，学生应打下厚实的基础，全面提升综合素质，进而达到"博学"之境界。

力行，强调实践的重要性，揭示了应用型人才培养中实践的重要性，出自《礼记·中庸》："好学近乎知，力行近乎仁，知耻近乎勇。"力行强调学习的进度、效果，最终是要通过实践来检验，这就是"行"的功夫。没有"行"，所言的道德、智慧、知识等内容都是一句空话。孔子云："君子欲讷于言而敏于行。"（《论语·里仁》）即希望学生能把所学知识运用到社会实践中去，通过实践，检验学习的成效和能力的表现。

宝月路：图书馆旧话

从宝月路走进，在古端州八景之一的"宝月荷香"，有端州的文化馆和图书馆。在一千年前，这里曾是星岩书院，书院有一间厅房叫众绿厅，是清代老师和学生聚集读书的地方，也是图书馆。清代文学家梁鼎芬写有一联：

招邀数君子；

沉醉万荷花。

光绪年间，内阁中书陶邵学，来主讲星岩书院及监督郡中学，他也为众绿厅题联增色：

千顷澄波坐思叔度；

此中嘉植宜说濂溪。

岁月飞逝，众绿厅曾一度改为包公祠，再后来改作魁星楼，用来供奉这位传说中的"开文运点状元"的星宿，意味"独占鳌头"。正因魁星楼内供奉有如此之神，每到大考之时，常常有许多考生来此求好运，希望能够金榜题名中状元。

而当年梁鼎芬的初衷正是如斋舍题联一样：“切云明月修奇服，苦茗青灯要此时。”陶邵学任院长，也期望学子“云藏大壑能为泽，树养深山自得年”，可见星岩书院起到成才之美，魁星楼则为其推波助澜。后来“高要县立中学”于清末光绪三十四年（1908）在星岩书院开办了，周良玉是第一任校长，1914 年谢瓖材继任校长。

不久，新加坡华侨陈祝龄捐资，将魁星楼冠名为“祝龄楼”，聘吴功补（德元）为新任校长，增加班级，向外募资兴建校舍后座，增添课室宿舍等，因而名为“祝龄宿舍”，使远道学生得以寄宿就读。1922 年，粤桂战争，两军相继驻校，墙壁毁坏，图书、仪器荡然无存，学校停课。

陈祝龄是高要沙浦沙二村人，生于清同治九年（1870）。经姐夫携挈，祝龄十岁赴天津就读，后考入天津商业学堂，毕业后，任职英商怡和洋行，以其精通英语，且擅于商贾，深为英人所赏识。先后由侍应生、练习生、行员，提升为买办，平步青云，二十九岁发迹，后来被称为“津门巨富”，是怡和洋行买办和天津商业银行行长，曾任天津广东会馆董事十余年。他不仅建了祝龄楼，还在1925年捐资两万五千元，在沙浦兴仁里基围东边创建祝龄学校，青砖西式的大楼，颇具规模，还添置有图书仪器、体育器械、教学用品等，一应俱全。学生免费入学，供应书籍，并设有升学奖学金。“祝龄学校”四个隶书大字匾额由梁清平题写。

1929 年，陈殿邦任祝龄楼校长。他是中共党员，上任月余，因革命行动为国民党侦察，被省府派员来县缉拿，连夜用专船运解广州，后遭枪决。陈祝龄也在当年惨遭军阀劫杀，终年五十九岁。

陆海军元帅府大本营驻肇庆，行营主任古应芬将祝龄楼改作“西江宣传养成所”，对学员进行军事训练并宣传反帝、反封建、打倒军阀等主张。学员大部分成为当地农民运动的骨干和革命的重要力量。1934 年，国民党高级将领余汉谋捐资改建魁星楼，赠一批古籍藏书达两万册，因此更名为“幄奇图书馆”（幄奇为汉谋字）。改建后的魁星楼高两层，总面积为四百平方米，四周圆柱回廊。

抗日战争爆发后，1938 年 10 月停课，学校外迁，直到抗战胜利后，学校迁回宝月台原址。解放后，学校变为当今的图书馆。

回忆当年，众绿厅也好，魁星楼也罢，祝龄楼与幄奇图书馆也不过是历史的一缕浮云，县立中学虽然也洒下一路读书声，但应该说，当今端州的文化馆和图书馆面对宝月湖，周围环境清幽，正是读书育人的好地方。

迎祥路：云樵科学馆旧话

在南宋后期，端州有条迎祥街，民国后叫迎祥路，位置在如今的阅江楼东侧，“文革”年间改称东风二路，后来街道整治，迎祥路之名消失了，1981 年后称为阅江路东段。

清代，迎祥路设有警察分署。民国时期，这里有一间“云樵科学馆”，是以余云樵之名命馆的。云樵科学馆奠基于 1934 年，建成于 1935 年，占地二百多平方米，属混合结构。有东、北二门，北门通阅江楼，东门有石级在张忠武公祠前。

余云樵是国民党陆军一级上将余汉谋之父。余云樵的先祖余靖，于清初曾官兴仁营守备，迁居肇庆府大厅西巷，分居于城西之正西路繁衍生息。余云樵幼读诗书，长大后又在城西设馆授书，又曾为县自治董事，靠膏火之费维持生活。所谓“馆谷自赡”，乃清贫之士。

余云樵有一段鲜为人知的经历。清末民初，肇庆城区有以街道或社为单位，举办“义会”和“长生会”，由当地殷富或绅士出名招会，搞小资交流。参会者会期可出利息标投会金，以后分期归还，名为济困，实为盘剥手续费。云樵当时标投义会，年终无钱供会，被会社主事（当时称“总理”）登门追讨，结队逼债，如当时不偿清会款，就要拆房搬家具。年近岁晚，当他一筹莫展之际，适赖况娱老师在沙街解馆路过余家，目睹此景，激于义愤，萌发同情之心，当场将囊中所有相助，解云樵之厄困。余云樵感其恩惠，铭记于心。

余云樵去世，余汉谋为纪念其父，1923 年捐资，在阅江楼高要县立第一小学大门东侧建云樵科学馆，1935 年落成。余汉谋便将科学馆交由该校用于自然科学教学及实验。在当时能用“科学”二字命馆名，可看出端州人的眼光是超前的。

科学馆内布局有序，西北设玻璃壁橱，陈列着动植物标本，南面玻璃壁橱装着各种仪器，有高倍数显微镜，精密量器、衡器、试管和小型电动机等实验仪器。馆内有单人桌椅一百套，供学生上课、实习之用。还有一张十米长的长方橡木条桌，是高要县长陆桂芳的捐物。学生上自然课和生理卫生课都由老师带到科学馆去，教习相长，增长了学生的科学知识。

馆的北面建有小型图书室，东面有大型玻璃窗，外墙用烫金字凸塑“云樵科学馆”五字，由邑人梁寒操为该馆撰书。此外还有《纪念余公云樵科学馆碑记》：

吾邑山川灵秀，名贤辈出，挽近达者，首推余幄奇军长，曩岁建羚羊峡，作镇西江，比年督师赣南，屏潘粤北，俨为百粤安危所系。

今读其尊人云樵公墓志，始知其生有自来。公佐州县幕，以馆谷自赡。孝友于家，仁爱于乡。晚年一度为县城自治董事，以避兵卒于广州。潜德不彰，郁为休祥，不于其身而于其子孙。迄令诸子成名，门闾益大，其遗泽远矣。幄奇军长，军旅之余，不忘弦诵。今年梁生靖寰长县立第一小学，锐意经营，得其昆仲资助，使黉舍一新，生徒日众。并斥其旁建筑自然科学馆。

馆成，即以其尊人之名名之。予连年于役党国，鲜暇问乡事。今得靖寰书，既感幄奇军长提倡乡学之诚，复以馆名深得崇敬乡贤之意，故乐为之记，用示来兹焉。

中华民国二十三年八月，梁寒操敬撰并书，肇庆天宁南路美玉梁文甫刻。

在1936年，县立第一小学在张忠武公祠前建一座“育贤楼”。由邑人余汉谋题字，建筑面积有五百余平方米。楼高三层，首层为学校办公用，二三层为教职员宿舍，供教员休息及备课之用，并将校门改在育贤楼前面。

桂林路：桂林书院旧话

端州星湖享有“桂林之山，杭州之水”的盛誉。然而，端州真的有桂林这个地名，即现在的睦岗办事处一带，古称桂林圩，现有桂林街。据说，桂林的名字来源是桂树成林。

桂林路很短，而历史文脉很长。旧时，端州有书院有书室，有学堂有学宫，也有私塾。睦岗在光绪三年（1877）建“桂林书院”，光绪三十二年（1906）改为成德初等小学堂。清同治年间，任肇阳罗分巡道的方浚师到睦岗考察，见到桂林旧书院别具一格，于是兴致上来，写了一副楹联：

小山旧接使君居，望月思乡，正香满蟾宫，可许三公移桂种；

广厦新成多士庇，临风作赋，原学宗鹿洞，好凭五子证薪传。

后来，在1877年重新修建桂林书院，1906年改为成德初等小学堂。联中说桂林书院可比蟾宫，文脉承接天下闻名的鹿洞书院。“三公”为古官名，是天子之下的最高管理的称呼，辅佐天子。《汉书·百官公卿表》记曰：“太师、太傅、太保，是为三公。”（德韶者居之）“或说司马主天，司徒主人，司空主土，是为三公。”（才高者居之）而《宋史·窦仪传》记载宋代窦禹钧的五个儿子仪、俨、侃、偁、僖相继及第，故称“五子登科”。

书院有盼头，而私塾又如何呢？睦岗水松根村有间“荥阳书室”，据考为明代崇祯年间建，是目前端州历史最悠久的乡村书室，书室即私塾或学堂。但在乡下的私塾档次就差一些，老师良莠不齐，待遇也不一样。

相传，有一位饱学之士做了塾师，人称熊塾师。他来到睦岗一间宗族祠堂主办的学堂（家塾），要求乡亲立聘书。乡亲有意试他，谦让不会下笔，由他代写。塾师在红纸上一挥而就，聘书辞藻华丽，骈体文相当标准典雅。其文如下：

邮传绛帐，芳声可比前贤；稔悉洪钟，铎响能振后学。自惭子弟非佳，恐负先生善诱。然大匠之手无弃材，陶冶之门无窳器。爰卜北山，敬升西席。

众人一看，暗暗称赞。其中一个东家乡绅问“窳器”何解？熊塾师答：“次品也。”乡绅觉得塾师满腹墨水，但不想多支付薪金，又不好摆款，只能在平日找茬。一时间，乡间的红白喜事，都由塾师代劳，无偿撰写文书或对联，写得好的，一声多谢也没有；写得不好时，还遭受非议。熊塾师的额外负担十分沉重。

因为塾师是外地人，吃住在东家，乡绅每天给他吃的是萝卜青菜，他非常不高兴。一天，在教学生对联时便借机发泄，他故意出上联让学生对：“青菜白粥伴萝卜，可口。”学生不知所对，塾师大声地说：“黄瓜红薯炒豆芽，好香。这是你爹的家常好菜，怎么对不出呢？”接着是打一板学生的手心，并出一上联叫学生回去补课，不懂就问家长。联句是：

三月不知肉味；

学生对不上只有问老爹，老爹知道是塾师刁难，也不理会。老爹希望子弟读点书，识些字，能写算家务账就心满意足了，对联的话随他怎样答都可以。学生急得没办法，次日一早跪在课室。熊塾师依然问对，学生情急之下答道：“双膝跪到茧痛。”塾师一听，这是妙对呀，只好作罢。

熊塾师潜心教学，教七八岁的儿童，以识学为主，如《三字经》、《千字文》、《百家姓》、《尺牍》等读物是少不了的。但是有钱乡绅的观念是“孔子孟子，抵不上我一担谷子”，不想花钱读书，这使塾师所教学生更少，待遇更加微薄。由于在此毫无保障，熊塾师一年后就另找东家，故在桂林（睦岗）一带又任私塾，劝说富户送子弟入学，补资捱生活。临别时，东家叫他留些墨宝，熊塾师想了想便写下一副对联：

孔子孟子，抵不上我一担谷子；

离骚风骚，只能当他满腹牢骚。

东家一看，哑口无言。刚好鼎湖山来了一个化缘和尚，内心苦闷的熊塾师便劝和尚：“到别处去吧，我两餐都没有着落，他们怎会大发慈悲呢？我与你都是同病相怜呀。”熊塾师又吟了几句打油诗：

频年托钵远方游，尝遍辛酸点点酬。

他日不知何处去，傍人门户度春秋。

和尚说：“阿弥陀佛。随缘有缘，无缘亦缘；缘即是师，师即是缘；缘缘不断，源源不断。法海无边，何愁他日无缘？”

后来熊塾师是否也名声大振不得而知，但是可以说明睦岗有一定的教育历史。

兴贤里：三娘教子旧话

兴，举用也；兴贤，谈进用人才。宋代王安石认为，国家只有任用贤能的人才能兴盛，倘若不用贤能之人而专凭君主一己之见则必将衰败。端州兴贤里的地名便来自“进用人才”的本意。

兴贤里不算大，常住人口 1 600 多人，是城东辖区内最小的社区，却南腔北调，百家姓氏杂居；又有奇风异俗，独具“文化飞地”。

兴贤里街道名，在明朝万历年间就有，与光明街横巷相对面，附近为阅江路。在清朝，兴贤里亦称黄甲社，东南横巷叫敬贤巷和沙煲巷。“文革”期间曾称为向阳街，1981 年恢复原名，有兴贤里一、二、三巷之分。

听说这里有座民国大屋，没想到到了巷里头，即使我站在它面前也仍然不相信已经找到，直到我问一个老者，他指着眼前说：“这就是啊。”我说：“可我找不到门啊。”他用手指了指不远处的巷里：“从那里进去就到了。”大屋四周为民居，辨不清方向，会搞得一头雾水。哦，原来兴贤里的一条巷，在民国年间是李家巷。

兴贤里几乎褪尽古香古色了，只是在旧李家巷位置并不显赫的 5 号，留下一座民国大屋，也留下近代建筑史迹。此大屋为两层建筑，坐北向南，青砖墙体，虽称不上檐牙高啄，栋宇如鳞，却是中西合璧的风格。大屋正门有两根柱子，正门样式为典型的西式风格，柱子上面有雕花。原有一个天井，现在已经用墙封住。屋内后方有一口圆井，井壁为青砖。二楼的墙体也有雕花。屋内因年久失修采光条件变得很差。

岁月不居，人事有变，更何况一些老房子。多年来，历经变迁，不知不觉之中，不少老房子悄悄消失，剩下的老房子也已经是“多乎哉，不多也”。

“兴贤里”得名有一则故事。从前，巷与巷之间有两户富裕人家。西边一户儿子能干，日子过得不错。东边一家儿子在外做官。隔壁邻居、相处很好，可是后来为了一件事闹翻了脸。两家都要建大屋，为了一面山墙的事争执了起来，互不相让。要是合用一面山墙，不光产权不好处理，而且以后修缮也会有麻烦；要是各立一面山墙，两面墙就要相贴在一起，又不好施工和接茬，只有各自闪让才行，这里涉及“示富”问题，谁都不肯吃亏。两家针尖对麦芒，各不相让。正是：暴气粗筋争寸口，卷胳搂腿动干戈。

东边一家写信给儿子要他回来帮助其打官司。一月后，儿子寄来一封信：

千里捎书为一墙，让去一墙又何妨？

兴贤美德古今在，应思战国将和相。

老父心软了，给儿子写了封回信："子肯让一墙，父愿让一丈。"西边人家一看，昨天还寸步不让，今天却向左移出一丈，十分惊讶！一经打听，才知是他做官的儿子写信叫让出一墙，而他父亲却大方地让出一丈。西边一家想："你仁，我也义，你大方，我也不吝啬。"当下也让出一丈。这样，本来没有路的房舍，却让出了个大通道。村民进出，车马往来，十分便利。于是，大家就把这两家让出的巷口称之为"兴贤里"，真是：

门从积德大；

官自读书高。

兴贤里还传有"三娘教子"的故事。三娘，又称许三娘。在她一生的大多数时间内，除了教子，就是喜欢闲坐门前消磨似乎漫无边际的人生光阴，或赏月沐日。她为人柔顺恭孝，谦卑自守，平日生活俭朴，不好华丽，专喜读书，识达古今，很受邻里尊敬。儿子稍有不妥之处，她就忠心苦劝，同吃同乐，相顾相欢，做了很多有益于儿子成长的事。

三娘有一个儿子叫阿郎，少年时借着父亲是"社学"掌门人的名声生活，因而自吹自擂，荒废了学业，一事无成。青年以后，阿郎的父亲过了世，一担重任就压在三娘身上。因为还有个好学上进、有才气的弟弟，名声在外，可以承担起光宗耀祖的责任，所以阿郎再无进取之心。阿郎屡教不改，三娘非常失望，只得想法子把阿郎培养成人。有一天，母儿三人在一起进餐，风趣的三娘叹口气对阿郎说："你娘不如我娘。"然后又转脸对阿郎的弟弟说："我娘之子不如你娘之子。"逗得阿郎的弟弟哈哈大笑地问："真的吗？我比舅舅他们还有才干？"三娘点点头。阿郎却笑不出声，便问道："为什么娘亲说你娘不如我娘呢？"三娘说："不是你娘亲不胜过你婆婆，只因为想到你日后靠什么吃饭。而我半生为妻，一生为娘，对你疏于教导，不敢说愧对祖先，却敢说愧对你一个啊！我就不如我娘了。"说完，叹息不已。阿郎的弟弟见三娘伤心，就跪到她的跟前说："俗话说得好，前二十年看娘养子，后二十年看子敬娘。娘亲在上，前二十年家靠你，后二十年家靠我和哥，我们一生也可以过得去了。"阿郎听了三娘和弟弟的话，深感惭愧地说："父亲以前在学社为师，别人见了我，都父亲长父亲短的，把我父亲捧到了天上，我自己也觉得不含糊，时至今日我才发觉不如父亲，感到一事无成。我自认为，如今的世上，有哪一位官宦子弟不是靠老子吃饭，有几个人知道好学上进，自强不息的？如今父亲不在，我不靠自己还靠谁呢？请母亲放心，儿定能兴贤立家！"三娘听了，又叹了一口气，心想：儿子虽然不才，却也明白了这个大道理，只是悔恨自己教得晚些了。据说，古时候，这里有一则楹联：

北岭萦回，林木参天秀；

西江缥缈，贤门特地朝。

这些倒也表现出别样的情趣，也表达了兴贤里百姓谋求功名和行善积德的朴素愿望。只是对从小生活在这里的邻居，古时情景已是过眼云烟，有时清晰，有时又有些模糊。

如今，走在老街上，繁华散去，一片和谐。新旧城区相结合，老人们或三两人坐在门前拉家常，回忆逝去的岁月，或围坐在桌前打打牌，打发余下的时光。他们的这份悠闲感染着当下的人们。

古崧路：崧台书院旧话

端州正东路东段，有一处为古崧横巷。旧时，这里有条古崧路。在“文革”期间，古崧路改称为红旗一路，1981 年名为正东路东段。虽然无古崧路之名了，但古崧横巷如今依然存在。

据说，古崧路因地而得名，且很早就已有名了。唐代北方流放官员都会在此集散，因为在崧台上建有驿站。崧台即冈台，原意为山冈上的平台。唐代末年，此地建有座石头庵，到了明代宣德中期，肇庆知府王莹将石头庵改建为“崧台书院”，古崧路就更出名了。

王莹又在崧台书院边建筑阅江楼，以祀乡贤，且为士人讲读之地。1512 年，知府程杲重新修建古崧路及其书院楼宇。在楼之上匾题“第一景”，下匾题“文会堂”。楼前新建斋舍数楹，为儒生肄业藏修之所，斋舍外为大门。这使古崧路一下繁华许多。

这条路留下许多学子贤才的足迹，崧台书院也几经浮沉。当时，程杲常莅临“与诸生讲明彝伦之理”，为国家培养贤才。嘉靖初，崧台书院被改为东隅社学。1546 年，知府胡纯废社学，增建崇文阁及号舍。1641 年，总督张镜心、知县萧琦改建为阅江楼，明末被毁。清代以后仍用阅江楼名，屡加修葺。1904 年于阅江楼旧址开办高要阖邑高等小学。

如今，我走进古崧路，没有什么“古”可看了。不过，凡事都有情趣。在阅江楼西面，就是当年的崧台书院，现在作为端砚协会的办公地以及端砚陈列馆。不管是看古或者看今，喜欢是最重要的。

晌午的烈日，把书院门前的紫褐色石墩子晒得发烫。它们只是作为古典的元素，从不被关注，许多人视而不见，反正它们不是真兽。书院旁边紧挨着一座被废弃的民居，砖墙斑驳，茶色玻璃已经残缺不堪。天空下，也许是因为吸收了一些太阳的能量，使得它不那么阴森，也晒出了古香古色的故事。

从前有个读书人，因为没有钱打通关节，几次考试都没有中。他心想自己老大不小了，还是白丁一个，一气之下，弃文经商，开了个小客店，自己当掌柜。他这口气出不来，便在店堂里挂起一个条幅，写着：

主考秉公，公子、公孙、公女婿同登金榜；

下面还有一行小字：“凡应试不中者返店对下联，对上者，本店愿聘为二掌柜。”这天，先后来了张、王、李、赵四个书生，赴省城赶考，在小店投宿。王、李、赵三人看了上联，不屑一顾，睡觉去了。张书生琢磨一番，对掌柜深表同情，也睡觉去了。张书生想：“凭我的才学，这次准能考中，用不着再来对下联了。”

张书生生来聪明，又苦志读书，经史无所不精，文章立地而就，吟诗答对，无所不通，人人道他是个才子，科场中有这样人，中个头名状元也不为过。考试已毕，哪晓得，文章好坏全做得不准，试官反取了王、李、赵三个文章辞句不通的。张书生三场精通，试官反不取他。正是“不愿文章服天下，只愿文章中试官”，若中了试官的意，即使臭屁也是好的；不中试官意，便锦绣也是没有用。

怎奈做试官的自中了进士之后，眼睛被簿书看昏了，心肝被金银遮迷了，哪里还像穷秀才在灯窗下看得文字明白，遇了考试，不觉颠之倒之，也不管人死活，因此，张书生虽则一肚锦绣，难怪连年不捷。他返回客店，感慨万端，立即续出下联：

小生有怨，怨天、怨地、怨丈人不是朝官。

果然，张书生留下做了二掌柜，决心放弃科举考试。

寻味故事再看当年的书院环境。一株棕树就在民居下面，树叶像芭蕉，果实是一大扎绿色的珠子，会漏出乳白色的汁，因此俗称“棕奶果”。

走进院内一个青花瓷瓶的门中，两朵牡丹开得正艳。这是天井式的花园，秉承了岭南传统造园手法，筑山、叠石、理水、建亭，组合了山、石、土、木、花、草、树等各大园林造景要素，构建体现端州地域特色的植物景观。书院的雕木画栏满有意思，只是有些一时间讲不出是什么典故。然而这个不会陌生吧，“月上柳梢头，人约黄昏后”，张生和莺莺的西厢爱情故事，半夜书生翻墙而过，相约意中人。我想，这样的雕刻立意必是古代的书院装饰，新建的书院在端庄雅致的书房陈设中，不会有这样一笔。

进入这个阴凉的房间里，再看看孔子石雕像，仿佛蓦地闯进了书室一般，合上这扇木门，好像就可以听到孔子的教诲之声了。但是，总觉得孔子应该换一身长衣布鞋，带上纸扇戴上方巾才得般配。

别了崧台书院，再走古崧路。其实，已名不相符。然而，就眼前而言，如今的路才是豪放的，才是充满阳光的。

风俗宗教

端州是佛教、道教、伊斯兰教、天主教和基督教五大宗教集中的城市，宗教和世俗在端州如水乳交融。不少圣地挤在大街小巷，隔着一面墙，通着一扇门。一脚踏进去，就是出世的宗教清静之境；一脚踏出来，就是入世的凡俗喧嚣之地。

前村路：护龙祖庙及其神庙

走过金色的稻田，便来到了东岗前村路那流水潺潺的小溪。小溪从山里流出，一路穿灌丛，过草地，跃溪涧，无名的野花在两边随溪生长，长长的水草在水里轻轻摇曳。绿的厚重在于它的清纯，一些五颜六色的水鳑鱼在水里来回穿梭，而颜色各异的贝类又在水底似动非动，水面上则有调皮的鸭子和伺机而动的水鸟泛起阵阵的秋波。

这是早些年的东岗前村。如今，在端州星湖大道处有一条前村路，在前村路边有一座“护龙祖庙”，是明末清初的建筑。该庙是端州目前保存最完整的庙宇，非常具有特色。

老人说，旧时村里的人为了驱邪消灾，便修建了“护龙神庙”。初时，只是用泥砖筑起比一般住宅稍大一点的屋子，中间供几尊泥塑菩萨。逢年过节，村民都来庙宇参拜祈福。

古时，护龙祖庙四周古树怀抱，环境清幽，有小溪潺潺流过，庙前远眺，田园秀色一览无遗。16 世纪后期，西江洪水泛滥，景福围决堤，城区成为汪洋，前村的护龙神庙也全被淹没，顷刻间，庙宇和神像变成了平地。到了清朝嘉庆年间（1796—1821），村民又在原址上重建了庙宇。这次是用青砖砌成墙壁的瓦房，建筑面积也比原来大得多，除中间大殿外，西边还建起了厨房及庙宇住房。大门上方镶嵌着嘉庆十六年（1811）楷书“护龙祖庙”（即把“神”改为“祖”）的花岗岩石匾。自此祖庙常年香烛供奉，晨钟暮鼓，好一派古刹情景。同治十年（1871）再次重修护龙祖庙，在大门两边镶嵌有一副楹联：

南海普恩，施渊渟岳峙；

前溪沾德，泽兑悦临亨。

又过了几十年，因为风雨侵蚀，景福围年久失修，墙垣和瓦面多处崩坏。到民国四年（1915），景福围再次决堤，洪水又淹没前村。洪灾后，村民再一次重修庙宇。这次重修，使墙体结构及外面装饰更加美观。前门及大殿屋脊上，用贝壳灰舂黏后塑成东西两条相向的巨龙。两龙中间还镶嵌着一颗珠，叫作“二龙吐珠”，如同广州中山八路陈家祠瓦脊上的塑龙。

庙宇为三进院落四合院式布局，面积 136 平方米，大门上方镶嵌楷书“护龙祖庙”石匾。前后殿为硬山顶，面宽进深均三间。建筑物前设“低头牵”，抬梁与穿十混合式梁架结构。两殿之间以平面方形的卷棚顶庙亭相连，亭两侧空地边缘，还用矮墙连贯前殿与后殿，使之浑然一体。古寺庙内的两边墙内壁，还绘制了人物山水壁画，画的东侧书诗一首：

龙川塔影几千秋，云锁高峰水自流。万里长江飘玉带，一轮明月照金裘。

西边墙上各有彩图一幅，如今还依稀可见。东边是烂柯山两仙人下棋，旁立一樵夫观棋图，书有“山中方七日，世上几千年”；另一幅彩图是一派田园风光，青山绿水，呈现祥和景象。墙上有诗是：

眼望西北三千界，势压江南百万洲。好景一时看不尽，天缘有份再来游。

庙的瓦檐口内侧，用高级坚实木材雕刻出山水人物、飞禽走兽的半立体浮雕，漆了金，神态栩栩如生。寺庙大门口内约两米的地方，是一道用硬木板制成的屏风，四只单门各绘有神像。天井两边走廊的瓦檐，还有檐画，东边是几条金鱼，自由自在地游耍戏水，画题是“如鱼得水”；西边的内容难以考证。

大殿中间之前方，高悬着两块木匾，每块足有两平方米大，上书“善与人同”和“万福同沾”。大殿后座中间是神主位，背面墙壁绘着一只大麒麟，前面的神龛里端端正正放着几尊木雕的神像，中间一尊手捧玉玺，名曰“北方秉正大圣侯王爷爷”；左边是玉霞天子华光大帝和都天财帛星君；右边是忠义仁勇关圣帝君和护国庇民天后元君。他们各执兵符印信，神采奕奕，令人敬畏。

神位两旁还有飞禽走兽的半立雕、小龙麒麟及其他兵将像，扯旗擎幡，一派皇宫布局。正殿左边另有一小神龛，放有三尊用汉白玉石雕成的三宝佛像；右边的小神龛是一尊招财童子。神龛两旁的花岗岩石柱，悬着一副木刻的对联：

帝德遍端州，坐对星山与保障；

庙亭倚定岭，依恁羚峡作明堂。

1945 年夏天，日本侵略者抵达端州。一天，突然六个日本兵来到前村摘荔枝吃。吃完荔枝后，日本寇兵走到离庙前约两百米的晒谷场上，其中一个士兵突然拿起枪，对准庙顶的双龙珠，一连发了三枪，子弹从龙珠中间成品字形击穿过去。日兵的随意破坏行为，给其侵略罪行提供了不可磨灭的证据。几个日兵射击的弹孔，直到解放后还依然存在。

“文革”期间，一些造反派打着“破旧立新”的旗号，将庙里的神像、木雕、瓦翎上的灰塑全拆下来，付之一炬，壁画也毁掉，连“护龙祖庙”四个大字也用水泥封盖起来，办起学校和幼儿园；人民公社时期又被用来做谷仓，后又出租给外村人养白鸽……几经人为破坏，富丽堂皇的庙宇变得面目全非。西面厨房拆掉了，大殿东边的墙也凿开了一个小门口，古庙变得七零八落，破烂不堪。庙正门前的两株龙眼树已有一百多年的历史，是优良品种，到现在还年年结果，肉爽而清甜（与现在市府内，当时是海星学校天主堂的石硖龙眼同一品种）。

到 2002 年，部分村民拟集资重修护龙祖庙。村里有位八十多岁老妇人，自告奋勇外出到高要白土镇各村化缘，出乎意料的是竟然得到九山村村民的大力支持，这才把损毁的护龙庙宇重修成现在的模样。

重修后的建筑结构坚固、设计美观。神像前面的拜桌，周围也镶有金边图案，金光闪闪，使人看了眼花缭乱。进门左边廊里，还立着一尊手执长矛垂髯到胸的护庙神像，怒目而视，令人望而生畏。

据了解，这是肇庆城区古建筑仅存的庙宇，在 1984 年被肇庆市列为文物保护单位。

庙在古代本是供祭祀祖宗的地方。那时，对庙的规模有严格的等级限制。汉代以后，庙逐渐与原始的神社（土地庙）混在一起，变为阴曹地府控辖江山城池之神社。“人死曰鬼”，庙作为祭鬼神的场所，还常用来敕封、追谥文人武士，如端州关帝庙、关侯庙等，但今已不存。

话说古端州古庙林立，比如有历史记载而已经拆除了的北帝庙两座：一在塔脚路东段路尾，一在西门石咀街附近。观音庙也有两座，一在五经里西侧（今市第一中学），一在宝月台（今端州图书馆）。还有镇端庙在原跃龙窦排灌站，五显庙在五经里西侧（今市第一中学），先锋庙在张忠武公祠东侧（今阅江楼东侧），三界庙在阅江楼门口，佛圣庙在建设三路北侧（原肇庆地区五金交电公司），等等。

端州古时有关帝庙街，即新街横巷（原址在今东门斜坡顶的医药器材公司）。据史载，关帝庙立有楹联：“由兄弟而君臣，大义忠精，剿魏伐吴维汉祚；兼武文而神圣，享诚辅德，伏魔荡冠贲熙朝。”关帝庙是封建时代统治者创造出来驾驭被统治者的神荼郁垒，如今成了传说。在羚羊峡口山上古代曾建有关侯庙，邱郁君曾刻有一联在此庙：“愿端人明春秋大义，此高峡挹山水清华。”此庙已毁。

有一次，我到睦岗防汛站，又称“桂林堤”（今睦岗镇棠下村）。据了解，这里曾经是古代聚龙庙的所在地，亦称为“疍家庙”。人们在庙宇里面祈福，灵验无比，有求必应，以致每天到庙宇拜祭之人，络绎不绝，香火旺盛，“噼噼啪啪”的鞭炮声不绝于耳。清代端州名人黎佩兰题写有一联：

有功德于民，六位时乘，振古奇勋追董父；

为众人之母，七乡泽沛，万年胖鳌渡程溪。

黎佩兰，字咏陔，今睦岗镇上瑶村人。他的联意说，龙聚于此对民有功德，不管白天还是晚上，使七乡八里的人们世世代代都在西江这里像董父那样依灵水而居。古人云：“龙乃圣洁之物，非甘泉不饮，非灵水不憩。”

可惜，端州的聚龙庙与天后庙一样，今已作古。现在端州保留的庙除护龙祖庙外，还有白沙龙母庙、七星岩十八奶娘庙和石洞古庙等。

十八奶娘庙里有十八女子的泥塑像，涂上五色油彩，均称“奶娘”，皆有姓有名，都是民间衍化出来的女神，其中主角是“金花圣母”。相传，金花生于明代洪武十年（1377），“成仙”于洪武二十二年（1389）三月初七午时。当时明代诗人张诩曾写有一首《金花夫人》，诗云：

王颜当日睹金花，化作仙湖水面霞。霞本无心还片片，晚风吹落万人家。

另外，在黄岗大冲村还保留有清代建筑二进的镇龙祖庙，也很有特色，风格跟前村的护龙祖庙也差不多。

三圣宫：闲说端州之宫

端州，以标志建筑命名街道的历史由来已久。古今中外也都一样，地名除少数有某种纪念意义外，大多数是约定俗成的。相传，旧时端州有大小宫寺庙宇一百八十多座，如今用作街道名称的有不少，如清泰里、朝圣路、庙前社、坛前街等。其中较为有名的是三圣宫，命名的街巷有六条之多，可见其极具标志性，反映了当时城区道教文化甚浓的现象。

端州城东区这条三圣宫古街，清代时属城内东厢“聚星里”，内分头巷、二巷、三巷，有三圣宫。民国后把聚星里改名为三圣宫，“文革”期间又改称为东风路及其分巷，1981 年复称三圣宫。

在海内外许多地方都建有三圣宫，如中国台湾、中国香港，甚至澳大利亚的昆士兰。但是，它们供奉“三圣”的神却不一致。有的供奉北帝、文昌和关帝；有的供奉三国刘、关、张；有的分别供奉佛、儒、道的释迦牟尼、孔子和老子；有的供奉氏族祖先相关人物等。正所谓“积功成山方成圣，汇德为海可为贤”。那么，端州的三圣宫供奉的是何方圣贤呢？

据说，宫中原有楹联：

国顺太平，万世歌功传五谷；

民和安乐，三皇蒙惠达千秋。

虽然无当地典籍可查，但是，民间流传端州三圣宫供奉的是天皇、地皇、人皇。在远古传说中，统治中国的领袖都不是普通的人。伏羲、神农、黄帝，都是神力无边的神人。虽然生长在人间，但是凡人与之无法相比，因此，就有了“神圣”的说法。

三皇有什么来历呢？据司马迁《史记》述录，自从盘古开天辟地，把羲、农、黄称为“三皇”，列于后世首崇祀典，为千古帝王之冠。

“天皇”即伏羲氏，又称宓戏氏，姓风，号太昊。中国的文字记述，以伏羲为始。他制作文字，发明八卦，制造琴瑟，帮教嫁娶，成为万世文明之祖。其在位长达一百一十五年。

“地皇”即神农氏，亦称烈山氏，姓姜，号炎帝。他兴贷利，制农具，尝百草，作医书，传五谷，立生民养育之源。其在位长达一百四十年。

“人皇”即黄帝，称有熊氏，姓公孙，又姓姬，名叫轩辕。诸侯尊他为天子，能制甲子，作历数，通音律，耕田地，纺布裳，出货币，造舟车，建宫室，定礼仪，立文明，作为万国具瞻之表。其在位长达一百年。

了解了三圣宫的背景，是不是觉得很有趣呢？据民间传说，端州的三圣宫始建于宋代，明清时期多次重修，是百姓祈求风调雨顺、家宅平安的庙宇，因而长年香火鼎盛。

早在宋朝，有三户人家迁来端州，见这里良田广布，民风淳厚，物产丰富，决定在这里定居，便在现三圣宫一巷侧建三间草房居住。随家境日渐殷实，在此修建一座小型庙宇，以兴村落，富黎庶，育英才，出人杰。不知是占尽了风水，还是赢得了民意，这座小庙香火日旺。后来，在当地乡绅的倡导和支持下，拆小庙建大庙，正式定名为“三圣宫”。

一座金碧辉煌、气势宏伟的庙宇，屹立在大江横流、碧野环抱之中。宫内镌刻着“十八罗汉送观音”、“十八路诸侯伐董卓”、“赵子龙大战长坂坡”以及“八仙过海”等源远流长的故事。

当时盛行朝圣，诞期一到，整个村子便呈现出一派喜气洋洋的气氛。村民簇拥着一队队由村内各堂组成的方队到三圣宫祭拜，一路上鞭炮震天，唢呐高奏，锣鼓齐鸣；人群神采飞扬，喜上眉梢，金童玉女、飘髯长者和各种扮饰者穿街过巷，十分热闹。如今宫已毁，活动已无，只留下片段故事。

古端州的庙宇大都是信奉道教的，三圣宫也属于道教。道教是我国土生土长的宗教，道教自老子以来，一直在中国的土地上生存、繁衍和传播。在历史的长河中，道教曾对中国古代的哲学、思想、文学、艺术、宗教、文化、风俗乃至科学技术方面，都产生过巨大的影响。至今人们常说的许多口头语，如“一人得道，鸡犬升天”、“八仙过海，各显神通”等，都典出于道教。

当我们聆听或阅读着这些典故的时候，是不是觉得三圣宫既神秘又有趣呢？走在古街中，总能见到那样独树一帜的风景，从墙壁和天台中伸出来的藤蔓和花草，给三圣宫古巷的正午增添了丝丝的清凉。

说到“宫”，在古代专指帝王住所的称“宫廷”，神仙居住的称“天宫”，道教庙宇的称“宫观”。而现在端州，以“宫”命名的标志建筑也有一些，如三圣宫，只是宫已不存，现以街道闻名。例如，曾用作帝王住所的永明宫，即现在的丽谯楼；道教庙宇有七星岩的碧霞宫、水月宫，另外石室岩还保存有 1572 年建造的玉虚宫遗址等，当然还有“学宫”。

水月宫现存在七星岩内，已有五百年历史。红墙碧瓦，光彩夺目。中央大殿，巍峨雄壮，殿后依岩有两层高阁。殿与两厢有曲折回廊接连。殿前庭园，四时繁花似锦。宫前榕树几株，盘根错节，枝壮叶茂，最宜游人休憩。水月宫原为观音堂，据传，观音能显现三十二种不同的应化色相，其中以“水月”色相最为高洁，故名“水月宫”。大殿有摩利支天菩萨偕二天女金身巍然，赤足鼎立；摩利支天双目稍向下凝望，微笑、温厚、慈祥，楣榜“苦海慈航”。佛像铸于明崇祯九年（1636），据说是为表彰郑芝龙得摩利支天庇佑战胜刘香所铸。在水月宫旁，旧时建有双清馆，据说，民国时期挂有一副县官题写的楹联：

出昼三宿，可为食邑千家，见此负戴途中，搔首有时惭碧落；

守土四年，未得磨涯一字，即今登临延眺，游心无地不苍黎。

肇庆府学宫又称高要学宫、文庙。学宫一词最早见于战国时期的“稷下学宫”，它由田齐所创设，是战国时期唯一的高等学府，也是当时的教育与学术中心。位于肇庆市正东路42号的肇庆府学宫，始建于北宋崇宁初年，是广东保存较好的明代学宫建筑艺术珍品。据说，学宫曾有这样一副对联：

学在其中，书藏圣哲；

宫于其内，类出凤麟。

康乐中：城西清真寺

我寻觅康乐中路的新市古街，已全是新的印记。古迹已无，唯独大街外留下一座老式的伊斯兰教清真寺，守望并回放着端州回族的历史。

端州的清真寺有两处：一处是在康乐中路，人称城西清真寺；另一处是在水师营路，人称城东清真寺。

端州两处小小的清真寺涵盖了此地的宗教、文化、历史、建筑以及人情世故。从迁徙到衍生，千年回族史诗般的传说，都被浓缩在这清真寺中。扩散出去的更多的是对这一个民族精神的讴歌，对这一个民族传奇的诠释，对这一个民族气质的解读。

相传，乾隆三十二年（1767），回教兴盛，刘士芳率穆斯林15人在城中路、祝家路各建一座清真寺，称城西清真寺。那座清真寺在清代已废，于20世纪50年代之前被夷为平地，建造商店。直到1983年9月，清真寺才重建落成。

古时清真寺由初分坊创寺于忠勇路，后迁至现址，清道光九年（1829）曾大规模修葺。1983年，因礼拜殿和两廊残破，故将全寺拆掉重建为阿拉伯式建筑，至1984年9月竣工。城西清真寺于1984年11月被列为肇庆市重点文物保护单位。此寺坐西向东，占地面积一千多平方米。内设礼拜殿、经堂、两廊、浴室、房舍、厨房及天井等。主体建筑为礼拜殿，礼拜殿门前的石柱上，阴刻楷书楹联：

勤念礼课斋七日一朝须敬畏；

守忠存仁义六行三物贵真诚。

殿内有花岗岩石柱十二条，其中四条石柱上以回文阴刻着古兰经，殿前有水井一口。这每一块石头、每一件碑刻和每一座亭台楼阁都有一个美妙的故事。殿顶部是白色大尖塔圆顶，上有蓝色新月标志。正面开三个殿门，殿前及两侧罗列附属建筑物。

端州城区回族人口不多，但历史源远流长。根据肇庆回族所保留的族谱、碑铭及父老们的叙说来看，他们的祖先大部分是明清时期随军驻戎或因经商关系而入粤。最早的一批是明成化四年（1468），先人随都御史韩雍来粤协剿瑶族起义，随后留居广州成为回营的回族军士。至明末清初，由于明皇室朱由榔在肇庆建立南明永历政权与清王朝抗争，加上此段时间广东各地相继发起抗清斗争，于是清政府征调各路兵马，多次进军广东，围剿肇庆，以镇压反清运动。当时各省有一批回族军士，亦被迫应征，随军作战。战事平息后，大多数回族军士留籍肇庆。故明末清初，肇庆成为广东回族的第二个聚居地。

清初吴敬梓《儒林外史》的第四回及第五回，就曾以高要县（现端州）的回族作为小说的描写对象，可见当时居住在肇庆的回族已有相当数量。此后，肇庆的回族陆续向广州迁移，规模最大的一次是抗日战争期间。据当地老人陈述，抗战前肇庆的回族近两千人，战后仅存两百余人。现在广东回族流传着“先有肇庆，后有广州”的说法，就是对这段历史的反映。

回族“坊”的出现有其渊源。明清时，封建统治者采用“分而治之”的办法，将回民不断迁徙分散，与汉族杂居。在这种情况下，回族以伊斯兰教为纽带，以清真寺为中心，集中团结在清真寺周围，成为若干个相对独立的回族小聚居区。在内部，回族把这种小聚居区用“坊”来划分和称呼。回族的先民在唐宋时期被称为“蕃客”，到元统治了东南各省后，还被称为“回回蕃客”，把蕃客所住的地方叫“蕃坊”。后来经过发展演变，回族把自己住的地方通称为“坊”。

回族穆斯林习惯居住在清真寺的周围，这方便他们在清真寺里完成礼拜等宗教功课，给他们的生活带来许多便利。现在，人们的精神世界已经变得丰富而多元，但无论如何变化，清真寺在回族穆斯林心中的地位永远都不会改变，清真寺依然是他们的心灵圣殿。

水师营：城东清真寺及端州之寺

水师营路清真寺，是伊斯兰教的精神殿堂。伊斯兰教是世界三大宗教（基督教、伊斯兰教、佛教）之一，兴起于阿拉伯半岛，创始人是穆罕默德，圣地在沙特阿拉伯西边的麦加，教徒称为“穆斯林”。

水师营又叫“回回营”。明成化二年（1466），左都御史、两广总督韩雍增设“达官营”于端州城东北的水师营，称为“回营”，即回族人的兵营。他于十二月上奏《议处广西地方事宜疏》，请求朝廷准许“达官兵”连带家属在广东定居，作为屯田兵的一部分。

驻端州的达官兵的确是一支随时听候朝廷调遣的职业军队。他们虽然数量不多但战斗力比较强，所以征调相当频繁。明代谢肇淛《百粤风土记》云：“自广东黄萧养之乱，（达官兵）奏准随征，其后一概差调，习骑射，敢勇耐劳，行阵间颇得其力。”这是一个实事求是的说法，“敢勇耐劳，行阵间颇得其力”两句，不只是对“达官兵”军队质素的评价，也反映出了这支军队对朝廷的忠诚。

达官兵与回回兵定居端州后，生儿育女，繁衍后代，成为岭南地区伊斯兰教徒的主要成员。为了稳定达官兵、回回兵的军心和便于宗教活动的开展，天启五年（1625）两广总督在水师营始建清真寺，人称城东清真寺。

城东清真寺，俗称“东寺”，坐北向南，礼拜殿则坐西向东，为砖木结构，位于端州城区水师营路17号，始建于明末清初，至今已有三百余年的历史，是端州留下为数不多的、宝贵的历史文化遗产之一。1984年11月，城东清真寺被定为肇庆市文物保护单位。2008年，被广东省民族宗教委员会授予“广东省模范宗教活动场所”称号。2010年11月，被中共广东省委宣传部、统战部、省民族宗教委员会授予“广东省民族团结教育基地”称号。

城东清真寺占地面积2 600平方米，大殿是砖木结构，长13.6米，宽3米。据内所存乾隆五十三年（1788）的《重修清真寺碑记》记载，寺堂“相传创自唐宋”，但另有一说法则认为始建于明代。清代康熙五十二年（1713），浙江省金华商贾傅云峰捐款重修寺堂；乾隆五十三年（1788）、道光元年（1821）、道光五年（1825），均对寺堂进行修葺和扩建。

1946年，杨茂林阿訇（意为老师或学者）在城东清真寺内开设经堂，传授阿拉伯文和伊斯兰教经典。次年，在众教徒的倡议及资助下，于原学经班的基础上，创办高要县私立清真小学，以方便教徒的子弟就读。学校既设文化课，又可以念经学习，由杨茂林亲自执教念经，以便培养“哈里发”（意为继承者、代理人）。1950 年，该校改称为高要县清真小学；1955 年，改称为肇庆镇清真小学；1961 年，改称为肇庆市清真小学；1968 年，改称为肇庆市第十七小学。“文革”期间城东清真寺被关闭，教徒停止活动，直到 1981 年才恢复正常。

20 世纪 80 年代后期，端州区人民政府落实民族宗教政策，将城东清真寺礼拜殿以北 1 032 平方米的空地划拨给肇庆市第十七小学使用，礼拜殿以南 1 684 平方米的用地归还清真寺，并拨款将砖木结构的礼拜殿改建为钢筋混凝土结构，1984 年 11 月被列为肇庆市重点文物保护单位。

2004 年，端州区伊斯兰教协会为了承传伊斯兰教历史文化遗产，实现众教徒多年的心愿，决定募集资金，重建城东清真寺的附属设施，并得到了广东、中国香港等地政府和伊斯兰教团体、教徒的鼎力支持，以及他们慷慨捐献的物资。2006 年 10 月，终于建成阿訇住房、经堂、会议室、沐浴室、卫生间等设施。至此，一座崭新的、完整的清真寺便展现在人们的面前。

寺内面积宽阔，今仅存礼拜殿，供伊斯兰教徒活动。殿内空无一物，体现出伊斯兰教的特色。重建的清真寺跟城西的清真寺大体相同，看上去焕然一新，可以前去礼拜和参观。

寺，在梵语中叫“僧伽蓝摩”，意思是“僧众所住的园林”。隋唐以后，佛寺成为中国佛教建筑的专用名词。端州伊斯兰教也用“寺”。

古时候，端州“寺”多，有“半城寺庙半城湖”之称，但是大都已经消失了。如天宁寺在今天的天宁北路天宁贸易中心商场；慧日寺在今天的宝月台东面即如今市第十六小学；法轮寺在西门正街，即如今肇庆地区直属机关第一幼儿园，于 1956 年拆毁；羚山寺在今天的城东羚羊峡口，即肇庆市氮肥厂；法华寺在今天的宝月台西边，即肇庆地区直属机关第二幼儿园；护国寺在今天的北门隔岗市第七中学处；兴元寺在今天的元魁塔北侧高要县食品公司仓库；大觉寺在今天的星湖屏风岩；庆福寺在今天的东岗村；还有明代利玛窦在肇庆古塔南路边建的仙花寺，等等。

现在城中只有城东和城西的清真寺了，只是这保留的是伊斯兰教的特色，而没有佛教的味道。当今人们游寺，要走出城外，到鼎湖山才行。大名鼎鼎的庆云寺就不必说了，楹联林立，文化如烟一样浓，世人皆知。

我曾到过羚羊峡口，据说这里古代有龙华寺，现在却只看见一片荒土。传言有彭泰来写的一联：“鹿苑狮林，证有情果；江风山月，结无尽缘。”可惜此联已被风化，只能在史书中解读了。

再前往鼎湖山白云寺，只见横额为“鼎湖古寺”，门联正书为“卅六招提皈依古佛，七福地回出高天”。招提即寺庙。据传，天下名山胜境，有二十四洞天、三十六福地，鼎湖为第十七福地。据说，鼎湖山白云寺在唐高宗仪凤三年

（678），由禅宗六祖慧能十大弟子之一的高徒智常禅师创建，后来在周围先后建有三十六招提，足见当时佛教之兴盛。

相传，在明代与莲池、紫柏并称“古佛现身”三大老之一的憨山和尚推动了肇庆佛教的复兴。憨山和尚，字澄印，俗名蔡德清，十二岁在金陵报恩寺出家。万历十年（1582），因“祈皇嗣应验”，受李太后知遇。万历二十三年（1595），帝欲立福王为太子，与李太后欲立泰昌发生矛盾，帝迁怒于和尚，下旨查问李太后减膳助建报恩寺及其他馈赠之事，憨山和尚被遣戍广东雷州。

万历二十八年（1600），憨山和尚第一次途经肇庆，游览鼎湖山便写诗赞：“苍梧西望鼎湖东，黄帝飞升湖已空。环佩自归金阙后，仙灵常在白云中。青山地拥莲花床，绀殿天开释梵宫。依仗独依空界立，侧身恍惚御冷风。”极力宣传鼎湖山的秀美风光。

七年后，憨山和尚再到鼎湖山，捐25两白金给金山和尚修缮白云寺。金山用四年的时间修缮竣工，按憨山和尚诗意题书“鼎湖古寺”石匾，于是，白云寺更名“鼎湖古寺”。古寺保护较好，庭园古树苍翠挺拔，环境清幽，一棵白榄树至今已有四百年。

看那寺内大雄宝殿，富有文化内涵。“圣母殿”、“五佛殿”、“与佛有缘”的横匾耀眼，“山川异域，风月同天”的对联是1980年日本唐招提寺长老孝顺和尚护送鉴真坐像回国探亲时，谒荣睿逝世处及游白云寺后所书，观之赏心。天井对联：“云归古殿闻龙气，月照空池见佛心。”横批是“纱雪”，更是悦目。

再看两尊圣像，铸造年代较远。韦驮殿有全铜实心韦驮菩萨像，重八百余斤；大雄宝殿右侧佛殿铜铸如来佛像，重一千六百余斤。大雄宝殿左侧佛殿内有明朝万历石刻和清朝顺治石刻、康熙石刻，可惜这些石刻都残破不全了，只留下心中的一些“古迹”。

城北路：五君祠外禅影钟声

端州城北路在“文革”期间被称为友谊北路，直到1981年市政府颁布标准地名，才复称城北路。

城北路以城墙北门即“朝天门”为标志，在北城墙的东段，明成化五年（1469）建城楼，崇祯十四年（1641）改建月城，增筑月城（瓮城）马路（此处“马路”应是城上可以行马的道路，而非街道），使之“高厚与城并，马路广阔亦如之”，所以可知月城的城墙与主城的城墙同高。民国年间拆毁城楼、月城和拱券，现存台基、部分散落的柱础和少量月城夯土墙芯。

说到城北路的标志，恐怕要数纪念五君祠了。纪念五君祠在现端州医院内，原称“三君祠”、“报功祠”，记述了民国时期的一段水灾决堤史。

《修复全围纪念碑记》云：“民国四年，西潦之大，为空前所未有，且东江、北江同时暴涨，下流梗塞，水无所归，加以霪雨兼旬，飓风助虐，水势湍急，溜直如箭，隔江各围，次第崩决，水势仍有加无已。景福围民众一心一德，群策群力，奋勇救护，誓与波神相抵抗，无如人力虽尽，天意难违。五月二十七日始决于塔脚，继决于黄岗，再决于桂林。崩决十七口，袤延四百丈。同日峡下诸围悉不保，殃及广州，西关亦成泽国，荡析离居，鸿嗷遍野。”

西江洪水退后，当时的广东警备处处长邓瑶光、广东水灾宣抚使凌福彭和香港东华医院总理叶兰泉三人，关怀桑梓，不遗余力“向省港政善两界，商请补助……联翩莅肇，轻骑简从，亲诣灾区视察”，筹得巨款修复景福围，造福里闾乡邻。

端州人为了纪念他们的功德，于民国十一年（1922）在城北路景福围董事会建生祠为“三君祠”，以示永志不忘。民国二十四年（1935），端州人又将热心于当地水利事业的粤军第一军军长余汉谋、广东省财政厅参议梁祖诰列入三君祠内纪念，改名为“纪念五君祠”，并立《景福围维护七十二鱼埗诸公纪念碑记》，以示永志不忘。

立生祠，是为在世的有德有绩的人建立的祠堂，作为供奉活人之用，是古代的信仰民俗。西汉栾布为燕相，人们为其立社，号“栾公社”；石庆为齐相，立“石相祠”，此为立生祠之始。至明天启年间，宦官魏忠贤擅政，权倾一时，生祠遍于各地，包括端州。

纪念五君祠是为活着的人建立祠庙，而加以奉祀，这与古代有相似之处，但意义不同，是对善人的一种表彰。纪念五君祠建在环境秀雅的宝月湖畔范围内。1958 年 1 月，始建端州医院；1970 年初改名为“肇庆市人民医院”；1988 年地改市，再改名为“肇庆市端州区人民医院”。它是端州区卫生事业的摇篮，也是见证纪念五君祠的名称及其变迁，折射出这场抗洪斗争的轨迹，令人想到“做官惠政民建生祠，寄情山水学者风骨”的端州人的大度。

该祠结构与一般的祠堂建筑不同，属书室结构。建筑为硬山顶，硬山搁檩式结构，室内分两层，铺楼板，中间为厅堂，旁边为居室，中以天井分隔，总面积 336 平方米。此祠在民国时期曾是肇庆景福围董事会的会址，故祠内有水利碑记多通，现墙壁上尚镶嵌有碑记三通。乾隆八年（1743），《鱼埗归疍民资生告示碑》碑文规定捞捕鱼花（鱼苗）的鱼埗归疍民经营，详列鱼批名称地点及经营者姓名；1916 年的《七十二鱼埗拨归景福围告示碑》，记述土豪勾结疍长欺压疍民，中饱私囊，疍民难以营生，因此把梅子汛至羚羊峡的七十二鱼埗拨归景福围管理；1916年的《禁在堤岸建筑店铺告示碑》，为确保景福围的安全，严禁在堤岸要害地方三玛街、塔脚街、来紫坊等处建筑铺屋。

祠宇建设、损毁、维修的盛衰历程，历朝历代涌现的国家名臣、商业巨贾、社会名流、朝廷赐封等祖德功业历历在目，犹如徜徉在社会变迁的历史长河之中。

古代，这里还是“禅院”之地。禅院，是佛教寺院的一种，指四周有墙垣围绕、自成部分的房屋。古端州在今市第十六小学处有一所紫林禅院。据史载，清代鲍俊曾在此题有一联：

周护峰峦东印度；

旁环日月小须弥。

鲍俊，字宗垣，号逸卿，别号石溪生，珠海香山人，是晚清岭南著名诗人、书画名家，被称为“岭南大才子”。道光二年（1822）中举人，次年取进士，其殿试试卷在进呈给道光皇帝御阅的十本之内，道光皇帝御批“书法冠场”。他以诗书画名世，是真正意义上的中国传统式的文化名人。

据说，紫林禅院建于明末清初，与当时昆山寺的寺院香火一样，特别旺盛，可惜古迹成为废墟，今已不存。

禅院是供禅师们参禅悟道修行的场所。什么是禅呢？禅只能心悟，不能言传。禅是一种境界，是一种体验，如人饮水，冷暖自知。禅的感悟，是别人无法替代的。

据称，紫林禅院的第一位禅师，是封川的一个读书人。明末的一天，他在郁南西江边的南江口处拜见憨山和尚，说要做一个禅师。憨山和尚发现这个读书人很有佛缘，悟性极高，便说：“肇庆是为东印度，端州自有须弥山，可在此地立院授禅。”

读书人便向憨山和尚请教：“须弥山为印度神话中的名山，其高八万四千尺，端州怎么能容纳那么大的一座须弥山呢？是在骗人吧？”

憨山和尚轻轻一笑，转而问：“别人都说你‘读书破万卷’，是否真有这么回事呢？”

“当然了！我读书岂止破万卷啊！”读书人显出一副得意洋洋的样子。

憨山和尚又反问道：“可是你读过的万卷书现在都保存在哪里呢？”

读书人抬手指着脑袋说：“当然都保存在这里了。”

憨山和尚双手合十道：“真奇怪，我看你的头颅也不过就只有椰子那么大，怎么可能装得下万卷书呢？莫非你也在骗人吗？”

这个读书人听了憨山和尚的话之后，幡然醒悟，豁然开朗。

读书人学成之后辞行了，准备云游端州，弘扬禅法。憨山和尚以荷花二株相赠，并嘱咐道："荷花在哪里落根，哪里就是你安身立命和功德圆满之处。"读书人小心护持着二株嫩荷，来到山清水秀的端州城外。这天晚上，他将荷花放在座位前面的地上，然后闭目打坐，参禅入静。至午夜时分，突然霞光冲天，犹如白昼。四方之人纷纷赶来，但见一位相貌不凡的年轻僧人正盘腿瞑坐，宛若佛祖降世。

读书人清晨醒来，只见初升的太阳映照着高耸的树林，山林的美景使得百鸟自由地欢唱。竹丛中弯曲的小路通向幽静的地方，周围的花草更加显得葱郁幽深。此地周边护着峰峦，真像传说中的东印度啊，宝月塘清澈的水倒影，让人心地空灵，好比日月环绕着一座小须弥。于是，读书人在众人的簇拥之下，在宝月公园的地方建庙立院，从此端州多了一座规模宏大的紫林禅院。

如今走进宝月公园，几百年前的禅院钟声全都沉寂了，只有空中偶尔传来历史的余音。

天后街：天后女神的灵踪

天后，是一种中国民间信仰。向天后祈求平安的风俗，从闽粤沿海传向内地，走向世界各地。凡有华人集结居住的沿海地方，基本上都有祭祀天后的庙宫。端州天后庙的香火也十分旺盛。

天后庙地处端州城西天后街，临近西江之滨，称"蕃舶客航聚集之地"。据宣统《高要县志》记载，天后庙在城西门外一里（今肇庆市第五中学），万历二年（1574）肇庆府通判刘元相建，因此此街就叫作天后街。天后街110多米长，约2米宽。"文革"时期"破四旧"，天后街曾改称红旗三路二巷；1981年肇庆市人民政府颁布肇庆市标准地名，仍复称天后街。

查看史料，端州的天后庙留下字句不多，更何况没有一联，旧时的名庙无联真是"绝无仅有"，这不知是什么原因。我想天后庙是应该有联的，于是在梦中思得一联：

福地灵踪，奇灵有应；

神风化雨，德化无疆。

刘元相为什么要建造天后庙？这还得从他的"通判"官职讲起。通判，最早在宋代设于诸州府，为共同处理政务之意，地位略低于州府长官，但握有州府公事和监察官吏实权，号称"监州"。到了明代，通判设于各府，分管粮运及农田水利等事务。当时端州素有"小江南"鱼米之乡的称谓，刘元相身司其职，想通过建造天后庙来保佑一方的风调雨顺的愿望就不足为奇了。

在我国的神话传说中，天后是人化为神，即南海女神惠灵夫人。天后宫又俗称“娘娘宫”，供奉的是一位神女——宋代福建莆田县贤良港出生的林默。宋雍熙四年（987）重阳佳节，林默父兄驾舟北上，当时西风正急，途中遇到狂风恶浪，船在狂风怒涛中剧烈颠簸。妈祖预感到父兄的遇难，亲临救援，父亲被救起，而兄长与自己身亡。她死后被人们立祠供奉，尊称“妈祖”。

乡民称赞她“通悟秘法，预知休咎事，乡民以病苦辄愈。长能乘席渡海，乘云游岛屿间，人呼曰神女，又曰龙女”。传说她自幼聪慧，精通医理，终生行善济人；还熟谙水性，常渡海救助遇险船工和渔民；又能预测天气，以保护渔舟和商船的安全，被奉为海上渔民的“保护神”，因而被人们尊称为“神女”。佛教传说则视南海女神为南海观音的化身，后经宋、元、明、清各代朝廷敕封，加封天妃、天后，列入祀典，成为人们信仰的海神。

关于天后庙，端州也有一个传说。古时候，有一位官员带着家眷随从由广州来到端州府上任，船刚行到河旁村东边的江面时，突然乌天黑地，狂风大作，白浪滔天。那官员大惊失色，连忙叫艄公把船驶到岸边。可是，还未等到船靠岸，同行的三只船都先后被大浪打翻了。

正在这危急万分的时候，一只小艇在江面劈波斩浪，穿梭来往。一位村姑打扮的女子一边划船，一边把官员和他的家眷拉到艇上，送到岸边，再把官员的随从和艄公都救上来了，船上的人全都脱离了危险。船上的人感谢她的救命大恩，要送给她金银珠宝，她微笑着摆摆手谢绝了。

官员问：“救命恩人，你住在那里？过一会儿，我们要到府上好好感谢你。”

村姑又是微微一笑，也不答话，只伸出手往北边一指。

这时，雨过天晴。官员换上干衣服，带着衣物，想请村姑带路。可是，村姑和小艇都已不知去向。

官员只好带着家眷和随从，按村姑手指的方向走去。他们穿过河滩的蔗林、蕉丛，走上堤围。只见堤围的两边只有几棵大木棉树和古榕，四周没有屋舍。

官员正在纳闷，猛然发现古榕遮掩的地方有一间非常矮小的庙。他跑到庙门口往里一看，见村姑坐在庙里。他揉揉眼眶，再定睛细看，原来庙正中坐着一位女菩萨。女菩萨的脸容和村姑一模一样，只是衣服穿着不同。

官员知道是天后娘娘显灵来搭救他们。为了感谢天后娘娘的救命之恩，他派人拆掉那间矮小的庙，捐资建了一座天后庙。这个天后庙，就是端州白沙最大的一座庙宇，天后也是古时端州人最为信仰的一位神祇，由此可以看出早期端州白沙人多为水上居民。

端州是西江流域的水道要冲，水上居民为求神灵庇佑，于城西建庙以祀天后。肇庆天后宫诞在每岁春秋仲月癸日。每年农历三月二十三日天后宝诞，乡民在庙前空地筑棚演出神功戏，而水陆居民则舞龙舞狮前来贺诞，祈求风调雨顺，阖境平安。整座天后宫四周绿树婆娑，殿中香烟袅袅，置身其间令人顿生超凡脱俗的感觉。这里草木葱茏，繁花吐艳，还有杨柳依依的池塘，高耸的南岭塔，雅致的小山亭。暖日晴烟，凉风习习。树上的鸟儿自由歌唱，花间的彩蝶翩翩起舞。一派祥和景象，令游客流连忘返。

端州天后庙建好之后，每天前来顶礼膜拜的渔民和善男信女络绎不绝。明代万历年间，天后庙四周形成了一条街道，名曰“天后街”。自从有了这座天后庙，原本冷冷清清的西江之滨变得热闹起来，精明的小商小贩纷纷在天后庙四周建起住宅，做起生意。

天后庙曾毁于清代中期。另外，河旁乡覃氏宗祠东侧天后宫始建年代无考，1957 年拆毁。天后庙没了，天后街却一直保存下来。

城中路：基督教堂

城中路像岭南式的趟栊门，推开门便见端州基督教的历史。

城中路是端州的古城区，在宋代围城，贯穿于东西门之间，因处古城中心，所以叫城中路。“文革”期间曾改称为红旗二路，1981 年复称原名。

相传，端州五教堂之一的基督教堂，标名是“浸信自立会端州堂”，最早成立于麒麟街，后迁城中路。

清咸丰十一年（1861），美国的一位牧师叫纪好弼，踏足端州，在麒麟街租了一间房屋，开始在城区及附近四乡传教、卖书。这为他传授的著作《在华四十年》、《基督生平》、《救主之足迹》、《喻言之解释》等，注入史迹。

端州麒麟街路面早期都用麻石，旧城改造后变成水泥地面，在居民房屋门口仍可找到一些麻石砌成的台阶。现有居民约一百多户，房屋以砖木结构为主，屋顶由南方常见的易于排水的斜瓦组成，仍保留很多岭南式趟栊屋。趟栊屋布局按中原传统的正堂屋形式，基本上是纵深方向展开。其典型平面为三间两廊、左右对称，中间为厅堂，庭园中栽种花木，筑有假山鱼池，颇为典雅清幽。由于门上装有极具特色的木制梯状趟栊，因此，人们称这些大屋为“趟栊屋”，“浸信自立会”就成立在这里。

纪好弼当医生，又做浸信会牧师。到端州的第二年，他开始组织基督教浸信会，先后有张玉屏、严垣田、冼怀棠等入会助理。随着教徒的日益增多，他在城中路买下马家大屋，于同治八年（1869）正式成立基督教浸信会。在光绪十七年（1891）开办光道圣经学院、光道学校，旋因经济困难而停办，为教会在本地办学之始；宣统二年（1910），开办培正中学、培道中学和培道幼稚园等。

1911 年，他再买下相邻的两间店铺，扩大礼拜堂的面积，这就是今天城中路的肇庆基督教浸信自立会端州堂的前身。在民国元年（1912）6 月 3 日，“信徒何止三千众，传道于今五十年”的牧师纪好弼在广州因病息劳归主，终年七十九岁。次年，基督教浸信会由华人自理，始称“肇庆基督教浸信自立会”。

1924 年开办广肇浸信医院，设在米仓巷，为教会在本地开办医院之始。1937 年 7 月，卢沟桥战事爆发，广州基督教浸信会创办的培道女子中学于 9 月 25 日迁至端州；1939 年，日军入侵端州，基督教浸信自立会礼拜堂遭到日本飞机的轰炸，损坏严重；1946 年，美国籍女传教士舒心慈，在城中路 112 号，亲自主持募资筹款，重修礼拜堂。内设圣坛，还有小房两间，放置宗教活动用器皿。屋顶的北部原建有高 3 米的钟楼，由于日久失修，1978 年被拆除。直到 1982 年 12 月 25 日圣诞节，自立会礼拜堂才正式复堂。

2003 年，在肇庆市、端州区两级人民政府和统战、民族宗教和建设等部门的大力支持和香港浸信联会、尖沙咀浸信会等的鼎力相助下，肇庆基督教浸信自立会礼拜堂于 10 月 18 日奠基；2005 年 1 月 15 日正式开工重建，名为“肇庆基督教浸信自立会端州堂”；2006 年 9 月 10 日，在端州堂举行落成感恩奉献礼。楼高四层：一楼是副堂，可以容纳三百多名教徒开展宗教活动；二楼是正堂；三楼是聚会厅；四楼是钟楼。

簕竹围：神父教堂

簕竹围是古巷名，在现在的端州儿童公园旁边，属宝月台一条横巷。“文革”期间称为民路横巷，1981 年复称簕竹围。

簕竹围古时一片荒野，地处溪流之处。历史上有三种叫法，一是由于这里开始无人居住，乡中有大树，始称“榕树根”；二是因为地处低洼，常临坑水，每逢暴雨，山洪倾泻，溪水高涨，水漫塘中，故曰“涝塘”；三是因为在地中有簕竹，遂称为“簕竹围”。

1869 年，“道源斋”建成后，法籍传教士又在城北簕竹围建起一座砖木结构的两层楼房，取名“利达堂”。这时才有人来人往的人气和神圣之气。1879 年，澳门教区拨款再建一所“哥特式”教堂，占地面积 210 多平方米，定名为“圣母无原罪堂”。翌年又再建一座神父楼。这里简直成了上帝的寄生地。

辛亥革命后，端州成了神父的人间天堂，教堂林立。1913 年间，澳门教区派出专员到广州商谈，购买了原两广总督衙门旧址（即今肇庆市政府所在地），设立肇庆传教区分部，称为“圣家院”，在该院东边是分部天主堂，西边是学校和教会医院，整个院子民间称之为“大地天主堂”。

传教区分部首任当家神父是葡籍路加，负责掌管传教区分部的传教工作（解放前后当家神父是葡籍沙厄利），总管由葡籍修道担任，理财由上清湾村教友谢敬祥担任。当时共有11位神父，其中6位是中国籍。传教区分部建有神父大楼、教堂、工人宿舍，还有大片果园、菜地（即今肇庆市政府东侧）。1921年开办培志小学，校长是甘灵芝神父（葡籍）；1926年改为海星学校，校长是邓俊高神父（中国籍）；1935年开办初中，梁卫道神父任校长，一年后邓俊高再出任校长。解放后海星学校停办了。

此外，1917年间，澳门教区在城中路西段购得一片土地，即宋城宾馆，建起了教堂、姑娘楼、宿舍、药房、女子小学，定名为“贤后院”，市民称为“姑娘堂”，是培训女传道员之地，同时也开展赠医施药和收养孤儿、弃婴工作。但是由于很多弃婴本来就很弱，加上院方管理不周，医药不足，所以收养的弃婴成活率低，当时曾受到社会人士的强烈谴责。

还好，1946年春，澳门教区拨款二十万港元在院内兴建了两座三层混凝土结构大楼：一座是孤儿大楼；一座是教学大楼，名为“圣罗撒女子中学”。学生有四百多人，大部分是各县教徒之女。另外，还培训女学生，为端州创办了女子学校。

再说簕竹围。1937年，葡籍神父雅类思又在此建了一座姑娘楼，楼上系修女住所，地下是儿童学道理课室。此外，传教士还在“利达堂”西侧建了一所平房交由信教群众使用。解放前，簕竹围只有三十多户人家，但教徒就有一百四十多人。

1986年12月，簕竹围这座古老的哥特式教堂重新拆平扩建竣工。教堂是钢框架混凝土结构，可以容纳四五百人。堂内重新设置了教友用的座椅和跪凳，重新制造了神父的各种物品，门窗都是合掌式，并装上红、黄、蓝等彩色玻璃。钟楼上悬挂一个特制的一百多公斤重的大铜钟，楼顶上竖了一支十五米高的文笔，象征升向天堂。“圣母无原罪堂”重建后，于1987年12月8日，由江门天主教教区李磐石主教到来主持教堂重建复堂庆典。

端州为什么少了“佛堂”？原因很多，其一是在解放初期“佛堂”一度成为清理对象。如1952年，肇庆根据中共中央发出的取缔“一贯道”、“同善社”、“先天大道”、“归根道”的指示，开展取缔反动会道门的群众运动。这些反动组织，都是在帝国主义和国民党反动派操纵下，打着“为民求安”旗号，以推翻共产党政权为目的的。这些反动组织的绝大多数道徒是受蒙骗的人民群众。

“同善社”于1924年传入端州，并在高要禄步、河台、乐城、水南等地建立同善社事务所，共有社员一千三百多人。“一贯道”于1948年传入端州，并在高要新桥、南岸、大湾、回龙、金渡等地设立他们的“佛堂（坛）”。他们的最高主事是“点传师”，“坛主”次之，以下称道徒，全县有八百多人。“先天大道”除在端州设有“佛堂”外，在高要乐城金鸡坑村、莲塘村、白土幕村、大路头村等均设有“佛堂”。解放后，这些反动会道门仍作恶多端，进行着各种破坏活动，如围攻区、乡政府，奸污妇女等。“同善社”在禄步一带勾结当地土匪、地主恶霸，组织所谓“神公仔”。他们标榜懂法术，刀枪不入，袭击区、乡驻地。

1952 年，公安机关根据中央的命令，对这些反动组织一律宣布取缔，将其为首者逮捕归案，并处决了罪大恶极的为首分子 7 人，逮捕了中、小道首，交由当地群众治保组织管制的 13 人，经教育自愿退道的 1 324 人。

镇东巷：观音堂自梳女及堂殿

老去红尘思旧事，空空落落向黄昏。

话说在清代，因为端州塔脚路人气旺，多了一些古巷。然而，就在塔脚路之中有一条鲜为人知的小巷，旧称镇东巷，清末民国分为镇东一巷、二巷，“文革”时期称为东风一路一巷，1981 年全改称为塔脚路。

镇东巷这巷子窄得可怜，最窄处只能容一个人侧身而过。巷里有座观音堂，位于塔脚小巷的中段 47 号，相传为清代的富家太太何妙乜所建。塔脚路观音堂，这就是被专家称之为“中国历史上最后的一群自梳女”的特殊部落。观音堂的大门上贴着一副醒目的对联，这大概是她们追求的人生境界了：

清修自在菩提地；

善行同登般若门。

当年的自梳女都有了自己的“家”，相继从这里搬了出去，可她们每天要来这里烧香拜佛，于是，这里又成了她们的精神领地。如果她们中有姐妹要“西归”了，众姐妹们会一起聚到这个“大家”来，陪自己的姐妹走完人生的最后一程。对于自梳女来说，观音堂是一个神圣的地方，她们不愿意让外人窥探这里的隐秘，也不愿意让外人打破她们生活的宁静。

因此，沿曲曲弯弯的石路前行，小巷的尽头是一排爬满青苔的老屋。小巷出奇地幽静，不见车来人往，不闻人声嘈杂，一扇扇门紧紧地关闭着，生活在这里的人们似乎要将外面纷繁的世界拒之门外，独享这与世隔绝的清静。空气里弥漫着淡淡的草木香味，这香味是从观音堂里溢出的。

“自梳”是一生的承诺，“自己的头发自己梳，自己的饭自己煮，自己的苦乐自己享，自己的生活自己养”，这是自梳女生活的诠释。

当还是青春少女的时候，她们就自己梳起了发髻，发誓终身不嫁，天天吃斋拜佛，过起了清心寡欲、自食其力的日子。数十年来，任凭社会风云变幻，她们依然我行我素，平静地过着每一天。

观音堂室内设有观音菩萨的神位，另有食堂、住所，可供几十名自梳女食宿。据自梳女梁俊航老人介绍，观音堂距今已有一百多年的历史了。当年的这座豪宅里设有祀堂、饭堂和住所，还有一口自用的水井。鼎盛时期曾有100多名自梳女在这里居住，现在只剩下最后的11个姐妹了，全部来自高要金渡。她们以织席为生，这种一技之长为她们的生存提供了保障。

据说，自梳女为广东省所独有，最早出现在明末清初年间。顺德地区的桑蚕业日渐发达起来，过去足不出户的女人们成了养蚕、缫丝、织锦的好手，渐渐地有了养活自己的能力。为了挣脱封建婚姻的枷锁和掌握自己的命运，一群能够自食其力的女人，像已婚妇女一样自己盘起头来，以示终身不嫁。后人加以效仿，此风气渐渐蔓延开来。

梁俊航自二十一岁那年到观音堂当自梳女，至今已整整五十七年。她说，旧社会男尊女卑，妇女在家庭中往往处于被支配地位，所以高要金渡有许多少女到观音堂当自梳女。梁俊航六岁时学织草席，二十一岁当自梳女时已经技艺娴熟。她在观音堂住了七年，1953年在塔脚路三巷买下一间瓦房栖身。

夏姑婆在自梳女姐妹中是唯一一个“儿孙满堂”的人。五十多年前她收养了一个女儿，如今养女也儿孙满堂了。逢年过节，女儿全家人都会来，儿孙绕膝，其乐融融。看着女儿有个幸福的家，夏姑婆由衷地发出感叹：“现在世道不同了，再也没有人当自梳女了！”

风华绝色为尘缘，悲月怜花也是禅。在中国，有一代人，曾经有过另一种生活。对于一个美丽的中国传统女性，并不是所有的房子都意味着一个家；有些房子里，只住着一个人，她不曾享受婚姻，不曾享受人们追求的天伦之乐，在她的世界里只有女人。这些自梳女可称作是中国近代史上最独特的一群女性。这些风烛残年的老人，她们的故事也许很快就要结束了；可作为一页历史，它将记录下时代与女人的命运。

观音堂的自梳女是端州城内最后一代自梳女。随着时间的推移，她们正渐渐从这个世界消失。这听起来未免有些伤感，但从历史的角度看，她们也许是妇女解放的又一个标志。

堂，殿也。《说文》注：“古曰堂，汉以后曰殿。古上下皆称堂，汉上下皆称殿。至唐以后，人臣无有称殿者矣。”殿，指帝王所居和朝会的地方，或供奉神佛的地方。肇庆七星岩有“玉皇殿”，明万历四十六年（1618）建造。要说端州以殿命名的建筑宝殿，要数肇庆“盘古祖殿”最有名，位于肇庆北岭山盘古坑，据说是北宋大中祥符七年（1014）起建造。

“堂”在端州建筑中大约分为两种：一是常见的庙堂；二是教堂。

端州塔脚镇东巷的观音堂是自梳女的“家”，城中路米仓巷也有自梳女的“观音堂”，另外，在端州区泵城北街道办事处睦民居委会豪居路67号有“蒙友恭堂”，民国年间建成。端州自明朝利玛窦引入西方建筑文化之后，清朝的西方教堂多了，才有西方的人气和上帝之气，有人说这里简直成了上帝的寄生地，如“利达堂”、“圣母无原罪堂”，现在名气较大的只有城中路一间教堂了。

关帝庙：范进打秋风

《儒林外史》第四回讲“荐亡斋和尚吃官司，打秋风乡绅遭横事”，其中说到范进中举后，和张静斋到高要县（现在的端州）打秋风的故事。

故事发生在古端州的关帝庙街，即如今的新街横巷，在今东门斜坡顶的医药器材公司。

范进，将自己从二十到五十四岁的青春都押在了科举这座“独木桥”上，三十四年的折磨摧残，三十四年的忍辱偷生，三十四年的辛酸，他中举了，人却“疯”了。

一天，他和张静斋认为端州地方肥美，于是，雇齐佚马，带了随从，取路往端州进发。不一日，进了端州城见知县。那日知县下乡去了，二位不好进衙门，只得在一个关帝庙里坐下。那庙正装修大殿，有工房在内监工。

此时，外面走进一个人来，方巾阔服，粉底皂靴，蜜蜂眼，高鼻梁，络腮胡子。那人一进了门，就叫把盘子撤了，然后与二位叙礼坐下，动问哪一位是张老先生，哪一位是范老先生。二人各自道了姓名。那人道：“贱姓严，称贡生。舍下就在咫尺。去岁，宗师案临，幸叨岁荐，与我这汤父母是极好的相与。二位老先生，想都是年家故旧？”二位各道了年谊师生，严贡生不胜钦敬。

严贡生向他们介绍知县的收入，说：“我这高要县，是广东出名县份，一岁之中，钱粮耗羡，花、布、牛、驴、渔船、田房税，不下万金。像汤父母这个做法，不过八千金，前任潘父母做的时候，实有万金。”

哗，万金？这知县的收入是俸禄吗？按照清朝的制度，五品知州每年俸禄才80两；七品县官，每年的俸禄不过是45两银子。实际上即使官至一品的总督，年俸也只有180两，和这成千上万的说法相差太远。难道所有地方官的主要收入都来自陋规（陋规的惯例，旧时多指官吏索贿受贿）？范进在想。

范进、张静斋笑了，去高要“打秋风”是找对人了，找知县错不了。“打秋风”，意谓假借各种名义或关系向人索取财物，或依仗与权势有某种关系，招摇撞骗，收受财物，意近“分肥”。

关帝庙旧址在现在的城中路，肇庆市人民政府大门西侧，与文昌宫并列。后来关帝庙搬出城墙外，独立成街名，在“文革”期间称立新街横巷，如今为新街横巷。

读过《三国演义》，关羽的盛名，可谓家喻户晓。民间百姓追慕关羽忠孝义勇，奉若神明。历代统治者利用关羽对君主忠贞不二的品格，大肆渲染和教化，关羽逐渐被封王、封帝。明清时代，关羽有“武王”、“武圣人”之尊，与“文王”、“文圣人”孔子并肩而立。

关帝庙建于何时呢？无史料可考。按照吴敬梓的经历，他一生经历了清代康熙、雍正和乾隆三朝。当时关帝庙大殿正在装修，那么，关帝庙应建在康熙年之后，乾隆年之前。当时，出现了资本主义生产关系的萌芽，社会呈现了某种程度的繁荣，修建庙宇在端州是继明代之后又一次风行。

据说该庙快竣工时，主持其事的乡绅请书画名家王宗烈书写匾额，正好状元公庄有恭来到端州，王宗烈就差人拿了银子作为润笔之资，请他代写“关帝庙”三个大字。庄有恭笑道：“王宗烈真不愧为才子，我不愿写庙宇的字，却来为难我。”说罢，一挥而就四个字交给差人，并把银子也一齐退了回去。派去的人回来向王宗烈禀报说：“状元公不是题三个字，而是题了四个字。”王宗烈打开一看是“有德题匾”四字，沉思了一会儿道：“很好，很好。”

“有德题匾”四字，与“打秋风”和来自陋规的行为形成了鲜明的对比。有史记载，当时关帝庙立有楹联：

由兄弟而君臣，大义忠精，剿魏伐吴维汉祚；

兼武文而神圣，享诚辅德，伏魔荡冠贯熙朝。

关帝庙是封建时代统治者创造出来驾驭被统治者的神荼郁垒。建立关帝庙，目的就是为了宣扬关二爷仁义、忠君，不贪财帛，藐视一切自己看不起的人，不论那人权位多高。如今，此关帝庙已毁，只留下了传说。

厂排街：长留包公精气神

厂排街这个地方在古时有黄江税厂，税厂在西江边扎满了一排排的木栅栏，所以大家就将这条街道叫作厂排街。“文革”期间称为红旗四路，后复称厂排街。

到厂排街，令人不忘的是包公祠。1062 年，包公病倒，不久便与世长辞，朝廷追封为礼部尚书，并赠谥号为“孝肃”，即孝道和铁面无私。在熙宁年间端州郡守蒋绩建包公祠，纪念包拯。当时的包公祠在肇庆府治仪门左，即宋时端州州衙东侧，今肇庆中学之西、地区人民医院之东，临近城中路的位置，后来几经迁移。

明成化元年（1465），计划“易地迁建包公祠”；明代弘治十七年（1504），两广总督都宪潘蕃、佥宪许垣与肇庆郡守黄瑜决定易地至府衙之西一里处迁建。该祠兴建，始于弘治十八年（1505）正月初六，是年四月初一落成，即20世纪60年代中（1969年前）所见到的，位于西门斜坡城内西北角的那间包公祠，今在市第十九小学校址内。

但是，在“文革”的十年动乱中，包公祠内的造像、楹联、匾额被砸毁，原有的碑刻大部分散失；1969年全祠被拆平，并在原址建学校。1998年，经肇庆市文化局等多方筹措，才使包公祠得以易地重建。其位于肇庆端州区城西厂排街大菜园村，占地面积15 500平方米，2000年3月14日竣工对外开放。

包公可称得上家喻户晓。他在端州任知州三年，后升到了开封府，为端州百姓造福载入史册，留下了光辉的形象，后人便为他建祠供奉。在宋元明清以来的戏曲舞台上，不但关于包公的剧很多，而且还专门为他设计了独特的舞台形象——蟒袍、玉带、纱帽和朝靴，同时勾画着日月阴阳脸谱的“包黑头”。

包公扬名在端州，他挖井为民，审案如神，既当“教育局长”，又当“农业局长”。他发现在岭南当官工作非常艰难，便向朝里写下三篇调研报告，人称“三疏”。前任官吏多借每年向皇宫进贡端砚之机，向老百姓增索数十倍之多的端砚，以献权贵，但包公废除了这一弊端，减轻了老百姓的负担。老百姓感其恩德，赠送端砚以表心意，被他拒绝，后被人放置在他行李中。包公发现后，认为砚生于斯，还于斯，便在西江羚羊峡处将砚掷于江水中。后来，在包公掷砚的地方出现一个沙洲，人们便称它为“砚洲”。

包公还在渡头附近创建宝光寺，祀奉玉皇大帝。宋代皇帝自称是玉皇大帝派下凡间治理天下的，包公建此寺，意在鼓励当地民众服从朝廷管治，维护社会稳定与国家统一。宝光寺后迁于玉屏岩建为玉皇殿。宝光寺此后相继建为天后宫、濂溪祠和景福祠，遗址在今污水处理厂东南侧。包公还在城西景星坊创建文昌宫（后变为法轮寺、西江讲武堂，今市直机关第一幼儿园），传播中原儒家文化，教化一方，鼓励读书人走科举之途为国效力。

走进宋孝肃包公祠大殿，只见其砖木结构，单檐歇山顶，面宽三开间，八柱，三进深。殿内悬挂大木匾“清风还在”，多处楹联留人传诵，如：

生为柱国，死作阎罗，宋代直臣第一；

堂溯枕书，洲留掷砚，端州循吏无双。

入庙拜神，大殿正间神龛内，供奉包公坐像。因为包公刚直不阿、铁面无私，故塑像脸部是黑色的，五髯长须垂至胸前，神态端庄，头上戴冠，身穿官袍，腰缠玉带，手持朝笏，足穿朝靴。包公像前端设有神台，拜席两旁供奉张龙、赵虎、王朝和马汉四员大将的立像。大殿东面次间，是庙祝为信男善女求签占卜的地方。大殿后面，还有一列平房，是庙祝等人员的住所、伙房以及堆放祠里杂物的地方。两侧十多块立碑，其中有明代著名的书法家、理学家陈献章（即陈公甫、白沙先生）用茅龙笔书刻的包拯《书端州郡斋壁》诗碑：

清心为治本，直道是身谋。秀干终成栋，金钢不作钩。

仓充鼠雀喜，草尽狐兔愁。史册有遗训，无贻来者羞。

无论是外任，还是在朝；无论是做州县的小官，还是居于副宰相的高位，他都把明志诗作为座右铭，言必信、行必果，表现出高尚的为官道德，做出了卓越的政绩，终于成为史册留名的“清官”的典范。

据说，在旧社会里，肇庆遇上瘟疫流行和旱涝之患，人们就把包公像抬着巡行，寄望消灾。20 世纪 40 年代就曾两次抬包公像巡游：一次是 1942 年久旱不雨，蝗虫为灾，稻谷失收，竹树开花，饿死不少人，当时就抬包公像出巡；一次是 1949 年夏西江洪水泛滥，景福围岌岌可危，人们又一次抬着包公像去巡堤。端州城的城门上还为此刻一对联：

星岩朗耀光山海；

砚渚清风播古今。

早些年，有两位游人来到了肇庆，游了包公祠，见门票 10 元，入内见有一井为包公当时留，但用铁链锁住。一个游客回去之后，他即时浮现一联：“入门十元，包公愧否知否？锁井千载，泉水清耶浊耶？”而另一个游客写下七言诗：“治本索源必清心，意若金刚力雄浑。慧为仓充万民乐，奸狡岂作谄屈因。直道难行行直道，掷砚休曰不喜文。胸怀天下何有我，史册遗训鉴古今。”

游人这一壮举真令当今世人深思。是耶非耶，任由评说吧。现在包公祠免费开放，游人可以随意看到史册遗训鉴古今的包公文化，还可以看到以稗史的形式，即俗称的小说记载的关于包公在端州的史说和民间传说。但愿人间长留包公的精气神。

梅庵路：岭南名刹及端州之庵

禅拂山门破晓开，园林深处暗香来。

千古井，一方斋，善舒画角德舒怀。

这是我到“端州八景”之一的梅庵后填的《渔歌子·梅庵香雪》词。

梅庵，许多人就算没去过也听说过。庵前有条梅庵路，位于端州城西梅庵岗侧。因梅庵岗上有梅庵而得名。在民国十九年（1930），有个陈同昶，号昶曼，本市西门后街人，任高要县县长，在任内主持重修梅庵及开辟庵前马路。现在梅庵路扩阔加宽了。

走进山门，门上横额为南海李覆于1841年题的“梅庵”。庵，在古时候指的是由一种小草搭建而成的屋，即所谓“结草为庵”，后来有些风雅文人的书斋亦称“庵”。据说，自汉代以后，修建了一些专供佛徒尼姑居住的庵堂，也称“庵”。于是，“庵”一般也就成了佛教女子出家行佛事的专用建筑名称了。然而，事实上由于某些原因，有极少数的僧人也是栖庵为生的。当然，这些只是个别情况。端州的梅庵即草屋之意。

梅庵，顾名思义，寺院栽有梅。传说唐时六祖慧能喜梅，客居古端州城西岗时，曾于岗上植梅，以锡杖掘井。宋至道二年（996），一位名叫智远的和尚为纪念慧能，在此处建庵。每到冬末初春，梅庵殿堂前后、廊舍之间长满盛开的梅花，花蕾多为粉红色，绽放后呈雪白色并散发出阵阵清香，宛如星星点点的雪花飘落在这岭南古刹，为梅庵增添了无限生机。

阳春三月，春光融融。千年古刹梅庵梅花依然盛开，并且阵阵飘香，吸引了不少游客观赏。庵内井的两旁种有梅树，每逢新春，梅花竞放，非常美丽。难怪这里成为肇庆八景之一，这真是岭南著名的梅香胜地。

梅庵为全国重点文物保护单位，有“千年古庵，国之瑰宝”的美誉。能够列为国家级重点文物，当然是非一般的庵寺了。梅庵供奉禅宗六祖慧能，为岭南名刹。相传六祖七十六岁那年返回故乡新兴，路经端州，在城西山冈上插梅为记，以示不忘。宋至道二年（996），六祖的弟子智远和尚为纪念先师在岗上建庵，庵以梅为名，故取名“梅庵”。

传说五祖考慧能，慧能作谒云：“菩提本无树，明镜亦非台。本来无一物，何处惹尘埃。”五祖一听大为吃惊：“这该是可托衣钵的人了。”南禅宗诞生在岭南这片偏远荒夷之地上，但正是这种淳朴、自由、毫无拘束的气质，才能焕发出非同寻常的灵性，才更接近智慧的天性，也由此才能诞生玄妙的南禅宗。梅庵北枕山冈，南眺西江流水。庵内梅花园，每岁新春梅花压枝怒放，六祖井泉水甘洌，两株千年菩提树常绿如盖，环境幽雅宜人。清代黄培芳在梅庵写了一联：

梅挹泉光浮白上；

门排山色送青来。

宋至道二年（996）兴建的梅庵，其至今完好的大雄宝殿是典型宋代木结构建筑，成为清华大学历史建筑系研究宋代建筑的“活标本”。梅庵距今已有一千零九年的历史，以其独特的建筑艺术著称，为广东最古老的木构建筑之一，而且具有浓郁的岭南特点，为广东现存宋代木构建筑的孤例，在全国亦属少有。如今梅庵（北宋）古建筑，与肇庆古城墙（宋至清）古建筑、七星岩摩崖石刻（唐至近代）被列为全国重点文物保护单位。

大雄宝殿供奉三世佛，六祖殿供奉六祖佛像。壁画“历代禅宗祖师图”，其中有初祖达摩、唐土二祖慧可大师、唐土三祖僧璨大师、唐土四祖道信大师、唐土五祖弘忍大师和唐土六祖慧能大师。游客瞻拜，似有顿悟神情，应验了：

此间应带几分仙气；

坐定宜生一点禅心。

端州除了梅庵，还有什么“古”庵呢？

石头庵，位于肇庆市正东路尾，江滨堤内的石头岗上。屹然矗立在浩荡东去的西江河畔，气势雄伟非凡，西江两岸景至，美不胜收。此地原建有石头庵，据民间传说，因在700年至790年，唐代端州人禅僧，名叫陈希迁的石头和尚，在此建庵，故取名“石头庵”。明宣德六年（1431）至宣德十年（1435）间，将庵改建为嵩台书院。嘉靖二十五年（1546），增建北楼以及东西两廊和号舍；崇祯十四年（1641）命名为“阅江楼”；后来这里又成为叶挺独立团旧址，并评为肇庆新八景之一，即“江楼浩气”。

将庵改作寺的是庆云寺。据说在1633年，本地人梁少川与新会人朱子仁等结莲社于莲花峰中的虎窝（现庆云寺），效仿东晋高僧净土宗慧远大师崇佛。第二年秋天，朱子仁到广州蒲涧寺礼栖壑，剃染受具，法名在犙。后来，在犙改莲社为“庆云庵”，因为此原地名为庆云岩。1636年，在犙迎接栖壑到来，主持庆云庵。栖壑将庆云庵改为庆云寺，并担任庆云寺第一代掌门人。二十二年后，栖壑圆寂，在犙成为庆云寺第二代住持。

说到庵，旧时在鼎湖山上还有跃龙庵、莲花庵。如今存在的跃龙庵，有人称为“观音庙”，位于鼎湖山西坑的老龙潭北侧。据民国《高要县志》记载，该庵始建于宋代，为当时鼎湖山内外三十六招提之一。跃龙庵前古树鸡蛋花数株，苍劲挺拔。门口曾有对联为：“岭倚鼎湖接福地，桥横罗汉到禅关。”该联今已不见，但还流传着“桥横罗汉到禅关”的故事。

跃龙庵前面有一条潺潺的小溪，溪上有一座小桥，人称“圣僧桥”。

传说，唐初的一天早上，有个和尚踏着露珠，在千年古寺——白云寺前的草地上舞刀弄枪。太阳出来之后，他发现几个身高八尺的僧人沿着栈道走上小桥，于是回去报告。一会儿，他和方丈身披袈裟出来上前迎接，只见几个僧人笑着一同绕到小桥底下，坐在大石上濯足戏水……方丈称他们为“圣僧”。后来这里绵亘曲折，苍崖环翠，远岫云飞之地叫“禅关”，这座小桥就叫“圣僧桥”了。

另外，位于鼎湖的憩庵山门也很有名气，为庆云寺之下院，有联“法为众生超浩劫，心存一念证菩提”；憩庵大殿有联“万仞湖山还仰止，四方车辙且停留”；憩庵门楼有联“琴弹夜月闻流水，月定方池见素心”。

太和路：草席借米及端州道观

路通财通，故事也讲得通。端州宋城三路在2011年底开通后，为睦岗打开了一片新天地。就讲太和路吧，此路虽然新扩建，但是路名很古，古到韵含着《周易》的意象。太和，取《易·乾·象辞》中“保合太和，利乃贞”之义，意思是重和而不重争，重合而不重分，保持一种和谐状态，才得到自己真正的利益。

这样的经典出现在历史的龟顶山。古端城八景之一的“龟顶松荫”位于城西龟顶山，与隔岸大鼎山对峙，控锁西江。山形似龟，山中多松，风景幽雅，是游人重阳登山，吟诗作赋的好去处。如今龟顶新城蕴藏着太和的韵味和文化的气息。因为古时有座真武阁，俗称“元真观”，据说始建于明代，里面住有一个号称“沧海道人”的陈真海。

真武，亦称“玄武”，俗称“真武大帝”、“玄天上帝”，是道教所奉的神。相传是古净乐国王的太子，生而神猛，越东海来游，遇天神授以宝剑，入湖北武当山修炼。经四十二年而功成，白日飞升，威镇北方，号“玄武君”。宋讳玄字，故称“真武”。又传说，元真观又名“玄贞观”，因庙内供奉“玄武大帝”，故又称“玄帝庙”。玄武大帝为北方之神，为道教所信奉。清朝康熙年间（1661—1722），因避讳玄烨的“玄”字，故改名“元真观”，今已废。

2012年，在崇禧塔处新建一座真武阁，有真武大帝像，身穿龙袍端坐阁内，用汉白玉雕刻，高达1.6米，是全省罕见的珍贵文物。据说这是明代龟顶山真武阁的真武大帝像，直至1973年在龟顶山的一条山沟里被人发现，得以保存。

历史回放到当时，明代道人陈真海看到端州龟顶山的雄浑澎湃的气势，认为是与天星三台列宿相对应，于是就在山腰地带筑一座元真观，祀祭“真武大帝”，以应天瑞气，惠利端州。因此，龟顶山的元真观正殿塑制了一尊“真武大帝”神像，成为广东省内道教的一大道场，香火兴旺。元真观在西团乡（现睦岗）内享有较高的知名度，由三间红瓦青砖的房子组成，观外的空地按照北斗七星的位置栽种着七棵鸡蛋花，观内的主殿里供奉着道教的“三清”，即玉清元始天尊、上清宝灵天尊和太清道德天尊，香火鼎盛。古时有个读书人在元真观写有一诗：

白日无停运，青云要早图。寓居邻上士，述作笑潜夫。

案冗书签满，窗明树影孤。徘徊拂尘壁，一半旧题无。

关于陈真海，老一辈睦岗人流传有“草席借米”这样一个故事。

明末清初的一年，端州大旱，西团乡的农作物收成甚少，城内米商乘机哄抬米价，并用木船商队将高价米运到西团乡圩销售。尽管西团乡百姓痛恨米商的做法，但米商不强行买卖，亦不缺斤少两，百姓苦不堪言，纷纷到元真观祷告求雨。

道人陈真海看到百姓的困难，便决定惩罚这些发灾难财的米商。

一天赶集的日子，米商的木船队又载着一船船的大米浩浩荡荡地从端州城来到西团乡。在进入码头前，被乘着草席漂浮在江面上的道士陈真海挡住了去路。河水围着船转圈，使船只不能向前航行。米商无计可施，与陈真海进行协商。陈真海说："你送些米吧。"米商问："要多少米？"陈真海看一眼草席回答："只要能把一张草席沉下就可以了。"

米商心想，一袋米就可以坠沉一张草席了，便答应了要求，派船工把一袋米重重地丢到水中草席上，但是草席没有丝毫下沉的迹象，依旧漂浮在水面上。米商大惊，指挥船工继续往草席丢米。一袋、两袋、三袋、四袋……看着草席上堆积的米越来越多，米商终于按捺不住，向陈真海求饶了，并承诺降低米价，把米出售给西团乡百姓。

陈真海大手一挥，将尘拂丢进河里，转圈的河水马上恢复了平静。随后，陈真海将一张草席的大米分派给西团乡的贫困百姓，帮助他们渡过难关。

现在端州城的元真观没有了，却有了一座新城，一座真正让人民安居乐业的新城。

话说道观文化，史载汉武帝在甘泉造延寿观，据传最早住进皇家"观"中的道士是汉朝的汪仲都，他因治好汉元帝顽疾而被引进皇宫内的昆明观。从此，道教徒感激皇恩，把道教建筑称之为"观"，之后，迎仙之"观"便蔚然成风。端州现在还保留有三仙观、纯阳仙观等。

三仙观，在七星岩的玉屏峰下，于1590年建成。据传，当时两广总督刘继文为镇压黎民起义，剿平诸寇，于是在此"扶乩请仙"。这是一种道教占卜的方法，将一支木笔绑在一个竹簸箕的边缘，他在两边扶着簸箕抖动，木笔会自我移动，回答提出的问题。后来刘继文得到神仙指点平息了叛乱，为表其功，在三仙观立下《迎仙平寇碑》，背面另为"仙词"。刘继文说，这是因为借坡仙（苏东坡）托梦给他而功成的，要建三仙观于星岩，并祀汉钟离、铁拐李及吕洞宾三位仙人，后来就有了"扶乩请仙"的传说。

纯阳仙观，位于七星岩的玉屏岩西南面山脚，建于清光绪三十年（1905），有"道教的洞天福地"之誉，设有山门、纯阳殿、观音殿、拜亭、厅、阁等十多间建筑，塑有吕祖、观音神像和关羽等忠臣孝子的牌位。每年农历四月十四日"吕仙诞"，信众聚集，香火鼎盛。有朱汝珍（清远人，清光绪进士，一甲二名榜眼，翰林院编修）写的一联：

有如江水，但听夏口数言，笑史氏荒唐，白马岂为投效地；

又是秋风，不少邯郸过客，算书生侥幸，黄粱还见梦醒时。

“文革”时期，纯阳仙观内的建筑大部分毁塌，原址多为现代红砖重砌作曾为景点的库房，后被废弃，现杂木丛草围困，唯有花岗岩门柱子仍被镶嵌在现代水泥之中。近年，“纯阳仙观”石匾在集翠亭靠山的亭边被人发现。如果能重建纯阳仙观，就可以与景区的玉皇殿、三仙观、十八奶娘庙和碧霞宫景点连为一体，形成一条以道教文化、民俗文化为特色的“仙文化”旅游线。

宾日路：伍丁祠及端州名祠

宾日路有一个宾日村，宾日村有座伍丁祠，是近年的建筑。然而，纪念伍丁先师宝诞却流传已久。

黄岗宾日村和白石村连片，世代都是“耕砚为田”，都是“拜伍丁先师”的。每年农历四月初八，为伍丁先师诞辰日，便举办“纪念伍丁先师宝诞拜师节”活动，且已经形成民间传统习俗。

据《水经注》载，伍丁又叫五丁，是先秦时期伟大的石艺鼻祖，石匠先师。古书记载，战国中后期，秦惠王见古蜀第十二世开明王朝国力衰退，蜀王荒淫无道，便欲伐蜀，但苦于崇山阻隔，无路可通。大约秦惠王深知蜀人有崇信巫术鬼神的迷信传统，于是心生一计，请人凿刻了五个巨大的石牛，以赠送蜀王。秦王派人在石牛臀下放置黄金，每头牛还像模像样地安排了专门的饲养人员。蜀人一见之下，以为是天上神牛，能屙黄金。蜀王大喜，便派国中五个有移山倒海之力的著名大力士，开山辟路，一直将石牛拖回成都。这就是“五丁开山”的传说。

而端州的传说是，伍丁力大无穷，不但能开山移石，而且会凿石雕刻，技艺高超。雕龙会吞云吐雾，刻凤会展翅高飞，是天下闻名的能工巧匠，乃石艺业的鼻祖。有一年，西江洪水泛滥，端州城一夜之间变成一片泽国，民不聊生。仙班大禹就令伍丁来到西江羚羊峡，凿石开山，疏通河道，拯救端州百姓于绝境。

当时，白石村有个青年叫程真。这一年，他辛辛苦苦建起了一间新屋，正准备迎娶指腹为婚的娘子小环过门，孰料一场洪灾不但把他的新屋冲毁，还夺去了他父母的性命。

小环之父李员外，见程真身无分文，担心女儿嫁给他后没有好日子过，就决意悔婚。程真深感人情冷暖，世态炎凉，心灰意冷地来到西江边，想跳到汹涌的河水中，一死了之。

适逢伍丁治水，西江疏通，退洪如地沉。程真往江中一跳，只见人在半空，水退一丈，等到人落水，水已成淤泥。程真死不了，却似坐过山车，在泥地转了一圈。

伍丁告诉他："砚中自有黄金屋，砚中自有颜如玉。"从此，程真就跟随伍丁上羚山，潜心制砚学艺。后来，程真得伍丁真传，广泛授徒，将高超凿石雕刻之艺传给他人，造福一方。再后来，娶回了李员外的千金李小环，夫妻过上了甜甜蜜蜜的幸福生活。赵鼎诗云：

五丁攀破石壁岩，拔起孤峰顿此闻，近作莲塘中砥柱，远移蓬岛下尘寰。

晓来云滃龙归洞，夜半仙游鹤满山，壁立东南为胜境，脚头高处愈跻攀。

不知从何时起，他们供奉起"九天开化文昌帝君伍丁力士先师神位"。在"拜师节"这一日，两村非常热闹。村民会按照传统的习惯，到原两广总督张之洞砚碑亭旁的伍丁先师牌位处，请出祖师爷伍丁，由四人抬着环村巡游。巡游时，鸣锣开道，鼓乐喧天，沿途金狮、银狮随后起舞助兴，所到之处家家户户，尤其是制作端砚的作坊店铺均作揖礼拜。后来建有"伍丁祠"，规模发展壮大，成为肇庆端砚界共同拜祭的地方。

在"拜师节"上，要入行做采石制砚的年轻人，要先感谢师傅的大恩大德，要虔诚跪拜师公伍丁，才算正式入门。即使父子相传，也要行这个仪式。这个庄严的仪式，后来由程真的徒子徒孙代代相传。发展到今天，村中家家都从事端砚制作，如果有劳动力的男人不会做砚，就会被大家笑话。

说到"祠"，相当于纪念堂，最早出现于汉代。历朝历代涌现的国家名臣、商业巨贾、社会名流等历历在目，犹如徜徉在社会变迁的历史长河。古端州各种用途的祠堂都有，虽毁了不少，却还保留具有代表性的氏族宗祠、民间神祠、名人生祠、得福报祠等。其实包公祠是全国最闻名的，也是令人最难忘的；还有历史久远、事迹感人的"忠节八贤祠"，祭祀着"精诚傥直"之人。要说生祠，在七星岩原有纪念朱（一新）、梁（鼎芬）二人的生祠，其中有一联写道："佩弄韦弦，同归于道；学兼汉宋，遗当川在人。"众人称赞不已，只是现已不存。

要说端州的氏族祠堂建筑，为数不少，以湘柱俞公祠最具代表性。它位于端州区睦岗镇大龙村委会外迳村，为清代中期祠堂风格，整体结构完善，三间三进，规模较大，雕刻图案，精致美观。灰塑龙船脊，人字风火山墙，灰碌筒瓦，滴水剪边，红砂岩石勒脚，是城区迄今发现的清代中期传统建筑祠堂中的精品，具有较高的文物研究价值。

风生水起

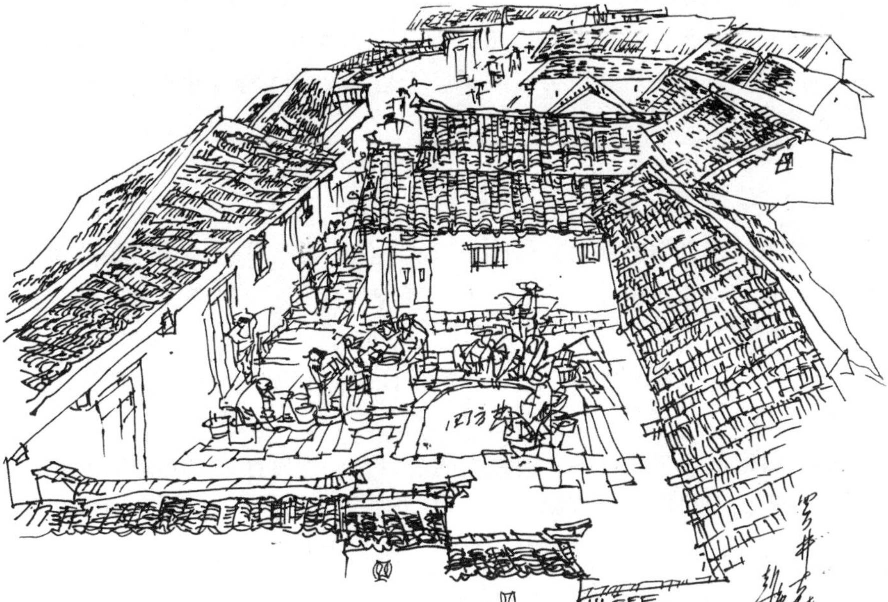

水是城市的灵魂，是命脉，是精气神。因井为市，构造端州的根；傍水而栖，连接端州的魂；择水而住，镶嵌着古城的历史。水，源远流长，见证着古人繁衍生息的奇迹。

大井头：端州大井

在端州区宋城路的南面，即龙顶岗西麓，古时有个地名叫“大井头”，因井而得名，现在叫“三联巷”。巷里的81号门牌北侧有个古井，人称“大井头古井”。1981年后，将大井头、回龙里和马巷三地联在一起，统称叫作三联巷。

关于大井头那口古井，位置显得很神奇。从高处看，这里整个地势呈龙形，而水井就是“龙眼”。据说，这里本来有一口明井和一口暗井，有一天，一个风水先生来到大井头，发现此地已成龙形，大吉大利，但是龙的双眼过强易伤人，只要将两口井改成一口井就可破解了。于是，人们将两口井改为一口井，就得了一个大井。

其实，此井历来为世人所关注，历史著作屡见记述。元末明初，郡人董源的《义井记》云：“相传郡城包公所凿之井有七：一在府治内；在府治西岳庙旁，则第二井也；在县学前街南，俗称‘义井’，则第三井也；其四是分司巷口；其五在广济仓右；其六在北门之左；其七在主帅党前。”明末清初著名学者屈大均所著的《广东新语》亦记载：“包孝肃为端州守，尝穿七井，城以内五，城以外二，以像七星，其在西门外者，曰龙顶岗井，民居环抱，清源滑甘，为七井之最。”

据资料记载和实地考证，包公挖的七口井，现仅存第二井和第五井。第二井便是“在府治西岳庙旁，则第二井也”，即龙顶岗大井头古井，是现存最大且保存最好的古井，其水量大、质好，人称“泉清滑甘”、“食无患害”、“端州之人受其福”。街坊老人称，无论如何干旱，古井都没有断过水。

大井头还有个关于包公亲民的故事呢。

相传，该古井是包拯在任端州知府三年期间主持开凿的。宋康定年间，包公曾在古井边与端州老叟谈种艺。当时端州很穷，农民“深耕浅种，时耘时耔，却牛马之践履，去螟螣之戕害，勤以朝夕，滋之粪土而有秋之利，盖富有年矣”。

于是，一连几天，包公依然来到大井头指导挖井汲水。一个农夫提着一壶茶水过来，当地的百姓也围了上来，邀请包公坐在树下纳凉，听包公讲故事。用现在的话说，大井头就是包公当年考察、采风的地方。

大井头住着一个贫穷的读书人，他也向包公讲述着他们生活中最喜闻乐见的故事，大伙也乐开怀了。包公心里很高兴，一伙贫穷的农夫，生活在社会的最底层，而心中就像那眼清泉一样，最原始、最清纯而且还永不枯竭。

一个有故事的地方，是永远不会老去的。如果这口井能说话，我们就会知道包公整天下乡的艰辛经历了。不过，我倒相信，古井中，泉水闪动的光影，会给包公带来许多为民造福的施政灵感。

清官爱斯民，七星甘露井，普滋黎庶；

泉水生乃地，千载逝韶光，尤纪包公。

这是一副为纪念包公为民掘井的善政，而刻于城区龙顶岗西坡脚三联巷新建的包公井亭上的对联。为纪念宋代名臣包拯在肇庆的政绩，市文物部门对城西三联巷的包公井进行环境整治，在包公井上建“清泉井亭”以之保护及纪念。它年代久远，券砌精工，井泉甘洌，又因记录历史名人善政，文物价值重大，2002年被列为广东省文物保护单位。

该井呈圆桶形，以弧形花岗岩石砌井壁，石灰岩井栏，以坚硬的花岗岩砌井盖，井深6米多，内径1.5米宽。至今，石灰岩造的井栏上布满了道道的绳痕，清晰可辨的就有近20道，最深的绳痕竟有6厘米深。岁月留痕，历年百姓从井里汲水的盛况可见一斑。如今，泉水清澈依旧，泉边苍绿依然，包公在端州的故事继续流传。真是：

龙岗留影，井水留声，已把两肩担国任；

明月在怀，清风在袖，常存一愿解民忧。

三眼井：端州第一泉

古井，称为城市的眼睛。耕田而食，凿井而居，都是古人繁衍生息极为重要的方式。因而，水井是端州这座历史文化名城的有机组成部分，是端州的根，是端州的魂。

三眼井巷位于城西康乐中路与登高路之间的城西清真寺外的东南侧。井壁用石、砖块砌成，井栏由两块花岗岩石板拼合而成，用料和端州市区一般采用的大理石不同，为红色砂岩，井壁用青砖砌成。形制简朴，古意盎然。上开品字形的三个圆形井口，井口内壁有绳痕。在井栏有一石碑，印刻着“井泉龙神”四字。年代不详。

三眼井巷因井而得名，有一个美丽的传说。

很久以前，农历七月初七的一个早晨，一个姓温的洗衣姑娘想往溪边洗衣，而此时雾好大，浓得化不开，让她不敢行前半步。忽然间，传来女子嬉戏笑闹的声音。莫非是早就有人在溪边洗衣了？不会呀，这里人家只有三五户，自己起床是最早的了。那么是谁呢？笑声又从何处传来？当温姑娘向四周张望的时候，发现在自家住屋不远的地方，隐隐约约有七个女子在嬉戏。她惊呆了，也被吸引了，想走近前看清楚一些。只见一轮七彩霞光在眼前闪耀，当她回过神来，七个女子像一排白天鹅那样，向林中缥缈而去，其羽衣牵动着清风，扯开了浓浓的晨雾。她见此情景，喜不自禁："是仙女，这是仙女呀!"

温姑娘回到家中，将事情讲给父母。父母都希望仙女能给当地带来福祉，于是，好奇地走到该地方，一看，都惊喜得定了神。原来，这里清幽一片，却冒出了三个品字形的泉眼，涌溢着汩汩的清泉，仿似醇玉液，色如绿翡翠。温父试探着用手掬了一口，清洌甘甜，再散落潭中，弹起犹如五光十色的珍珠。温家人对此泉情有独钟，便与几户人家一起，把泉眼围建成了井，并设坛来祭祀。从此，这里得名为"三眼井"，沾上了灵气。

住在三眼井的男儿英俊，也都有才学；女子呢，貌比天仙，也知书识礼。

一日，外乡有两个书生上京科考，途经此地，由于日夜奔波，身上长出了疮癞，痒痒的，正当口干舌燥之时，便在三眼井牛饮起来。不一会，他们气定神闲，身子也不痒了。他俩正得意之际，后面传来一句甜甜的话："那井是神仙水。"此时，石上显出了"井泉龙神"字样。

他俩见是一个如花似玉的女子，不觉神驰心摇，都暗暗称奇：井是神仙水，你便是神仙女。一个长得肥一点的书生问："我俩莫非进入了仙境?"小女子笑道："上京赶考，到此地也应沾一点灵气。"瘦一点的书生和蔼地说："小姐真神，如何得知我俩是赶考的呢?"女子也落落大方地说："一身打扮，半袋行装。大考之年，谁个不想?不过，我先考一下你们两个的才学如何?"

肥书生大笑道："你考我俩?选婿可以，其他就免了吧。"而瘦书生却有礼地问："小姐想如何个考法?"

小女子说："就此情此景，以三眼井为题，吟诗一首。合我心意的可做我意中郎。才华一般的，我劝你俩留下，慢慢温习功课。""好!"肥书生低头看了看井水，吟道：

此间原是琼浆流，仙井含情如眼眸。

两句之后，他又抬头看了看周围环境，继续兴致地吟：

四面荷田皆入画，半池缘水盼出头。

吟罢，再看了看小女子，自信地说："我这是三顾留情呀。"小女子接过话，笑道："公子吟得好!如果你愿意，可以留下。"肥书生一时心花怒放。

瘦书生沉思了好一会，仍想不出诗句，不好意思地望着小女子。小女子鼓励地笑了笑，瘦书生这才对着井里吟道：

镜水涵天似美人，冰清玉洁远凡尘。

秀色施光青眼在，心如日月伴星辰。

“妙，吟得妙！好一首水似美人的诗句。”小女子接着说：“不过，我还是劝你二人留下来吧，在此地刻苦攻读，再考也不迟。因为饮了三眼井的水，三年定会大有长进。”说完，小女子化作一道清风不见了。

书生二人自此定居。以后，三眼井巷人丁兴旺，人才辈出，有两句诗赞道：“水明如慧眼，世代出奇英。”当年，三眼井还被称为“端州第一泉”。

因为街中开有这一口井，井水清澈甘津，来往客商都得从井脚经过，周围居民也到井脚打水食用洗涤，众称为惯，“三眼井”便成了街名。如今古巷无存，独留三眼井。

米仓巷：直道井夜话

宋代名臣吴奎的《包公墓志铭》对包公一生经典的评价，其中记述包公生平政绩的“端州为民掘井取水”是最真实可靠的故事。包拯任职端州三年（1040—1042），为解除民众疾苦请教于行家，在端州城打了七口水井。

元末明初，郡人董源的《义井记》云：“相传郡城包公所凿之井有七：其五在广济仓右。”端州的水井到了清末民初已数不胜数，基本上所有街巷都有饮用水井。如有名的井为梅庵的六祖井、塔脚路的四方井、康乐中路三眼井、城西清真寺古井、张忠武公祠古井、三联巷的大井头古井和米仓巷的古井。

包公所凿广济仓右的井，即米仓巷古井，流传着端州百姓家喻户晓的传说。由于年代久远，井在何处却鲜为人知。2007 年，市博物馆为了找到米仓巷包公井的下落，多次走访。原馆长与住在米仓巷 3 号大院的宋先生看了几口古井，但都是明清时期的古井，不是宋代的包公井。就在正要绝望时，他们发现米仓巷 3 号大院内，还有一口用铁门锁住多年的古井。

博物馆的人来到古井前一看，顿时乐了，这是一口宋代的古井。据史料记载的方位，它就是“包公井”。由于地理环境的改变，这口包公井位于一户人家的杂物间里，井壁为砖砌，圆形，直径 0.84 米。井栏外径 0.21 米，内径 0.44 米，高 0.23 米，为红砂石质，外呈八角形，内为圆形，栏身外刻有莲花瓣图案纹。包公井的井台已多次抬高修建，井台最表面使用的是红砖。

米仓巷古井虽然多年未用，但井水仍然充沛、清冽，可与三联巷大井头古井相媲美。而且，这井水始终比其他井要深一些，清澈一些，也爽口一些。据说这口井非常神奇，如果贪官喝了这井中水，立即头痛，终身不愈，因此又被人称作“直道井”，为端州人民所津津乐道。后人赞此井曰：

井之直兮公之洁，泉之道兮公之烈。

相传，包公上任那年，端州洪涝成灾，水已污染，瘴气沉疴，百姓几乎全患病。包公想民之所想，整日心急如焚、茶饭不思，踱着方步、捻着胡须，不久便命手下请人来凿井。

米仓巷古井修成后，解决了百姓燃眉之急，包公顿时宽慰许多。但是，城中百姓每天排队取水，城外的也前来井中取水，百姓为水而斗，为水而争，吃水还是愁呀。

后来有四个小吏轮流管理水井，见井水有利可图便坐收获利，暗中向百姓收银。小吏认为"垄沟里刨食的是条好汉子，病床上数钱的是个傻瓜"。群民们就纷纷议论说："挖了口黑窟窿，目的是为了收钱，真是'见钱化水'呀……"

听到这些议论，包公火冒三丈："开天辟地以来，端州能挖出深井水，这本身就是了不起的一件大事。我挖井为解百姓之困，没曾想到衙役从中抽水。"遂亲自发文于井口，免收银两。包公又想，井不够水用，这是小事，咱们挖它七口八口，问题不就解决了吗？于是就有了"七井护城"之说。

在包公的倡导下，端州城内外先后打了七口井，其分布状如北斗七星。水源干净了，瘟疫自然也没有先前那么的猖獗，老百姓的疾病也减少了。从此，包拯的"井"绩，列于《宋史》大臣列传之中。

清代张渠《粤东闻见录》卷"井水"条云："肇庆昔有七井，包公守郡时凿。内五外二，以象七星。"张渠还记载："各署日需岭峡泉，雇夫舟运，穷日之力而往返。论者谓幽溪邃涧之水，饮之消人肌体，不如浚治龙冈旧井，多益而省费。"在不少史籍中对于包公井水的"泉清滑甘"、"食无患害"、"端州之人咸受其福"均有记载。

米仓巷"直道井"，此井也怪，好比聚宝盆，不论怎么干旱，每天打水的人再多，井里的水也吃不干、用不完。可谓：

江水何如井水清，一挖甘洌福斯民！

学前街：封赠义井

在北宋年间，包公治端州三年，使这座"水城"更美了。

话说端州在宋代有包公七井之说，其中有个"义井"在学前街南面，即现在的学前街西巷处，井已不存。据元末明初端州人董源《义井记》云：在县学前街南，俗称"义井"，是包公所凿七井之一。后人有诗赞：

上善若水蕴乾坤，世代饮泉井绳深。

底脉人云通南海，树下翁婆话古今。

相传，花甲老人董伯是土生土长的学前街人，瘴疠造成家落孤身。“瘴疠当前，找水最重要”，而此时城中仅有一井，供不应求。董伯老人看在眼里急在心里，就打算学包公挖井找水。董伯主意已定，便带着锄头去挖井。

包公问董伯为啥这么做。他说：“我一个孤老头子活到今天，全靠包大人和官府。现在众人有难处，一下子不可能解决这么多人吃水难的问题。我献上这把老骨头，帮大家找水源。”

包公为董伯测试水源，认为此地干枯，应另辟井口，于是在县学前街近西江边处挖井。

包公指示成立个“突击队”，挑十来个棒后生，由董伯负责。董伯说：“挖井是个苦力活，大家都要出力，要轮换下井。井挖深了，就有水，脚采水里，水又凉，久了要得病的，所以也要轮换下井。”

井已经挖了两天了，井下出现了黏土层。黏土层就是胶泥。拿锹挖，每次只能挖下七八公分深，也只能挖下五六公分宽。好在“突击队”都是好后生、棒小伙，你挖一会儿，我挖一会儿，轮番上阵。队员们在胶泥层憋了气，一天下来胶泥层便给挖穿了。胶泥层以下，是红土层，干好多了。所以，在红土层便开始大挖起来，一锹锹实实的土，被锹切的土像豆腐块一样，整齐地被扔到井边四周。

然而，越到深层越困难。第三天，井挖到四米深，便出现了鹅卵石层，一块块像香瓜又像小西瓜般大的鹅卵石，被队员们用筐从井底拽出。这时，在井沿边拽装石的筐，已经太费力了，效果也不好，人使不上劲，拽筐时，筐便刮到井沿，不是筐翻，便是拽筐的人几乎被拽到井里。

该搭架子了，于是人们抬来两根碗口粗的树干搭在井口上，安上辘轳，开始一筐一筐地像从井里打水般往井口上拽一筐筐的鹅卵石。辘轳等于机械化，用辘轳摇比用手拽轻多了。一筐筐的鹅卵石从井底拽出摇的辘轳“嘎嘎”响，但队员们干劲正足，哪管这些，继续大干。

第六天，卵石终于挖穿了，下面汩汩地冒出了水。这时，井下的两人便遭了难。水是从沙中冒出的，沁心的凉，原来两人赤脚，凉得不行了，要求上来。董伯说：“你们上来，我下去。”于是井下赤脚的二人坐上筐，轮换着被拽上来了，董伯坐在筐里，下到井底。

董伯到了井底，水已经没了脚面，没几分钟，果然沁心的凉，董伯不禁打个冷战，心里骂道：“早就夏日了，上面光着膀子动弹都出汗，怎么井底冒出的水这老凉，莫非掉进冰窖了？管他呢，自己是挖井领队，别人能叫苦，自己是万万不能的。”心中不禁默默念道：“富贵不如福态，高寿不如高兴。”他虔诚地在心里念了七八遍，果然感到脚底不太凉了。

榜样的力量是无穷的，人们甩开膀子大干起来。终于一口大井便挖成了，然而董伯却因此死了，故包公将此井取名为“义井”。

井闩街：一城十井的夜话

民国时有条井闩街，在城西的城基脚附近，后并入康乐路，今已不存。

井闩，“闩，读山音”，指用盖好井口的中闩，从这一头通到那一头。

古端州以井为家，是闩不住的。早在梅庵就有惠能当年所掘的那口井，被称为“六祖井”，又称“六祖甘泉”。相传，唐禅宗六祖慧能喜爱梅花，在此山冈插梅时，发现枯井，便将锡杖一插，顿时泉水喷薄而出。后人刻石“一斋达泉”于井旁，记载了六祖插梅为记、以锡杖掘井的故事。千年来井水清澈，井壁为砖砌，圆形，栏身外刻有莲花瓣图案花纹。

说到井，随后端州城就出现了“八家为井，井井四道；而分八宅，同井而饮。存亡更守，井为一邻，邻为三朋，朋三为里。里为五邑，邑十为都，都十为师，井井有序”。如今端州有几口井是值得一提的。

一是城西清真寺古井。根据老回族人传讲，从城西清真寺古井的记载看，建于清乾隆三十二年（1767）。古井是圆形石栏，井栏的用料和端州市区一般采用的大理石不同，为红色砂岩，井壁用青砖砌成。形制简朴，古意盎然。伊斯兰教倡导洁身净体，无论是行拜功，参加婚丧各类活动，必须有一个洁净的身体。

城西清真寺近祝家路，此井又叫祝家井。古时，井里有两样奇特的东西，一是大黄鳝，二是大蛤乸，即青蛙。一般人用小水桶在井里打水，会把大蛤乸也提了上来。蛤乸足有五斤重，把水桶也装满了，每次都得把青蛙倒回井里重新打。相传，朱家里有个人，见井里的黄鳝有茶杯这么大，就用鱼篓装；装不着，后来又用蚯蚓钓。黄鳝咬断了钓鱼线，把鱼钓吞进肚里，不久死了。后来下了一场大雨，祝家井水满到溢出来，大蛤乸随着溢出来的水流进了婆婆塘。这蛤乸在婆婆塘叫了两年之后不知去向。自从大黄鳝死亡和大蛤乸走了之后，祝家井的水质就变差，不能饮用。

二是张忠武公祠井。张忠武公祠祀张国梁，古井位于阅江楼东侧，禹门坊四巷一号，原张忠武公祠内。圆形，直径 0.43 米，井壁用青砖砌成。井栏为花岗岩石，口径 0.41 米。栏壁石厚 0.14 米，高 0.21 米。张忠武公祠古井建于清咸丰十年（1860），是年张忠武策马渡河，落水溺死。慈禧和咸丰大为沮丧，追认张国梁为太子太保，三等轻骑都尉、一等男爵，入祀忠祠于端州，后又追封为张忠武公。现张忠武公祠已毁，古井保持完好。

三是叮咚井。在端州七星岩玉屏岩顶，靠双珠峡处，有一个井，因掉东西下去会发出“叮——咚”的声响，所以叫“叮咚井”。传说，有个孩子叫亚大，常受后母虐待，父亲死后，他更苦楚了。一天，亚大从玉屏岩顶打柴回来，向后母的伢仔（儿子）说：“玉屏岩顶有个怪井，会‘叮咚——叮咚——’响。”后母听了，暗自高兴。第二天一早，后母让亚大带她上山了。一到井旁，后母就一下子把亚大推了下去。后母假惺惺地呼天哭地，好不伤心。可是没几天，亚大突然回家来，他带着金银珠宝，好不高兴。后母拉着亚大假装痛哭了一场。亚大告诉她，那天他掉下井后，被一块软绵绵的东西托着，最后到了龙宫，得龙王的赏赐，带回了三个金砖、三个银砖、三串珍珠和三块宝石。后母越听越喜欢，越听越懊悔，悔恨当初没把自己的伢仔推下井去。

几天后，她偷偷地带自己的伢仔上山，一到井边就顺势把自己的伢仔推了下去。但是，后母的伢仔掉下井后，只有“叮”的去声，并无“咚”的回声。晚上，亚大不见弟弟，便向后母追问，后母不说。她等呀等，美梦做了一个又一个，可是足足等了一年，仍不见自己的伢仔回来。她惊了，哭了，最后疯了。

四是廉井。据说，端州衙的那口井名叫“廉井”，井水可以判断为官者是否清廉。赃官、不肖子孙喝了，都会头疼、闹肚子；而清官喝了，却会觉得它甘甜无比，所以称为“廉泉”。传说当时有一名守城之官喝此井水，头疼不止，后来人们才知道这个守城之官是个贪官，才得到这样的报应。虽说是个传说，却反映了人们对包公这样的清官的爱戴以及对赃官的憎恶。如今，包公府衙已被建为肇庆市第一人民医院，在医院的单车棚还可以找到原府衙边井口被封的包公井。

五是铜鼓井。在端州东岗村，传说有一位姓林的人和出头村的伍海一起上山学法，学了几年以后，师傅就叫他们下山了。回到东岗村，村里的人问姓林的：“你上山几年，学了什么法术?”“没学到什么。”“学了几年，总会学到一点东西吧？露两手让我们开开眼界。”“师傅送给我一本书，我把这本书拿到村边表演给你们看。”众人跟他来到村边。他把书一页一页撕下来放进火里烧，一本书烧完了，烧书的地方化成了一口井。一般的井，井壁是圆筒形，上下一样大的，井口只有二三尺宽，而这口井却与众不同，井壁像埕一样，井口的直径有七八尺，井壁中间的地方特别宽，直径超过一丈。因为这口井状如铜鼓，人们便称它为“铜鼓井”。

另外还流传一种说法，传说东岗村那位和伍海一起去学术的人叫赵祖。家里来了客人，赵祖没钱买菜，就到铜鼓井边去摇树，树叶掉进井里，就变成塘蚨（塘虱鱼），他便捞起这些塘蚨做菜招待客人，所以这个井又叫作“塘蚨井”。据说这口井的水很清凉，水质特别好。现在，村里虽已装上自来水，人们还经常到这口井里打水。

六是城东塘岗村的古井。村中保留的三口古井，分别掘于明代嘉靖、清代乾隆和民国年间。而明代嘉靖年间的古井，因年代久远和地理环境的变迁，塘岗村的先民曾经几次修建古井的井栏。

七是白石村井。古时井水很清很凉，而且水面离井口只有30厘米，村民可以直接用勺子在井里舀水。透过水面可以看到井的深处，在井壁的不同位置，有多个凹进去的地方，这就是专门留给下井的人踏脚用的。这口井深约有4米，每年春节前都要用盐来清洗一次，洗干净井壁上的青苔等杂物。这口井的泉眼是在井壁上，泉水很大，从井壁上喷出来。每次清洗井的时候，要用两个水桶不停地将水提出来，等到水位降低约到成年人的膝盖深时，人就可以下井洗井壁了。这井壁的青砖没有用砂浆来砌，而是直接用青砖排成一圈圈形成井壁，所以才能保持这么完好。

八是岗二村井。在棠下村到岗二村，走过水塘又见两口老井清泉。井距约20米，水洁而无杂物，井边用石扳、青砖铺成宽阔的地台。一直以来村民有分井使用的习惯，一井饮用，一井洗衣。“这水卫生吗？还能食用？”村小伙乐呵呵地说：“这是个古井，水没问题，七月七村民还用它腌制农家菜呵。”

当下就有三五个村姑说说笑笑地在另一个井边洗衣。溅起的水花，让人觉得整个小村充满了生气。我问村长：“自来水已进入各家各户，为何洗衣还跑到井边来呢？”村长不好意思地解释道：“可能是节约吧，也可能喜欢有伴与自己聊天。女人嘛，就爱这个气氛。”

沙井街：沙井无井

走在失去了古色古香的沙井街上，不断升起渺渺的历史烟尘，虽偶有清风拂过，带来的却是现代的味道。古巷就在悠远的过去和现代的碰撞中，记刻着属于它的黑白岁月。

端州沙井街在宋城路边。据说，一千年前，这里出现陆地沙洲，“中州人士避地岭表”，始有零星北方士族陆续迁人。先民挖井取水，水中见沙，沙去水清，馨香甘甜，故为“沙井”，并形成了街道。

古朴的小巷因为无人喝彩，越发显得清幽。清幽之中，我们听到了一种民间传说。

据说，沙井街头街尾的水井跟别的井不一样。住在沙井街头的人家开挖水井，不需花多少工夫就挖到沙层，清澈的水猛地涌出，致使四周的沙层不断往下塌，很难施工。而有经验的人，总是在挖井前搞好井箍，挖一段放一个，挖一段放一个；或准备好人工“抽水机”，一边用木桶抽提渗水，一边往下挖。由于水源充足，沙井街头的水井是不用挖很深的，一般三四米就可以了。

说来也奇怪，沙井街尾的人家挖井，一挖下去，全是乌黑的冲积淤泥，不管挖多深，始终不见一点沙的踪影。同时，水是慢慢地、一点一点地渗出来，所以，街头街尾之间，沙井街头的水井比街尾的水井，要深挖很多。前者水量不仅少，水质亦相差甚远。

而另一个版本则认为，沙井的得名与淘金有关。在很久很久以前，这里住着兄弟两人。有个“真人”路过这里，看到此地为“牛腹里”，说这个地方的沙含有大量的金质。于是，兄弟两人每天挖金不止。由于天天取沙金，越挖越深，有一天，当挖到一丈深时，撬开了一块石头，突然底下涌出泉水，把沙井全淹了，只好在这里建口井，取名“沙井”。

后来，兄弟两人发财后，迁到城里住。昔日的古井逐渐沉寂了下来，只留下沙井一口。严冬里，井水是温的，井口上还冒出微微的暖气；暑夏里，井里的水却冷冰冰。如果人弯着腰，头探入井口里，浑身冰冷。

不知道什么时候，另有一家人搬来沙井安居。发现藏着一口透着神韵的古井，家人自然高兴。谁料人有旦夕祸福，丈夫撒手归天，留下孤儿寡母二人度日。顿时，妇女人家贫穷至极。

这时，“真人”又来了，建议妇人“点井成酒”，使之汲上井水便是酒，不用酿造。妇人就靠井水之酒，不但养活全家，而且行善好施。但是，妇人的新媳妇就不再好施了。

五年过去后，有一天“真人”又途经这里，触景生情，回忆起点井酿酒之事，遂迈入店铺，询问：“生意兴旺否？”店内一位新媳妇抢着答道：“好是好，无糟养猪母。”真人看此人贪得无厌，立即收回“造酒”法宝。

“点井成酒”不灵了，新媳妇坐在井边百思不得其解，本来不劳而获可以发达，谁知成了泡影。她正想得正出神呢，做了婆婆的妇女走了过来，见新媳妇一时没活可干，就叫她种菜。新媳妇含着泪水，提着锄头走出门去了。谁料不知从哪里跑来一条狗，追着新媳妇跑。

新媳妇被吓得扔下锄头，连忙跑回了屋。谁知前脚刚入屋，后脚就听到后面“轰隆”一声，似乎有什么东西倒了。待新媳妇回头一看时，发现大井不见了。而这条狗，据说是真人的神犬。从那以后，沙井无井，只留下街名。

其实，沙井的这一历史地貌，如今已是新景象，它没有留下很多的人文古景，也做不了民间传说的佐证，只不过留下的传说倒值得回味。

担水巷：端州担水的历史

一条古巷，是一个集体的记忆，是一处村寨的历史，也是一座城市的根脉。

在蜿蜒的西江河畔，耸立着美丽的端城。不知有没有人留意过端州古老而幽深的古巷和稀奇古怪的巷名，如水街、石嘴街、水窦口巷、担水巷等。这都是历史老街，不一定能一一说上来历，但是都与水相关。

在历史的滔滔波浪里孕育着生命的本源，记录着文明岁月的坎坎坷坷。就担水巷而言，那些曾经的故事，都被掩埋在水一方了。

在端州城东区禹门坊的地方标有一条禹门坊正巷，在1966年前名为担水巷，“文革”期间称为阅江正巷。1981年至今，标名地名为禹门坊正巷。

端州濒临西江，历史上是个水资源丰富的地方。与水有关，禹门坊自然就以水神大禹而得名，不过群众称之为“担水巷”就更加形象化。

禹门坊位于镇南路（现为阅江路）中段南侧，巷道虽窄但颇为笔直平缓，从巷口到西江河边也不外百步之遥。20世纪60年代之前，城区自来水网还不普及，故镇南路及附近的五经里、三圣宫一带的居民都喜欢从禹门坊到河边汲水。这里通往各处的巷道，窄窄的，弯弯的，高低不平，荷担者相遇必侧身才能通过。每到煮饭前后，禹门坊的挑水队伍便摩肩接踵，络绎不绝，担水巷由此得名。

担水就是挑水，担水巷是端州老市区百姓用水的见证，它印证着用水的历史。

在没有通自来水之前，城区居民日常生活用水只能靠井水和西江水维持，挑水长期是大街小巷时时上演的一道景观。旧时商埠、食肆、酒楼、茶楼每天都雇专人来此挑水。不管是井水或西江水，挑水者桶装溢出之水润湿巷道，常年湿漉漉，民间谓此巷为“担水巷”是生活的真实写照。

在我国古代文献中，经常出现“市井”一词。唐代学者张守节在《史记正义》中解释道：“古者未有市及井，若朝聚井汲水，便将货物于井边货卖，故言市井。”人们早晨到井边汲水，商贩也到人多的井边卖货。古人“耕田而食”，“凿井而居”。守着一眼井，耕作几亩田，一家老小就有了维持生存的基本要素。端州就是如此，依靠自然水资源傍水而栖，择水而住。

除了井之外，到西江边担水回家，可以说随处可见，甚至一个不经意的转身都有可能与一个担水人邂逅。担水不光吐纳着端州人的人文气息，也演绎着许多有趣的民间习俗。

阿婆说："20世纪70年代以前，没有自来水，这条巷子离西江的码头近，很多人穿过这条巷子去到河边挑水。巷内居民多靠担水、卖水为生。一旦西江洪峰到来，巷子就遭水灾，就留下一道历史伤痕。年年水浸街，居民要搬走一两周。等水退去了，回去清扫，地面全是泥沙。"

两千年以后，担水巷没有再发生过搬家的事了，也很少担水的，卖水更是绝了迹。如今连巷名也改了，担水巷只能独自留在历史的记忆中。对于这种变化，我想的是：

借西江以洗尘，但愿诸官清若水；

效法度欲量尺，当为百姓重于山。

有一天，我再途经担水巷，发现晒鱼干、晒腊肉也是一道街景。一到秋高气爽的时候，巷子里挂满了肉和鱼，旁边还晾着衣服。旧时，腊味香在大麻石铺成的巷道中慢悠悠飘来飘去，空气里就充盈着鱼与肉的气味。腊味又嫩又透明，散发着油光，远远地嗅着那股香甜味儿，口舌便自然生津，好情绪也会因此保持一整天。

端州数千年的历史就是依靠西江和水井作为"生命之源"的，如果如今把端州建成"水城"，做好"水文化"的文章，是否又是新的宜居亮点呢？

塘基头：宋代战时水源

如果把古城比作一棵苍劲的老树，纵横交叉的老街便是树干，狭窄的小巷就是这棵老树上摇曳多姿的枝条。端州古城的老街，每隔一百米左右便有一个狭长的小巷，把沿街居民分割成若干个建筑单元。

随着城市现代化进程的不断发展，旧街往往成了被遗忘的角落，从父辈们口中得知的常常是它过去广为流传的故事。

塘基头就是一部与水有关的"史志"。塘基头位于肇庆电影院东边，长约一百米，据说是因为在宋朝时代就有一口很大的塘而得名。当然，大塘在近代被填平了。于是，民国初年改称为塘基头，俗名又叫福德社。

塘基头巷子的前半截纯粹是通道，后半截才有三两处矮宿舍楼。在"文革"时期，塘基头改为红旗二路八巷，1981年恢复原名。

小巷行人较少，日照不足，砖墙上总是有一层深绿的青苔，屋檐沟也长了肥拙的瓦参，显出老街的古朴、安详和凝重。端州的小巷一般都可以穿透，但也有少数"断头巷"、"丁字巷"。如一些富有人家，在自家的沿街正屋边另辟一个断头巷，用作停置座桥或方便下人进出的侧耳门。另外，留设侧耳门也可以弥补通风不畅的弊端。

有族谱记载，塘基头与宋代廖德明有关。当时廖德明在广州任广东提刑及入侍中领左拾遗将军，由于他为人正义，又深受恩师朱熹的教导而得益菲浅，善政于民是他的一贯作风，所以深得民众与部属的称颂。广州当时建有一牌坊，名“惠爱坊”，就是为宋儒廖德明立详载郡邑志。另外广州有两地名分别叫将军东、将军西，就是由于廖德明的左拾遗将军府在那里而得名。这说明廖德明在广州深受民众拥戴，人们才对将军府印象深刻，因而留存此名至今。

那么，廖德明在肇庆又怎样呢？宋宁宗开禧元年（1205），廖德明在肇庆善政于民又平夷有功，宁宗赵扩册就封廖德明为“武威王”，为此，廖德明“造”了一条肇庆的“福建巷”。他的武威王府也在肇庆府城内。所谓王府，一般人的思维印象是华贵的宫廷，但实际上只是一般的府衙建筑。王府择水而建，依靠后面的一口风水塘，这是一口清洁的泉水塘，是当时宋城守城官兵留存的战时水源。所以，此地就有一条路名叫“塘基头”。

当时宋兵营设在宋城东北角，地势较高。武威王府就在另一则，府厅如衙。廖德明将两条衙巷还命名为大厅东、大厅西，这都跟武威王府有关的地名。“文革”时期，大厅东、大厅西改为红旗二路九巷十巷，1981 年后才恢复现存的名称。另有一条横巷，“文革”时期曾改称为跃进路三巷，后来就叫塘基头横巷。可想而知武威王府的影响力有多大。

廖德明是理学大师朱熹的学生，进士出身，为官清廉，刚正不阿。其著有《文公语录》、《春秋会要》、《槎溪集》等书。廖德明离开肇庆后到广西浔州府任职。浔州即现在的桂平市，在宋、元、明、清时属浔州府治所在地，当地记录他的一首诗：

荒烟漠漠双江上，往事悠悠古城孤。

春到偏临青草渡，梦中独寄白鸥湖。

廖德明在肇庆的历史不长，而塘基头武威王府却经历了宋代，毁灭于元朝。元朝的兵马在崖门一战胜利后，马上挥军到广东各州府穷追宋兵，肇庆府受到一而再的攻击而破城。武威王府也不例外，被放火烧掉了。元朝曾驻军此地，军队在境内挖一池塘，供以沐浴洗涤，故又取名“军塘”。

时到如今，塘基头社区建设使得旧街面貌发生了质的变化，但塘基头的新故事在不断地发生或延续着……

用现在居民的原话来说，塘基头就是“一年一好事”。早些年，人民南路 28 号几幢宿舍楼，是塘基头居民唯一的出入口。宿舍楼比路边人行道低出一大截，这常常导致经过的路人摔倒，成了住户们的困扰。本来是小事一桩，塘基头居委会获悉情况后，主动做住户的工作，发动他们“方便自己，也方便他人”，自筹资金将出入口平整。当天开工当晚完成。居委会干部们一直到深夜1点多钟完工后才离去，住户们的脸上都露出了满意的表情。

值得一提的还有，塘基头居委会继续推进社区建设，将现有的“城中旅店”改建为500平方米社区托老中心，为社区群众提供低偿的全天候托老服务。

这些都是“因水而居”的古巷新鲜事。

石嘴街：古城物流中心

在生活中，人们对尖嘴、鸟嘴、山嘴、瓶嘴、茶壶嘴等都听说过和见过，却很少有人知道石嘴。

在端州康乐南路，有一条明朝谓名的石嘴街，亦称“忠和社”，南北走向，北接正西路，靠古城西门的西侧。“文革”期间称为红旗三路，1981年复称石嘴街。

在明代，石嘴街原名叫忠和社，因古代有六德“知、仁、圣、义、忠、和”，便取“忠实谦和”之义为地名。清代道光年前，忠和社被改称为石嘴街。石嘴街地方较大，分为石嘴东巷、西巷，又有西横巷，包括石狗巷和何家巷。

从现在摆摊的场景看，石嘴街依然称得上是繁华的老街。为什么呢？因为石嘴街与水相关，在几百年之前就是小有名气的“口岸”。南宋乾道六年（1170），肇庆曹知府就在石嘴街建有西澳口桥，在天宁南水窦口建有东澳口桥。古时的澳口都连接西江，可以藏舟楫、避风涛。

如果以为石嘴街有“街”字，就真像现在街的样子，那就错了。说起这条“街”，早时在石溪的下端，有一片平坦肥沃的旷，其祖先在此搭草坪定居繁衍，要往外地探亲访友、做买卖，都得涉水过石溪。过去外地的姑娘，流传一名谚语：“三代卜衰，才嫁到石嘴。”指的是到石嘴要涉水过溪，既艰苦又危险。后来经历几多变迁，人们依江聚集而成了今天的街。

虽然这条古街没有新康乐路那么长，也没有那么宽，但是，这样的地理位置和条件，给当时的石嘴街的发展提供了便利，因而古代的小小石嘴街也红极一时。但就其地理位置而言，是得天独厚的。在那荒蛮的时代，交通极不发达，只有傍水才是发展的先决条件，石嘴街就占据了天时地利条件，对船只停泊自然是天然良港。据记述，古肇庆鼎盛时期，石嘴街的岸上十分繁华，有小厂、铺头、粮店、油行，也有百货、南杂店，各行各业与水上人家的货物一起竞相争辉。

大量的货物流通渠道主要依靠水路，这样就促使具有地理位置优势的石嘴街发展成了当时的地方区域性交通枢纽。从西江流域一带往来的大米、黄豆、布

四、日用品等粮、杂百货，由人力运到石嘴再经水路运输向外销，石嘴街也就成了当时区域性的物流中心。这样一来，流动与常住人口也就在不断增加，地域也就变迁了。如石嘴街黎氏，始祖黎福寿，嘉庆年间由高要察步村迁居石嘴街，民国时传六世。

石嘴街的得名有着美丽的传说。有的说石嘴街，因溪边有块大石，像一张大嘴从岸边伸到溪里去喝水，因此这条小小的街也就叫“石嘴街”了；也有的说，是因整条街都在一条岩石水沟边，遍布石尖、石崖、石坑所以也就叫“石嘴街”。

宋朝肇庆通判方信孺，一天在石嘴溪流看风景，府衙通传他回府开会，但方信孺不愿归，说要完成诗作才肯罢休。府尹见状便对方信孺说：“你方信孺是肉嘴，此地是石嘴，时刻都与江水吟唱。我看你怎样也吟不过石嘴的。”方信孺一听，便称自己也是石嘴了。

不管是否真有其事，方信孺的确在肇庆做通判官三年，奉使有声，生性好客。他喜欢吟诗，一生诗作不少，后人称其为“江湖诗人”。刘克庄曾这样描写方信孺：

一生不蓄买山钱，华屋何心亦偶然。

客至多逢僧在坐，钓归惟许鹤随船。

据老人讲，石嘴街的风情别有一番趣味。小时候在石嘴街的大街小巷中过家家、捉迷藏；曾在傍晚坐在石嘴街的凉亭里天南地北地摆“龙门”、听渔鼓；曾在河边码头上看妇女嘻嘻哈哈地捶打衣物、濯洗清莱，一天到晚各种叫卖声、吆喝声响成一片；曾在河中捕鱼、沙滩捉鳖、后山砍柴、田间劳作；还曾在街上戏台听戏，对雕栏高浮的天后女神、龙母传奇、沉香救母的故事记忆犹新……多少往事历历在目，大街小巷都留下足迹。可是，随着社会的发展和人们的生活条件的不断改善，舞台也需要更新。

石嘴街过去是端州的历史舞台，演绎过许多鲜为人知的故事；如今它依然是端州的历史舞台，将那种热热闹闹的气氛呈现给辉煌的新时代。

水街：旧貌换新颜

“落雨大，水浸街，阿妈带我买拖鞋。”这是源于水街的一首天宁南路旧日著名的歌谣，也是水街旧日的真实写照。

提起水街，端州人都陌生，不知在何处。“水街”即现在端州天宁南路前段，是旧时的俗名。对于“水街”名字的由来，有不同的猜测和说法。

有人说，端州在水街经营的商店，其进出口贸易以“水货”居多，故名

"水街"；也有人说，水街得名是由于当年街道的路面未修，路的坡度大，地势较低的一端经常被水淹的缘故。那时候一下雨，车子开过去，溅起来都是水，道路泥泞，很难行走。久而久之，就被称为"水街"了。

"水街"之名有一个通俗的说法，即水街由于靠近西江，地势又低，在没有防洪大堤的年代，经常受到洪水侵扰，街道被洪水浸淹，经常湿漉漉的，因此，人们便习惯称作"水街"了。的确，在古时，因为天宁南路地势较低，每年西江汛期几乎都是水浸满了街。

当年水街是交通运输仅靠西江的黄金水道，是商贾和水客（代客商押送物资的人员）云集之地。多家商铺，鳞次栉比，均为青瓦白墙，木雕花门窗，相映成趣；笙歌弹唱，悦耳的丝竹声，从水街铺面的竹帘后飘出来。茶楼酒肆集中了与端州文化相关的端州特色旅游土产商品，是整个水街景区占地最大的一组集中建筑，向我们展示了一幅具有浓郁岭南风情的市井画图，如《相见欢》词曾经描绘的那样：

开心最是投机，两不欺。相对坦诚看你，慢些吃。

同享受，共欢乐，笑微微。一桌二人世界，甜到痹。

现在水街的建筑风格没有了古味，当年集中展示地方戏曲、杂技、老行当和民间艺术等民俗文化不见了；经营地方特色小吃、旅游工艺品、土特产和文房四宝，配套餐饮、茶肆等的独特历史文化魅力也没有了。

当然，这里物华天宝，"除夕浓烟笼紫陌，家家尘甑裹蒸香"是一景；"梦里依稀到昭华，何处乡音为我家"又是一景。吃的、喝的、看的、玩的、用的，风情麇集，丰食盛产，流淌出新时代的幸福气息。有人写了《虞美人》词，赞美这里的女人：

人如丽日一玫瑰，心里知珍贵。花冠鲜艳叶深青，唇甜盛放樱桃形，乐盈盈。

黛发眉啜秋江水，香熟丰腴醉。蓝衣紫伞衬珍珠，欢颜大笑正酣时，似莺啼。

当然，"水街"是古代的事情了，现在旧貌换新颜，水街在防洪大堤的保护下，可不会那么轻易再被浸了，可以说一改被水淹的历史。

水塔街：都市闲情

端州水塔街之名是1980年前后才有的，位于肇庆市正西路。早些年，住在水塔街的人反映，正西路水塔街是以前行署宿舍，不少公务员都在这里住过，现在剩下的大部分都是退休干部。以前这里的环境和安全情况都不错，但近几年变差很多，特别是进小区的路，坑坑洼洼，老人走路得很小心。更可怕的是值班室前的一排围墙，已经严重倾斜，很多人路过这段路时都担惊受怕，碰上雨季更不用说，希望相关部门能重视一下，不要等到出了安全事故再反思追责。

从一个侧面看，这也放映了水塔街有一段“水”的历史。

据一个老街坊说，这里随着人口的增加，逐步变为集市贸易的街道。此处早时用水甚为困难，老城正西路一出门就是江边，天天都能看到船来船往。过去最不方便就是没有自来水厂，居民们每天都要到江边挑水，江水浑浊，挑回家的江水要经过沉淀才能使用。倘若到了洪水期，水桶里还漂着草叶木屑，使用起来很不方便。人们曾先后打井数口，不是无泉便是浑浊，不能饮用；后在此地幸得建水塔，从此不愁饮用，被村民赞为“水塔街”。

那是水塔街的居民们自发建起的一座不高的水塔，塔下安装了两个水龙头，还安排了一个老头坐在塔下门洞里看管，规定“只有本街道的居民才能免费用水，其他街道的居民用水可要付费”。由于这个水塔的存在，“水塔”这两个字很自然地出现了。

水塔街上的人再也不用到江边码头上挑水了，水塔街上的人喝的都是清亮、甘甜的水，这在过去的那个年代本来就是一个很大的优势。

水塔街上的男人们平时与别人交谈，都喜欢用上“我们水塔街”这句口头禅。每当发生与水塔街上的小孩的争执，其他街道的家长们都把自己的小孩扯回家，并恶狠狠地警告说：“以后不要再招惹水塔街上的人。”

水塔街上的大姑娘要找婆家，总要询问别的街道有没有水塔。姑娘的父母心疼着女儿，都不愿自己的女儿再受去江边挑水的罪。相反，其他街道上的姑娘都特别乐意嫁进水塔街，为的是有不用再吃脏水的便利。

水塔街成了“高贵”的代名词，连看管水塔的那个老头也备受人们尊敬。他手臂上戴着红袖章，坐在塔下的门洞里，俨然一尊神，连小孩子走过塔下也不敢作声，更不敢往里张望。平时，有不少居民养的鸡走近水塔，突然不见了，但也没有谁敢去追问。

如今，自来水管道早已联通了老城里的大街小巷，进入了千家万户，街道上还出现了直饮水龙头，水塔街的水塔也早已老旧、荒废。不知在哪一年，水塔街上的水塔简拆除了，屹立不倒的标志没有了。退休干部的人群只说余汉谋故居的地方为水塔街。

看来，“水塔街”这个街名只能作为历史的名称了。

工农南：肇港口岸

江滨路一带河岸，自明朝起就有了码头，一直到新中国成立后很长一段时间，那里至少有十几个码头，有客运，也有货运。码头上往往有很多级楼梯，还建有 2 米来高的“槽”，类似于宋城墙上一凹一凸的形状，汛期时就用泥沙把凹下去的部分填住，用于防洪。

有江河就有码头，现代称为口岸。改革开放初年，端州修建了一条南北向的大街道，叫工农路，有南北之分。工农南路引出了端州水上口岸的话题。

工农南路有肇港客运口岸，于 1982 年 6 月 18 日开放，1984 年 5 月 28 日使用。口岸每天一次往来肇庆至香港的“肇庆”号，最大载客量为 352 人，航速 60 公里/每小时（32 节），单程航行时间约 4 个小时。当时“肇庆”号客轮由澳大利亚制造，造价 528 万美元。船舶宽敞舒适、快捷安全，是肇庆地区、粤西地区旅客往来香港的最快捷的交通选择。

肇庆口岸还有装卸点、三榕作业区和 20 号码头作业区。1963 年开设，原址在现江滨路 7 号、8 号码头，后因场地限制迁移至三榕港和 20 号码头。三榕港位于城区西郊，1990 年 2 月 12 日开设，1991 年 6 月 28 日使用。其规模大，配套全，面积 25.4 万平方米，港池水深 4 米，千吨级泊位 2 个，年吞吐 100 万吨，集装箱 10 万（TEU），是目前肇庆市最大的集装箱货运港口。20 号码头作业区，岸线长 330 米，用于出口鲜活产品和零散杂货。

有新码头，也忘不了旧码头。旧码头即天宁南路老渡口，是端州最早的港口，也叫新街码头渡口。有个叫阿德的人，1998 年随父亲踏上“粤肇庆渡 021”这条渡船，用古老的方式渡人至今。每天从上午 7 点多到晚上 10 点多，他都得“钉”在罗盘前驾船，收工后还要把船开出离岸十几米的地方停住，守着船睡觉。他的船往大湾、葫芦嘴、金渡和丽晶这几个渡口。

一开始，这里只有两条船，在渡口日渐兴旺的时期，又陆续有了其他船家。“后来增加到八条，但我们每天仍有三四百元收入。搭船的一般是学生或探亲、游玩的本地人，也有一些担着青菜、干货去肇庆城区市场摆卖的，还有一些外地人，到南岸的建筑工地打工。”

在过去，还有二塔渡口。与天宁南渡口不同的是，二塔渡口不仅渡人，还能渡车。二塔渡口是1959年开渡的，走的是肇沙线，即肇庆到江门、珠海、沙坪这条路线。1975年，我是知青，参加“烂柯山三万亩造林大会战”走的就是这个渡口。直到1986年，二塔渡口来往车辆都非常繁忙，必须24小时开渡。毫不夸张地说，那时只要停渡一两天，待渡的车辆队伍非排上几公里长不可。

当时，二塔渡口和湛江渡口是全省仅有的两个战备渡口，除载人渡车外，过去还多次在防洪抢险中立功。2004年，西江水暴涨，一艘泵船被洪水冲得摇摇晃晃，严重威胁肇庆大桥安全，二塔渡口马上出动大马力拖轮，将其拖到安全水域。

1990年后，江滨路改为路堤结合的建筑，大部分码头才拆除掉，只剩下新街码头，即天宁南渡口。古时交通以水路为主，因而津渡与艄公，是古人生活的一部分。“渡口”是一种情调，也是一种独特的文化现象；“雾失楼台，月迷津渡，桃源望断无寻处”描述的也是发生在渡口边的情景。

红星巷：江上“花尾渡”

多少年来，人们摇船代步，唱赞大江，诗万千，章五楼，竭尽心中的情和怨，溢满三江忘春水，以表达人们心中关于过尽千帆的那份美好。

端州红星巷是1966年命名的，南北走向，北连石嘴街，南接江滨西路。这里曾是“花尾渡”的港湾和驿站，也是“红星船”的水上客运站。

说起“花尾渡”，其实是一种拖驳船体，是前面由一艘小电动轮船作为拖轮，拖动后面的大型木质客货驳船。驳船是平底的浅水船，长约40米，宽20米，高10米，楼高多为三层半，亦有四层半的，分客舱和货舱两部分。

“花尾渡”是西江独有的绝景。这是因为西江水量充沛、水流平缓、河道深广平阔，极为适合吃水浅、载客多、载量大、乘坐舒适的“花尾渡”行驶。“花尾渡”的得名皆因其驳船的船头彩绘有一只“镇魔压邪”的貔貅，船尾彩绘有艳丽夺目的海棠、牡丹、龙凤、麒麟等奇花异兽。在河面上，它是一道炫目的流动风景，在西江显得特别美。

据说，“花尾渡”的发明，灵感来自当时广州富贵人家用于行乐和款待客人的画舫，后来“花尾渡”引出广东人“拍拖”词汇。

“花尾渡”独特的拖驳船体结构，令它每次靠岸或是开出，都要“拍拖”一次。即将要靠岸时，电动拖轮就会减速，船工则把牵引的缆绳解开，让后面的驳船利用惯性向前靠到拖船边；靠好后，船工就迅速用麻缆把两船连接固定好，拖轮再发力把驳船推向码头。起航时，也同样以“拍拖”形式，把驳船先带离码头，到了宽阔的江面，再改“拍拖”为“拉拖”。后来，“拍拖”这一航运用语，便衍化成粤语地区男女之间谈恋爱的代名词。过去有一对恋人为上“花尾渡”，曾写下了《沁园春》：

沿路风光，修竹通幽，气爽初秋。过龙皇半岛，登桥胆怯；摇船渡水，执手情柔。艳丽娉婷，伞遮倩影，醉眼朦胧淡含羞。偷偷看，见素雅娇容，暗汗香流。

专心伴你闲游，笑景色迷人一小鸥。睇草坪林绿，果丛石榴；青山逐翠，村落渔舟。万里蓝天，双江碧水，鱼吻白云共聚留。开心否？有微风习习，天地悠悠。

清朝末年，广州永成航业公司首先将“花尾渡”用于广州至梧州航线的营运上。抗战胜利初期，西江下游客货运输量骤增，形成了以广州为中心的五大航线，“花尾渡”成为主力航船。1954 年，“花尾渡”全部改名为“曙光”系列。至 20 世纪 70 年代的西江，“花尾渡”还很容易见到，但船体已没有当年的彩画了。

随着西江流域经济的发展，河道上的船只不断增加，而拖驳结构的“花尾渡”已经不利于河运的效率和船只的航行安全。同时，“花尾渡”的驳船船体高大，重心不稳，自身又没有动力，抗风浪能力差，此时，“花尾渡”已经不适合新时代的航运要求了。

记得在 1981 年 11 月 19 日晚，“东风 2 号”拖轮牵拉着“曙光 301 号”驳船，从江门东炮台向北街河段缓缓起航。此时，船上人声鼎沸，这是“花尾渡”的最后一次航行了。至此，营运了七十多年，对西江航运做出过重大贡献的“花尾渡”退出了历史舞台。

取代“花尾渡”的是红星船。20 世纪 90 年代以前外出工作、探亲访友的民众多选择此水上交通工具，后期西江进入“飞船”载客年代，这变化在短短的一两年时间之内发生。“飞船”是双体船，航速极快，人称“喷汽船”，更被称为“西江老虎”。20 世纪 80 年代，双体船的出现确实让人惊奇了一阵。由于它的船速非常快，掀起的浪头足以把小型船艇掀翻，所以即使是开船的行家见之也要速速回避。

90 年代后，随着广东高速公路的完善，广东西江客运开始萧条，红星船、“飞船”也被高速公路的客车所代替而退出了历史舞台。

后东街：水闸的沧桑

后东街与后西街一样，得名由来有一种说法，即因天后宫而得名，称为天后东街和西街。“文革”时期，正西路称为红旗三路，还保存后东街和后西街名称，一直沿用至今。

我们走进后东街，看到一座房子是梁祖谊故居，位于后东街 15 号，据说建于民国时期。坐西向东，前花园，后主体建筑，面阔 11.9 米，进深 4.8 米。二层楼房，庑殿顶，灰碌筒瓦，混凝土结构。二楼东、南面设宽阔走廊。首层设厅、房、梯间，二楼设厅、房，一侧置一木嵌彩玻璃屏风作隔墙。花园约 100 平方米，设有假山、水池、花坛，清雅幽静。

后东街与后西街最大的看点是水闸遗址。一个水闸位于后东街 29 号民居右侧，坐东向西，左边为龙顶岗，右边为正西街的民居，附近为兴隆东路。水闸面宽 3.4 米，闸高 2.1 米，厚 1.5 米，由花岗岩和混凝土砌成，有两条槽。据闻，此水闸在民国时期已建有，后来端州建堤围后，逐渐荒废不再使用。

当我们走到后西街时，也见另一个水闸位于后西街 2 号民居旁。此水闸建于民国期间，坐东向西，水闸总面宽 3.6 米，左右闸墩间距宽 1.8 米，混凝土结构。水闸墩内设槽 2 道。水闸外围二面砌石护墙，北石护墙宽 6.6 米，南石护墙宽 14.6 米。

说到水闸，想起在立新街有一水闸。立新街古代称旧街，在城中路东，水闸遗址位于城南居委会立新街内，是居民自发修筑的小围之一，建于民国二十三年(1934)，坐北向南。水闸总面宽 4 米，砖、石、钢筋混凝土结构。水闸墩内设槽两道，每逢洪涝，将木插板插在槽道里，在木插板之间填塞黄泥，可防渗漏。水闸墩侧砌墙嵌小块石碑，刻有“民国二十三年立”等字样。

而在近圣里还有一处水闸，遗址位于水师营居委会近圣里二巷，建于民国时期，坐北向南。水闸仅保存单面水闸墩，水闸墩面宽 3.2 米，石、混凝土结构。水闸只有一面连接民居。

端州区内水闸遗址还有多处，布遍城外东南西北，都具有一定的历史研究价值，在旧时对防洪起到一定的作用。据《肇庆市志》载，明成化（1465—1487)、嘉靖（1507—1567）年间，人为造成西江两岸山林被毁，水土流失严重。明代万历年间（1573—1620）开始，西江河床增高，洪水泛滥，洪涝现象日益严重，有“无岁不患水，无岁不溃防”之说。

因此，官府组织、群众自发修筑御水防洪的工程从未间断，景福围内外围居民为了自保，也自发修筑小围。还有七星岩的摩崖石刻，道光期间的高要县令杨霈在七星岩石室洞外刻了“道光甲辰，水痕至此”这几个字，倡议募捐加税，以修堤围。

这些水闸遗址，在近现代重要史迹及代表性建筑中，是属于水利设施及附属物中较具代表性的。它们见证了清代以来肇庆水文变化的历史沧桑，为研究端州近现代治水工程的发展提供了重要实证。

河旁街：古端州小秦淮

水在你脚下亲昵，云在你头上嬉戏。有一首豆蔻的情歌，在河旁之中唱开……

河旁街，顾名思义就是近江河的街，是禹门坊东侧的一条小巷，属三圣宫社区。透过新出现的“阅景花园”，河旁街已变成河旁板块，散发出新城的现代时尚气息。地产商更是纷纷选址于此，在河旁周围营造出集休闲、养生、居住为一体的亲水住宅集群。

这是一条已被改造了的老街，如今还能够解读出丰富的历史信息。其实，端州东面原是隋唐的古城，是“山色半江城，游龙通六脉”的美丽水城，并非如今的城墙格局。隋唐时，这里没有真正的城内城外，只是遍布纵横交错的水道。从北岭山往“城里”眺望，绿溪如网，参差人家。整座城市河道如巷，通达端州城区每个角落。

宋灭南汉，狄青灭侬智高，端州人文景观虽然焚殆，但禹门坊河旁街一带并没有变成一片废墟。在宋元年代，河旁街仍然是风景区。水系不断拓展，昔日横亘蜿蜒的小溪小河已成纵横交错的河涌网脉，河涌直通往西江，渔民们白天出河捕鱼，晚上回湾停泊。水乡泽国的风情更为禹门坊增添了另一番景致。

隋唐的端州，是西江之滨一座美丽的城市，东为河，北为湖，西为溪，南为江，四水相汇，万民才居住。这里曾经碧波荡漾，人们依河而居，乐河而业，小街写满人生故事，充满历史痕迹。到了宋初，移地建城，只留下被明代的人误认的“竹排地”。经过“百年千改”，河旁街失去了绝佳风景名胜——“小秦淮”。

元明时代的“小秦淮”是埠头边，小舟如鲫，密密麻麻。埠头上的人有的在端着碗吃饭，有的在水边洗衣服，也有的坐在临水的台头上乘凉。偶尔有一两只小船系在巷口的埠头上，映着两侧的花草绿树，大有“野渡无人舟自横”的诗境。仿佛全然是个原始的村落，人们过着日出而作、日落而息的生活，丝毫不见现代生活的功利和浮华的痕迹。

河旁街的禹门坊，游艇如鲫，来往穿梭，叫卖声、管弦声、咸水歌声、欢笑声交织一起，构成了一幅别有情趣的南国城郊水乡风情画。其中间有一大埠头，埠头边有一“南无阿弥陀佛”石碑；前有亭子，亭边还有两尊石狮。

古代游过禹门坊的人们，都留有深刻的印象，小至一碗艇仔粥，能使人回味无穷，也就能咏唱出“岭峤南来第一州”的诗句。村民划着他的小舟在故乡小镇的河道上往来飘摇，“咿咿呀呀”地哼着家乡独有的高要腔。这调子里有天地玄黄，有国破山河，有男欢女爱，有才子佳人，轻轻扬扬地飘过了崇禧塔下，飘过了石板街前，飘到了七百年后那些为之迷醉的痴人耳中……

想来，当年这里也有故事飘在水上，端州人也有过“半夜渡江齐打浆，一船明月一船人”的放浪日子，并非只会做生意而已。

当然，在街市之上做生意是理所当然的事。以前，河旁街上人声鼎沸，货如轮转，三百六十行的手艺人在这阡街陌巷里终日忙碌着，各安天命地打发着日子。从日出到日落，街道按照约定俗成的秩序，承载着无数的寻常人生。他们的喜怒哀乐与悲欢离合，都是在这平常的街巷里展开的。

据说，在明末清初，朱由榔在端州当了皇帝后，一天出行到火攻营视察。他从禹门坊河旁街走过，当时不知怎么回事，禹门坊的人们都想围观，但是，一见到皇帝出行的仪仗场面，吓到头也转不快了。河旁街上前面有引领太监，嘴里发出嘘声，老百姓知道皇宫里面出来人了，转过身去，有的面朝墙站着，没有墙的也背向仪仗队。

村民是自在的，但想看一眼南明王的脸孔就难了。这是为什么呢？其目的无非就是要保障皇帝的安全，另外也是表达皇帝至高无上的威严，“龙颜是不能随便看的”。

清末以后，随着古城墙的拆除和开辟马路，水运逐渐衰落，禹门坊河涌逐渐湮没，端州河旁街失去了“水城”特色。

景福围路：景日昣治堤

景福围路就是端州城区的旧河堤。古时，端州为纪念历代官人治水筑堤有功，便把堤围称作“皇城围”。元末明初，端州西江洪水位逐渐提高，为了护城，官府出面筑水矶堤，于是水矶以上连堤成片。

景福围的成堤过程，志书记载仅有两则：一是“明洪武元年（1368）初，知府王全筑水矶堤”；二是“洪武十六年（1383），乡人李儒杰增筑莲塘堤”。景福围命名始于康熙四十年（1701）。在这之前，堤段名称除水矶、莲塘外，还有护城堤和附郭，这些名称最先见于嘉靖二十六年（1547）“护城堤几决”；万历四十一年（1613）“决附郭”；然而万历四十二年（1614）“决护城东堤”。然而，同一部志书，1613 年说“决附郭”，1614 年说“决护城东堤”，“附郭”与“护城堤”显然是不同地点的两段。

白沙堤段紧贴城墙，顾名思义，附郭是白沙段。明代由东门口至崇禧塔下这一长条地带，地面高程从 9. 8 米到 10. 5 米左右，还是防御洪水的天然屏障，则护城堤应指莲塘堤以下一段。至于旱峡水道进口侧的桂林段，迟至清道光二十二年（1842）才初见于《宣统高要县志》。

端州因水而生，因水而兴，也因水而毁。

相传明朝末年，有一个农民到皇城围内的山地垦荒种菜，耕地时发现一只埋在土中的鹅蛋，便拾回家放进米缸。次日，该主人得病体弱，正要将蛋煮食，发现缸中之米已经没了。此后，主人病逝，尸首停放在山坡。其儿子择日葬父，不料已被天葬，即全被蚂蚁拉泥埋没。不久发生了洪水，“天葬坟”却无影无踪。之后每年都有洪水发生，于是有了“水射”地名，据说是鹅蛋作怪，人称“鹅怪”。

最严重的是在清朝中期，有一年夏日，西江河水暴涨，欲吞皇城围。渡头村东的沙寮，特大的洪水铺天盖地而来，淹没了稻田，冲缺了塘基，冲走了池塘里的鱼群。六畜在茫茫的浊流里挣扎、乱窜。房屋纷纷倒塌，人们喊子喊娘，扶老携幼逃到地势高的地方躲避。

沙寮，古时原是一片江边沙丘地带。沙寮村人常赶着群鸭至此放养，因离家远，便在这里搭草寮居住，边放鸭，边垦荒，在此建家立业，后子孙繁衍，在草寮内外建住宅，此为内，取名“沙寮”。

而在渡头村西边的水射地段也非常危险，险情环生，大有出现水淹皇城围之势。当时县官景日昣匆匆登上河堤，眼看洪水就要没过河堤，心急如焚：“难道就这样让老百姓遭受祸害吗？”看到百姓受灾，自己身为当地父母官，怎能坐视不理？于是，他命令手下马上召集所有的青壮百姓，在堤上紧急集合。

不一会儿，所有的军民都来到了堤上护堤。有些地方泥土塌了，堤围就要缺口，人们大惊失色，有些人转身准备逃跑，景日昣却镇定自若，面无惧色，拿出官印，用力砸向江边的大黑鹅。只见一道金光猛地一闪，一道惊雷，大黑鹅瞬间从云里掉了下来，沉入江底不见了。紧接着，景日昣纵身跳进河里，顶住就要溃崩的河堤缺口。其他人见状，心里又感激又敬佩，也不再退缩了，纷纷倒泥土、投石块；有人跳到河里，手臂挽着手臂，用身体筑起了一道人墙，抵住洪水。一场眼看不可避免的灾难就这样过去了，百姓们感激涕零。

洪水退了以后，恢复生产，填筑堤围，西江沿岸又成新景。百姓们都认为是景日昣给他们带来希望，带来了福气，便把皇城围称为“景福围”，意思是托景大人的福，以后免受水灾。

同时，百姓们还在水射的西边建了一座庙，一般人都叫“飞鹅庙”。据说，是因为庙里原来有两只白石雕成的鹅，有一只飞走了，只剩下一只，便俗称“飞鹅庙”。庙前堤围南坡靠近河边的一处地方，青草长得特别好。冬天，周围的草干枯了，只有这地方的草还是绿油油的，据说这草是专门长给庙里的飞鹅吃的。

然而，建庙的目的并不是纪念鹅，这庙是一座功勋庙，名叫“厚载祠”，祠里写着“景福”两个大字。大雾天，雾把附近的东西都遮住了，令人惊奇的是大雾天怎么也遮不住“景福”两个字，就是最大的雾，也不能罩住景字里边的“口”字。

后来我查阅史料方明：

景日昣，康熙三十六年（1697）到广东肇庆府高要县任县令，连任五年。到任后，景日昣立堂规、平狱冤、减民赋、治水灾、建学堂，把素称难治的穷乱高要，治理成为经济繁荣、夜不闭户的先进县。康熙四十年（1701）五月发生特大洪水，西江大堤决裂四十余丈，景日昣组织救堤，亲抱沙石，舍身抢救。决堤后，高要县城四门进水，灾民逃到高冈，三天三夜没有进食，景日昣乘舟送食品，救活两万多人。灾后他又动员群众修筑河堤，命名为“景福围”。百姓们为其立碑建祠，即厚载祠“镇鹅怪”，以示敬意。

肇庆知府张申对景日昣的考核评语为“奉公守法，清廉爱民，兴行教化，才能称职，堪以行取”；广东巡抚彭鹏的考核为“廉能素著，才品兼优”。政绩上报，提为京畿侍御。其九任御史，刚正不阿，一年内得以数次升迁、破格提拔，官至宗伯礼部侍郎资政大夫加尚书。可谓：

龙归晚洞云犹湿，麝过泰山草木香。

勤政为民奋一世，留得美名万古长。

风土人情

端州特有的自然环境和风俗、礼节、习惯均耐人寻味，甚至每条街道都有它的经营特色，如鸭仔街、风炉街、劏马巷、菱角巷等，这是群众对其成行成市给予贴切的习惯称谓。

米仓巷：端州的“西江粮仓”

端州米仓巷，在城中路横轴，宋时又叫“拱宸社”，与北横巷的吉仔巷相连。在古代，“拱”即拱手，两手相合表示敬意；“宸”是指帝王住的地方。每当帝王出巡，这座庙社便象征对帝王的相迎和敬意，“拱宸社”之名由此而来。

康定元年（1040），包拯上任端州。他因地制宜，开创了珠江三角洲桑基鱼塘式农业之雏形，创建了端州第一个交通和邮政总站，创办了端州第一所公立学校。他还在距离州衙几百米的高地上设立了一座庞大的谷仓，叫丰济仓。久而久之丰济仓附近形成了一条街巷，人们将它叫作米仓巷。

南宋祥兴年间（1278—1279），丰济仓和高要县署、县学宫毁于战火。元代初年，当时的官府在丰济仓原址修建广储仓。明宣德十年（1435），广储仓恢复丰济仓仓名。康熙年间（1661—1722），为方便运粮，官府将丰济仓迁往城南门内，丰济仓改驻后营守备，不再作储备粮食之用，但从此留下“米仓巷”的巷名并沿用至今。

米仓，是端州人对粮仓的俗称，表明了端州“西江粮仓”的重要地位。唐朝以后，西江流域是历代水上粮食运输的重要通道，促进了国内南北商贸的流通，成为封建帝国的经济命脉，有“日屯万担米，夜行百只船”之说。

如果不了解米仓巷的历史，势必难以体会古城的韵味。

元明两代，每逢丰收季节，船来车往，南北商旅多于此登陆歇脚，更增加了端州城内外街市的繁荣。兴盛的年代，这里聚集着文武官员、显宦世家、巨商富贾、文人墨客和僧道名流。与此相应的，是园林寺院以及茶楼酒肆等场所，尤其是当时的庙街，像都市一样繁华。从清末民初开始，端州“米仓巷”已不做粮仓之用，改驻后营守备。新中国成立后，米仓原地的大院子陆续盖起了民房，一些还未毁掉的房子也已“各有其主”，院内再也难觅仓库踪迹，唯独留下了“米仓巷”的名号为住户享用。

有个街坊忆古思今，20 世纪 60 年代，国家曾出现过经济困难，各种物质非常贫乏。粮油副食品凭票证供应，时常排长队，有时还供应不上，鸡鸭鱼肉很少见到，日常生活的食物只能以“人造肉”和瓜菜代替。能够有点荤腥改善生活那可真是“秃子头上的头发——少之又少”。

记得有一天，下班回家路经交叉路口，发现有人在地上摆了一个小鱼摊。人们真像几只猫，马上围了过去。摊主说：“今天算有幸钓得几条鲫鱼，还蹦蹦跳跳的！”围上去的几个人，连价钱都没有问，一下子就把鱼瓜分了。我也顺手抓到两条，不到一市斤，称好也有 4 角 5 分钱。可是一家六口，两条小鱼怎么煮来吃啊！最后，还买了几斤青菜，一起放进去煲鱼菜汤。这是一个多月来，算是最丰富的一顿荤腥美食了。

至于口粮问题，每人每月平均有 30 多市斤。但是当时是“瓜菜多油水少”的年代，饭菜里所含的脂肪质量差，吃得多，饿得快，肚子整天咕咕叫。孩子放学进家门第一件事就是揭锅找饭吃，小孩正是长身体的时候，食量又大，因此常常不够吃。作为父母的我们，看见孩子们如此情景，心中很不是滋味。但每月的口粮就这么多，该用什么办法能把饭粒涨大，让孩子们吃得饱肚呢？

只有粥、薯、豆、面粉、青菜，轮流食用，饱得快，饿得也快，久而久之，导致有些人得了浮肿病。可是在那个年代，不吃这种饭，还有什么办法呢？

随着社会向前推进，改革开放以来，人们富裕了，吃穿不愁，想吃啥就有啥，过着小康生活。相反，平常肉食多了，人们也不再认为粮食是主食了，那种困难时期已经一去不复返了。

三祃街：大牲口的圩市

街巷名是肇庆社会发展的产物，它们见证了肇庆悠久的历史，是我们认识肇庆历史风貌和现状的重要依据之一。

三祃街是古街，在今崇禧塔之西，阅江楼之东一带，古代原塔脚上堡村。

祃，在今天的广州话中，音“牙”。在古代，“祃”是军中一种祭名，称为师祭。古代出兵时先行祭旗礼，所以古人云“师出必祭为之祃”，因而“祃”与牲畜祭礼有关。因此有人认为，端州三祃街东有跃龙窦，是古代水师军队驻扎举行祭礼的地方。

但也有人认为，端州是广府之地，自然有广府习俗。比如“祭祃”，后人演绎饱尝一餐称“祭牙”，与祭祃同音，也称“打牙祭”，俗意是酬神不如酬自己。端州商家非常重视祭祃，清末民国年间此风极盛。逢初二、十六为“祃期”，十二月十六日为一年中的“尾祃”，而正月初二则是“头祃”。

商家请工人吃“头祃”宴，我估计是鸿门宴的民间版本。开宴了，桌上摆着一碟切好的白斩鸡，老板招呼大家坐下，首先向大家说一通过年的好话，然后，话锋一转，故作沉重地哀叹当今生意如何如何难做，亏了多少本之类，接着如解雇一个伙计，便用筷子夹起一块鸡肉送到要被解雇的伙计碗里，道声：“兄弟对不住了，请另找大财主发财吧！”解雇几个伙计就分别送几块鸡肉，这是无情可讲的，因此被称为“吃无情鸡”。吃过肥美鲜嫩的肉，然后得卷铺盖走人。

“卷铺盖”，广州话说成“炒鱿鱼”，是十分形象的比喻。以前给老板打工，老板管住，但卧具得自己准备，离开时可以带走，是之谓“卷铺盖”。因此，工友们每逢“头祃”，都得做好“下岗”的准备，绝对高兴不起来。

还有一种民俗叫“神祃”。神祃，是民间祭祀神灵时贴用或焚化之印于纸上的神像。它寄予了人们迎福纳祥的美好愿望。从形式上主要分三类，即大神祃、中神祃和小神祃；从内容上主要分为三大部分，即自然神、生活神和儒释道神。自然神主要有天神、土神和路神等；生活神又分为居家之神、兴业之神、吉祥之神和避邪消灾之神；儒释道之神主要有家堂、老母、南海大士、罗汉和圣人等。

但以上总总都不是三祃街得名的本意。事实上，端州三祃街是指圩场。清代这一市场在民间是真实存在的，而且在当时还很大。当时，已有固定圩场范围，专供大牲口买卖的牛、马、猪行，如劏马巷、牛皮栏巷的贸易在民国初年就成行成市。圩市贸易，或三日或五日一次农副产品交易，历史悠久，因此古人云：“端州之南，三日一市，谓之趁墟。”

三祃街建于清代初年，今不存。

荷香街：无丝的莲藕

古端城八景有“宝月荷香”，荷香是宝月台的一大景色，即宝月塘以荷花闻名于世，香飘夏季，千百年来，一直保持荷香特色。所以，这一条塘基变成的路就叫“荷香街”是最恰当不过了。

端州宝月公园的荷香街，与宝月路头尾相连，中间包围着“宝月荷香湖池”。宝月路，在“文革”期间曾改称为民路。1981 年后恢复原名，同时又扩展一段路为荷香街。

这条街流传着一个故事，叫作“宝月塘藕——无丝（私）”。

话说在 824 年，唐代户部侍郎（约财政部副部长级别）李绅被贬为端州司马（相当于州军参谋长）。他在端州任职期间，带头疏通河道、兴修水利，带兵除峒安民、减免赋税，带动鼓励农桑、发展生产，使端州出现前所未有的生机。

关于李绅有一段佳话，叫作“接眷南来”。

按惯例，被贬到南方，一般是不带家属的，但李绅连家眷也带来了，看来是准备和当地百姓休戚与共，终老端州，有一种“此行一去不复返”的悲怆，这显然不同于习常所见的贬官。

这天，李绅家眷所乘的船行至端州附近的七里滩时，突然风雨交加，船行受阻。端州百姓闻说李绅夫人官船受阻，都自愿前往拉纤。民众列队十余里，纤绳长长，号子震天。不能拉纤的老弱，个个炷香跪拜迎接。李绅大受感动。

李绅把家眷安置住在城外荷香街的小屋，生活俭朴。门前面临一弯荒废的池塘，李绅的夫人想变废为宝，但不知种植些什么植物为好。一天，李绅夫人提出要在城外开挖池塘种藕。李绅同意夫人的做法，并为夫人开挖的藕塘题名为“半月塘”。李夫人认为不雅，再斟酌，后来又改名为“伴月塘”，认为这样才合心境。最后，定名为“宝月塘”。

在中秋佳节，端州人除吃月饼外，还喜欢吃宝月塘的无丝藕。是什么原因产出无丝藕的呢？原来，李夫人和一班妇女在宝月塘种出的藕圆润肥大，可以改善家人伙食，增加营养，于是她送给乡邻吃，从不卖钱。说来也怪，世上的藕，丝都很多，而且藕断丝连，即使端州其他地方种的藕，也都是藕断丝连，唯独宝月塘的藕无丝，人们都说这是因为李绅无私的缘故。当地还留下一句歇后语：“宝月塘藕——无丝（私）。”一时间，端州城内外家家户户都种藕，遂成风俗。莲藕也因此成了端州的特产。

这个传说表现了李夫人，其实是端州妇女既温柔多情，又勤劳勇敢的性格和精神。她们在困难中表现出的夫妻之情、家国之爱，以及纯美的人性、无私的品格，像宝月塘盛开的荷花一样，美丽灿烂。后有人填了一词《行香子》：

夏日炎炎，荷叶田田。月塘中，景色盈盈。投林鸟儿，喧闹和鸣。看村边院，桥边树，水边亭。

感受游踪，尽发心声。别管他，身若飘萍。有花共赏，无月携行。便心温暖，情温雅，醉温馨。

牛皮路：牛皮灯笼的来历

古代商人做摆摊生意都要吆喝。声音坠落着声音，牛皮悸动着牛皮，拉皮的商人吆喝着淋湿了的古巷。日夜从不寂寞的声音，筑起了牛皮栏的路基。

史料记载，在旧时，端州有条路叫作牛皮路，后来追踪查阅，牛皮路在“文革”期间被改称为民路。再查找下去，才知道1981年标准命名后又改为宝月路。这一改，也改不了“牛皮灯笼”的传说。

据民国《高要县志》记载：“牛皮路旧名牛皮栏，为商人制牛皮处。”民国之初，县知事潘祖荣下令，严禁在塔脚等处堤岸设店铺，将商贩赶往牛皮栏。

民国时，牛皮栏有一个皮鞋匠，为人最是哄骗不实。他钉了半辈子的皮鞋，却只用一双皮底，道理很简单，即凡是为人家钉皮鞋掌儿，他故意不钉牢，顾客刚走出他家大门，鞋掌儿也就脱落了，皮匠便尾随在顾客身后，将鞋掌儿捡回来，下次再给别人钉。久而久之，这双皮底也就成了他的“本钱”了。一天，他紧紧地跟在顾客身后，左瞧右看，就是没看到鞋掌儿，直把他心疼得流出了眼泪，连连懊悔道：“唉！今天真晦气，把本钱给断送了。”悻悻地回到家里，但马上破涕为笑——原来那双皮鞋掌儿正落在大门里面。

话说端州在历史上是商埠之城，在城墙北面附近，有一条500多米长的街市，叫作牛皮路，是商人制作牛皮的场所。两米见宽的一条路，商贾云集，商铺林立，最火热的牛皮商铺要数冠名“永利”字号。明清时期，这里原先并不火爆，后来因为在民国开初，知事潘祖荣下令，严禁在塔脚等处堤岸设店铺，一下子将商贩赶往牛皮栏。那时候，以生产牛皮闻名天下的“栏、摊、档”，有享誉“十里皮城”之称。等到设置路牌时，这里就名为“牛皮路”。当今，流传有句骂人头脑不开窍的俗语，叫“牛皮灯笼，点极都唔明”（意为头脑不开窍），就出自牛皮栏。

传说，有个“永利”商铺的小老板，在一年的元宵节前，见家家户户都做花灯，自己也想做一个，要同街上的孩子比比看，看谁做得手工精致，款式最好。这也叫“斗灯笼”比赛。于是，他偷偷摸底，见那些人做灯笼，有的用纸制作，有的用绸布包装，五花八门，漂亮极了。他思考一番，决定别出心裁，秘密地做一个既美观又扎实的灯笼。

到元宵节那晚，“斗灯笼”开始啦。整条路家家户户都开始张灯结彩，门口挂上各式各样的花灯。老板仔把自己画有很多图案的灯笼也挂展起来，召集大伙来欣赏。但是，点燃笼内的火芯后，发现灯笼透不出一丝光亮。这时，大伙笑了，他很焦急，决定加大笼内的火光，结果还是黑笼一个。大伙问他：“你做的是什么灯笼?”他骄傲地答道：“牛皮灯笼。”于是，大伙笑弯了腰。“牛皮灯笼，点极都唔明”这一俗语，也就流传甚广。

草鞋街：三草以成一圣

“草鞋文化”在中国有着深远的历史。《三国演义》的一代枭雄刘备，后因家道中落，在涿郡靠卖草鞋为生，因而有句歇后语：“刘备卖草鞋——内行。”后来刘备当上蜀国皇帝，曹操还骂他是“贩履小儿”！

现在端州西区的城中路，有一条以草鞋命名的街，叫草鞋街，在宋代已经存在。“文革”期间曾称为红旗二路一巷，1981年复称草鞋街。

我曾怀着对编织草鞋这门古老手艺的好奇走进此街，寻找“草鞋人家”。可是，社会迅猛发展的今天，随着老中心区的没落，本地商家、大户陆续搬离，草鞋作为一种不起眼的生活用品，早已经淡出人们的视线。

草鞋街其实是条很老的小巷子，位于塘基头尽头，顺宋城墙南段墙脚而成，两边都是低矮的旧民房。问了一位老婆婆，这里是否曾经是卖草鞋或编制草鞋的地方。老婆婆说几十年了，没见过草鞋。是呀，要是再问现代的小孩，他们根本没有“草鞋”的概念，因为那是一百年前的产物。

草鞋，又称“蒲鞋”，顾名思义，是以草为原料编织而成鞋。旧时端州沼泽湿地多，生长一种蒲的草本植物，枝杆为菱状，中空，一米多高，亦可以编凉席，因而也叫“席草”，是名极一时的土特产品。有位诗人写道：“编织那草鞋的，是一把坚韧的草，一把岁疾风中挺立的劲草，一把从春天跃起，又超越了春天和历史的草。”

街坊老婆婆说，白色恐怖年代，草鞋街住着个谢少梅，是搞农民运动的。一天，他们在倚岩茶楼开秘密会议，因泄密被反动军警围捕，参会的人立即从倚岩茶楼后门疏散撤离，不少人被预先埋伏的军警拘捕。而谢少梅却戴着帽，镇静地带着警卫员从正门行出，若无其事地越过门口的军警监视，脱身而去。他派警卫员通知没有参加开会的人迅速转移，而自己躲进亲戚家里，之后化装成农民搭船到香港。后来人们才知道他是中共西江特委负责人。

据说，他到香港后，更名为冯痴畦，在养智中学执教，继续革命宣传。他在粤剧薛觉先的剧团里编剧写词、撰曲，名噪一时，有《姑缘嫂劫》、《白金龙》和《相思盒》等剧目，后来还回过草鞋街。

端州编织草鞋与编凉席一样，自宋已开始生产，至明朝已成行业，是家庭的手工业产品，以各家各户的妇女手编为主。草鞋失传于民国初，而如今在高要乡村还能偶然看见编凉席。打草鞋主要的工具有耙子、码子、锤子、橇竿和弯子。原材料是粗麻和蒲草，工序有揉麻绳，捶蒲草，洗净晾晒后，用锤子捶松软编织。

明末，草鞋街有十几户人家，家家户户都会打草鞋。有人靠这门手艺发达了，便在自家堂号挂上楹联：

草鞋，草席，草帽，三草以成一圣；

莲叶，莲花，莲藕，一莲可有三清。

据传，很久以前，草鞋街住着一户人家，有兄弟二人。一天，弟弟欲外出卖草鞋，母亲送到大门口，恰好偶尔遇到一位算命大仙。此大仙披头散发，一手拿着幡幛，一手晃着一个小铜铃，大摇大摆地正要穿街而过，看到这担着一担草鞋的孩子，突然眼睛放光，似遇到异人，连忙把幡幛放到一边，非要给这孩子算算命。母亲听了，连忙为难地说：“家里连锅都揭不开了，没有钱施舍呢。”

大仙连忙说：“我看到这孩子面相异于常人，将来必成大器。”刚好他哥哥也出门去打铁铺，接着大仙开始口若悬河，说这俩孩子印堂发亮，将来非富则贵，自是前程无量啊。

果然，哥哥在打铁巷做铁匠，弟弟在草鞋街做鞋匠，两人的手艺都很好。后来，他们辛勤半辈子，有了一点积蓄，感到些许欣慰，便各自建了一间新的铺子。兄弟俩商量，要请人起个店名，题块匾挂上。店名要表现出他们各自的行业特点，又要雅而不俗。请了好多文人秀士，都想不出来。最后找到一位教书先生，教书先生想了想，这兄弟俩不识字，必须让他们看见匾上字的样子，就能认得出是自己的店名才行。于是，他思索片刻，便给哥哥题了“乙酉堂”，给弟弟题了“甲申堂”。兄弟俩不明白是什么意思，教书先生说：“你看乙酉的酉字，正看就像锻铁台，倒下来看就像风箱。这两件东西，都是你们铁匠少不了的。再看甲申二字，就像你们编织的草鞋。这些是象形字匾，你们看行吗?”兄弟二人非常满意，酬谢了教书先生。

对于现代人来说，草鞋是一段历史，或者是一种回忆。而这样的传说，只有相信它们，它们才存在。

风炉街：端州的老品牌

端州城东有一条老街名叫“风炉街”，明朝时并入府学宫青云路，民国时改称朝圣路，“文革”期间名为朝阳路。1981 年颁布标准地名，此地又复称朝圣路。然而，老端州人还是喜欢叫它“风炉街”。

风炉即火炉，俗称“炭炉”或“烘炉”。古书云：“风炉，以铜铁铸之，或运泥为之，如古鼎形。”表明风炉通常由铜、铁、泥制作而成，后来，泥炉还是占据了市场相当大的比重。其原因是，铁炉火旺，内外易燃，泥炉火性温和。

古时候，端州风炉以优质土粘泥烧制而成，色赭褐，上半部有格盛炭，置炭的炉心深而小，使火势均匀，省炭；下有半圆风门，风门有活动小窗盖，用于控制火力大小。这种炉子通风性能好，水溢入炉火犹燃，炉不会破裂。有钱人家还配有煽火的炉扇，用鹅绒毛做，以免噪音。

老街坊梁伯讲述了一个“端州风炉”的故事。

相传，在很久以前，端州睦岗的桂林圩住着一位勤奋好学的青年。他的艺名叫风炉仔，在风炉街的学宫读书，学识广博，人小志高，而且非常热爱自己的家乡。记不得是哪一年，他听说要举行科举考试，就很想去试试，可是家境贫寒，缺少路费，怎能成行？乡亲们喜欢风炉仔为人正直，有学识，有志气，有抱负，得知他想赴考，就相约跑来，族长对他说：“我只叮嘱你两件事，一是大家慷慨解囊的路费你要用好；二是你要为家乡争得荣誉。赶快做好准备吧!”风炉仔感激万分，流泪拜别乡亲上路了。

风炉仔倒也争气，果然榜上有名，考上了举人并在外地就职。有一天，他决定回家探亲，觉得要给乡亲们一个见面礼，想到在端州学宫读书时有条青云路，街上摆卖有风炉，可以护暖，可以煮食，便想在江西当地拜师学艺，制造一些耐用美观的风炉，带回端州送给父老乡亲！他学习风炉制作的选料、揉泥、拉坯、成型、焙烧等主要工序。江西这个地方黏土好，取料方便，用当地的黏土即可。老艺人告诉他，选泥的方法，把一根拇指般粗细的竹子插入田里，直至竹子陷入约一米深，如果竹子能轻易向下陷，说明底下的泥土柔软。此时将竹子拔出，观察上面的泥土，如果呈灰黑色且黏性十足，这就是做风炉的最佳原料。

他将参与自制的风炉带回到家乡桂林圩。乡亲们见风炉仔衣锦还乡，喜出望外；又见他带来风炉，更格外兴奋。风炉仔专心授艺，几位有经验的农家照方法制作，户户受益。不久，桂林圩有风炉上市了，而且还运去端州青云路的横巷专卖，“端州风炉”也就传开了，并且产生了“风炉街”之名。而至于风炉仔到底叫什么名，后人记不住了，只记得他的外号叫“风炉仔”。

旧时风炉街的商家，大多是前店后宅，店堂往往就是店家的客厅和起居室，因此，街道除了它们的商业功能外，往往还是居家生活的延伸。居民们常常在街道边就餐、择菜、洗衣，甚至进行产品加工。这里也就成了沿街居民早晚会餐交谈的场所，因此商业气氛和生活气氛十分浓厚。

民国时期，风炉街的商铺有的挂着招牌旗，各行各业的江湖小贩，留下种种履痕的风情，在喧闹的街上吆喝着“铲替刀、磨铰剪、爆米花、麦芽糖”。吆喝声穿过打铁巷、草鞋街、芽莱坊、牛皮路，唤醒一城的乐趣和一城的手艺。这样，端州民间艺术品，从时间的深处定格在历史的烟尘里。

如今，踩过风炉沧桑的古街，街道两厢的门联相对而出，在行人头上留下狭窄的一条天空。

南溪路：疍家文化

在“山城水都”的端州，有不少居民长期以来临水而栖，靠西江“吃饭”的这种古老的生存方式，南溪路是一方见证。清乾隆三十年（1765），有个袁进朝，迁来肇庆城南之桑园，在今南溪路附近。其裔孙袁梓贵，居住一间小潜楼，后来他的诗文集就以其命名了。

南溪路东西走向，东接人民南路，西接体育路，在“文革”期间曾改称为体育路一巷，将港务局宿舍，称体育路西巷。1981 年颁布标准地名，此地又复称南溪路和南溪路西巷，另有水上新村巷等。

南溪路俗称“南门河”，又称“桑园”。不知何时，这里居住着水上人家，造就了一道风景线。艇，是他们流动的家园；网，是他们生存的工具；水，是他们赖以生存的条件；渔，是他们维持生活的物质。

这样一个特殊群体，世居江河，以捕鱼为生，漂泊不定。一艘小至几平方米，大也不过几十平方米的小船，就是他们的家。旧时，人们称其为“疍民”，或戏称为“水上的吉卜赛人”，但是他们更喜欢“水上人家”的称谓。历经数百年，他们形成了具有独特风情习俗的“疍家文化”。

端州南溪停泊着很多这样的住家渔船，这些渔民有些是世世代代在船上生活，他们大多在船上做饭，大多依然烧木柴。渔民们还喜欢在江岸边空地种上番薯、油菜、葱和蒜苗等，补贴生活。不少聚居江边的水上人家，如今已陆续上岸定居，但是在西江沿岸，仍能看到一艘艘排列整齐的小船，撒网捕鱼，散发着生气。

据说，疍家的图腾是蛇。他们常在龙宫神像旁画蛇以祭，自称龙种，还在船首刻蟠蛇（龙）的形象来辟邪。他们的姓氏来源于七姓，有麦、濮、吴、苏四姓，后又加上何、顾、曾三姓。他们的服饰，在清代至民国时，多为麻布染成的蓝黑、褐色衣裤，裤子非常宽大，女性的袖领上常镶有一寸多宽的黑边。疍民妇女天足、穿耳、梳尖螺髻、髻尾朝天，老年妇女则结髻，髻上有五寸蛇形长簪，现在已与城市人穿着一样了。他们的饮食以粥著名。除了咸鱼稀饭外，尤以艇仔粥出名。疍家以生鱼骨熬瘦猪肉为汤底，再配以新鲜鱼片、虾仁、叉烧、浮皮、海蜇、花生、田螺肉滚一滚，在上碗时加上鲜葱和香口的薄脆，烹制成美味的八宝艇仔粥。

特别好吃的是“疍家糕”，它还有来历呢。话说，清军南下，桂王朱由榔带着文武群臣奔往肇庆。肇庆疍民闻讯后，纷纷摇着船艇前来恭迎朱由榔。当时天色已黑，朱由榔及文武群臣已是筋疲力尽，饥饿不堪，疍民见状，马上敬奉鱼汤和年糕给他们解渴充饥。朱由榔登基称帝后，不忘疍民患难相助的情谊，敕令特发内帑八百银两赏赐疍民以示感恩，并命名“疍家糕”。此糕特点是层层相叠，分为咸、甜两种味道，素以“软、香、滑”闻名，又称为“千层糕”。

旧时，疍民长年累月在水上辛勤劳作，居无定所，生活朝不保夕。他们制作疍家糕，可谓是不厌其烦，一层层地做，可以做到三十六层，取“长长久久，步步高升”之意，亦反映了他们的生活习俗和特有文化，蕴含了“积德、积福、积财”的祈盼。凡是民俗节庆、喜庆节日，疍民遂将蒸好的千层糕切成菱形小块，每四块叠成一盘（三块在下，一块在上），先敬神祇，后敬祖先，随后便是全家吃糕，取“步步高”的吉祥之意，因为“高”与“糕”谐音。

疍家过春节，他们喜欢在船头贴上“一帆风顺”，在船舱上贴“万事顺意”和“老少平安”，还有独特的金钱剪纸图案的“红钱”；此外还要在船头放鞭炮、祭祖先，在岸上祭神，保佑全家平安幸福。祭品主要是腐竹（福禄）、芹菜（勤劳）、大葱（聪明）、生菜（生财）、橘子（吉祥）、苹果（平安）和马蹄、慈姑（生育）等。

水上新村巷：以水为陆　以歌伴嫁

水上新村巷在南溪路附近，原是疍家的居所。新中国成立后，一律改称“水上居民”，于是有了水上新村巷。

古代称山居为瑶，水居为疍，最早见于南宋《岭外代答》：“以舟为室，视水为陆，浮生江海者，疍也。”明初，水上居民被编入疍民籍，不准上岸定居，不许与陆上人通婚。

由于独特的地理环境和职业条件，使疍家人的婚俗自成一体。旧社会，水陆不攀亲，所以大多是“疍民通婚”。嫁娶之约颇有奇趣，男子未聘，就在艇梢盘草；女子未婚，则在艇梢盘花，以致媒妁。结婚的女子，称之为“转髻”。结婚前三天，男女互不见面。而新娘出嫁当晚，要哭着唱歌到天亮，称为“出嫁歌”，而穷人家唱的歌更要凄惨，如“半边砂盒擂烂米，半边锅仔拌烂糊；半边茶壶做米瓮，半边芦秆做米筒……”

婚期那天，吉日良辰特设酒艇，张灯结彩，旗灯照耀。吉时，鞭炮齐鸣，这时有一个好命公伴着新郎哥，驾起一叶花舟，驾向新娘子的红船。

新郎必须找来两艘大小一样的船，用绳索将两船连在一起。船的两旁布满彩旗，叫鸳鸯船，又叫“花船”，象征着白头偕老，永结同心。然后派出几员身强力壮的小伙子划船，敲锣打鼓，边放鞭炮边划船，直逼女方水域。到了女方水域，向着新娘船摇旗呐喊。

当男方到来时，女方的船载上新娘，由伴娘划船向男方鸳鸯船靠拢。男女双方的船一接触，鼓乐齐鸣，欢呼雀跃，伴娘伴郎们也可戏闹一番。随后落下一块红布帘，遮住了船篷口。

新娘子被接回后，旋即登船见过家公家婆，与新郎哥一同拜祭祖先。接着吃槟榔，唱槟榔：“一个槟榔开四口，四个槟榔四边酬，四边八面请朋友，四季兴旺有利收。”傍晚时分，亲戚朋友驾方舟赴宴。一路“咸水歌”歌声四起（实际上是唱歌对答），唱得十分哀婉动听。

咸水歌，源于海边疍家人生活与劳作，“有咸水的地方，就有咸水歌”。后来，江河淡水地方的水上人家也流传咸水歌。咸水歌沿用了中国古代五声音阶，有独唱、对唱等形式。曲调悠扬、婉转，善用比兴，形象生动，韵味厚重。

宴席上，无论菜有多少，“香芋扣肉”一菜绝不可少，而且盛得特别大碗，同时要由主家女尊长亲手制作。饮宴沸沸扬扬，一直闹至深夜才散去。酒席散后，有以男青年为主的一个说唱文艺晚会，可见疍家的婚俗始终贯穿一个唱字：

早一夜听春雨，早一日沐春风，早占那东风第一枝，家乡红棉三月红……三月红，三月红，树红像新娘，水红飘霓虹，地红如醉酒，人红胆气雄。三月红，三月红，红了西江的风，红了南国的梦，红得那日子，香浓甜也浓。

如今，水上居民生活习惯已被岸上人家同化了，还与岸上人家通婚了，但其婚俗仍留有一些古代的痕迹。

九江塘：说肇庆婚俗

一次，走到端州的九江塘（也称吉庆坊，即现在城东古塔南路的群庆街），本想了解九江塘的得名，谁知，无人知晓，只说在“文革”前，这里河汊较多，还有一口塘，名为“九江塘”。另有一位老街坊说，过去这里的人结婚习俗十分有趣。

她说，端州有家鹊桥婚姻介绍所，从 1992 年 12 月开办至今已经二十年，是由端州区总工会创办和管理的。其实，介绍婚姻的人在旧时叫“媒人”。

媒人有专业的，也有业余的。专业媒人要收费，要吃喝，要奔东家跑西家的。业余的一般是受人所托，偶尔说上一两次媒的。比如，张家看上了李家的女儿，就会托媒人去说合。

双方同意了，媒人定个日子见面，地址都是由女方定的，一般会选在集市或街上，女孩和亲友在街上看一眼男孩，只是看对方的外表和言谈举止，如果看上了，就会告诉媒人，再定见面日子。第二次见面，会在女方家里。一般是男方父母带着儿子带着礼物前去，当然还要有媒人在场。

双方父母见了面，在客厅寒暄，而男孩和女孩会被安排到一个房间里谈话、聊天，彼此先做个了解。如果谈得来，比较投机的话，这亲事就算定了下来。男方父母会带见面礼给女孩，而女方这边一般是不会要的。如果同意，礼物就会收下来。

亲事定下来之后，男孩就可以光明正大地约女孩了。大概过上一段时间，就会下定亲彩礼，双方就是正式亲家了。到了该结婚的年龄，男方会备上礼物，前去女方家求婚，一般都要去两三次才能把婚求下来，这叫作“要日子”，要的是女孩的出生年月日。女方给了日子就表示接受求婚，同意女儿出嫁。一般情况下，第一次要日子是要不回来的，如果一下就要来了，会让人觉得女方是迫不及待地要嫁女儿，女方总要矜持一点嘛！但要上个两次三次也就可以了。求婚带的礼物很重，表示对女方的看重！

日子要了回来，男方就要找人算八字，看结婚的日子。等定下结婚的日子，又要备上礼物去送日子。这时候，就要带上大彩礼了。送日子不能送空，除了备礼物，还要带上一个大皮箱，里边放上给女孩买的新衣服等，有的还会按女方的要求买块手表等礼物。

要日子，送日子，都很隆重。在女方家里会设上酒席，请上有头面的人来喝上一顿。大彩礼一般是大金额，当然女方父母是不会要这个钱，都是给女儿做嫁妆用的。男方准备房子和婚床及窗帘，剩下的所有家具和电器都由女方来陪嫁。一切生活用品都由女方来陪嫁，男人给的彩礼一般都不够用，女方还会给女儿贴上一定的钱，希望女儿嫁过去之后有自己可以支配的金钱，不至于吃苦。

结婚前一天，新人各自在家准备，互不见面。男家在良辰燃放鞭炮，接着请好命公、好命婆（一般是有儿子的中年夫妇）开床设账。是夜，新郎不得睡在新床上。次日清晨，新郎由好命公、好命婆为之梳头。不管嫁妆多少，父母都要为女儿准备一对小火笼，内装木炭，上盖大红纸，以预祝女儿结婚后生活红火。

结婚前一天晚上，新娘彻夜不眠。次日凌晨，新娘由伴娘陪伴，梳妆打扮。吉日早上，迎亲的花车来到女家，伴郎即大声嚷着要见新娘，但新娘却由伴娘陪伴着，躲在闺房之中，迟迟不出，这叫依依不舍。如新娘之兄长未婚，要避开，绝对不能看着小妹出门。同时，新娘的母亲要将一条男裤放在闺房的门上，八字儿摆开，以让女儿从裤裆下跨出闺房。

接着，一对新人开始向女家的长辈端茶拜别。拜别后，母亲将一篮象征如意吉祥的十宝如红包、红糖、红枣、桂圆、酒饼、米花、莲子、百合、花生、桂面交给新娘。这时，新郎领着新娘跨出大门门槛，若新娘的兄长未婚，则由新娘的父亲为新郎打红伞遮阳。

花车回到男家时，男家派一个已生养有儿子的妇女在鞭炮齐鸣声中接过红伞，打开遮住新郎，向新房走去。是时，新郎的父母和兄弟姐妹均不可看着新郎新娘走下花车，直至走进新房，这叫“回避”，以免见外。新娘在伴娘的陪伴下，走近新房后，与新郎并排坐在床沿上，叫“坐床”；继而他们登厅拜堂，先拜祖先，后拜父母，再“洞房”……

西仁里：仁厚风俗的乡里

古时，端州巷子里逢节庆必有传统的糕饼，有艾饼、双饼、喜饼、萝卜糕、年糕、鹅油饼和糍粑等，说都说不清。做好了糕饼互相赠送才显得有意义，因此，吃着吃着就吃出了巷子里的“仁风义俗”了。

端州有条巷子叫西仁里，在城南路南门的东边，属塘基头社区。古代时，西仁里处于南门大街与青云巷之间，而隔着青云巷与东仁里并列在南城墙门内街上。民国时因建中山纪念堂占用了青云巷和东仁里，使青云巷、东仁里与中营都府、前营参府一并消失，只留下西仁里和一条长长的草鞋街。在“文革”时期，西仁里称为跃进路一、二巷，1981 年后恢复原名。

《幼学琼林》有“美俗曰仁里，恶俗曰互乡”之句。“美俗”就是好的行为，“恶俗”就是坏行为；互乡，是交相为恶的地方。如在今河南省周口市商水县，古时《淮阳志》称“互乡”。

据说，有一天，互乡一个男孩求见孔子，孔子许多弟子不主张老师接见他。孔子没有理会弟子们的劝说，就派颜回把男孩喊了进来。男孩进了门来，很有礼貌地向孔子行了礼。孔子问他：“你来见我有什么事吗？”男孩答道：“我父亲让我来问问先生，小孩子到几岁才可以上学？”孔子一听这问话，就满心欢喜地答道：“只要能认得文字，听得懂我的讲义就可以了，年龄大小都是无关紧要的。”男孩谢了孔子便出了学馆。

孔子对弟子们说：“我也知道互乡是个坏地方，但是这里的儿童是纯洁的。我只看他眼前的诚心，不问他以前的好坏，我只让他进来相见，不问他出去是作恶还是为善。你们想，假如我把这男孩拒之门外，那么生长在不良风俗之乡的人都不敢来见我，岂不是阻塞了他们要改邪归正的道路吗？”

“仁里”引申为有仁厚风俗的乡里。“居于仁者之里，是为美”，因此，后来称风俗淳美的乡里为仁里。仁里的“里”不是距离单位。古人将二十五户称为里，“里者，民之所居”。现在的端州，还有很多以里命名的地方，特别是旧城区，往往一条街道就是一里。

南宋时，端州城西民间贸易活跃，商贾居民云集，民风华美，故称为西仁里，这说明端州城西在宋朝就有一条环境优美的古街。

如今，走进端州窄小的西仁里，看见一棵很粗的鸡蛋花树，树龄不详，但体型巨大，且形状奇特。老鸡蛋花树给附近居民提供了一个乘凉的好地方，也折射出西仁里的历史风韵。

鸡蛋花被喻为肇庆的市花，而在佛教寺院里，定为“五树六花”而广泛栽植，故又名“庙树”或“塔树”。但是有人说，这花是痴情花，和这西仁里一样，守候了千百年，如今依然痴恋故土，痴望故人，痴迷故知。于是，有人为鸡蛋花写了一首词《相见欢》：

生来情字当头，夏转秋，白付痴心，赢得满身愁。朝含泪，午时碎，夜难休。天不相怜，冬日不堪求！

夏天，如果你在端州老城区、旧城墙或古庭园处消夏，陪伴你的一定是鸡蛋花。端州人对鸡蛋花有着特殊的感情，赏花、闻香，舍不得丢弃，于是晒干入药，“五花茶”里，一定会有鸡蛋花。

相传，明末清初，永历皇帝朱由榔最宠爱的一位妃子，名叫芙蓉，久病不愈，茶饭不思，纤柔细润的娇体，如花似玉的容颜，日渐消瘦。虽经太医百治，病情时好时坏，但贵妃不想进食，倒叫朱由榔发难。

一日，朱由榔降旨，招天下名厨进宫，为芙蓉妃子烹调美味佳肴。有一名大臣献媚圣上，急急禀告有一名厨，饭菜手艺高绝，举世无双。朱由榔即令召来，为芙蓉妃子用山珍海味做了十多种饭菜，芙蓉妃子不但不吃，闻一闻都觉得恶心，朱由榔大怒，以欺君之罪赶了厨师。后来，端州西仁里有个婆婆进宫沏了一壶“五花茶”，芙蓉妃子的病就痊愈了。

如今，这里有的只是平常的市井气息。这气息，飘在深夜巷口的裹蒸上，飘在清早门前的玉兰树上，仔细闻一下，也是五味杂陈的。寻常人生的复杂气息，年复一年地飘在街巷里，你闻着这种气息，就知道，街道是古色古香的。

光明街：高墈乞儿变光明

自从这里有了光明街的存在，魁罡社的高墈便没有了年轮。

光明街，位于端州城东的一条街道，北接建设二路，南连五经里。明代这里叫“高墈”，亦称魁罡社；民国时改为光明街，有光明之意；1961 年前后又复称魁罡社；1966 年，街道门牌整顿时，连同庙前社等三条巷，又改称为光明街，直到现在。人们渐渐地习惯了光明街的称呼，魁罡社和高墈也就被淡忘了。

说起来，高墈改为光明街有一个传说。

在清末民初，高墈这个地方，因为有一间学校，白天听是书声琅琅；入晚之后，听到的是老街坊拉二胡、唱粤曲。相传，这里还住有几个乞儿，集中在高墈边，住在一间破烂的木屋里。白天，他们分头外出乞食，乞到冷饭剩菜，都拿回来，共同分享；晚上大家同住在这间破木屋里。虽然饥一餐，饱一顿，倒也穷开心，饿快活，大家有说有笑，情同手足，亲如兄弟。

有一年除夕，家家户户都吃团年饭，他们这天讨回来的残肴剩饭也特别多。他们凑了讨来的铜钱，买了两斤烧酒，兴高采烈地吃喝起来。突然，那个老乞儿说："如果再买一包爆竹燃放，在门口贴上一副对联，就更热闹啦。"另外几个乞儿听了，都说："好！"于是，他们立刻站起来要去买对联、爆竹。

那个入伙最晚、年纪最细（即"小"，下文的"细乞儿"指小乞丐）的乞儿说："现在天色已晚，哪里还有对联卖？还是去买张红纸，借支笔，讨点墨回来，让我写吧。"大家听了，非常惊奇，有个乞儿说："老弟，我们做乞儿的，斗大的字识不了一箩，写对联不但要有文墨，还要字写得好，你不要吹牛皮，到头来，写不出，连红纸钱也丢了。"

细乞儿笑笑说："各位哥哥放心好了。"于是，乞儿买来红纸，借了笔墨，细乞儿铺开已裁好的红纸，一挥而就。虽然乞儿们不大识字，但看见好像真的比人家门口对联上的字要好看。乞儿们说："快念给我们听听。"细乞儿念说：

破布挡风，满碟残肴除旧岁；

茅衣遮丑，大钵冷饭过新年。

细乞儿继续说，横批是"无以为家"。大家听了，都说："好，写得太好了。这副对联写出了我们的身世，想不到我们乞儿也出了个秀才。你真是魁罡社的魁罡了。"

魁罡是什么意思呢？"魁罡"指星神，又赋予人格化。个性耿直，胸无城府，疾恶如仇，聪明果断，聪敏智高，才多学广，赏罚分明，喜欢见义勇为。

第二天，乞儿屋门口贴出对联的消息，一传十，十传百，不久就传进高要县衙门，连县官大老爷也知道了。县官大老爷派人把细乞儿找来，请他坐下后问："你胸有文墨，何以如此潦倒？"

细乞儿感叹道："小人出生于殷实人家，自幼读诗书，粗通文墨，无奈家道中落，1911年又遭一场大火，烧个片瓦无存，父母贫病交迫，先后与世长辞。小人无亲无故，又无一技之长，故此沦为乞丐。"

县官说："你所写春联，实在高炒，唯独那横批：无以为家……当然可作乞儿无家之说，但斟酌起来，似欠妥当，既居木屋，怎能说无家呢？"

细乞儿道："大老爷，横批应该念作：无，以为家。佛语中的'无'即是'有'。我们乞儿是无家的，现在以此为家就是了。"

县官击掌道："你的文才当今少见，你能否作鄙人幕僚，以便朝夕求教？"

细乞儿沉吟片刻，说："小人虽然行乞之人，但难兄难弟同吃同住，情同手足，小人一走，就不够义气了，还是回去为好。"

县官说："你如此重义气，实在难得，衙门尚缺数名杂役，你能否带各位兄弟同来共事?”细乞儿听了十分高兴，连忙道谢。次日，细乞儿就和众位乞儿到衙门做事了。

不久，细乞儿向县官提议，把高嘞改名为光明街。“高嘞”指高突险陡的堤岸，凶险；“魁罡社”名也不好，有吉也有凶；“光明”的含意是此地从此光明，又说：“遇见县官大人你，我也‘光明’了。”后来，县官真的将这条街改名为光明街。

左图街：书生遇见水酒娘

左图街是端州一条老街，明代已经存在，直至1966年时称作友谊北路一巷，1981年恢复原名。左图街在如今宋城墙外边，北门斜坡中间那里，福肇社对面，系一个丁字形的街道，街尾系东西与南北走向，有两个比较大的空地，接近草场路，属草场路社区管辖。宋城路扩建之后，左图街化为乌有。

古时候，左图街一带都是以书香门第的名字见称的，如坛前街、沙井街、八贤里和南安街等。如果说到左图街名，在全国城市恐怕是独一无二了。这个街名是独特的，有其典故。

《新唐书·杨绾传》记曰：“独处一室，左右图史。”明代郑棠《长江天堑赋》云：“桂檝兰舟，左图右书。”清代宋至《瀛奎律髓序》称：“今年踰七十，犹左图右史，日夕披阅不倦。”广东康有为的《大同书》甲部第一章道：“其与都邑之士，隐囊麈尾，裙屐风流，左图右书，古今博达。”左图街含“左图右史、嗜书好学”之意。

有个街坊说，左图街的回忆是美好的。记得小时候，为一本书走街串巷找书店，结果书未买成，钱全都输给了卖南乳花生的盲公佬。小时候的活动场所，一是行走福肇社，二是左图街的小巷了。要入城不用走近路，从左图街一翻就到了宋城墙，宋城墙上记载了不小的乐趣。最难忘的是每一次买书，拿着由一毛钱、一毛钱积攒起来的利是钱，跑到书店去争去抢位置，买到图书便如获至宝。这种情况是现在的学生们不能想象和理解的。

街坊还说了一个故事。从前，左图街有一间专卖烧酒的小店，只有夫妻两人做生意，待人价钱不一，平日卖酒混水。夫妻俩竟用文词来暗示，但不说“水”字，从中混水图利，顾客们还被蒙蔽没有发觉呢!

当时，左图街新迁入一户人家，是个书生。一天，书生入店买酒，老板娘立即招呼，一边与书生闲聊，一边准备打酒。忽然，书生听见房中传出丈夫的声音：“君子之交淡如何?”说话之中隐去了“淡如水”的水字。老板娘心知肚明，知道要她卖混有水的酒，便立即回答："北方土癸已调和。"此句暗含"戊土癸水"，意思是酒与水已经调和了，没有问题。

书生一听，知道他俩串通作弊，将水混入酒中，于是醒目地出言拒绝道："有钱不买金生丽。"金生丽，即《千字文》"金生丽水"之句，这里指掺水的酒。书生拿起酒瓶转身出门，店主之妻恐怕入门的生意白白溜走，顿时急中生智，说："对面青山绿更多。"书生再听，老板娘意思是对面的酒店也掺水，即青山绿水，而且比这店掺得还多。不得已，书生只好将酒瓶甩了，同时也甩出一句："教人泪滴洒江河。"

一笑之余，我发现左图街现在已经消失了，名存街无。

绣衣社：古时"端绣之地"

端州是"端绣之地"，明代已有"绣衣社"地名和织绣产品。这条古街巷里，门槛之内，红唇少女的毛睫，正打结着明代的衣裳。出门而见，尽是熙熙攘攘的"红男绿女黑老头"服饰。

绣衣社街巷，与福绣坊、龙胜里、巡捕巷相邻，今已不存。顾名思义，绣衣，古时指彩绣丝绸衣服，是古代贵者所服，今多指饰以刺绣的丝质服装。

明清时代，意气风发的两广总督官员，身穿绣衣穿梭其中，感叹阔论，指点江山。而一般男人服装是一种宽大而长的衣，斜大襟，袖长过手、衣长至脚面，穿时腰系丝绦。有民谣云："二可怪，两只衣袖像布袋。"

女子修饰打扮尤为重要，"三分人才，七分打扮"。上襦下裙是一种着装定式。裙子多为纱罗质地，用刺绣、罨画、销金、晕裙，甚至在裙上缀以珍珠。裙子和裙带很长，裙有六幅、八幅、十二幅之分，多褶裥。这是当时人们极为时兴的一种普遍妆饰，也反映出华丽高贵的唐妆正在向世俗的民间生活靠近了。

绣衣社的工作人员大都是女子，她们"十三学绣罗衣裳"。而家中女人也曾出现夜半窗前，在跳跃的油灯下，为远出求取功名的丈夫一针一线地绣着衣服，心中还默念着王昌龄的名句"忽见陌头杨柳色，悔教夫婿觅封侯"。

传说，古时有一穷秀才上京赶考，路过端州渡时，病倒在船上，幸被绣衣社一个贤惠的女子看见，为他泡了一碗茶，给他披上了一件红裙子祛风寒。秀才康复后目睹披身的红裙，学习更勤奋了，后来取得了功名。

一个春日，秀才来到端州城谢恩。他在大街小巷里寻觅那女子，由于当时秀才在病中见那女子的模样如在梦里，所以不能看清她的芳容。他来到绣衣社巷口，向一个黑老头打听，黑老头只会摇摇头。秀才再向小姑娘打探，小姑娘问："救你那个美女她当时穿的什么衣?”秀才想了想说:“白素为下裙，月霞为上襦。”

“哦——是白裙红襦。装束打扮又如何呢?”秀才又答:“施朱傅粉缀珍佩，慢束罗裙半露胸。”“呵，我知道了，你要找的人现在正是‘眉黛夺得萱草色，红裙妒杀石榴花’。”姑娘教秀才依此而去，按服饰而找，定能见到那个“美女救英雄”的人了。

秀才大喜，立即进入绣衣社，在穿着颜色红、紫、黄、绿当中，果然找到了一见钟情的心上人。然而，这个热心帮忙找人的小姑娘心中却生出一番醋意。

在人们的爱情生活中，常听到“吃醋”的说法，用“吃醋”来形容嫉妒、情仇源于一个吃醋的传说。

古时，唐太宗李世民封大臣房玄龄为梁主，并打算送给他几名美女为妾。房玄龄想到自己的夫人一定反对，便婉言谢绝了。唐太宗问清原因后让皇后去房府劝说，但房夫人说什么也不同意。于是，唐太宗派人送来一壶“毒酒”，并传旨说:如房夫人再不同意，请吃“毒酒”自尽。房夫人不改初衷，端过“毒酒”一饮而尽。谁想壶中装的不是“毒酒”而是浓醋，房夫人安然无恙。房夫人为维护一夫一妻制与和睦的家庭生活舍命吃醋的故事，被人们传为佳话。后来，“吃醋”一词就慢慢衍变成了男女之间某种“嫉妒心”的代名词了。

如今到端州不要太较真了，因为再也寻觅不到绣衣社了。绣衣社这个地方，古朴的砖瓦院落已不见踪影，取而代之的是高高矮矮、参差不齐的楼房。绣衣也不是出“端绣之地”，取而代之的是服装厂、毛织厂，并且远离这些巷子。

很多骑着自行车、摩托车的市民来来往往，已经不知“绣衣社”这一名字，只知道如今有个“福绣坊”。而住在这一带的孩子，穿着新衣发出稚嫩的童音，穿破市井的喧嚣。让人不禁心中一喜的是，童音落在地上，又弹到墙壁“叮当”作响，然后划破小巷的上空。

古巷有古香古色会更古，而人的衣服不褪色的话会更美。

礼乐里：端州醒狮的兴起

礼乐里，古代称“礼乐社”，是一个地方的古名字，位于端州城东塔脚路附近的一个小巷，1966 年改为东风一路四巷，1981 年更名为塔脚路四巷，今已不存。

礼乐指礼节和音乐，古代帝王常用兴礼乐为手段，以求达到尊卑有序，远近和合的统治目的。早在西周时期，周公旦开始制礼作乐。儒家创始人孔子一生所致力追求的就是礼乐制度。以礼为教、以乐为教，称为“礼乐文化”。后来，礼乐文化发生了大的变化，把礼作礼貌，把乐作娱乐。就拿醒狮为例，舞狮武术变为驱邪之用。五代十国之后，醒狮就随着中原舞狮文化传入岭南地区。

端州醒狮起源于礼乐社，开创了端州醒狮技艺的先河。据载，当年为了抵御盗匪流寇，梁子斌成立了民团。这是青云堂馆龙狮武术团的前身，目的是习武强身、保卫家园。梁子斌曾是清朝大官的贴身保镖，后传到梁东久，曾经带领村民抗击清政府，后被通缉而逃去香港，最后北上参加辛亥革命，为国捐躯。

醒狮表演伴随许多习俗渐渐消退，也如同礼乐一样开始渐渐衰落。而重新兴起端州醒狮的打鼓声，从渡头、塘尾而来，已进入新时代。

青云堂梁馆龙狮武术团，闻名中外；肇庆首支女子醒狮队也于 2007 年 3 月在端州塘尾村成立。女子们独特的表演风格，使她们刚一出道就十分引人注目。该女子醒狮队当时主要由 17 位不同年龄的女子组成，年龄最大的六十岁，年龄最小的七岁。

端州醒狮是融武术、舞蹈和音乐等于一体的体育竞技活动，由舞狮头、狮尾两人合作表演。醒狮舞法主要有佛引狮、狮子采灵芝和狮子出洞等，采青是醒狮的高潮。所谓“青”是一小捆生菜、扎上“利市”、香烟等，其舞法极其丰富多彩，有地青、水青和蟹青等。采青的过程有起、承、转、合，借助道具的设计来演绎狮子出山、岭、岩、谷、溪、涧、水、桥等意念，包括寻青、见青和惊青等形态。醒狮的发展大致是从传统的地狮，发展到高台、高竿和桩狮。

舞狮采青拜年，是端州城乡的春节习俗。当地的农村、企业有不少的舞狮团。每逢节日和喜庆，这些舞狮团都会以舞狮助兴，进行惊险刺激的表演。由于采青的套路各有不同，各队都会拿出舞狮的绝活来表现本队能力、技巧、霸气的真功夫。有搭人梯采高空吊青，有上楼台采青，有跳砂煲采青等。

在醒狮采青过程中，演绎狮子喜、怒、醉、睡、醒、动、静、惊、疑、怕、寻、见、望、戏和翻、滚、卧、闪、腾、扑、跃、跳、起、伏、坐、蹲、舔等姿态，同时将雄狮擦脚、搔痒、洗面、挖耳、伸腰、入洞、出洞、出林、追蜂、扑蝶、望月、惊天、照水、戏水、饮水、抹嘴、弄须、刷牙、擦眼、咬虱等动作惟妙惟肖地展现出来，每一个滑稽动作都会给观众带来欢笑和快乐。在难度上，有搭人梯上十米高的采青，充分表现出奇、险、峻和力量的壮观美。

在采完青后，大多数醒狮队会在几十平方米的地方围成一个圈，擂鼓助威进行武术表演。表演的有拳、棍、刀、枪、耙等功夫，有硬功和轻功表演、有单人套路表演、有双人对打表演、有一个对多人对打表演。

端州拳术主要以南拳为主，有蔡李佛、咏春和白眉拳等拳种。如地刹、龙拳、八卦拳、长拳、铁线拳、猴拳、鹤拳、蛇拳、螳螂拳、莫家拳和太极拳等。南拳的硬桥硬马、拳法灵活多变、上肢动作较多、劲力突出，表演栩栩如生。武术套路、种类繁多，集南拳北腿于一身，如兼有嵩山少林寺和福建南少林寺武术、峨眉武术、武当武术等大派武术。

一套动作过后就是一个拱手礼。

再见了，迷人的浪漫小巷；再见了，人生最美丽的驿站。这也许是古代难以听到当今的礼乐之声。

竹芯巷：竹器传家

当最早一缕阳光，白白地染过竹芯巷的屋顶时，第一缕炊烟，也袅袅地升上了巷边那一簇竹尾。

竹芯巷是端州小城再寻常不过的一条小巷，在睦民路岔巷深处的一个小院里，1966 年改称为爱民路六巷，1981 年又恢复称为竹芯巷。而最特别的是这条几十米长的小巷，竟聚集了宋代城里所有的竹篾匠铺子。

关于竹芯巷这个名字的由来，在民间有一个传说。

相传在城外东北一带的勒竹围（如今也成了巷名，“文革”时曾称作为民路横巷，今复称勒竹围），山峦重叠，到处是茂林修竹。可是，山上许多杂木、勒竹等好材料，却无法运走。村上有一个青年叫竹生，出了一个主意，大家齐心协力，挖一条河，有了河就好装在船上运出去了，他的提议立即得到全村人的响应。大家说干就干，整整花了三年半时间，方才开挖了一条河，引接北岭山边的一道峡水。而这个青年却在喷水时淹没在洪流中，人们为了纪念他为公献身的精神，把这条河取名为“竹生溪”，把河边的埠头取名为“竹生巷”，再后来形成文字记载为“竹芯巷”了。

明代的一户篾匠，烧茶了，开门了，程篾匠早已经适意地打开门板做起了生意。一个穿着粗蓝布衣衫的中年妇人一面卷起竹芯，一面头也不抬地嘟囔着：“满屋都是竹，我分得清吗?”

程篾匠怒地瞪了女人一眼，提着竹筐，慢吞吞地擦开竹帘向门口走去：“女人家絮叨，不用做生意了……”成亲十年，女人还是习惯地叫着程老板长，程老板短的，让他这个老板觉得面子上有光。

女人搁下竹箩，砰地拍了一记竹席：“生意？都没地方放了，还生意?”程老板长长的影子早已拖过了竹门槛，女人的絮叨声兀自紧一阵慢一阵地在他身后跳跃着。

竹工利用竹子的性能，把它弯成圈，或在竹器上缠裹使用。城里巷里，人人也都承认，竹芯巷里第一家竹篾匠铺子，是程篾匠开的，老辈们管他叫老板。这间铺子曾经很大，足足三间门面，左边放的是竹编（民间工艺品之一）；右边则盘给了另一家专编蟹篙的篾匠同行。经对竹子切丝、刮纹、打光、劈细等工序，将剖成一定粗细的篾丝编结起来制成。产品一般是各种生活日用品，工艺精者，所用篾丝细如绢纱。有竹笼、竹篮、竹扇子，还有竹缆，用竹篾绞成的粗索，常用以拴船。

程老板这铺子编有竹缕，是古代上元节挂的一种用竹丝编的彩灯。编有竹黄，是竹雕工艺之一。他把南竹锯成竹筒，去节去青，留下薄层的竹黄，经过煮、晒、压平后，胶合或镶嵌在木胎上，然后磨光，再在上面雕刻各种人物、山水、花鸟等纹样。产品以实用的茶叶罐、花瓶等为主，色泽光润，类似象牙。

程老板本想出门去勒竹围进竹。走到巷口时，见另一户小篾匠有家传的绝技，不是编鱼篓笼屉这些家当，而是造竹弓，竹胎牛角弓，竹胎铁背弓。程老板走过去看了一下。“你看看，你看看，这可是张好弓啊!”程老板走进篾匠家绣花一般小心地侍弄着手里那张旧弓。小篾匠吃力地用手背擦着额上的汗珠说：“坐，坐，马上就好，马上就好。”这时，程老板的女人高亢的声音，忽地从岔巷里钻了出来：“有人要饮竹芯茶呀！你知道吗?”

程老板返回，喃喃哼唱着那首不知哼了多少年，传了多少代的老歌，精神似乎一下子好了许多。“竹芯，竹芯，排毒清心……”

这天，肇庆府一行人马，巡查端城，路过此地，只见门庭跃市，又见“竹芯茶庄”之商号。下有简曰：“竹为君子，耐寒驱暑，自强不息，高风亮节。”

程老板见有官来，便说：“竹芯集天地之灵气，汇日月之精华，含苞待放，阴阳化育，此时采集之竹芯，精制成竹芯茶，药性归经，珍稀名贵。”

肇庆知府笑了，试品一杯。程老板又说：“品者，调补阴阳，清除疲劳、解其郁结。”肇庆知府边看边尝。程老板又说：“尝者，清肝明目，提神醒脑，洞察秋毫。”肇庆知府驻足良久，细心阅之。心想，古往今来，高人韵士，品尝有福，定然旱苗得雨、满脸红颜、寿比南山。于是，肇庆知府亲口说：“青皮竹芯茶，端城独一家。”

肇庆知府再走去看看小巷，说了句“竹器传家”。当肇庆知府走后，小篾匠高兴地对程老板说：“发了！发了！你生意好做了。”程老板“扑哧”乐出声来。这些车轱辘话，他从襁褓里起，早已听了不下几万遍了，但是这一回他真的开心了。竹芯巷也随之出名了。

兴隆街：一条老街，一半风景

在端州古城之西，有一条老街仍保持着百年前的风采。它像一部活页历史画卷，真实记录了城西古代商贸的繁荣和曾为战略要地的风貌，同时演绎了本该发生或不该发生的故事。这条老街就叫兴隆街。

兴隆街分东、西两街，是借助正西街繁华地段而兴隆的，至今还存在街名。端州人特别喜欢吃水果，素有“饭前茶，饭后果”的讲究，于是城西有了“水果摊”。其中以西瓜、香蕉、木瓜、菠萝分布最广，产量最多，质量最好，被誉为“端州四大名果”。

兴隆街并非是水果一条街，如今只是一条小巷，无一点街的气息。但是，在古代兴隆街一带，范围阔络，据说能展示着端州水果文化、饮食文化和土特产文化的兴隆。水果文化也好，饮食文化也罢，总之，汇聚落脚的人多了，必然产生商贸活动。

明朝万历年间（1573—1620），西方传教士利玛窦到此一游说：“中国有许多欧洲人从未见过的水果，它们全都生长在广东省和中国的南部。当地人把这些水果叫作荔枝和龙眼，味道大都十分鲜美。这里，我们还发现了橘子和其他柑橘水果以及各种刺丛生长的水果，种类繁多，并且具有比别的国家同类水果更好的香味。”

端州的土特产很多，有端砚、花席、山茶饼、七星剑花、星岩鸡蛋花、肇实、紫背天葵等，还有著名的肇庆裹蒸粽。如果说名点、名小食、名风味食品则不胜枚举，其特点是花式品种较多，造型精细。街头江边，经营“三茶两饭一夜宵”，点心小食有虾饺、干蒸烧卖、粉果、鸡仔饼、糯米鸡、洋塘马蹄糕、蜂巢香芋角、家乡咸水角等。粥、粉、面品种是端州人爱吃的，如油条、伊面、云吞、水饺等很早就传来端州。

当时粤剧在这里也很流行，是广东粤语系人最喜欢的艺术形式之一，有点像街头卖唱，揉合唱坐念打、乐师配乐、戏台服饰、抽象形体等的表演艺术。迎神赛会，逢神诞必演粤剧。清代有一首《竹枝词》赞曰：

梨园歌舞赛繁华，一带红船泊晚沙。

但到年年天赋日，万人围住看琼花。

当然还有旧时街头的理发业。在旧时，端州理发叫“剃头”。剃头都在街边进行，有些高档的则入店铺。其设备十分简陋，每个座位前有一面镜子以及刀、剪和围布。天热时，早期店内上空悬挂一布制横幅，由童工手力牵扯扇风；后期就凭“心静自然凉”。所用的剃刀，只是一把土制大头刀，后来才有外国输入的剃刀，当时称“洋刀”，又叫“响刀”（因锋利，剃时发出沙沙声响）。

有这些行业集中在一条街，想不兴隆都难了。然而，我们现在漫步在兴隆街头，只会看到百家建筑，不会看到商号痕迹，更不会看到昔日的风采。历史的脚步总在向前迈进，街中形成了一种独特的民居景观与人文景观，但这样一条散发着书香之气的古街，却在炽热的阳光下沉寂着，甚至已没有力气发出一丝声音。

当我走在巷中的时候，迎面正好也走来一人。我正为这狭窄的空间如何进行交错感到困窘，只见来人很自然地一侧身，我也赶紧侧了侧身。我的窘迫也在瞬间泄露了我这个“过客”的身份，但来人并没有如我一样在意我的身份，在交错的瞬间冲我微微一笑。这微笑成了阴暗的叮咚巷中最灿烂的阳光，也正是这个微笑，突然间让我明白了兴隆街存在的意义。

其实，兴隆街在古代并不是真的兴隆，而是因有兴隆社而得名。在清代以前，这一个地方叫“兴龙社”；在民国期间有个文化人，嫌名字太俗，改为兴隆社；再后来民兴了，将社变作一条街，才有街名。它是连着古时的西门，后称正西街的一条巷子。“文革”时期，兴隆街改作红旗三路三巷，1981 年后复称兴隆街。

为食街：陈可大得梦惠民

在许多古城都有青云路，取“平步青云”之意，端州古城也不例外。东西方向有两条青云路：一条在城内近南门的西仁里之间，属西区，民国年建有中山纪念堂，现在无此路了；而另一条青云路在城外东区的东街、西街和横街之间，既称为青云路，又名为食街。“文革”期间，这里被改称红卫路一巷；1981 年，为食街并入青云巷。

为食街与青云巷，在明代有一条龙门桥，考生要经过此桥才能到达贡院，考试及第为举人后才能入京应试，取“一登龙门身价百倍”和“沿此路方能青云直上”之意。清道光前后，青云巷背向南面的学前汛，直穿过文明门，而进入府学宫，相传是拜祭孔子的神圣之路。街道建筑绝对没有正东街那么美，可是作为一种历史，它有着同样的厚重感。

据史料记载，肇庆学宫又称“文庙”，在宋代崇宁初年（1096）建好后，曾经在明代天顺三年（1459）被焚，至明代嘉靖十一年（1532）重建时，增修了牌坊和文明门等附属建筑，还从西江边修筑了一条青云路，直达文庙的大成殿。

古时的青云路是官员每年拜祭孔子的神圣之路，道路两旁不允许商铺和住户存在。每年肇庆府在文庙办学，肇庆府管辖的十几个县的秀才和举人们来到文庙，青云路上行走的是踱着方步、摇着纸扇的学子。

到了清代末年，由于战乱，青云路上的牌坊、石栏等附属建筑被毁，同时这里开始有了客栈、商铺和住户，成行成市。巷里清末古建筑，曾经有的是客栈。在晚清至民国中期还比较繁荣，稍有身份和地位的职员和商人都住在此地。到了新中国成立前，手抱秦琴，在茶楼酒家或江边码头弹唱小曲和粤剧的女子也不少。有人写《鹧鸪天》为：

臂似莲塘嫩藕同，身如碧水出芙蓉。青丝转弦弹新月，两腿修长袅娜中。

丹凤眼，柳眉丰，殷桃小口弄轻风。高清琼鼻嫣然笑，妩媚春光醉颜红。

在过去，为食街这里批发商和进货者的吆喝声、讨价还价声，和老街坊坐在家门口的聊天声此起彼伏，相映成趣，透着浓厚的生活气息。这里吃饭喝茶的地方总是人满为患。他们让你喝茶，喝汤，吃生猛河鲜，吃各种贝壳，吃鸟，吃蛇，吃龙虱，吃田鼠，吃禾虫，吃各种千奇百怪的东西。

在吃的方面，这里可以代表粤西文化。端州人“饭稻羹鱼”，吃米饭，喝鱼汤。亚热带的气候，加上江湖河汊密布，各种果实和河鲜，简直是唾手可得，根本就“无饥饿之患”。所以，吃是不愁的。有稀客来访，顶多也就是烧饭摘果，打鱼捞虾、摸贝壳地一通忙乎。

据传，在南宋绍兴四年（1134），陈可大（字齐贤）任知肇庆府之时，官吏们借端砚进贡朝廷之名，肆意加收巴结权贵。陈可大革除弊政，以旧旗库石裁制样式相同的石砚进贡朝廷，而废弃加收，民负大减。他以德施政，执法如山，刚直不阿，宽猛相济，恩威并重，很快地整肃地方，博得万民钦仰，有口皆碑。

但是，总有小人在搞鬼。一天夜间，陈可大梦中得神仙示意：“来日公宴厨司放毒，逃生从鸡肉生葱上记之。”果然，在青云路的一家酒店，厨司端上那盘鸡肉生葱上桌，陈可大没有食用，用碗覆盖上去，一直到第二天，肉葱如生不腐。据说，吃此有毒食物不会死，只会得怪病，而肇庆之中只有一个医生能医治此病，并靠此而致巨富。

陈可大探出其中奥妙后，假装不知，不去追究，而是以治疗怪病为名，请此医生开方调治，并以此为契机，用堂堂新任太守之身份，开导他，并用巨资向其求秘方，而后印发民间施用，使全民受惠，此病得以根除，万民称快。

那时，陈可大建造建造净明寺，是当地最有名的寺庙之一。直到明朝嘉靖二年（1523）由知府曾直改建，从此更名为“八贤祠”，祭祀着八名“精诚傥直”之人。

陈可大调离肇庆时，一如当初轻车简从，两袖清风。回故里后，行善积德，世泽绵长，享年八十八岁，上寿善终，成一代楷模，千秋典范。肇庆当地百姓感其恩德，建生祠肖像供奉他，敬若神明。

新中国成立以后，邻近西江的为食街与青云巷一直是西江流域的商品集散地。改革开放后，市场经济蓬勃兴起，这里和邻近的二马路变成了小商品批发市场。

大坟：土之高者谓之坟

古老的街巷和古老的村子故事特别多，因为古人会编写一些故事娱乐生活，更多的带有迷信色彩，但这也是正常的事儿。

比如说，古端州城外之北的康乐中路，有个民居地叫“大坟”，后来发展成为街巷。大坟的地名古已有之，在1966年被改称为“大粉”，属康乐村，村里有条小巷叫“粉巷”。关于粉巷名字的来历有几种传说：

第一种说法是一个老板雇用了一个短工专门磨面做粉的，此人做粉很有方法，在这一带出了名，这条街由此得名；第二种说法是粉巷以前有个人是卖胭脂粉得名的，她的身上有好闻的胭脂粉味道；第三种说法则认为“大坟”之名不雅故改为“大粉”。

古代，大粉村的人经常说入城买东西。人们把买日常生活用品称之为“买东西”，可为什么只说“买东西”而不说“买南北”呢？一般南北走向的路叫作“道”，东西走向的称为“街”。道可走马，因为宽大些，街一般是摆卖的。

据说，明末永历皇帝曾向臣下提出这样一个问题：“如今市场交易，只说买东西，不说买南北，这是为什么？”宰相回答道：“南方属火，北方属水，晚上敲门讨个火、讨点水总是容易的，不用买卖，因此没有人说买南北。”

其实，这些回答只是才思敏捷的巧对，未有依据。远在齐武帝年代（482—493），已把物品称为“东西”了。物品产于东南西北四方，简称“东西”，这正像人们把春夏秋冬四季简称为“春秋”，道理是一样的。

大坟，传说在秦晋时候，因这里有一堆大土坟而得名。的确，这里曾挖掘出古汉墓群，所处的位置就在这一带“大坟村”，说明这一带曾经是古时候的墓葬聚集地。古墓群的发现，对于研究端州城区及当地的历史文化有着重要作用。

大坟村里有一个阿婆，她善于讲故事。话说有一个年轻的男子，一天晚上在家中读书时，突然来了个很漂亮的女子，说是外村一户人家，因上街买东西迷路了，想要在此投宿。

那是“大坟”闺秀，因倾慕这个男子而投宿。这男子贪图女子美色，就让她跟自己住在一起。两人每天晚上都欢爱，过得很幸福。但那女的总是一到天亮就不见了。男子开始有些怀疑，后来就有些惊怕了。慢慢地过了几个月，男子的脸色却越变越青，身体也越来越差。于是，男子四处投医，总不见好转。情急之下，就请了一个道士来看，道士知道男的被妖魅迷惑了，就教他天快亮之前就跟着那女子出去，察看她栖息的地方，然后好消灭她。

那男子依计行事。但是，几次跟踪那女的都没办法成功。他怕被发现当场被害，所以心中只落得一个“怕”字。男子又去告诉道士，道士为他想了个办法，教他趁女妖不注意时在女妖的裙裾上别一根针，针头要穿有一根红线。

男子依照吩咐去做，成功了。第二天一早天未光，女妖照常不见了。道士带着男子的母亲四处去找别着红线的女妖，结果在村子后的“大坟”蕉树里找到了。那根针还别在一株大蕉树上呢！

男子的母亲气恨女妖魅惑自己的儿子，就挥起刀，一刀把蕉树砍了。这时蕉树流出了一些似血的红色液体，树里面竟有一个未成形的胎儿！

这个故事不知阿婆是否是为保护蕉林而编造的，却令当地的孩童们不知怕了多少年。他们再也不敢乱来闯入蕉林玩闹了，认为阿婆说的蕉树就是村后面的“大坟”。

1981年修建康乐北路时，大粉成了康乐北路大道的一小块，而大坟的地名也从此消失，“鬼古”（鬼故事）也被遗忘。另外，“坟”在古代不一定指古墓冢，按《礼记·檀弓》注：“土之高者谓之坟。”

文明路：日看黄花，夜逛集市

端州文明路是在1980年修建之后命名的。有人认为“文明”一词是近代词，其实最早出自《易经》：“见龙在田，天下文明。”可以说，中华倡导文明有几千年历史了。唐代将“文明”解释为：“经天纬地曰文，照临四方曰明。”意为改造自然，属物质文明；驱走愚昧，属精神文明。在明代，端州古城建有东、西两座文明门。

当今文明路南北走向，北至端州四路，南至建设三路。而街道两边种有绿化树是国家二级保护濒危植物——降黄檀香树，即黄花梨。在当年绿化之时，没有人知道这是“摇钱树”，如今却成了重点保护对象，防偷防毁。

在明清时代，花梨备受端州匠人的宠爱。特别是文人、士大夫之族对家具的审美情趣，使得这一时期的黄花梨家具卓尔不群，无论从艺术审美，还是人工学的角度来看都无可挑剔，可称为世界家具艺术中的珍品。

2010年6月28日凌晨三点，有五个不法之徒，在黑夜中带着电锯，开着一辆农用车，赶到端州文明路，锯断文明路与芹田一路交汇处的两棵黄花梨。据悉，这两棵是文明路上成色最好、长得最长最粗的黄花梨，高9米，树干直径在27～33厘米之间，价值估计达到数万元。最终这五个人被判刑。

在1949年前，文明路是一条乡间小路。这里，毗邻繁华；这里，没有喧嚣。

竹廊苍黄、柔树漫枝，房屋高低错落，饰筑相映古今，绿荫且覆溪流。货担郎那番百般吆喝的场景，分明是：几声铃鼓今犹在，一个脚夫担货来！

1999年，肇庆市政府对天宁南路进行扩建改造时，将“夜市”迁移至文明路，形成最热闹的灯光夜市，日渐繁华。每天下午5点半后，文明路就有不少商户开始搭棚摆档做生意。如今已有350多户经营户，主要是下岗人员和低收入人群为主，多以经营低档成衣类小本生意维持生计。街道灯火通明，商品千奇百怪，摊头音像鼎沸。涌现出越来越多的时尚服饰，各种各样的“百货”让大家眼花缭乱。近二十年，这里能代表“夜端州”繁华的一角。长长的一条街，全是当地百姓的声音。

近年，随着星湖国际广场和嘉信茂广场的相继开张，文明路对面成了“大都市”，而人流量不断攀升的文明路，却成了一种旧“市井”的映照。从端州路分流的的士、货车等车辆，白天在文明路川流不息，而晚上不与商户“争道”，使得路面如同逛庙会，只有人行道，没有车的出路。

如果，确定文明路为步行街，那真是端州一大亮点。

朝魁巷：历史家族真有趣

朝魁巷是现在近圣里的六巷，1981年叫胜利六巷。旧时修建的朝魁巷，最具标志性的是18间大屋，故又称十八间南北向。

有一个老街坊说，朝魁是古人名，又名毛矮子。二十多岁时，遇见一个远来乞食的人，他厚待此人。乞儿便传授异术给他，治痈疽、瘰疬及跌打、损伤和危急之证，能以刀剖皮肉，去瘀血于脏腑，又能续筋正骨。当时有个刘氏患腹痛，倒地濒死，朝魁说：“病在大小肠。”剖其腹二寸许，伸指入腹治理，数日愈。

老街坊对家族称谓也相当了得，他说这也是一种文化。

现代小孩称父亲、母亲学足西方外国人的习惯，叫称爹地、妈咪。其实，这种称谓与端州古今变化差不多。

端州本土对爸爸、妈妈是常称的，有俗称阿爸、阿妈，而阿娘就少人叫。农村中少数有迷信思想的人，要子女叫父母为阿爷、阿叔、阿姆、阿婶；或以排行称，如二叔、二娘或二婶。那是为了避忌父母与子女“相克”而造成的。

爷、父、子、孙、塞（曾孙）、墨（玄孙）、特（远孙）七代同堂的称谓区分。父之父为爷，爸谓父，己谓子，子生子谓孙，孙下谓塞，塞下谓墨，墨下谓特。

对父之兄、嫂和弟、弟媳，称伯父、伯母，叔父、叔母，自称“侄”；父之姐、姐夫和妹、妹夫，称姑妈、姑爷，俗称亚大、大丈和亚姑、姑婆丈，自称“侄”；对父之表兄、表嫂和表弟、表弟妇、表弟妇，称表伯父、表伯母和表叔、表叔母，俗称表大爷、表大爹、表大娘、表大妈和表叔、表叔娘，也自称“表侄”。

对父亲的父母，称祖父、祖母，俗称阿公、阿婆或阿嬷，自称“孙”。父亲的祖父母，称曾祖父母，俗称公大、婆太，自称曾孙，俗称“塞”。父亲的曾祖父母，称高祖父母，俗称公太白、婆太白，自称玄孙，俗称“墨”。父亲的高祖父母，称远祖父母，俗称公太帝（蒂）、婆太帝（蒂），自称远孙，俗称“特”。

母亲的父母，称外祖父、外祖母，俗称公公、婆婆，自称“外孙”。父母外母父母，称曾外祖父母，俗称公大太，婆大太，自称曾外孙，俗称外“塞”。

母亲的兄、嫂和弟、弟妇，均称舅父、舅母，俗称大舅父、母和舅父、母要，上坊的则称大舅公，大舅婆和舅公、舅婆，自称“甥”。

母亲的姐、姐夫和妹、妹夫，称大姨母、大姨爹，俗称姨妈、姨妈、姨娘、姨爹，上坊则称“娣”婆、“娣”公和姨婆、姨公，自称“姨甥”。

母亲的表姐、表姐夫和表妹、表妹夫，均称表姨母、表姨父，俗称表姨妈、表姨娘、表姨爹，上坊的称表姨婆、表姨公，自称“表姨甥”。

母亲的伯父母、叔父母，称外伯祖父母、外叔祖父母，俗称“公（婆）太”，并冠以排行。母亲之侄子侄女，称表兄（弟）、表组（妹），自称则反之。

称妻族亲戚，称外父母，俗称最大特点是和妻子一样称呼对方。具体如下：

妻之父母，称外父母，俗称与妻同，有子女后，或随子女辈呼，自称“女婿”。妻之伯父母、叔父母，称岳伯父母、岳叔父母，自称“侄婿”。妻之兄、嫂和弟、弟妇，称内兄（嫂）、内弟（内弟妇），俗称与妻同，自称“姐（妹）夫”。妻之姐（妹）夫，称襟兄（弟），自称“姑丈”。妻之侄子女，称内侄、内侄女，自称“姑丈”。妻姐妹之子（女）称侄姨甥（女），自称“姨父”。

有些人在夫妻之间，丈夫俗称“公老”，妻子俗称“婆老”。在人前称为“我屋人”，或用自己子女名字再加“爷”、“娘”（妈）字称，变为某某娘、妈。今年轻一辈或互称姓，或直呼对方名字。

兄弟的妻子之间，互称妯娌，一般用其夫排行唤几娘几婶。父母再婚，子女称其再婚的一方为继父（母），俗叫叔（婶）。

常听人说“祖宗十八代”，究竟何谓祖宗十八代呢？忽被家族成员称谓引起了好奇心，于是我查阅了相关资料，发现称谓颇多。其实祖宗十八代是指自己的上九代和下九代的统称。上下九代的详称如下：

上九代——自己之父为父，父之父称祖父，祖父之父称曾祖，曾祖之父称高祖，高祖之父称天祖，天祖之父称烈祖，烈祖之父称太祖，太祖之父称远祖，远祖之父称鼻祖；

下九代——父之子为子，子之子为孙子，孙子之子为曾孙，曾孙之子为玄孙，玄孙之子称来孙，来孙子之称䍐（kun）孙，䍐孙之子称仍孙，仍孙之子称云孙，云孙之子称耳孙。

历史家族知识还真是有趣。

明珠路：师傅顶徒弟

端州明珠路是乡村筑起的工厂区，地处厚岗，穿接塔东二路。走往建设二路边，有几家酒店，上座一听，大都是本地人说家乡话。端州有一种本土方言，叫作高要白话，属粤语中的广府片方言。

高要白话，在语法上与广州话没有多少差别，如称呼别人一般在“姓前加阿”。如阿陈、阿刘、阿老林、阿老杨，但在词汇使用上有个别歧义。高要白话最明显的特点是如读“等”变成“顶”，读“五”变成“恐”或“孔”。这主要是由于历史和地理条件的关系而形成的名词、称谓、俗语、习惯语和行业语具有某些地方色彩。

有一次，端州组织创作粤语童谣跟广州、佛山比赛，一听，与广州话语音变了味，差异性大。如“去西门，买个盆，买四毫半”，听起来似绕口令，满口土话音。最后采取扬长避短，全用表演唱，掩盖了吕李、买卖、食石不分的音色。

我在端州明珠路，曾经听了一个挺可笑的故事。高要来的男师傅，约佛山女徒弟看电影。女的来迟了，师傅指一指女徒弟说：“我等你！”高要话把“等”念“顶”音。这个女徒弟很纳闷，也很恼火，她站着不动地心想，他这样不文明，大街上“顶”我？师傅又说：“喂，快过来！还要顶（等）？”女徒弟转身想走，师傅说：“电影快开场啦，走去边？”真是有理说不清。

还有个“大湾阿婆买雪条（冰棍）”的笑话。阿婆上街买了一条雪条吃，好甜呀，再多买两条回去给孙子吃。于是她将两条雪条放在背篮里，雪条融化了只留下两条棍，她说：“谁吃了我的雪条，还拉了两泡尿。”

在金渡、白土、回龙和蚬岗的大部分居民的口音地方色彩较浓，被称之为“白土话”、“回龙话”。金利镇和蚬岗镇的一部分地方，靠近珠江三角洲，居民的口音接近三水、南海和顺德三县居民的口音，被称之为“金利话”。

离开端州城，深入高要地，农村的土话与土特产一样有味。高要大湾有句民谚：“白溪鲤鱼深窟藕，翟家妹仔反拦牛。”白溪鲤鱼和深窟藕都是大湾的著名特产，“反拦牛”是粗俗的轶闻，白溪鲤鱼有神奇的故事。

深窟塘坐落在古西、古南、古北村之间，面积有六亩多。深窟的莲藕节节肥大，藕茎长，皮白色，品质脆嫩，含淀粉高，纤维少，口感松香，藕断丝断。

深窟塘由于白蜡泥土壤特别，荷花飘香。所生长的莲藕，藏在一米以下的白蜡泥深处，嫩生生的莲藕，一米多长，一旦出于淤泥，风度翩翩，洁似玉，白如雪，一尘不染。据古西老人介绍说，三十年前，深窟塘的莲藕一般每枝都有五公斤左右，亩产达到两千五百多公斤。后来深窟塘一般都是三年养鱼，一年种莲藕，亩产量也有四千多斤，因其藕长、皮淡红、含粉高、水少、玉白如雪、壮如臂、香松脆口而驰名中外，熟吃藕莲香扑鼻，生吃可与鸭梨媲美。

如今，“泥根玉雪元无染，风叶青葱亦自香”。有一道名肴“风味深窟藕”，烹调简单：首先将深窟藕成节成节放进压力锅煲二十分钟，然后将每一节藕切开两边，再把它切成两三公分厚的小块，放适量生粉，走油锅，加南乳、精盐、味精等配料，再炒干水即可。

听高要话，吃深窟藕，余韵悠长。

中南巷：外来媳妇忆端州

知青见面自然有许多说不完的话题，不是谈当年的知青生活，就是说现在的生活。如果讲到端州的古街巷，她也算略知一二，在她的认知里，端州是这样的：

我初识肇庆即现在的端州，是在1975年。我跟着知青队伍到烂柯山造林路过端州。我记得，要走过一条城中路，那是一条古旧的骑楼式街道，当年很是繁华，是整座肇庆城里人气最旺、商业味道最浓的地方。

我有个小姑就住在这条古典唯美的老街。小姑是我们“市井”长大的，是巷里最能耐的外嫁女，生得漂亮，又有点文化。20世纪70年代初就离开了山区，她嫁到肇庆，住在中南巷，当时叫红卫路三巷，现在迎恩巷与天宁南路之间。我的印象是，一个字，烂；两个字，很烂。事实上，原来还是很不错的，只是因为那几年里无人修路罢了。

当时，中南巷里人家做饭烧水主要靠木柴和煤球。商店里的柴煤是要花钱买的，这对于只有20元钱月薪的城里人来说，也是一笔不小的开支。家是一座平房，由青砖杉木黛瓦构筑而成，由于占地面积小，所以当人走进去后就会有一种逼仄的感觉。

八年后，我已长大成人，也嫁到肇庆城了。现在想起来，那时候进城比现在方便，几块钱的车资，客车一直开进城里，终点站设在天宁北路端州体育馆前，车到站，客人也就进了市中心。

我去得最多的地方是中南巷，但巷一直没变；而行得最多的是天宁路。当年的天宁北路很让人迷恋，路两旁长着一排排高入云端的大树，树干粗壮，树叶厚大，春雨来了能避雨，夏日来了能遮阳。及至冬日，树叶开始飘落，一叶叶，伴着寒风，轻轻地落满街道，不经意地给路人带来一些伤感的情绪。

天宁北路高要人民医院大门侧有一棵枝繁叶茂的老榕树，树旁有一堵围墙，墙上有一扇十几平方米的黑板报，是肇庆市文化馆主办的，常常刊登一些诗歌、散文、小说之类的文章，很吸引一些有文化的过路人驻足观看。

在20世纪80年代至90年代中期，如果有人要问肇庆城里商业最繁华的地段在哪里，人们会说“日头去城中，晚上逛天宁”，印象最深的莫过于天宁路的灯光夜市。位置设在天宁北路和中路，北路专营旅游产品，中路专营服装。小姑是肇庆城里最早经营成衣档的个体户，她们全家人分工合作，男的跑广州、深圳去进货，女的守档推销衣服，生意红红火火。

当年的华侨大厦是肇庆的地标，每当夜幕降临，华灯初放时，璀璨的华侨大厦便成了城里人和旅客景仰的地方。人们从四面八方走来，沿着七星岩牌坊向天宁北路漫步走去，一路走，一路看，一路买。天宁路灯光夜市造就了一大批先富起来的个体户，小姑算是其中的一个。

无数个黄昏，我或与同伴，或孤身只影，于晚饭后的落日余晖尚未消失时，来到天宁码头，找一级石阶坐下，静静地望着一艘艘船从江面驶过，聆听着从这些船儿传来的一串串悠扬的汽笛声。许多时候，宽大的江面上空飞翔着一群飞鸟，它们迎着夕阳，在波光潋滟的江面上追逐。往往在这个充盈着诗意的黄昏，天宁码头一带的江边就聚满了成百上千的市民，他们或欣赏美丽的江景，或闲聊，或静坐，一幅恬静闲适的小城生活图卷在西江面前舒展开来。

时光荏苒。一代人的肇庆往事，在温馨的回念间已然物是人非。昔日繁华的城中路，现已萧条冷清；当年天宁路上让人迷恋的那一排排大树和灯光夜市，今天已成记忆；金色黄昏下的天宁码头，也失去了昔日的诗意与恬适……

后来，小姑搬离了中南巷，在城北新区建了一幢两层洋楼。想想肇庆的这些陈年旧事，让我无端添上了几许惆怅。

孖土地：土地也“拍拖”

孖仔（双胞胎）就听得多了，孖舲艇（广东的一种小快船）也听说过，用于地名的如广东省的孖髻山也有所闻，但是孖土地巷，就很少有人知道了。孖土地巷是端州一条古街巷，位于康乐中路登高路的中段。据传，形成年代在隋唐时期或更早，北高南低，自然形成土坡，人称“孖土地街”。在“文革”时期，孖土地巷称作新华西路五巷；1981 年恢复原名。

成双的、相连成对的称为“孖”，有人把“孖土地”也说成是“拍拖”。此地曾有聚龙社、龙安社，据说也是孖在一起的。为什么会形成孖土地呢？

端州古时地形复杂，类型甚多，概括起来主要有四种地形：一是带状的洪积、冲积扇，分布于北部山麓；二是湖泊沼泽地，自城西北至北岭山麓冲积扇前，经星岩至旱峡一带，地势低洼，野塘星罗棋布，面积约占平原的七分之一，为古河道的遗迹；三是平原上零星分布着的 40～60 米和 20～30 米的台地，以及七星岩岩溶残峰；四是西江沿岸一带的天然堤，海拔八九米，比堤后平原高出一米多，这是西江长期泛滥的结果，堤由粗沙和细沙土组成，最适宜为城市建设用地。古端州城址，就在这天然堤上。

在南宋中期绍定年间，端州城外西北面的登高路仍然是一带丘陵，东西走向的是山坑，凸出来的成一堆堆的土包。“孖土地”这一古老的名字，据说就因此而生。自从有人居住，土包也变胧巷，那才有“财神利市吉，天下买卖兴”的说法。

古时，住在孖土地巷的人买卖东西要入城，吃东西也要入城。“吃豆腐花”让人想起一句俗语“吃豆腐”，只是不知道为什么调戏女性叫“吃豆腐”。

“吃豆腐”在古代是很流行的一个词，大概就算“性骚扰”在民间的叫法。据说，旧时豆腐店多为夫妻店，丈夫半夜起来磨豆腐，白天由妻子卖豆腐。豆腐店老板娘因为以豆腐为常食，自然生得细皮嫩肉，同时为招徕顾客难免有卖弄风情之举，引得周围男人趋之若鹜，常以“吃豆腐”为借口去豆腐店。可是，吃醋的老婆们不满意了，常以“你今天又去吃豆腐了”来训斥丈夫。久而久之，“吃豆腐”便逐渐成了男人轻薄女人的代名词。

“食色，性也。”说到吃东西，端州人对食物有讲究，古时端州人的嘴巴就有这么刁，鸡鸭鹅鱼是少不了的，这也是和城市外围四乡的风物联系在一起的。人们心目中的端州，该就是天生的美食家，由于营养好，会调理，所以端州人总是红光满面。端州的生活，和香港明显不同。虽然都是广府系，但是有西方文化入侵的差异。比如说吃西餐吧，香港人是讲档次的，要去红房子，要依照程式、规矩，左手拿刀，右手持叉，不得弄出刺耳的声响等，否则就没有品位了。但是，端州人把西餐也开成个大排档的样子，餐桌一字排开，也放音乐，也点蜡烛，但食客仿佛是在美食广场，随意地谈话，一点也不虔诚。

端州男人向来并不注重衣着，看上去还有些粗俗，似乎总要以让自己觉得舒适为前提。从这个角度看，这个端州有男人般的随意，甚至有一点儿大大咧咧的味道。端州女人也卖弄风情，但化妆归化妆，像束腰、缠足这样的事，还是不会去做的。

事实上，端州女人环佩叮当，风情万种，满街都飘着香水味儿。端州话虽然不是吴侬软语，但是若让女人们着意说起来，也是一种十分性感的语言。有人说端州话天生就是用来谈恋爱的，比如他们把恋爱说成“拍拖”，这一“拍”一“拖”，就有那么几分特殊的缠绵和旖旎。

也许，这是端州人与孖土地名一样，有着自我的生活特色，是一种文化符号。

劏马巷：不敲牛，只宰马

市井其实就是做买卖的地方，不同的人在不同的地方做买卖。劏马巷在如今正东路东段与阅江路之间的一条巷，因有劏马职业而成俗名，今已不存。

劏马，北方叫宰马。有句成语叫“敲牛宰马”，敲与宰，都指杀。劏马巷得名于清朝。当时端州规定每一保均饲养保马一匹，供驿站使用。有一年，有一匹保马走过此地时突然倒地被劏了。这样，本有名称的小铺站便被称为“劏马巷”，这名称在民间一用就是近百年。后来高要来了个马知县，认为这地名冲了他的官讳，不吉利，于是下令改巷名，不准劏马。

不准劏马？老板自然不肯。这个劏马老板是本地大富人家，姓牛名飞，身长九尺余，声若巨钟。此时牛飞正在当地开肉店。为了对付牛飞，马知县故意在一块千斤巨石上写字，如果有人能搬动巨石，送给他一匹马，分文不取，并让伙计记住他的住处。

不久，太平天国一个将军，是广西横州的李文彩，壮族人，理发为业，排行第七，人称李七哥。他带兵败退来到端州，恰好路过，听说此事，轻松地搬开了巨石。

马知县得知消息，专门去拜访李七哥。马知县见这个汉子生得状貌非俗，于是向前施礼问候。李七哥听了马知县一席话，觉得马知县没有大丈夫之志，于是，二人没有把盏共叙，反而李七哥怒不可遏，便想劫富济贫，就说敲牛宰马。李文彩的士兵见了，不觉也怒火迸发齐喊：“劏马！劏马！”吓得马知县想逃跑，却被士兵们硬生生把他坐的马牵来宰杀了。

这时，恰逢牛飞在街上经过，见此场景也来凑热闹，想从酒店中买酒来一起吃。李文彩见牛飞生得状貌非俗，言语相投，好像老朋友一样。于是，李文彩向牛飞敬一杯酒，牛飞也不客气，一饮而尽。聊了几句之后，二人干脆坐在一个桌子上了。喝了一会儿，牛飞说此处说话不方便，请李文彩去他家中一叙。不料牛飞自己先大醉而卧，牛飞本是一介屠夫，以杀猪宰牛劏马为业，如今只见有白蛇钻进牛飞鼻孔之中，李文彩觉得“此人之勇，将来必神”，心想，不得敲牛，只有宰马，便拜牛飞为兄长。二人在劏马巷牛飞庄园宰马，祭告天地，并立誓“生死与共”。

牛飞自从与李文彩结义，加入太平天国军名声大震。据说由于牛飞在端州劏马巷生活过，因此端州的屠夫们对牛飞颇有好感，就在现今这个位置，盖起了一座庙，供奉起牛飞的塑像，终日里烟熏火燎，梵音不断。端州城里又多了一处热闹景点。庙既成，劏马巷也就成名了。

后来，在街巷里讨生活的手艺人，看起来既少野心，亦无卑屈，只是实实在在干着那份命定的手艺，求得一日三餐的安稳。他们的手不停地忙碌着，脸上波澜不惊。这市井之徒的平和之气，让街道看起来让人心安。就算是熙来攘往，车水马龙，可日子，还是像流水般流到它该去的地方。

劏马巷的名称始于何时已不可考，但是，一直被叫到20世纪60年代，其后被改称“正东路”了。

芽菜巷：麦仔的故事

肇菜就吃得多了，不过端州人未必知道端州有这个菜篮子的基地。当然，要穿过喜悲交集的时空才能了解它的前因。

端州有一条隐于闹市的古老街巷，叫芽菜巷，接近繁华的天宁南路。芽菜巷其实是由一大片菜地破土而成的。芽菜巷在“文革”期间改称解放北路二巷；1981年，肇庆市政府颁布标准地名，复称芽菜巷。

芽菜巷的得名与麦姓有关。麦姓人家是清代道光年间迁来端州，于宿国巷、芽菜巷、麦仔园一带居住，这里曾建有麦氏宗祠。新中国成立以后，这座祠堂才被拆除了。因芽菜占有一大片菜园地，就称此地为“芽菜”。

确实，这里曾经是肇庆的大菜园，许多上了年纪的肇庆人可能还记得，芽菜巷与麦仔园一带直到20世纪60年代，到处都是鱼塘和菜园，这里出产的黄芽白十分有名，所以，芽菜巷的地名就响亮了，流传下来了。

这里流传有一个故事，是关于为什么芽菜巷的土地种菜特别肥沃的。据说，元代末年，有个京官在肇庆任职，元朝将要灭亡时，他把从肇庆掠得的资材装到船上运回北方，船行途中被人告发他是一名贪官，于是被迫泊岸检查。开船仓后发现全是泥土，百姓们就将土全挑上芽菜巷的土地上，种上芽菜，果然特别肥壮，特别香甜，成为“肇菜”。

故事之余，历史可考的是，当年的麦仔园和芽菜巷位于西江河北岸，是一块开阔平坦的河漫滩高地，土质结构松软，易于耕种，而且自然环境优良。由于气候、土质的不同，麦仔园的黄芽白之所以与众不同，是因为这里的菜地附近有土名为大麦塘的大鱼塘，于是便命名为“肇菜”，即“肇庆之菜”。清宣统《高要县志》这样记载：“黄芽白即北方黄芽菜，清初，两广总督携菜籽至肇庆命土人种之，形味相同，然不及北方之甜美……今肇庆年年从北方取种再种，则大变矣，麦仔园者最佳……”由上述可见，芽菜巷的最早住户是麦姓人家，这里种植的麦芽白在清代已享有盛名。

传说，在芽菜巷里面住着麦仔一家。麦仔从小聪明过人，但是因家境贫穷，他七岁起就得上街卖菜。麦仔毕竟年小，有时贪玩，经常挑着大半担青菜随街走，半天也卖不出去。

有一天，麦仔挑着菜来到西门大街一间卖粥的食店，肚子饿得“咕咕”叫，但没有一文钱，只好直咽口水。店主人张老三看到了，招呼他过去说：“以后你挑着菜到我这里，我帮你买一些菜，再送你一碗粥吃，算是我老人的一点心意。”

麦仔吃着粥，千恩万谢。从此，麦仔每天挑菜卖，天天来吃张老三的粥，有时吃白粥，有时吃猪肉粥，有时是麦片粥，有时吃的粥，猪肉麦片粥都放进去。

光阴似箭，转眼过了几年，麦仔能够读书了，不用再卖菜，他的才学惊动了广东巡抚，从此便与张老三断了来往。

转眼又过了十年，一天，张老三粥店前忽然人头涌动，官府衙役鸣锣开道：“麦大人到。”张老三也好奇地探出头来，只见轿中走下那人，一手拉着张老三说：“张老伯，十年不见，你可认得我吗?”张老三惊呆了，他怎么会料到，眼前这个大人就是以前的卖菜仔麦仔呢！麦仔走入张老三的粥店，四处看了看这间童年时常来的店铺。张老三叫人杀鸡办酒席，好好招待麦仔。麦仔却说不必了，他只是想品尝一下当年在这里吃过的粥。

张老三有点为难，当年他煲的粥不过随便下点猪肉麦片，也没有起名字，但是既然麦仔喜爱，他只好照原样，把那麦片放进粥里。

麦仔吃着这粥，觉得有滋有味，十分高兴，再三感谢张老三当年对他的帮助。他对众人说：“我能够有今天，因为当年吃了许多这些麦片粥呢。”麦仔大笔一挥，写下了“探花麦片粥”几个大字。从此，张老三的粥店声名大振。

然而，这么美好的家园，却连续遭受过两次毁灭性的打击。一次是鼠疫，1914 年 1 月 1 日，麦仔园一妇人患鼠疫暴死，肇庆鼠疫爆发；至 4 月中旬，城区和近郊染疫死者三千余人。另一次是被无情的西江洪水洗劫一空。1915 年 7 月 9 日，特大洪水袭击肇庆。洪水水位比清道光二十四年（1844）发生的那次还要高四尺二寸，高要范围内决堤二十五围、八十六处，肇庆城进水，麦仔园、水街等处房屋全部淹没，死者无数。

随着时间的推移，从20世纪60年代开始，麦仔园的菜地和大麦塘全部被平整，建起一幢幢楼房宿舍，这里的黄芽白从此成为肇庆人的一个美好记忆。平静的生活也令人淡去历史的悲伤，住在麦仔园的居民们如今相处得十分和睦。

行走在这条狭窄又弯曲的小巷里，映入眼帘的是坐在门前清代石条上聊天的阿婆，光着膀子摇着葵扇走东家、串西家的老伯。这么多年以来，这条古巷的人都是这么生活的，这里的人情味特别浓。

菱角巷：石头出菱角

旧时，人们常把今日的阅江路的一个地方称为菱角巷。菱角巷出现于民国初年。其实，当年的菱角巷只是阅江路其中一小段。当时端州城古貌未改，从正东路口至镇南街头皆为旧市场，只是在市场边修了街巷。

用今天的猜测说，旧时周围农民在每年新菱角生产后，皆运到此处出售，天天设市，其余时间则为米市，当地就习惯叫为“菱角巷”。后来，修建阅江路时，旧城改造，不少巷已先后被拆除，菱角巷也就消失，并到阅江路中了。因为菱角巷盛产菱的缘故得名，也因为今天不见菱角市，菱角巷街道也就没有了习惯的称呼。

但是，上了年纪的街坊知道，菱角巷在老端州是家喻户晓、无人不知的街道之一。它繁华，繁华到与许多条巷连在一起，百货俱全、店铺栉比鳞次、一家接着一家；它热闹，热闹到人流熙攘、接踵摩肩、络绎不绝；它古老，古老到没有一个人能说清它究竟问世于哪一朝哪一代。至于这条巷为什么要叫菱角巷，似乎也成为一个谜，难觅缘由。不过，在老巷人的口中，却流传着这样一个故事：

古时，菱角巷外的村子旁有一个水塘。塘中水清如玉，面平如镜。四处土丘环抱，竹木连片，景色宜人，历来是当地人纳凉、观赏、游泳的好地方。因塘内曾生菱角，故名菱角塘。由菱角塘北上不远处，便是石头山冈。山腰的一块巨石下是一口口的水塘，酷似一只只人脚的印记，清晰、巨大，当地人称它为“和尚脚印”。传说菱角塘这脚印，就是石头和尚留下来的。

在很久很久以前，城东石头山冈住着一对相依为命的母子。母亲为了让儿子陈希迁读书求学，每天帮人缝缝补补，省吃俭用。陈希迁没有辜负母亲的苦心，十年寒窗，终于考取了功名。邻居有一位美丽贤惠的姑娘，爱上了陈希迁，并与其结为连理，一起侍奉老母亲。

天有不测风云，陈希迁的母亲不幸得了一场大病，双目失明。陈希迁夫妇为了给母亲看病，把家里的东西能卖的卖，能当的当，最终竟一贫如洗，只能靠借钱度日。为了不让母亲担心，夫妇二人瞒着母亲，借来米煮饭给她吃，而自己只喝稀饭。每次母亲问起是否还有米，儿媳妇就把装米的碗倒过来，盛了一碗米让母亲摸，老母亲信以为真。

有一日，老母亲与邻居坐在一起聊天，邻居直夸其儿媳妇孝顺，将儿媳妇的做法告诉了老母亲。老母亲听完后伤心欲绝，认为自己是个累赘，竟绝食求死。儿媳妇很着急，到庙里去烧香，路过的天神知道了事情的真相，就送了一块金锭给陈家，帮他们渡过难关。但有一个条件，让陈希迁出家，于是陈希迁成了“石头和尚”。

一天晚上，石头和尚应邀去外地讲经，回家路上，经书被风一吹，便向田地飞去，他歪歪倒倒地追去收拾。结果他心急如焚，两眼朦胧，没留意脚下的石头，踩了上去，便摔了个跟头。一只脚踩在一块大石头上，竟把石头踩为四截，滚向东、南、西、北四方。他想到此生要云游四方了，此处不宜久留，便踏上祥云飘然而去。

久而久之，石头和尚踩下的地方一坑一洼积满了水，就是今天说的菱角塘，塘中的石碎就是菱角了。

人文环境及地理条件的优越，造就了正东街之繁荣。由于社会的进步、城市的改造以及市场繁荣辐射到新的地段，正东大街一带开始冷落。如今的小巷略显寂静与严肃，曾经热闹的场面早已荡然无存，唯有“菱角巷”三个字依旧留存在端州老年人的记忆中。

豆豉巷：周敦颐走入民居

在宋代，端州城东有个地名叫杏花庄，后来叫作吉庆坊，如今叫群庆街。

传说，杏花庄得名来自杏花仙子。她在端州撒下了花种，大地上顿时开满异彩缤纷的杏花。这事触动了潜伏江中的乌龙，以为杏花仙占了它的地盘，便作法弄术，将两岸的杏花摇毁殆尽。杏花仙大怒，与乌龙大战三百回合，化玉带为捆仙绳，将乌龙缚至羚羊峡，禁锢在石洞里。厚岗、渡头一带的人便称这里为“杏花庄”。

后来，杏花庄住着一位何郎中。他在一次出诊归家时，途中一口莲塘传来女婴哭声，上前一看，见一女婴被荷叶托着不沉，便抱回家中抚养。女婴长成姑娘，生得标致，人如杏花仙子，也有学识，还会制作豆豉，闻名街坊。乡亲说这是吉祥喜庆之事，于是，郎中自称门第为“吉庆坊”。

宋代某一天，才学渊博的周敦颐来到端州。他是理学的开山鼻祖，原名敦实，字茂叔，后因避英宗旧讳（英宗未当太子时叫宗实）改名敦颐，号濂溪。宋朝著名文学家王庭坚对他评价甚高：“胸中洒落，如光风霁月，廉于取名，而厚于载民。”历代君主对周敦颐十分敬重，宋宁宗谥周敦颐曰“元”；宋理宗追封为“汝南伯”，从祀孔子（先贤东庑第三十六位）；元仁宗时加封为“道国公”。

当时，周敦颐为广南东路提点刑狱，百姓控告端州知州杜咨，垄断砚石开采，侵夺民利。周敦颐善言劝杜，杜不听，周敦颐便奏请朝廷：“凡仕端者取砚，毋得过二枚。”朝廷恩准，端州百姓从此又可以开采砚石。他处理案件，不论是荒山野岭还是海滨孤岛、瘴疠之乡，都亲临实地察访。

有一次，周敦颐到吉庆坊，遇到这位何姑娘。“啊！果真漂亮。”此时，周敦颐见何姑娘正在边吃红豆边晒中草药，不禁吟道：

红孩子戴红花吃红豆；

何姑娘想了一下，想是周敦颐用一副药名对子请她对答。姑娘不慌不忙地对出下联：

白头翁摘白梅尝白果。

周敦颐吃了一惊，随便一句赞语却成了对联，况且何姑娘答得非常工整，自然有几分雅兴。他征得何姑娘同意，又出上联为：

何首乌，身披穿山甲，骑地龙，挥大戟，与木贼战百合；

何姑娘冥思片刻，对不上来，一时面红耳赤。这时何郎中从屋里应声行走出来，并对出下联：

吴茱萸，头戴金银花，坐河车，握三棱，比草蔻胜五倍。

周敦颐佩服地连声称：“奇才，奇才！父女都是奇才。”随后交谈了一番，又了解何姑娘的身世，十分好奇。

据传，后来周敦颐在端州观赏了多处荷塘，回广州后写下了《爱莲说》。这是通过对莲花的描写，表达了作者崇高的思想品格，成为激励后人的不朽名篇。“出淤泥而不染，濯清涟而不妖”的“爱莲”品格名传千古。周敦颐做官，如“爱莲”一样清廉正直，有着很好的名声。

然而，端州的人们不把何姑娘比作莲花，却喜欢把她叫作豆豉姑娘，后来，还逐渐忘记了吉庆坊，把此地称为“豆豉巷”了。

风火连云

秦前端城，百越之地，汉称高要，隋置端州，宋赐肇庆府，虽然历经岁月、内忧外患的侵蚀，却也记录下风云变幻的历史。哪怕是一片云、一缕烟、一场战火、一个典故，这座英雄的城市，始终引人注目。

军屯村：狄青平南第一战

硝烟年代，各路英雄纷纷揭竿而起，端州经历的战争好比雨水打在地面，发出像鼓一样的声音，伴随着日出直到日落，时间被永远地冻结。

1052 年，广西广源州的侬智高起兵反宋，从占领邕州起，一直攻陷横、贵、藤、梧、封、康和端等八州。当时端州太守丁宝臣，闻风丧胆，自称因无城墙防守，于是弃城逃跑，令广东各地大惊。侬军在端州休整，制定策略，整装待发，进军广州。

朝廷深为忧虑，宰相庞籍只好推荐狄青领兵出击，年过四十的狄青慨然上表请行。于是，狄青水陆并进，向广东急转直下，夜袭西江羚羊峡侬军前哨，分兵卷土睦岗，然后驻兵端州城外军屯村，与侬军准备搏杀。

据说，军屯村由此命名，即现在工农路、跃龙路、建设路和芹田路一带，成为宋朝平南的主战场。当时，宋军五虎将从先锋、次军、殿后排阵，展开了平南第一战。这五虎是出山虎狄青、扒山虎张忠、离山虎李义、飞山虎刘庆和笑面虎石玉，其余四人都是跟随狄青在西北戍边多年，身经百战，出生入死的虎将。其他宋军诸部均在阵后列队，一旦大战拉开，即按号令投入战斗。

侬智高也非等闲之辈，他善兵法，懂队列，拥兵自督，把蛮兵训练成著名的标牌军。标牌军身着红衣，大盾涂红漆，以八卦阵十余人为一排，共有十排，前后移动，左右穿插；标牌兵用红、黑、黄、绿四种颜色涂脸，如神似鬼，时隐时现，煞是骇人。随着“刀枪不入”的喊杀声远远望去，标牌军像能移动的城堡，那阵势如同在地上燃烧的熊熊烈焰。

侬军能直下八州，厉害就厉害在标牌军上，而标牌军的厉害则厉害在大盾标牌上。这标牌有一人高，二尺来宽，乃山中老藤编就，再以红桐油浸漆多遍，轻巧坚韧，刀劈不进、箭射不入、枪扎不透。标牌军一手执牌，一手提刃，进攻时势如排山，退却时阵如铁桶，是一种集进攻与防御为一体的特殊战斗形式。这种兵器及战法，融入矫健狂放的舞步，确实有神出鬼没之效。

自侬智高反宋以来，标牌军横扫二广之地，每战都以宋军的溃败而告终，因此，这次宋军重兵镇压，侬智高却认为是消灭宋军，直取广州的最好机会。

宋军也列三阵以对。狄青在诸将的簇拥下阵前与侬智高对话。狄青大声说：“宋兵至此，侬军何不及早投降，以免生灵涂炭、玉石俱焚！你们若能罢兵回归故地，朝廷将既往不咎，保你们太平无事。”

侬智高手提大砍刀，如凶神般站在门旗下，厉声喝道：“我本想作个广州王，谁想天遂人愿，如今龙袍在身，登上了九五至尊的宝座。今日对阵，定然杀你个片甲不留，来日侬大爷还要驱军直捣东京汴梁，把宋仁宗拧着耳朵从金銮殿上扔到紫禁城外。”

狄青冷笑骂道：“好胆大逆贼，敢与本帅对敌么?”金刀一摆，把雄兵阵势排开以待。远远只见旗下少年之将带兵冲来，正欲纵马挥兵上前，左边忽闪出刘庆说：“不劳元帅动手，待小弟出马。”狄青见是刘庆上前，便说：“刘兄弟，既然你去擒贼将，须要小心。”刘庆得令一马冲出，大喝：“贼将休来！快些通名受死！”侬军吉龙、吉虎闻言，勒马一看：但见这员宋将生得身高体壮，脸黑颧高，海下短短乱须，十分威武，二目圆睁，高声呼喝。吉虎大怒，手提狼牙棍一指，大喝：“宋将休得猖狂！通名待本将军取你首级！”飞山虎喝声：“贼奴！你且恭听：吾乃大宋天子驾下，官封振国大将军名刘庆，你难道不知昔年平服西域边夷，各国俱已入贡称臣？你主乃隅角偏地乌合之众，妄称国号。擅敢下战书到中国，不自忖度。今日大兵至此，理宜自绑辕门，还敢出关迎敌。你有多大本领，敢与本将对垒么？你知事者，快快下马受死，还多言一字，我走马横刀，教你尸首不全。”吉虎听见了，怒声如雷，骂声：“好狂妄匹夫，敢夸大言！与你拼个死生！”持起狼牙棒，拍马上前就打。飞山虎双斧急架相迎。二将一来一往，一上一下，二马交锋，只杀得乌尘遍野，大雾迷空，不分高下。刘庆见势危急，立即将军队暂时撤回跃龙沟，稍事调整队形。

狄青手中令旗一甩，左军李义、右军石玉轰然杀声震天，像潮水般涌向敌阵。那标牌军严阵以待，逐渐散开，将宋军团团围住，步步紧逼，左军眼看就招架不住了。此时，狄青令旗又一甩，中路张忠宋军杀入敌阵，与左右两军形成内外夹攻之势。然而标牌军队形不乱，双方杀声震天，兵器的撞击声如同冰雹般清脆。又见狄青手中的令旗左右交叉两挥，突然间，刘庆看准标牌军阵形的空隙，率军冲了进去。埋伏在沟下的两千宋兵像两股势不可当的山洪，以闪电般的速度冲向敌阵的左右翼，与正在鏖战的宋军形成连环阵。士兵们个个手执一种特殊的兵器“铁折锤”，向手执大盾标牌的侬军“劈劈啪啪”地打去，在一片惨叫声中，标牌军被打得头破血流、纷纷倒地。霎时，牌倒人亡，原先城堡似的标牌阵，变得东倒西歪、残缺不全，侬军开始溃退。这“铁折锤”乃模仿农人打场用的农具而打造，它打在标牌上后，铁条向下一折，即可将躲在大盾后的敌人打中，标牌也就失去了作用。

侬军大败，向端州西北逃窜。宋军乘势追杀，直到现在三榕巷一带，杀得侬军血流成河，尸骨成山，地上的鲜血与天边的红霞相互映衬，使败者落魄，使胜者亢奋。侬智高入夜趁乱，往西江上游逃回广西。

随后，经过一年多的平南，特别是昆仑关战役，狄青收复南宁，侬智高逃向大理国被该国王杀死，传首京师。至此，反宋以彻底失败而结束，大宋朝的南部边疆进入一个平定时期。

芹田桥：元初肇庆保卫战

端州小城饱受战争伤害，人民生活在水深火热之中。芹田桥巷，在端州四路汽车总站之东，这一带曾是肇庆宋军与元军两度重复夺取肇庆府的第一道战场，也引出元代一个开国功臣。

在元初，有个叫阿里海牙的人，投靠蒙古大将不怜吉带麾下，被推荐给当时的宗王忽必烈，成为王府的一名侍卫。阿里海牙用心学习武艺和用兵之道，很快便在侍卫中崭露头角。

为了尽早灭宋，忽必烈任命伯颜为行中书省左丞相，阿术为平章政事，阿里海牙为行中书省右丞相。1274 年，阿里海牙进军两广。一路上，他严肃军纪，安抚遗民，蠲免赋税。进入广东后，阿里海牙遇到了顽强的抵抗。尽管南宋大势已去，肇庆军民还是决定发起肇庆府城的保卫战。1277 年，宋朝守军先是利用端州多河汊进行布防，在跃龙路、芹田桥巷和军头路一带，层层“凿马坑，断水道”，使元兵屡攻屡败。于是，阿里海牙派元将单挑南将，刀斧如雪花飞舞。

阿里海牙说道：“好一员南将也!”再命擂鼓助威。当下肇庆一员南将正在耐战元将，忽然听见元军战鼓加响如雷，肇将怕有失，且战且退。元将看见肇将刀法混乱，暗暗欢悦：“不趁此立功，更待何时?”把双斧一紧，照定肇将头脑飞下。肇将连忙跨前一跃，有丈余，回手一刀。元将大叫一声：“不好!”转头想逃脱，不料大腿被劈开，抛于芹田桥下。肇将一见大喜，上前要伤他性命。元军弓箭手一见，纷纷放箭，但此时元将已跌地而死了。

于是，阿里海牙派能言善辩的总管俞全前往芹田桥招降，不料被一箭射死。当时，南宋都城临安已被元军攻占，宋恭帝也已投降。因此，阿里海牙派人到临安，要求宋恭帝下诏令肇庆守府投降。肇庆守府接诏后，当众焚烧了诏书，杀掉了前来传送“谕旨”的人。阿里海牙又亲自撰写劝降书投给肇庆守府，许诺只要投降，就授予“大都督”官职，结果被严词拒绝。

元兵昼夜不断地发动攻击，宋军从芹田桥退入肇庆府，元兵挥戈直指肇庆城。城高水深，有如铁打的城池。宋军屡次击退元兵，但此时的城已成孤城，外无援兵，内绝粮草。在这场战争中，驻扎肇庆的宋军，凭借城高池深的地理优势，以逸待劳，垂死固守。宋元军队交战一百多次，历时三个多月，城中死伤累累，但宋军无一人投降。

阿里海牙修复芹田桥，畅通部队集中。他终于想到了破城的计策，最后元兵攻陷肇庆府。

据说，元军牛本，为了解守敌详情，遂化装成樵夫，混进城池卧底。不料，事不机密，牛本的行迹被宋军探子探得。当他刚刚穿过城东门外时，就被宋军伏兵四面包抄。牛本在急迫之中，杀出一条血路，拐入城墙根下的一条小巷，钻进巷北的一个破旧小院。这所残颓的小院里，只住着一位年过花甲的孤寡老妇人吕氏。她的丈夫早年被兵残杀，儿子又被抓走，一去不归。所以，她恨透了战争。她见这位樵夫被兵追杀，同情之心油然而生，便把牛本藏进了后院的柴垛中。追兵闯入院中搜寻，吕氏装聋作哑，将他们哄走。牛本获救后，深谢老人救命之恩。临别时，他说："老妈妈，战火结束后，我会尽心保护你老人家。"不过几日，元军果然进攻。由于牛本探清了城中敌情，安排了内应坐探，元军里应外合，迅速拿下肇庆城。攻入城中的元军士兵，按将军的命令，秋毫无犯。

但是，次年肇庆百姓响应陆秀夫、张世杰等的召唤，在新会崖山赞同赵为帝，并组织起义军撵走元兵，反攻一击，占领肇庆府城。后来，因宋军在新会崖山失利，肇庆再次被元军占领。元军平定肇庆府后，阿里海牙又下令安抚流民，发展生产，减轻赋税，维持社会安定，为时人所称道。

阿里海牙不仅骁勇善战，而且善于使用安抚手段，用兵主招抚，不专事杀戮。他大多以武力为后盾，以劝谕为先导，用武力强攻的地方不多。新州、封州、德庆府基本放弃了抵抗，先后降附元军。至此，肇庆府城的保卫战宣告结束。

寺后街：永历大战

寺后街即现在的水师营，在现天宁路东面有数百米长的横巷。宋时此地有一座嗣厚社，后又有城东清真寺，因此，水师营俗名又叫寺后街，"文革"期间曾称为解放北路东街，1981 年复称水师营。水师营中间那条斜路正对的第十七小学，以前就是清真小学。

在明代，这一带曾设有水师守府、水师参府，在此街北端东侧，建立营房，驻兵护城。因此，水师营有水军驻扎这里而得名。清朝之后，逐渐修建民房，形成街道，也就改营房为街坊。

端州一直是西江水上的军事战略要地，在明代最早的水师是疍民。明代洪武十五年（1382），肇庆千户（领兵官）徐旺，击败了前来攻打的大罗山瑶民之后，又与南雄侯赵庸镇压疍民起义，收编了以"铲平王"为首的疍民万人，编入为水军，归属肇庆卫，设置为肇庆水哨，这是水师营的前身。

后来两广总督驻肇庆，把水哨直辖为水师营。该水师曾随陈璘北上援朝抗倭，大败倭兵于釜山；后又随郑芝龙南下田尾洋，平定海盗刘香，历史上称之战功显赫。

1653 年，明清两军在肇庆发生了一场“永历大战”。

1650 年 12 月，清平南王尚可喜部总兵许尔显攻陷肇庆，南明守将李元胤战死、陈邦傅投降。朱由榔逃离南宁，清军占领肇庆正式设立水师营。1653 年，朱由榔令大将李定国从云南率十万军队东征，反清复明，连克桂林、衡州，被永历帝封为西宁王，赐名“如靖”。李定国约法五条：“不杀人、不奸淫、不抢财货、不宰耕牛、不放火。”他率军直迫肇庆，军威大振。

当年 3 月 14 日，李定国攻占封开、德庆，25 日进抵肇庆城下，26 日全线强攻，明军架梯攻城。清肇庆总兵许尔显据城顽抗，抽调一批精兵用绳索縋下城外，反击攻城之兵，夺得攻城用的梯子一百多架。不日，城内城外，尸横遍地，血流成河。

李定国见强攻无效，改用挖掘地道透入城中的战术，命令将士用布袋盛土堆积为墙，栽木成栅，辅以挨牌作掩护，利用鸟枪狙击清军，暗中组织人力开挖地道。许尔显察觉了明军的意图，就在城内挖掘一道同城墙平行的深沟，准备李部士卒开挖的地道一旦透入城内即可及时发觉，在深沟地道中展开肉搏战。由于李军势大，许尔显虽竭力防御，但难以持久，迫不及待地向广州呼吁急派援兵。

坐镇广州的清军平南王尚可喜，深知局势危险，他分析了四面之敌，说道：“余无足虑者，破李定国即自相解散耳!”于是，亲督主力赶赴肇庆。尚可喜带领的广东清军主力到达之后，双方兵力对比悬殊的局面也已经改变，李定国军攻下该城的可能性不大。

尚可喜登上城墙仔细观察了双方战守形势，对部下将领说：“吾所忧乃不在此。”意思是肇庆城墙坚固，易守难攻，而值得忧虑的是，广州清军主力既然调到了肇庆，万一李定国派人同潮州郝尚久联络，命郝部破釜沉舟乘虚西攻广州，那么，他就将在肇庆重蹈孔友德桂林之战的覆辙。因此，他通知留守广州的耿继茂派出铁骑扼守三水县西南面的木棉头渡口，切断李定国同郝尚久之间的联系通道。

耿兵到达指定位置后，果然遇到李定国遣往潮州联络的一支小部队，清军乘这支李军渡河到一半的时候发起攻击，格杀数百人，挫败了李定国的战略意图。

尚可喜解除了后顾之忧，即着手全力对付李定国军。四月初八日，他下令从东、西炮台各凿一侧门，出其不意地冲出城外夺取李军所挖地道。为了鼓舞士气，他高悬赏格：“有能出城夺贼地道者，人赏银五十两。”重赏之下，必有勇夫，清军士卒拼死卖命，蜂拥向前。尽管李军“炮火如雨”，清军以盾牌遮挡头部，持刀奋进，夺取了李军的地道口，随即放火熏燎地道内隐藏的李军，死者不知其数。李定国被迫离城五里下营。

尚可喜初战得胜，趁明军立足未稳之际，派主力由西、南两门出攻李定国设在龙顶冈的营垒。鉴于李军作战时用长幅布缠头、棉被遮身，刀箭难以奏效，尚可喜给士卒配备了一丈五尺长的挠钩长枪，终于突破了李军阵地。

李定国强攻肇庆既被击退，原寄希望的郑成功、郝尚久军又杳无消息，他审时度势决定主动撤回广西。第一次进攻肇庆的战役就此结束，但是，水师营的战火依然在燃烧。

1675 年至 1677 年间，吴三桂派部将马雄领兵占据肇庆，城内城外一片荒凉，当时张京奎看了，悲痛欲绝，愤然写道：

凋零花鸟无春色，兵燹江城有夕曛。
我欲留心写丘壑，披关直叩至尊闻。

箭道巷：小议两广都会治所

箭道巷后称东门大街，即现在的肇庆市人民政府一带。明清时设置两广总督署和总督箭道，在“两广大都会”的城市，形成了一个靶场。

督署衙门前设置箭道，还有一段缘由。满人素以狩猎为生，十分重视骑射，规定满人自亲王、贝勒以下诸等官民都要骑马射箭，年满六十者方可免去；汉人考取武功名，也要考骑射。清朝前期，督抚各官满人占大半，骑马射箭自然是他们的日常功课。每年都要考核，论驰马飞射，站立步射，均以箭中靶的算为及格。督署的箭道，就是进行军射的靶场，箭道巷由此而得名。

广东、广西设置总督，始于明代景泰三年（1452），当时两广“浔、梧瑶乱，……特遣一大臣督军务，乃以命（王）翱。两广有总督自翱始”。然这一建制在当时尚不稳定，到成化元年（1465），为平“瑶乱”再派韩雍出任两广总督，才成定制。端州不像广州，它没有多少“两广大都会”的遗迹，历史上屈指算来，也只有两广总督府可以称作端州的较完整的都会，其余的很难有都会之机。

两广总督府的历史，端州人不是都清楚。它是明代的杰作，在端州也可以找到两广总督府的影子。但是，两广总督府，这个存在近两百年的都会，却甚少留下值得后人瞻仰凭吊的地方。我们只知道，两广都会治所就在城中路一带。

很多时候，我们无法想象，在过去的年月里，还能感受到端州沉甸甸的重量。因为它是两广总督府，一时成为两广之大都会，“指点岭南”两百年。

翻开典籍，随处可见的“宋城院落”，容易让人想象的机关大门，几幢新陈相映的办公楼房，根本无法勾勒出当时两广总督府的宏伟与庄严。作为一方疆土的首府，而且总督地位在省布政司、按察司和指挥司之上，集军政与管理粮盐大权于一身，“厘治军民，综制文武，察举官吏，修饬封疆”。历经明清，65 人在此任过两广总督，有哪些人为端州发展史做出了辉煌贡献呢？

专家在研究，学者在讨论，两广总督进驻肇庆，使肇庆成为军事、政治中心，对肇庆府的经济、文化以及城区起到了极大的提升作用。他们为澳门开埠，为文化融合，为兴起“粤学”，为地方建设作的贡献，可以写进古代珠江文化发展史。同时，两广总督还为肇庆做了其他有益之事。

成化七年（1471）八月，肇庆府署丽谯楼落成；嘉靖四十三年（1564），两广提督吴桂芳，将两广提督府从梧州迁至肇庆，肇庆成为两广军事、政治和文化中心，历时一百八十年。万历七年（1579）开辟星岩风景区，首次点题“星岩二十景”。万历四十四年（1616）夏，西江、绥江特大洪水。四会大兴围冲决，各县围堤均多崩毁。西江流域已连续七年水灾。两广总督周嘉谟命肇庆府往广西购米度荒，并命各县大修堤围。崇祯九年（1636）四月，明两广总督熊文灿倾资十余万，建水月宫于肇庆七星岩。张镜心督粤期间，在端州做了两件大事，一是修葺城墙，二是创建阅江楼。顺治三年（1646）十月十日，南明两广总督丁魁楚、广西巡抚瞿式耜、广东巡抚王化澄和肇庆知府朱治（间）等拥立朱由榔监国于肇庆。十四日继皇帝位，年号“永历”。康熙四十七年（1708）两广总督赵宏灿于肇庆钱局旧址（今肇庆中学）建立天章书院，后名“端溪书院”，藏书极丰，为两广规模最大的学府……

现在的人们，并没有见到过两广总督府的真正模样，学者的一些见解也得自于书本。无论当年的两广总督府宏伟壮丽与否，它都是两广的大都会。因为，只有在政治中心这里，人口众多，经济才会繁盛。于是，端州人文气息极为浓重，来来往往的人，均为饱读诗书之士。当年，总督府里都是官吏、布政使、按察使和都指挥使。他们意气风发、斗志昂扬，高呼着朝廷的律例，怀抱管理广东和广西之责，调动着军政人马，隔着时光隧道和我们一起漫步在这个城市的街道上。

后墙街：火烧肇庆城

据传，宋代的后墙街是城墙后面的一条小巷，故称为后墙巷。明代拓建老城时，巷随之拓宽，古民居鳞次栉比，又名后墙街，与十字路相接。1966 年改名为友谊南路二巷，1981 年恢复称后墙街。它见证了民国十二年（1923）肇庆破城战成为焦土的历史。

1923 年 4 月 16 日，驻肇庆的广西军阀张希栻、黄振邦（称桂军）两个旅约四千人，公开叛变孙中山，被周之贞和陈天太（称粤军）讨伐。于是，端州古街巷受到了战火的洗礼。

4 月 25 日，粤军进军阅江楼镇南街一带，在塔脚、厚岗附近与桂军展开一场阻击战。下午 6 点，桂军一支兵员退回入城固守。粤军沿着镇南街、东门街直扑东门。另一队桂军从后面包围而来，顿时，城东杀声响彻云霄，子弹像暴风疾雨般飞来。守城的桂军大开东门，蜂拥而出，向粤军猛冲。粤军中了“引蛇入袋”之计，惨败于镇南街南边的担水巷。尸横遍地，血染江河！肇人称这场战争做“草包将军遇着兜笃（兜笃，即从后包围）将军”。

5 月 6 日，孙中山下令西江讨贼军总攻肇庆，李济深、郑润琦、周之贞和陈天太分别各领一师，围城拔据。中午，粤军攻占了狮岗炮台，即向城里的张桂军炮击，炮声隆隆，全城震动。狮岗炮台装有三门德制克鲁伯七厘五山炮，其余都是土铸火药铁砂的“猪仔炮”。

桂军外围据点，除狮岗炮台外，还有西门外的白马庙、厂排街的法轮寺和西门后街的龙顶岗炮台。双方经两个多小时的“隔屋战”和肉搏战，粤军把白马庙、法轮寺两据点拿下来了。晚上 7 点，粤军随即留下一部兵力集中攻打龙顶岗炮台，其余部队利用夜间运动把整座城包围起来。肇庆之夜，枪炮声、喊杀声响彻云霄，不绝于耳。粤军的五六次冲锋，都被桂军在炮台下布置的猪笼障碍物所阻，造成很大伤亡。这也苦了城中百姓，夜间，传来被奸被杀的救命声，连集居后墙街的尼姑斋婆也遭桂军奸辱。

事前，桂军把炮台周围附近的民房拆除殆尽，包括梁家大屋、图始小学等，扫清射界，消灭死角，削成竹签，用拆民房的木料打地桩，以绳索把猪笼联扎起来，周围遍插竹签，粤军夜间袭击，正中其计。守在战壕的桂军，凭着白天早就调准好方向角和高低角，用机关枪疯狂扫射，粤军伤亡惨重。肇人称这场战斗叫“猪笼阵”。

孙中山大本营的参谋长蒋介石在 5 月 16 日，赴广利圩召集高级军官会议；17 日，李济深师长回前线，召集本师军官邓演达、张发奎、蔡廷锴等开攻城军事会议。由于城基、后墙街的民房被桂军烧光，没有掩蔽，难于接近，决定采用挖地道爆城这个方案。5 月 17 日深夜，粤军邓演达把攻城指挥部推进到天宁寺（今天宁百货大楼）。兵力共一千人左右，埋伏在麦仔园、水师营、睦民里、石狗巷、甘家巷一带。张发奎带着十多个执法兵埋伏在景云茶楼（即后来的倚岩茶楼）。蔡廷锴率领两百位先锋队员，埋伏在麒麟街口永长春药材店和东门街赞元堂药材店（即今赞元堂附近）。由地雷队部，从麒麟街中部缺口，经石狗巷（今睦民横巷），拉线引向水师营的宿国书院，用手压式电火花点火引爆。

守城桂军侦知粤军挖地道爆城，于是在城里征集大批大水缸、大酒醒，埋在城基附近，叫士兵蹲下去偷听挖土声音，判断粤军爆破口位置，加强兵力防守。同时，以煤油浸棉胎作引火物，每晚由城上掷下，焚烧靠近城基的民居、店户，使粤军无法藏身，地道难于施工。一时火焰数十起，一街连烧几个火头，由于火势蔓延，使到稍靠近的建筑物也烧起来。城内东门街、旧街、新街、水街、豪居里等街巷，火焰满天。火焰噼里啪啦的爆裂声、桂军呵骂的鞭打声、屋宇倒塌的隆隆声，构成火海人间地狱，肇人称之为“火城焦土”。

5月18日凌晨5点，轰的一声爆炸，天摇地动，全城震荡。250公斤的黄色炸药，炸得硝烟弥漫，麒麟街变成个“火麒麟”。总指挥邓演达令号兵站在天宁寺钟鼓楼顶，吹响了短促而雄壮的冲锋号。粤军以排山倒海之势，随着“冲呀！杀呀！”之声淹杀过去。

两军进行了二十分钟的白刃战，桂军顶不住，向东城楼和北城楼退去。东北两座城楼，桂军早已垒堆沙包，开设窗眼和机关枪射孔，准备负隅顽抗。粤军蔡廷锴的先锋队奋不顾身，冲向前沿三十米附近，向前猛掷手榴弹，把桂军机关枪炸成哑巴，占领了这两座城楼，迫使桂军向西城楼方向逃窜。

粤军又从南、西、北城门进城，攻占桂军总司令部（原市第一人民医院）。然后对盘踞城里各街巷作据点的残敌展开扫荡。桂军官兵弃械溃散逃命，乔装逃入民房，被老百姓向粤军举报捉拿者不少，用乱棒打死不少。有几个从伤兵医疗所（今肇庆中学）逃出来，被一位七十多岁的老太婆，在清太里口，不知她的力气从哪里来，拿起扁担一连打断几个桂兵的腿。还有一批“精武体育会”的师徒，也参加捉“桂军”，共俘获近五百人。事后，广善堂调查，未认领尸体280具。

再说城墙上桂军逃窜到西城楼据点时，粤军把包围袋口越收越小，把桂军赶到城墙的西南角。桂军在走投无路的情况下，只有跳城墙。胆大者用绳索把自己吊下城墙，胆小的则用床板搭天桥到石咀街比较高的楼房顶上，希望沿着西江逃跑，岂知在半途被停泊在龟顶山河面军舰用机枪扫死。经过五天的战斗，桂军四千多官兵全部被歼。肇人称这场战斗叫“迫虎跳墙”阵。

桂军团长罗济章于5月19日，在府前街恒益当铺处被捕枪决。桂军旅长黄振邦，化装逃到西门内育婴堂（今宋城宾馆），请求金神父收容庇护。金神父把他收藏在女修士的厕所里，被正对门的第一高等小学校的看门人发觉了，向粤军举报，他被捉拿归案。至于桂军首号人物张希栻，据说，在炸城前两天，扮成渔民，乘小鱼艇逃往禄步圩，窜返梧州。

粤军官兵尸体，由肇庆广善堂用“四块半”（棺材）收殓运到广州，在燕塘瘦狗岭侧的竹丝岗安葬。到陈济棠治粤时，扩建成坟场。桂军的尸体则用草席卷包埋葬在梅庵寺前的乱葬岗上。有诗曰：

梅庵寺前新鬼录，竹丝岗上烈士碑。

1923 年 7 月，肇庆平定，孙中山派李济深兼任“西江善后督办”设督办署于宋城府署，主持构筑正东路和天宁北路。

如今，后墙街狭窄的街道，高大的树木，还有年代久远的居民楼，俨然就是一座生活着的古城墙。有些房子直接建在古城墙上，城墙犹如居民家的围墙。房子有些老，但这里的人悠闲自得，在城墙上闲坐拉家常，房前屋后有花有草，还有菜地。而新旧两块“后墙街”的路牌，代表着不同的历史印迹。

城南街：中山纪念堂

民国初年，黎元洪大总统与段祺瑞国务总理，发生了总统府与国务院争权，即“府院之争”，拒绝《临时约法》。于是，孙中山开展护法运动。

孙中山为了护法运动而北伐，三到肇庆。1921 年 10 月 15 日，孙中山为统一中国，在广州举行誓师大会，计划经广西北伐，下午偕夫人宋庆龄乘舰抵肇庆。1922 年 4 月 20 日，孙中山因陈炯明阻挠北伐，从广西回到肇庆。1923 年 6 月，孙中山大元帅大本营在肇庆设“西江善后督办处”，任命粤军第一师师长李济深兼督办。孙中山将粤军第一师作为国民革命的中坚力量放在肇庆，从而奠定了广东作为中国国民革命根据地的基础。7 月下旬，孙中山偕夫人宋庆龄等十余人到肇庆鼎湖山在飞水潭中游泳，并游览庆云寺、白云寺，手书了“众生平等，一切有情”的著名条幅赠寺僧。1924 年 1 月，蒋介石专程到肇庆看望李济深，并参观了李办的讲武堂。

在孙中山先生从事革命活动或组织指挥革命斗争的地方，大多数都建有中山纪念堂，但中国最早建成的中山纪念堂，并不在北京、上海、武汉和广州等大城市，而是在梧州和端州，都是在 1930 年 10 月建成。然而，梧州的中山纪念堂今尚存，而端州的中山纪念堂早已变迁。

1928 年 7 月在梧州市区北山顶动工建设，于 1930 年 10 月建成了这座我国最早的中山纪念堂。1929 年，端州人民为纪念孙中山先生，决定在城中修建“中山纪念堂”，在今端州区城中路 166 号。有街坊说，是现在城南街一号；也有的说，是现在的城中路高要电影院。总之，国民政府党政要人和端州各界群众参加了奠基典礼。1930 年 10 月，中山纪念堂建成，该纪念堂比 1931 年建成的广州中山纪念堂还早一年。

纪念堂为中西结合殿堂建筑。大堂南北坐向，砖木结构，人字形屋脊，金字架式木梁，正门有三级台阶，门庭两旁有两根大理石石柱支顶着屋檐。大堂东西两侧各开设两排大木窗，上排8个、下排6个，东侧中间开一大门。堂内南边建有舞台，北边建有约10排座位的楼座。大堂前有百余米长的通道与城中路相连，中段有用花岗岩筑成的三孔石牌坊。中山纪念堂采用中国古典宫殿式与国外西洋教堂式相结合的建筑结构，水池、花坛、草坪环绕在纪念堂四周，具有中西方相结合的建筑艺术风格。

在1952年后，中山纪念堂被改拆得面目全非，不知所踪。肇庆人只记得孙中山在鼎湖游泳，七星岩题联，而其他的很模糊，就连天宁路的儿童公园本来是肇庆“中山公园”，但名称也改变了。

据说，1980年，将中山纪念堂改造为高要县电影院，建筑面积542平方米，918个座位，1994年10月改为高要市“老干部之家”。纪念堂木梁瓦面更换为钢架铁皮瓦后，原建筑仅存四壁、门庭和三根牌坊花岗岩梁柱。“老干部之家”搬迁后，现仍存花岗岩石柱等物。

东门大街：军务院与护国军都

东门大街，即城中路东段，现在与人民南路连接一带。在清末民初，发生过两件大事。

一是肇庆独立。

1911年11月9日，清军巡防营统领（相当于团长）隆世储率驻肇庆府3个营，李耀汉率驻新兴巡防营1个营，共4个营，还有革命党人组织发动的民军颜启汉3个营、熊长卿2个营和孔祥辉的300余人联合，共同在肇庆衙门前的大会场上，隆世储庄严宣布：“脱离清朝统治，建立军政府，肇庆独立！”

于是，清朝广肇罗道王良弼闻风遁逃，知府赖清键、知县吴鸿飞被民军捉捕，绅士陈德彬反省悔过。11月10日，庆祝起义成功。12月29日，高要县选举罗冕为首届民选县长，以示民国国权在民。这是肇庆有史以来由委任制改为选举制，通过民主选举产生县长之始，也是在肇庆开倡行民主政治的先河。

肇庆独立犹如撕裂漆黑夜空的闪电，让茫茫黑夜中徘徊探索的革命志士看到了曙光。虽然各个阶层思想、理念、目标不尽相同，但在革命大潮中，却形成了推翻清王朝的强大合力。可见，当时的爱国运动已具备了全民的性质，革命的条件正逐步走向成熟。

二是在今第十五小学设立“两广护国军都司令部”，在今肇庆中学设立“中华民国军务院”。历史让肇庆又编写一页的光辉。

1916年初，袁世凯黄袍加身，登基称帝。朱执信与周之贞会商后，派陈鸿慈赴肇庆，劝李耀汉参加“讨袁驱龙”的共同行动，因拥袁的龙济光对粤影响最坏。粤人曰：“期来‘龙’者，却为‘蛇’也。”广西都督陆荣廷也派邱渭南来劝李耀汉举起讨袁驱龙义旗。于是，李耀汉作为肇军总司令，公开打出反袁讨龙旗号，通电全国，肇军便成了护国讨袁的急先锋。李耀汉护国讨袁旗帜一树，全国响应者众，西南各省反袁力量云集肇庆。

当时反袁声势浩大，龙济光不得不率两千兵勇到肇庆与陆荣廷、岑春煊和梁启超等人协商军政要事，1916年5月1日，“两广护国军都司令部”在肇庆成立，宣布统辖两广军队、管理一切军务，兼筹政务、财务。岑春煊为都司令，梁启超为都参谋。护国军第2军（滇军）总司令李烈钧，护国军第3军（桂军）总司令莫荣新，护国军第4军（肇军）总司令李耀汉，护国军第5军（谭军）总司令谭浩明，护国军第6军（林军）总司令林虎，潮军师长莫擎宇。

1916年5月8日，独立的滇、黔、桂、粤在肇庆成立“中华民国军务院”（又称“肇庆军务院”），与北洋政府分庭抗礼，宣布军务院直属中华民国大总统，在合法大总统产生之前，行使一切国事大权。肇庆军务院是当时全国讨袁护国运动的最高指挥机关，肇庆一时间名人荟萃，指点江山，大有一言九鼎，一举定乾坤之势。公推云南都督唐继尧为抚军长，岑春煊为抚军副长，摄行抚军长职权，梁启超为政务委员长，并以刘显世、陆荣廷、龙济光、吕公望、梁启超、蔡锷、李烈钧、陈炳焜和戴戡为各军抚军。肇庆成为护国战争期间南方独立各省讨袁武装力量的统一领导机关所在地。

5月12日，肇庆军务院决定组织护国联军举行北伐。岑春煊为联军司令官兼率第1军，李烈钧滇军为第2军，莫荣新桂军为第3军，李耀汉的肇军为第4军，谭浩明的谭军为第5军，林虎的林军（实为桂军）为第6军，还有济军等。

5月24日，孙中山致电：“团结部属，同心讨袁。”两广护国军将领发表誓师宣言，表示十万两粤将士愿为讨袁前驱。6月4日，李耀汉先途北伐，率部从肇庆挥师。就在行动之中，1916年6月6日（旧历五月初六日）上午10点，袁世凯在中南海居仁堂咽下了最后一口气，年五十八岁。

7月14日，抚军唐继尧、岑春煊等13人联名在肇庆通电全国，正式宣布撤销中华民国军务院和两广都司令部，“护国战争”宣告结束。中华民国军务院驻肇庆两个多月共七十天。

南溪西巷：叶挺独立团成立

南溪路西巷，旧时是南校场，后来发展为西江体育场，在“文革”期间被称为体育路，1981 年恢复名称为南溪路西巷。这里曾经是叶挺 34 团团部和第 4 军肇庆办事处。

第一次国共合作时期，粤军、湘军、桂军和赣军，全部改编为国民革命军，共编为 7 个军。在广东的粤军编为第 4 军和第 5 军。

1925 年 11 月 21 日，第 4 军在肇庆成立，典礼在南校场今西江体育场举行。第 4 军军长先是梁鸿楷，后为李济深，先辖陈铭枢的第 10 师、陈济棠的 11 师、张发奎的 12 师共 3 个师，后增编徐景唐的 13 师。12 师辖 34 团、35 团、36 团，叶挺任 34 团团长。

叶挺独立团在广东省肇庆成立时，番号为国民革命军第 4 军第 12 师第 34 团。次年 1 月肃靖南路，改番号为国民革命军第 4 军独立团，全团官兵 2 100 多人。

34 团的团部，设在北门外景福围局（今城北路端州人民医院），挂牌国民革命军第 4 军第 12 师第 34 团团本部。不久，团部迁往城中路旧府衙督办署。1926 年春，34 团改编为第 4 军独立团，脱离 12 师，叶挺仍任团长。团部设在原肇庆府署内，今肇庆城中路的丽谯楼是原肇庆府署的大门。独立团牌子就挂在这个府衙大门口。牌子为木质蓝底白字，直书“国民革命军第四军独立团”，大门后原有一座两层的楼房（在地区第一人民医院内），为当时国民政府西江善后督办署，团部办公室设在督办署大楼内。团部办公室东侧，为独立团军需处。团辖下各营连分驻东校场、府学宫、红楼、阅江楼东侧一间公祠、星岩水月宫、法轮寺（南校场侧边）、白沙龙母庙、梅庵和宝月台一间公祠等。

叶挺独立团建立同时，广东区委也决定成立叶挺独立团党支部，以陈独秀的外甥吴季严为支部书记（大革命失败后吴季严离开革命队伍）。当时，独立团内没有国民党的组织，只有共产党的组织。支部领导不叫“支委会”而称“支部干事会”，干事有叶挺、吴济民（初期任参谋长）、董朗（负责组织）和周士第（负责宣传）。吴济民调走后，周士第随即担任独立团参谋长。

干部的任免调动以及兵源的补充，也是由广东区委决定，连以上干部都是由周恩来挑选优秀共产党员担任，甚至有的党员士兵也由周恩来同志亲笔签写意见派到独立团来，对第 4 军只是采取“先斩后奏”的形式。独立团在北伐途中成立特别大队和补充营，都是在党的指示下“先斩后奏”的。

建团之初，有中共党员二十多人，后来发展至一百多人。党支部下设六个党小组。第 1 营党小组长周士第，周士第调到团部后，由第 1 营营长曹渊任组长；第 2 营党小组长由营长贺声洋兼任，贺调走后，由新任营长许继慎（后在湘鄂皖革命根据地任红一军军长）兼任；第 3 营党小组长杨宁，1926 年 5 月北伐前，由新任营长张伯黄兼任。党支部不归第 4 军政治部管，而直接属广东区委领导。请示汇报工作找周恩来，或直接找陈延年。军委傅烈委派西江特派员吴铁若住肇庆十字路，代号为“一百”，和叶挺独立团参谋董朗建立单线联系。

叶挺团驻肇庆期间，还有一个维持治安的机构，叫“肇庆军警联合巡查处”（简称“军警联巡”），叶挺兼任主任，该处设在海星学校对面一间歇了业的旧当铺，该当铺原系曾任广东省省长李耀汉的产业。军警联巡的队伍，是由叶团长派出军官士兵和肇庆公安局派出警官警察组成，每日上街巡逻。

1926 年夏，国民革命军进行北伐，第 4 军独立团奉命提前出发入湘。

江滨中路：铁军初试刀锋

端州江滨中路在 1949 年前建成，1980 年之后才有现在“十里长堤观光带”那么壮观。“叶挺独立团团部旧址纪念馆”就在此路段最触目的阅江楼。

叶挺独立团是由中国共产党创建和领导的第一支人民武装部队，毛泽东曾当面称叶挺是“共产党的第一任总司令，人民军队的战史要从你写起”。这是因为 1927 年 12 月爆发的广州起义，首次打出了“红军”旗号，而叶挺担任了红军的总司令，“第一任总司令”之说由此而来。朱德说：“三大起义创建了人民军队，叶挺独立团就是人民军队的前驱。”

叶挺独立团在肇庆初试刀锋。在 1926 年 1 月初，高要、广宁和德庆三县地主豪绅扬言：“今时不同往日了，孙大炮（孙中山）死了，国民革命军归蒋介石管了。”在罗建村制造了骇人听闻的“高要惨案”。叶挺请示消灭这股地主民团及土豪劣绅。1926 年 3 月 5 日，以罗建村为首的地主土豪劣绅在该村周围修筑十三座炮楼，纠集一千多名受骗村民组成民团，号称“神功仔”，斩鸡头、饮血酒、念符咒、吞朱砂，念着反动的咒语打头阵，实行“见狗打三枪”的残酷洗劫，向正在邻村的独立团军事委员会发起进攻，扬言要和独立团决一死战。

战斗打响，独立团一个营加上农民自卫军不到四百人，在叶挺的指挥下，迅速散开，抢占有利地形。“嘣、嘣、嘣……”随着一阵阵枪声，独立团的几个神枪手首先把冲在前面的数十个“神功仔”撂倒后，顿时“神功仔”们乱了阵脚，纷纷窜回到罗建村上炮楼严防死守。此时，独立团机枪连瞄准炮楼枪眼，密集的火力打得敌人无法抬头，“神功仔”并非刀枪不入。

这时候，枪声突然停下来了，从独立团阵地上传来了一阵阵白语歌声："神功仔，真正穷，要帮农会打冲锋，唔好（不要）穷人打穷人，俾佐（给了）地主来利用……"由于大多数的"神功仔"都是贫苦农民，白话歌儿深深地打动了他们。这时，许多的"神功仔"推倒村西的寨墙，冲出了首领的控制，跑到独立团这边来了，马上掉转枪头跟着独立团战士一起攻打地主土豪劣绅。经过一天的激战，独立团终于在当晚拿下罗建村，彻底拔掉了反动地主的老巢，摧毁反动地主的武装，活捉匪首。

此役，毙敌一百五十余人，伤者不计其数。随后，叶挺张贴告示，勒令反动地主赔偿损失，严惩祸首。残匪们见告示一出，马上写信给叶挺，表示按规定办法赔偿损失，交出枪械。几天内，交出赔款五万元，各种枪支三百多支，叶挺将其交给农会，武装农军。

叶挺风趣地说："不是有地主说过农会请得独立团来，他就输头水牛给你们吗?"说着"嚓"地一声从腰间抽出了指挥刀往桌面上一放，斩钉截铁地说："今天就杀他那头大水牛，叫他知道我们农会的厉害，这种人的威风不灭，农民运动就无法开展起来。"于是，农会干部带着一班人把地主家的大水牛当场杀了。

经过初试刀锋，叶挺独立团为第4军在北伐战争中赢得"铁军"称号起了重要作用。

天宁北路：大革命第一次怒潮

1924年，在天宁北路发生过一次引人瞩目的重大公祭活动。

大革命时期，怒潮推动，端州群众革命激情奔放，人们对半封建半殖民地的社会和军阀万分痛恨。人们不会忘记革命可歌可泣的情景，不会忘记国民党当局屠杀革命群众的行径。

1924年，国民党与共产党第一次合作，标志着统一战线的形成，同时也是大革命时期的开始。当时的高要县（今端州所在地）各地先后建立了农民协会。1926年秋，民团勾结土匪包围农会，拘留农军二十多人。县农会闻讯，即派人前往交涉，要求放人。但是，民团豪绅野蛮至极，要把这批农军押解到县前路的高要县府。

情急之下，农民自卫军忍无可忍地派出武装人员前去抢救。但是敌我势力悬殊，敌强我弱，农民自卫军被打死五六人。共产党员西江办事处主任韦启瑞和国民党县党部执监委员的共产党员李本侠闻讯后，即一面把详情报呈上级，一面通知金利农会，把牺牲会员的遗体用棺木装殓运回端州，在天宁北路空地（即后来西江饭店位置）盖搭大棚，举行追悼大会。

当时的国民党县长李炯，在革命高潮的形势下，不敢阻挠。各机关单位和爱国的社会人士送来的挽联有几百副，其中有一副挽联是一位黄先生悼念其弟弟的，原文是：

我弟壮志未酬，入虎穴，救党员，血肉横飞遭贼害；

愚兄伤心何极，问昊天，求先帅，威灵指导披雪仇。

李炯于1925年6月11日任高要县县长，1926年11月16日被迫下台。李炯被撵走后，在县党部李本侠的组织发动下，全市学生和工农群众开了一个声讨李炯的大会，会后化装大游行，扮李炯的是肇中学生黄显和，随其后有人手持扫帚、锄头作打人状，沿途高呼口号“打倒帝国主义”、“打倒军阀”、“打倒李炯”。是日参加游行的有两万多人，晚上，又在天宁北路口的大棚上公演《打倒李炯》的白话剧，把李炯的丑恶面目揭露得淋漓尽致，激发了人民对反动人物的憎恨。

1927年4月12日，蒋介石叛变革命，李炯卷土重来，再次任高要县县长。他下令把当年参加过揭露他丑恶行为的和参加过演出《打倒李炯》话剧的人员全部拘捕，后来，有些被勒索巨款释放，有些被送去坐牢，曾扮演李炯的黄显和被押赴南校场（今西江体育场）枪杀了。

这些事件，就这样活生生地发生在端州百姓的眼皮底下。

火攻营：发起西江暴动

火攻营，是明代街名，又名桂馨街，现在阅江路中段。1927年肇庆发生“4. 16”反革命大屠杀后，西江地区各县多次举行武装暴动，其中规模最大的当推1927年5月的肇庆暴动，涉及高要、云浮、新兴三县农军和农会会员近三千多人。

广东四大农民运动领袖之一的黄学增，作为西江暴动特派员，化装成贩杉木的商人，秘密来到高要禄步笋围的黄洲村，与掩蔽在这里的罗国杰、周其柏、陈均权、许其中和伍亚月等原西江党组织一些负责人和农会骨干，研究暴动部署。同时成立同盟农军，在高要的黄洲村设立临时指挥部，黄学增任总指挥；并决定攻占西江重镇肇庆，占领肇罗绥靖处，地点在端州城中路原高要县府址。

西江党组织举行暴动的联络处在火攻营阅江楼。5月上旬，特派员廖越进在阅江楼取得联络后，秘密到云浮。西江暴动临时指挥部在黄洲的活动被敌人发觉，暴动尚未举事，国民党高要县民团和警察队数百人就前来围攻黄洲。农军撤出此地，转至云峰乡。

14 日，高要西江北岸驻领要的农军首先举事，攻打位于广宁、高要交界的乐城警察分署，当场击毙署长梁永吉，全部警察被缴械。同日，为扫清通往肇庆的障碍，县农军一百多人攻占了新桥镇水口圩，俘虏警兵陈次云、冯世康等十余人，缴长短枪十余枝。南北两岸同时袭击均获成功。

16 日，云浮县农军六百多人、农会会员一千四百多人，共两千余人会集在腰古圩动员誓师起义，准备汇合进攻肇庆。不料，被敌团长云瀛桥发现，率领人马赶到腰古圩，分两路包围誓师起义的农军和农会会员。战斗打响后，激战数小时，农军伤亡十余人。敌人攻入腰古圩后，焚毁农会会址和民房，悬赏缉拿农会领导人和农会骨干。事后不久，程鸿才、张誉、李灶等农军领导人先后被反动派杀害，起义遂告失败。

高要南北两地的农军袭击当地警察分署后，立即被敌人严密监视，并招来残酷的镇压，农军只得分散隐蔽在料村、波河和领村。至 7 月，高要农军出击伍村的反动民团，取得过一些胜利，但遭到反动民团和国民党军的联合“围剿”。高要县党组织见敌我力量悬殊，决定撤出，率领一百多名农军与广宁农军会合，在两县边界开展游击战争。其余农军分散到各处山区活动。

虽然肇庆起义失败了，但它却震撼了西江两岸，动摇了西江地区的反动统治，对西江两岸人民群众的革命斗争有着深远的影响。

镇南街：最早的工青妇组织

阅江路在旧时有一段叫镇南街，在阅江路西段北侧。在这里，原先到处都是清代晚期和民国时期的房屋。解放后，政府将阅江路拓宽，许多古民居先后被拆除，改建成高大的商品楼，人们已经感受不到镇南街的古色古香。

据说，当年的高要县工会组织，始建于 1921 年 12 月，地点就在端州城外古崧台和镇南街，即今阅江路。那时的工会，有土木建筑工会、车衣工会、理发工会，这是高要最早的工会组织，全部都来自县城肇庆即今端州。

五年之后又一次成立高要县总工会。1925 年，中共党员周其鉴、韦启瑞、胡震川以及高要籍的中共党员伍腾洲、许其忠等受中共广东区委委派，先后来到端州城组织工人运动，这时，全城的工人已发展到六千人左右，其中店员工人居多，其次是手工业工人和交通方面的工人。工人中的女工也有两百余人，主要是织造工人。随着运动的发展，工人数量不断增加，工人政治觉悟也不断提高，成立县一级工人组织的条件已成熟。

1926年5月，在端州宾兴馆东侧古崧台召开工人代表大会，成立高要县总工会。总工会由鱼苗、驳载、土洋杂货、里缆、毛巾、界木、理发、车衣、酒楼茶肆、土木建筑和制饼等23个行业工会组成，会员达三千多人。

工人运动同时带动了妇女组织活动。1926年5月，中共广东区委妇委书记区梦觉到高要，协助建立广东省妇女解放协会高要县分会。这是高要县最早建立的全县性的妇女组织。据说，高要县分会这个妇女组织的成立地点也在古崧台。

1925年8月31日，高要的妇女组织在领村首先成立。主任是陆亚妹，副主任是陆亚连，委员由胡肖、伍菊兰、宋芝等人组成。农民妇联会在党和农协会的领导下开展各种活动，同各种反动势力进行斗争，在农民运动中发挥了“半边天”的作用。

镇南街一度成为肇庆青年组织的发起地。肇庆有过“肇庆学生联合会”组织，领导过轰轰烈烈的学生运动。“五四”的斗争精神一直留在广大青年学生心中，为青年组织的建立和青年运动的开展打下了基础。

1921年冬，中共广东支部书记兼团区委书记谭平山派人到端州开展革命活动，组建了广东社会主义青年团肇庆分团，这是全国最早建立的17个地方分团之一。这时的青年团组织属党团混合组织。这个分团在肇庆师范组织“晨曦社”学习马列主义，在学校和工人中发展团员，陈殿邦为该分团的负责人。1922年5月，高要县曾派出青年代表到广州参加全国第一次青年团代表会议。

1924年1月在广州召开第一次全国代表大会，实现了第一次国共合作。工农革命蓬勃发展的同时，高要的青年运动也逐步活跃起来。1926年9月，省立第七中学（今肇庆中学）发生学潮，共青团广东区委以国民党广东省党部青年部的名义，派胡震川为青年运动特派员到省七中领导学生运动，发展共青团组织。9月至12月间，先后在省七中、省第四师范学校（原肇庆师范）、高要县中、禄步圩等处发展团员和建立团组织。

1927年2月21日，端州镇南路三圣宫三十七小学召开团员大会，团地委机关也设在此地，成立中国共产主义青年团高要县地方委员会，隶属于共青团广东区委，下辖四个团支部，团员有四十多人。团地委书记是胡震川，又名胡武戡、胡济生。共青团组织建立后，青年学生就通过演话剧、街头演讲、开晚会等多种形式，发动宣传攻势，大造社会舆论，在群众中产生了良好的效果。

1927年4月16日，国民党反动派在高要发动反革命政变，共青团高要县委书记被捕，高要县的团组织在白色恐怖中解体，停止了组织活动。同年12月，经共青团广东省委张秉文建议，由中共高要县委员会指定11人组成共青团高要县委员会，其时有共青团员三十多人，李光祚为团委书记。

当时组织成立了“肇庆青年抗敌同志会”和“肇庆妇女抗敌同志会”。1927

年4月16日，国民党反动派在高要发动政变，驻肇庆的军队包围了省农会西江办事处和高要县农民协会会址，办事处主任韦启瑞、县农协会执行委员长伍腾洲等多人被捕；接着在高要进行大规模的“清党清乡”活动，搜捕共产党员和革命人员，查封革命机关。白色恐怖遍及端州全城和高要县，工会、妇女组织、共青团组织被勒令解散，革命进入了低潮期。

石狗巷：自卫团记录劫难

石狗巷，即睦民路的一条横巷。1938 年 1 月 15 日，日本侵略军进犯广东，日机轰炸高要。4 月，高要为抗敌御侮，“广东民众抗日自卫团高要县统率委员会”在石狗巷成立。主任委员是陈斗宿，副主任委员是梁乃森，训练员是李寿祺。委员会办公地点设在端州石狗巷一间两层楼房。

自卫中队编制同正规队部差不多。各级队长和官佐，均自费购置全套军装，有些还佩戴上与自己职务相等的正规军的领章，俨如正规军一样。奉命集结，集中食宿，日夜轮班站岗放哨。武器来源全是当地群众或各姓先祖曾买下的枪弹，借给自卫团使用。

1939 年初，全县抗日自卫团奉命改编为“集结队”，不出月余，1939 年各大队改编为集结队的同时裁撤了，又改为“高要县游击司令部”。司令由县长覃元超兼任，司令部的日常工作，由县府派员兼办。日敌势力延伸至三水便按兵不动，战事呈胶着状态。同年，游击司令部也撤销了。各集结大队统由县“国民兵团团部”指挥。

1944 年夏，国军预备第 6 师 16 团奉命驻肇戍守，抗击日寇入侵。县自卫大队防卫广利及回龙。9 月 11 日国民党驻肇的军政人员开始撤离。12 日，江防水雷队在三榕峡布雷，布防于迳口的炮兵营于凌晨撤出阵地。端州城区仅得70 名警察由郭作球带领维持治安。

据悉，从 1938 年 10 月 15 日至 1943 年 10 月 17 日止，日寇飞机在城区、七星岩、高要村庄空袭轰炸达两百多次，投下炸弹三千多枚，炸死 1 150 人，伤 1 822人，毁坏房屋店铺 5 000 多间，军舰一艘，轮船电船 15 艘，木船艇及小艇共 29 艘，耕牛牲畜损失无数。其中仅空袭肇庆城区就有 55 次之多，低飞用机枪向村民扫射，投下炸弹 1 244 枚，死 242 人，伤 597 人，毁坏房屋商店 560 间，学校三间。肇庆中学、女子中学和县府变成了一个废墟。四十多具尸体被炸得血肉模糊，难以辨认，惨不忍睹。

日寇侵犯肇庆，地面大规模的扫荡比空中轰炸更为残酷。在农村，凡是日本鬼子驻扎或路过的村庄均遭劫难。日寇见人就追杀，见猪便刺，见鸡就打，搞得鸡犬不宁。

1943年秋，日寇闯进水坑村，破门入屋，杀猪杀鸡，掠夺财物，来不及逃避的村民有数十人被迫当挑夫，有两名挑夫被杀死，数名村民被杀害。日寇路过活道上迳一带村庄时，乱闯民宅，肆意将农家的谷米拿去喂马，随村追鸡打狗，宰牛杀猪，翻缸倒罐，见到能吃的东西就吃，吃不完的就撒上屎尿，致使缸坛里所装的谷、米、粉、豆等物满是屎尿，臭不可闻，不能食用。

到了晚上，鬼子则搜集村民家中的木料、木门、台椅等家具拿来燃烧照明，未烧的家具就将其毁坏才离村。只要是日寇经过的地方，家具什物一扫清光，还强拉村民到处去找“花姑娘”，发泄兽欲，连病人、儿童、孕妇也不放过。金利禄村三十多个老妇人因年事已高，行动困难，日寇进村时未能躲避，鬼子便把她们拉到一间大屋里，一把火把老妇们活生生烧死，真是惨无人道。

端州城区处于被日军四面包围之中。珠江三角洲的难民大量涌入肇庆，端州文庙作临时难民收容所。商场店铺停业，许多厂房、作坊被迫停产，使高要的工商业和手工业遭到极其严重的破坏。天宁南路义和祥烟店，店主疏散下乡，由一李姓的刨烟工人看守，因半夜叩门迟开，即捕至密侦队，刑讯灌水、电刑、殴打致残，不久便死去。

1945年8月15日，日本投降，保安司令陈文与高要县长覃元超负责受降任务。接下来没几天，国民兵后备队指挥所莫启明偕同翻译，渡江到日军荒武大尉寓所送达牒文，联系受降。当晚，受降人员分三路进入肇庆城：第一路国民第三大队林展进入黄岗圩，第二路特务大队翟生部从大湾窦头圩进入睦岗桂林头，第三路自卫第一大队李浩棠、政警中队长覃泽泉率队由肇庆塔脚进城。

几天后，陈文、陈斗宿、覃元超等由廖强部警卫乘“大明星”轮从新兴江口渡江在南校场登陆肇庆，到高要县商会（今端州区正东路工商银行储蓄所）举行仪式，接受日寇投降。

福肇社：中共肇庆交通站

有战争就有潜伏。1939年10月，中共西江特委，简称“西特”机关的交通情报站，设置在端州福肇社26号，今宋城东路与麒麟街交合一带。福肇社今不存。

“西特”在端州有塔脚街、沙街、麒麟街和肇庆酒店等多个重要的联系点，其中一个是在当年的高要县邮政局。中共高要县陈彦祥（陈道），公开职业是高要县邮政局局长，与交通员宋兆真假冒夫妻实施地下工作，地下党员陈苏（陈铮朗）公开身份是国民党电台台长。凡写着暗号或代号的信件，由陈彦祥秘密转交给“西特”机关领导。凡是来肇庆找“西特”联系的，只要投一封信到高要邮局，很快就能与“西特”接上头。

“西特”另一个交通联络站设在肇庆城中路 15 号的高要书店。这是一间普通的临街骑楼式店铺，坐北向南，高两层，面积 50 多平方米。南面对着城中路（城中路两边均为骑楼商业街），西侧商铺为肥肥滋养店，东侧亦为临街商铺，北侧为市政府大院内的办公楼。书店 1940 年 1 月开办，谢权是书店的经理，另有邓锦波、苏带等工作人员。初期由“牛哥”（“西特”组织部长梁嘉）来书店联系，后改由他妻子“牛嫂”来联系。谢权每次带文件到外地都顺便带一些书刊回来，以掩人耳目。

当时，端州城区共有四间书店，私营、公营各两间。私营书店有启明书店、万有书店，除经营图书以外，还经营各种文具。公营书店有青年书店和高要书店，分属于国共两党。

青年书店是国民党高要县党部于 1940 年 4 月开办，设在正东路，专门出售国民党的书籍与报刊。高要书店是“西特”和中共高要工委联合筹办，出售进步书刊，对群众特别是青年群众影响较大，来店买书看书的人很多。但由于书店当时出售的都是清一色进步抗日书刊和马列主义书籍，“红”的色彩显得较浓，引起了国民党察觉。青年书店曾多次派人以借谈生意为由，到书店试探情况。国民党高要县党部和西江专员公署多次派人到书店检查，带走一些进步书籍与报刊。接着，警察局传讯谢权、邓锦波两人，指责书店出售进步书籍和报刊是别有用心，限期他们在三天内离境。高要书店于 1940 年 7 月 6 日被迫关闭停业。

目前高要书店主体建筑基本保存完好，分上下两层，首层为店铺，二层为居室。这个中共西江特委交通站旧址，2007 年 6 月被肇庆市人民政府列为市级文物保护单位。

独立营：武警驻军之营

历代兵家逐鹿岭南，肇庆皆为必争之地。凭借独特的地理、地域优势和良好的西江水道，肇庆成为岭南的军事重镇，已是毋庸争辩的历史事实。

三国时吴国战将步骘、晋代农民领袖卢循、南朝陈开国皇帝陈霸先、唐代农民领袖黄巢、南汉皇朝奠基者刘稳、元代瑶族反元武装首领蒋丙、明代蛋民武装领袖黄萧养、抗倭名将俞大猷、陈璘、李自成农民军将领高一功、张献忠农民军将领李定国、清代红巾军领袖陈开、李文茂、抗法将军彭玉麟，到民国初年孙中山、蒋介石、李宗仁、陈诚、陈炯明、李济深、邓演达、陈济棠、陈铭枢、张发奎、蔡廷锴等一大批著名将领，以至现代杰出军事领导人叶挺、邓兆祥等，都曾在肇庆指挥过兵事。

但是，作为军事力量的基地而命名的街坊，在端州并不多，现在只有端州独立营和水师营巷的街名。

独立营又称“独立营坊”，在城北人民中路横巷，有四百多米长。这条古坊巷，在嘉靖十三年（1534）曾由兵备黄澄建为北校场。在“文革”期间，独立营坊曾称为新华中路横巷；1981 年命为独立营，见证了中国人民武装警察在肇庆的发展史。

武警部队的前身是公安部队。1949 年肇庆解放前夕，国民党向海南岛撤退，几十万大军经过肇庆。一些以小犯大的恶行渐成西江潮涌，应引起我军的高度警惕。

国民党为“反攻”设伏，在肇庆留下不少特务、土豪恶霸。建国初期，西江一带的水霸、土匪十分猖獗，过往船只经常遇劫。于是，广东省公安厅先后在肇庆成立了公安队、公安西江水上分局，并进驻了三个武装护航连队，与匪霸开展了激烈的斗争。经过五年的时间，一举打掉了匪霸宁禧的“西江青年英勇便衣队”和匪霸司令孙东的“国防部广东突击第一纵队”等。其中，“西江杀人王”廖强假投降，恶霸覃元超则潜伏北岭，准备“反攻”，并扬言以广东肇庆中学为龙头带动附近学校发动学生罢课，以便策应“反攻”，最后也被歼灭。

在此基础上，1956 年初肇庆第一支武装警察支队在“独立营坊”成立，直到 1966 年 7 月，归入肇庆军分区管辖，编为独立营。1981 年肇庆把驻扎这支独立营的街坊定名为独立营（坊）。这就是“独立营坊”的得名由来。

1982 年 6 月 19 日，中共中央决定将中国人民解放军担负内卫执勤任务的部队同社义务兵役制的武装、边防、消防警察统一组建为“中国人民武装警察部队”。中国武警部队经过近些年的调整扩充，已成为一支多警种、遍布全国各地、具有相当规模的武装力量。目前，武警部队拥有三类八个警种部队。当然，经过几度变更，当年独立营就成了当今的肇庆武警支队，新的驻地在端州前进路。

肇庆的独立营有着光辉的历史，旧驻地也让百姓所熟悉，因而地名也就保留下来了。

巡捕巷："解手"一词的产生

早在清代行政区域，端州城中路东段，有两条并列的小巷，一条是弓箭巷，另一条是巡捕巷。一天，我走近看了一眼路牌，钉在路口墙上的是"巡捕巷"，路牌是不起眼的蓝底。据前辈们讲，这巷名可追溯到一百多年以前，那是端州当年巡捕集中的地方。当时该巷十分狭窄，不太直，宽仅两米。"文革"中一度更名为红旗二路三巷，1981 年地名普查时恢复原名。

巡捕巷这里原是府衙、县衙的巡捕。建仓之初，周围居民甚少，后来羁押仓迁移，居民逐渐增多便形成了如今的街道，羁押仓就逐渐淡出了人们的记忆。

巡捕一词，在明《如梦录》是这样记述的："清军厅、南河厅、巡捕厅、理刑厅、管粮厅等署并仓，重者下监，轻者送仓。"可见明代时巡捕即是办理案件的地方，并不是关人的监狱，类似今天的派出所。当然也有"轻者送仓"的临时关人的地方，也就成为羁押的一种。《新唐书・食货志四》记载："亭户冒法，私鬻不绝，巡捕之卒，遍于州县。"巡捕是巡逻搜捕的意思。当然，使用"巡捕"一词最盛的是清政府时期，这是中国古代治安官吏的职责所在。

清代各省督抚等衙门有巡捕官，是督抚或将军的随从官，分文职武职，各司宣传与护卫。端州也不例外，因地域是两广总督府驻地，也就有了巡捕体系的巡捕人员和巡捕房。另外，巡捕又是清代总督、巡抚、将军的随从官，分文武两种。文巡捕以本省的佐杂官充任；武巡捕以本省低级武官充任，负责宣传和防卫。钦差官如主考、学政亦有临时的巡捕，由督、抚指派。当然，端州并非租界，巡捕自然是"掌分讯防守，巡逻纠察，维持治官"。

之后产生了"警察"一词，由它代替了"巡捕"，这是从日文中引进的。1901 年，清廷与日本人川岛浪速合作，创办京师警务学堂，这是中国第一所警察学校。学员从"抚标护军营"挑选，经三个月强化训练后毕业，替代了旧的保甲总局，组成了"警察总巡局"。警官、警员全部由国人充任，从此，面目随之一新。

据说，巡捕是羁押的手段。传说"解手"一词是由羁押而产生的。清朝的时候，两广总督曾经多次将人犯带回端州，为了防止逃走，押解的官吏就用绳子把他们全都串联起来，拉着大队行走。这样，人犯要是大小便的话，就必须请求押解官把捆住手的绳子解开。时间长，人犯要上厕所，就直接说："我要解手！"从此以后，"解手"一词就成了上厕所的代名词了。

如今巡捕巷，虽然还保留怀旧风格，但已不是人们心里的独特风景。小巷没有古老建筑的味道了，很多旧建筑都已经荒废或被拆，古巷只能见证岁月的变迁和沧海桑田。

风光景象

端州，是西江诗意的栖居地，是人与自然和谐的雅歌；端州，是一幅水秀山明、无墨无笔的图画；端州，是一篇鸟语花笑、有声有色的文章。它是通俗之城，亦是秀气之都。

沙街：白沙景观何处寻

旧时端州，在城西有一条长长的、依山傍水的路，俗称“沙街”。明洪武年间（1368—1398），为西厢“白沙”街，清朝称为前沙街与后沙街。前沙街东接西江南路，西连厂排街，后沙街在前沙街北面的背后，它们全长约三百米。1966年“文革”时期，此地改称为红旗四路。直到1981年，市政府颁布标准地名，此地又复称前沙街与后沙街。

白沙滩紧靠龟顶山。西江自西南而来，到这里之后突然转向，形成一个很大的河湾。经年累月，这一段的河心便积聚了一大片幽雅的沙洲。沙质细腻色白，故名“白沙”，这形成了古端州八景之一——“白沙鹭聚”。

1431年的一天，肇庆知府王莹与一班官员到此一游。远远看去，峡锁大江，天上白鹭，宛若沉银，相聚沙滩，构成一幅“平沙聚鹭山锁水”的天然图画。知府王莹欣喜若狂，连声赞道：“天赐人间美景，地设白鹭天堂。妙哉妙哉！”于是，他首创了肇庆八景，即“南山翠盖”、“北岭秀台”、“崧台月霁”、“石室星罗”、“羊峡归帆”、“白沙鹭聚”、“鼎湖樵唱”和“五显渔歌”。

岁月流逝，沧海桑田，1588年，肇庆知府郑一麟重排八景为“南山翠盖”、“北岭秀台”、“崧台月霁”、“石室星罗”、“羊峡雄开”、“鼎湖巨镇”、“端溪带绕”和“包井冰清”。1673年，肇庆知府史树骏修订八景为“石室列星”、“鼎湖濯云”、“宝月涵辉”、“披云耸翠”、“烂柯仙踪”、“神符玉峭”、“峡山刹胜”和“包井冰清”。两次都没有白沙鹭聚一景，这是由于当时已有大量难民涌入肇庆，并且多人栖身在西江沙滩周边地带，并逐渐形成了两条街道，分别名为前沙街与后沙街，因此“人聚而鹭散”。

1903年的一个秋夜，端溪书院教席李良骥亲临白沙。只见月圆之夜，天空深邃得唯独一轮明月，如圆洞之口，往大地均匀地洒落着银白色的光辉。西江边上的一带白沙与月光相映，顿时成了闪闪光芒的“磨砂镜”，返照上空，令世界如此纯洁、安详、平和，令人沉醉。于是，李良骥在重订端州八景时，将“白沙观月”与“羚峡归帆”和“沥湖返棹”、“龟顶松涛”、“崧台晚眺”等并列。

民国初时，梁赞将端城八景重新订正为“星岩叠翠”、“白沙夜月”、“龟顶松涛”、“江楼晚眺”、“披云鹤唳”、“宝月观荷”、“羚峡归帆”和“五显渔灯”。1934年，梁清平等人修订八景时说：“城西八里有白沙台濒临端江，台上有鹄奔亭，台邻有龙母祠。每当秋高气爽之时，临江望月，则见茫茫一片，皓白天边……”故此地又名为“白沙夜月”。

空明一片皓无尘，皎皎天中孤月轮。龙母祠前光可鉴，鹄奔亭畔跡难真。
萧萧凉夜清如水，点点晴沙白似银。为问桄榔在何处，白沙岗上万松新。

时移世易，白沙渐渐变成绿纱帐，再变作生活区。1987 年，端州八景征集拟出“七星竞秀”、“鼎湖幽胜”、“长桥浴日”、“羚峡清风”、“江楼浩气”、“披云揽月”、“宝月荷香”和“四塔擎天”。后来由于体制改革，评景一事就搁下来了。2002 年恢复评选，经过一年的评议，确认“梅庵香雪”、“宋城揽古”、“星岩烟雨”、“鼎湖幽胜”、“江楼浩气”、“牌坊夜韵”、“江堤塔影”和“峡砚清风”为“肇庆八景”。

白沙滩风光不再，仅剩遗址，只有江上明月依然如故。

古崧路横巷：五显渔灯半入城

古崧路横巷，旧称红旗一路一巷，现在正东路横巷，以前可通往西江边看江景，如今则要走在端州江滨路了。旧时在晚上，遥望西江南岸，令人神往地想起一首“五显渔歌”：

隔江五显景无涯，灯火渔舟数十家。忽灭忽明多变幻。乍离乍合互参加。
歌声婉转成风调，人影依稀见月华。良夜相逢钓鱼叟，欢然把酒入芦花。

古代，西江南岸有一地名叫“五显滩”，那时候的“五显渔灯”便是古端州八景之一。可是，现在“五显渔灯”的景观没有了，“五显滩”也化为高要新城的灯火景象，替换了渔歌唱晚的回忆。

据说，西江南岸在古代有五显庙，所以称为“五显滩”。古人云：“五显者，五行五气之化也。”五行大帝，按俗以东方青帝、南方赤帝、西方白帝、北方黑帝、中央黄帝。五显大帝，全称“五显华光大帝”。传说华光大帝是火神，有三只眼，故又称“三眼华光”，他喜欢玩火。一次因玩火烧了玉帝的九龙墩，玉帝大怒，设斋打醮斥令他每年八月初一由天上下凡。每年农历八九月间，天气干燥，容易发生火灾；华光诞当天，即打醮结束那天，居民把易燃的木炭、纸屑等捆成一把，放置门口，由巫师、和尚挨家逐户收取，集中于纸船，投入江海中焚烧，称之为“送火灾船”。届时家家户户到火神华光大帝庙参拜，供奉柴、米、油、盐，以及元宝、香火等，祈求一年平安。

西江一带的广府地区，在城乡都有拜谒五显大帝的习俗。每年阴历九月二十八日，五显大帝生日这天，要举行隆重的庙会。在渔家的民俗中，他是由神到人，又由人到神和神灵。传说，玉皇大帝封其为“玉封佛中上善王显头官大帝”，并永镇中界，从此万民景仰，求男生男，求女得女，经商者外出获利，读书者金榜题名，农耕者五谷丰登，有求必应。

“五显渔灯”则是端州西江流域渔民的“马灯”，称为“渔灯”。旧时地处端州区对面的南岸五显长滩，从凤湾至江口，长达五公里。这长滩岸边船泊甚少，而且又在五显庙的江边位置，所以看渔灯格外清楚。过去五显滩岸畔一带居民多以捕鱼为业，若夜游滩畔，则蟹簖渔灯，触目皆是。五三星火，倏灭倏明，人们便将这景象称作“五显渔灯”了。

有老人介绍，古代的西江流域，渔业虽然传统，却已经发达，尤其是清代、民国时期，西江河边春潮水涨，鱼花（即鱼苗）繁殖很快。西江渔民以打鱼为生，每年到春、夏末期在西江河装鱼花。因为在晚上装鱼花，分作几排，每一排鱼花箩高出水面之柱三米左右，首尾就挂着名为“马灯”的汽灯，点火油，是密封的，风吹雨打也不黑灯。

如果渔民装有三十多排，就要三十多盏灯不定。这个灯是警惕过往船只，不要撞坏鱼花箩，保护渔民财产。这个灯，完全为保护装鱼花的渔民而装置。水柱上都挂着这个渔灯，从远处望过去，一排排灯火很好看，把江面照得光如白昼。因此，“五显渔灯”列入肇庆旧八景之一。

五显滩一带水流稍急，适应渔民装鱼花，一排排的鱼花箩像蚊帐布那样的眼。每个鱼箩都染着茨良黄黑色，鱼箩的“形状”开口向上游方向，鱼来有入无出。这些鱼花装载上来，分辨出鲩鱼、大头、细头、口鱼后送往各鱼塘里养殖。这种鱼苗还被运到全国各地以及美国、日本等国家。所以清末和民国时期，这里的鱼苗很发达。后人题有《五显渔灯》，诗云：

五显庙前渔火稠，一江枫叶半江秋。
水村山郭依稀辨，飞镜穿云到绿洲。

星湖大道：新声梦萦醉游人

星湖大道原称星湖东路，是 21 世纪端州扩建的一条标志性样板路，东西走向，笔直数千米，宽阔数十米，妆上一缀花衣，艳艳阳光洒下来，水光一色，湖城一体。无论从哪个角度观赏，都突出一个“绿”，那是星湖大道得天独厚的景色。

星湖大道得名于星湖，而星湖的前身是沥湖。古时端州盛产蒲草，草席生产有千年历史，以草细柔软、编织精美为各阶层人士所喜爱，色泽鲜艳，质地柔软，织花美观，虫蚁不蛀，冬暖夏凉。那时，编织草席的原料——蒲草，主要出产于七星岩四周的沥湖、野塘之中，但 1956 年在七星岩四周建起了一个浩瀚似海的大湖之后，就再没有看到这种蒲草了。

古时候，这里荒芜，正如岩前村仙女思凡的一个民间故事，概括在仿如远古的《一剪梅·相思》里：

寸寸相思寸寸愁，春怕情开，夏怕情稠。冬来簇叶去无留，断了缠绵，错了金秋。

此世无缘来世求，心比黄连，泪似珠流。不思茶饭却白头，乱了睡眠，苦了孤舟。

后来沥湖区内，只留下遍种的荷莲，每到荷花次第将嫣红挑出水面的季节，农家女就“放莲船，采莲花”，轻摇乌橹船，弄叶声“咿呀”，荷叶密密不见人，莲歌响自莲蓬下。从这些可以想象沥湖是多么妩媚，它以田田莲荷铺一袭绿，清香袭人，点缀于七星岩畔，让人品味那份香远益清而高洁的品格。

往事越千年，沧海变桑田，如今沥湖已变星湖了。星湖比从前的沥湖大得多，由六湖组成，有波海湖、中心湖、东湖、湖光、青莲湖和里湖。现在虽无荷立于湖上，却绿水莹莹，也算清净无污。正如清代光绪二十年（1894）举人邱郦君《端城竹枝词》：

家家老屋掩柴扉，处处渔翁坐石矶。

笋洞春来蒲竹长，麦塘秋水鲤鱼肥。

2011 年，星湖大道的湖边垂柳丝丝，疏影卧于水面上，芳香出自绿叶间，与粼粼的碧波绿水构成旖旎的风景，使人赏心悦目，仿佛心里注着新鲜的水一样的碧绿。只见鱼翔水下，不时跃出水面，倏忽一闪，又不见踪影。从上往下看，游动着的鱼似乎是幽绿的，宛如涂上了绿色的油彩，仿佛鱼不是游在水里，而是被大自然的画师点缀于一片碧绿里，横看纵观皆是一幅底色全绿的画。2013 年，这里是绿道，是栈桥，是观光长堤。

1961 年 12 月，全国人大常委会副委员长郭沫若前来肇庆进行为期一周的视察。郭老年近古稀，但身体健朗，风度翩翩，幽默风趣。可他听力差，要凭借助听器才能听到。

傍晚，星湖彩霞满天，岩山小岛上空，成群结队的白鹤、鹭鸶在飞翔，晚上可望见端州古城灯火，月色中观赏湖光山色别有一番情趣。此情此景，令享有“文坛泰斗”、“杰出诗人”美称的郭沫若，翌晨赋诗一首：

七星落地上，天柱立中流。山多红豆树，窗对白凫洲。

月下开菱镜，云间结彩楼。勾留过一宿，灯火是端州。

如今放眼远眺星湖大道，那芊芊花草慢慢荡漾，如碧水连湖，假如不细心，不一定看得真切，还以为是凝碧叠翠的湖水展开的柔柔秀色。在此往东有个路过仙女湖畔的东门广场，只见光华耀日飞竞，听歌声曲韵，梦萦醉游人。

现在，人们生活越来越幸福，就像星湖的水秀，浓妆淡抹，活似披着碧纱的江南女子，平静而柔美得令人生情。星湖路面一平如镜，阳光灿灿，灯影迷人，蔚为美观，也像轻轻地荡着微涟。一路上，轻风拂动，如仙境般美妙，境界如诗如画。而笔直的路犹如一幅精美的工艺画屏，更在新编人间美妙的故事。

宝月台：皇帝补月留佳景

有时候，路名一改，就会改出个故事来。比如说，在端州城北路往宝月公园行走，便见一条宝月路，因为有宝月塘而得路名，古名叫“宝月台”。就这么短短的一条小路，嵌入城市的褶皱里，成为古端城八景之一的“宝月荷香”。古时的宝月路，池塘荷妍，凌波绿叶，晚风馥郁，佳趣无限，所以前人有诗赞：

浅水池塘短画桥，市廛虽近不烦嚣。风翻绿浪香尤远，水映江花影更娆。

君子立身原自洁，高人出处总逍遥！旅游何必名山去，到此尘襟暑气消。

其实，在宋朝，这里称“补月”，后改称“宝月”，以“宝月台”而闻名于世，并且有一个传说。

宋皇佑四年（1052），广西侬智高大军攻打端州，被狄青平定后，次年开始知州为地筑建土城，以“日月穿城”的理念设计好规划图，即城内要包括石头岗和龙顶岗两座山冈，为“日月合璧”，与城外北面的“七星（岩）彩耀”相拱护，造就端州的“日月星辰”，体现地灵人杰的风水学。可是，当时人口稀少，城郭过长会显得十分空虚，因而在施工时作了修改，结果，土城筑好后，把日月两座山冈置于城外。

到了绍圣三年（1096），十五岁的赵佶被封为端王，他听一个风水先生说，端州是风水宝地，可以发迹。果然，几年后，十九岁的赵佶登上帝位，称徽宗。之后，赵佶念念不忘端州宝地，有改建城墙，扩大城域之意，便令节度使郑敦义将土城改筑砖城。政和三年（1113），城郭扩大了，变成了“日”字形。

在端州升格为兴庆府之日，当地有个风水师问此城有何意思，郑敦义解说：“城是日字，日为阳，有白日青天之意；月为阴，则与星作伴，有星月交辉之理。先生认可否？”但是，风水师却说：“日作城，城可兴。可是月在何处？有日无月，阴阳不平也。要另修筑月台才稳妥。”这样，于政和七年（1117）在城外有水塘的地方，筑建了一座150多米宽的月台，当时有人便称作“补月台”。

但是，补月台这个名不好听，便改其名为“宝月台”。这就好了，真是“执”（捡）到“宝”了。这年，兴庆府也改为肇庆府，匾额由徽宗皇帝赵佶亲笔题书。在中国的历史上，皇帝亲笔题书的城市名恐怕只有肇庆了。

宝月台地方虽小，祠堂却多，如大德年间有“观音堂”。清光绪二十年(1894)，举人邱邴君走进这里，写下《端城竹枝词》：“银鹅金凤绣罗襟，豆蔻梢头二月深。宝月塘边珠翠影，鸦鬟扶著礼观音。”后又建有“恩流端水，美继崇崖”的“崇报祠”，歌颂前人为端州治水，“多事至今恩木铎；万民长此固金堤”。

宝月台周边还有芳阁和名店。清末年间，人们在这里可以一边喝茶，一边听戏，很多戏曲名角都曾经在这里演出过。这也成为文人雅士聚会的场所，文人在这里品茗赏月，吟诗作画，寄托古人旧梦。

再说，其实宝月路的前身是叫“牛皮路”，1981 年才标准命名为“宝月路”。用宝月路冠名，更能体现端州历史文化名城的底蕴。有了宝月台，也有了宝月荷塘。正如清代李良骥题《宝月荷风》诗云：

荷池十亩晚风微，宝月台前暮霭菲。戛玉有声翻翠盖，跳珠无力湿红衣。

波光似镜容鸳睡，花气如烟逐蝶飞。好是日斜帘半卷，一天香露沁书帏。

花园后街：内心栖息的美景

端州花园后街，在建设三路西北段处，南北走向，民国时曾命名为“光园后街”。据说，因有一个军阀仿曹锟的光园而命名为“光园”。

民国八年（1919）开发肇庆公园，原址在肇庆试院，又建苗圃场。可是到了民国十七年（1928），公园建成不久，一个军阀将一幢古屋称为“光园”，周围有民居，于是有了“光园后街”之名。后来形势一变，“光园”变为“花园”，“花园后街”之名就沿用至今。但是，它却一直无花园之实，原因是肇庆公园移到了今天的儿童公园处。

这里的“光园”古屋，在清代道光年间住过一位举人袁梓贵。有一日，进士苏廷魁入得天宁寺，见寺前一所树林，幽奇苍郁，古木森森，便问：“那一座树林是何处？”童子答道：“是袁梓贵举人所置花园，只一园林木而已。”苏廷魁听罢说道：“试往游玩一番。”

袁举人在此地写了许多诗词对联，其中在他的书房里贴了这样一副：

此地有崇山、峻岭、茂林、修竹；

只能读三坟、五典、八索、九丘。

苏廷魁读过这副对联，就觉得袁梓贵太夸张了。为什么呢？崇山、峻岭、茂林、修竹均不见，所谓《三坟》、《五典》、《八索》、《九丘》，都是传说中的上古的书籍，早已失传，袁梓贵怎么能读到呢？苏廷魁便给袁梓贵写了一封信，约好时间去见他。到了日期，苏廷魁去了，袁梓贵却又不在家。

苏廷魁想："可能是有意躲避我吧?"就对书童说："你家主人回来，就说我向他借《三坟》、《五典》、《八索》、《九丘》读一读。"袁梓贵回家来，书童如实地转达了客人的话。袁梓贵听后觉得很惭愧，就撤掉了那副对联。

1973 年，肇庆公园易名为"儿童公园"，并于同年 6 月 1 日起正式开放，地址在今天宁北路，古称"勒竹围黎家庄"，是城区儿童主要的游乐场所之一。儿童公园的主要服务对象是儿童，公园在提供安全的游乐服务、洁净的游园环境外，致力于打造成一个促进孩子们身心健康、全面和谐发展、寓教于乐的多功能乐园。

不过，流年似水，如今有市民说："星湖乐园早就无左咯（没有了），儿童公园的确系（是）个充满回忆的地方，不过，都咁（这么）多年咯，设备都非常破旧。肇庆就得（只有）一个儿童公园，可怜的'乐园'不在了……"

再说花园后街，在儿童公园越过天宁中路东面一带，街道不宽，居民聚集。民国时期，曾经有假山数叠，名木几株，流水一脉，倚栏默待窗月映水。后来，马路破损严重，小商小贩占道经营，拥堵不堪。垃圾当道，污水横流，臭气熏天，老百姓生活环境恶劣。思其街名，不禁仰街兴叹，早入后人谈笑中。

花园后街并没有街的古朴和宽阔，说它是小巷也没有巷子的宁静。人们也不悠闲，也不沉默，生活一如既往。有老人说，建国前后，花园后街的居民以大豆、谷子为主食；1978 年以前，以小米为主，难有猪肉；改革开放以后，大米成为人们的主食，一日三餐还有肉，生活条件大大改善。各种青菜一年四季不断，迎来送往还离不开酒。人们生活讲究营养，鱼、肉、蛋、奶消费日益增加，烟、酒、糖、茶家家必备。每逢婚嫁喜庆，宴席讲究色、香、味、营养价值。

别看这是一条短短的街巷，1980 年成立花园后街社区居委会，辖区范围东起文明路一巷、西至天宁北路东面、南起建设三路北面、北至跃龙电器城，辖区总面积 0.5 平方公里。2007 年后，花园后街以"和谐社区，你我家园"为主题，激发居民爱家园、爱社区的热情，成为一条样板卫生街。

星湖西路：耐人寻味龙舟节

农历五月初五，亦称"端阳"、"端午"、"端五"，肇庆人称之为"龙舟节"。

古时候，端午节的人们用艾绒制成香囊，挂在小孩胸前防病；有的用红绒丝织成的小网兜装着一颗臭珠丸；有的则用雄黄、臭黄、朱砂等中药包在一只小布袋里，袋里用红绿绒绣以各种动物图案和吉祥字样，称为"香包"。小孩胸前挂着香包，由长者带去河边观看龙舟竞赛，所以肇庆有童谣唱道：“团团转，菊花园，阿妈背我睇（看）龙船……”

肇庆素有龙舟竞渡的传统。从 1998 年起，成功举办了十几届龙舟邀请赛，每年端午节，来自港澳和国内的数十支龙舟队准时参赛。国际龙舟邀请赛在碧波荡漾的星湖湖面上举行，星湖两岸可以看到星湖龙舟活动的全景。

这一天，赛事隆重，气氛热烈。星湖牌坊西侧的星湖路人如潮涌，密密麻麻的人群，插缝无隙。龙舟赛之时，锣鼓喧天，鞭炮齐鸣，欢呼声、呐喊声、鞭炮锣鼓声此起彼伏，声震云霄。龙舟队拼命向终点挥桨划去，万人为参赛队员欢呼“加油”助威。期间穿插的水上芭蕾等表演项目，也让现场观众尖叫不断，直呼过瘾。

龙舟赛习俗是从赛农艇演变过来的，都在西江举行。古代端州是泽国江滩，境内河涌交错，农民外出习惯以艇代步，而划艇在河涌相遇，经常争相竞逐于前，超前者引以为荣，“赛农艇”之风因此而起，兴起至今，已有两百多年历史。

赛农艇的人数不断增加，并逐渐成为金利一带村与村、姓与姓之间人力、强富的比拼。“农”与“龙”同音，加上潜意识里认为龙是祥瑞之物，同时亦出于对战国时伟大诗人屈原的怀念，赛龙舟之风便逐渐形成，历代相袭，成了民间的传统节日活动。

据说，端午节那天的清晨，成千上万肇庆儿女在西江边聚集，颜色各异的龙舟在江边排列。随着宣布表演开始，一艘花船载着由演员饰演的屈原妹妹“屈幺姑”，从河涌深处缓缓驶出，一条龙舟带着“屈原”出现在江中，接着，开始抛撒粽子。岸边的大鼓方阵开始敲响，观众开始呐喊……在这个仪式结束后，龙舟竞渡才正式开始。

五月初一至初五划龙舟，端州城区及沿岸高要市的金利、金渡等城镇，参加竞赛的龙舟每年都有 40～50 只之多。龙舟分红、黄、青、黑、白五色，龙舟两端，装上精雕细刻的龙头、龙尾，还插上锦旗；全长 10～20 米不等，每只龙舟配水手 15～30 名。竞赛时，一人站在船头击鼓，一人站在船尾敲锣，作为指挥水手统一划船的号。船中有一人手持五彩旗在空中挥舞，水手们在锣鼓声中奋力划桨，岸上成千上万的观众欢呼喝彩。

1998 年后，这一项民间传统体育活动，从西江移至星湖，并成为国内外龙舟邀请赛的特色，同时也是端州一道美丽的风景线。

沙墩路：有个歌仙刘三妹

端州沙墩路在城东公园西旁，古时这里虽然是沙地，但也地灵。它北衔北岭山，宛若蟠龙，展翅腾飞；南接崧台岭，喜盈淑气，恒光普照；前绕西江河，寒溪丽水，源远流长。

远在唐代以前，不知从哪儿迁徙来一批瑶家人依沙墩而居。他们砍竹盖楼，定居白鹤乡，开荒种地，狩猎打鱼，过着安居乐业的日子。刘三妹就出生这里，居于“蓬牖茅椽，绳床瓦灶”。

小时候，刘三妹过得很苦。一天，三妹砍柴无法完成嫂嫂定下的数量，回家后，嫂嫂只给她半碗饭，逼她明天要插完两亩田才准回家。三妹悲哭甚切，惊动了观音娘娘。观音娘娘化成个老婆婆，问三妹哭什么。三妹一一告知，婆婆听完后说：“不要哭，天黑了，猛兽多，你回家对嫂嫂说插完田了，叫其明晨来看。”三妹含泪回家。夜里，观音便令众鹤童啄秧到田中插妥。第二天一早，她嫂嫂与婢女赶到田里一看，果然满田禾苗。嫂嫂怀疑三妹失德勾引男人相助，又故意设计，选男人不熟悉的工种逼三妹去做，给三妹三斤青麻要她一天织成纱，否则不准吃饭。

刘三妹痛哭求救，观音又化为老婆婆，带两个仙童，问三妹哭什么。三妹抱住婆婆说：“哥哥刘生上京求名，我受嫂逼，一天织三斤麻。”婆婆劝说：“不要哭，你与两女童玩游戏，我帮你织纱。”婆婆叫众仙女，一刹那织完纱。婆婆携纱给三妹说：“织成纱了，天黑了，你回家吧。”三妹很高兴，接过了纱，一阵风吹来，婆婆不见了，转眼两个女童也不见了。三妹回家，将纱交给嫂嫂，她嫂嫂更加惊疑。

后来，刘生考取功名回家，其妻恐虐待之事被丈夫知道，于是先告状说三妹不顺不贞。刘生一声不响，亲切问候三妹，三妹含泪而歌：

哥哥上京十八年，妹未行过嫂床前。破衣烂裳难抵冷，共猪食饭共狗眠。北岭山下牧牛去，一天限插两亩田。吉人幸遇天相助，疑妹奸情德不贞。三斤青麻来逼妹，期限一日要织完。幸遇婆婆怜帮我，不然妹早丧黄泉。

刘生听了很难过，忽然报子到来，朝廷令刘生即刻回朝。刘生叮咛了妻妹，便返道回朝。此后，三妹继续砍柴、牧牛、插田、织麻，成为巧女。

有个富商，欲娶刘三妹为妾，三妹拒绝，其嫂便约商人准备强拉三妹过门。三妹立即逃跑，其嫂与商人共追，追至西江边，三妹惊哭大叫，突然天空黑风暗雨，雷电交加，传来一声“刘三妹归来”。

此后，刘三妹化成歌仙，立于阆风岩之巅。有一天，农夫说“田里野兽甚多，践踏稻禾，令至失收”，民不聊生。刘三妹唱歌唱出了因由，原来是青蛙作怪。此后，稻禾再无过多的“野兽”践踏，连年丰收，老百姓感激流涕。后来，以农历三月三为歌节，一则纪念刘三妹，二则为恋爱提供机会。正如民歌所唱：

一年一度三月三，阆风岩下花如海。

口唱山歌寻知己，串街看花情满怀。

仙女湖路：梦萦仙女

入仙女湖这条路是没有路名的，想想也奇怪，星湖西入口东有波海楼，西有波海公园，中间为什么不叫波海堤路呢，而起了一个怪怪的路名——“BAIZHANGDI LU”。即便查地图，最少也得半个钟才能搞清意思和位置。

通向仙女湖的星湖大道，人们俗称为“仙女湖路”，这里有一段感人的爱情故事，是一个浪漫的美丽传说，这使“仙女湖”沾上无限的灵气的同时，赋予它一种动人的魅力。

仙女湖之美，美在自然风光。吸纳了天地之精、日月之华的仙女湖，美得那么自然，那般和谐！可谓：四时花草香笔墨，一色水天清心脾。

仙女湖守了千年的山水，灵气依旧。这里风光迷人，湖光山色交映出一幅幅美丽的山水图画。每一座山、每一棵树、每一根草、每一朵浪花、每一片云彩，仿佛都深得仙女湖的心性，自有一种别样的情致。或泛舟湖中，或徜徉于湖岛及周边旷野，目之所及，处处都是风景，万物皆可入诗。在不经意的顾盼之时，在流连忘返之中，俱能赏心悦目。碧绿的湖水镶嵌着如黛石山，泛舟其间，必有一番意境。

有空的时候，去仙女湖卸下沉重的心情，拾起山水间的一分宁静与生气，别有一番滋味。仙女湖的山不高，不像雨后的北岭那样云环雾绕；仙女湖的水不深，也不像西江的波涛那样掀起泥沙，但我依然喜欢。因为这里的山自有一分潇洒和坦然，这里的水也自有一分闲适和恬静。飘香的桂花和野趣桥凉爽的湖风，一次次多情的迎候与一次次依恋的挽留，令人难舍。而桃花岛上遍种桃花，间种李花，每年新春桃花盛开的时候，桃红李白，岸柳成行，景色令人心醉。

仙女湖之美，尤其美在蓬勃的生命活力，美在物我相知的真情。谁说流水无情，草木无知？仙女湖的一草一木、一禽一兽，都是碧水青山滋养而成的鲜活生命。生命是有感知的啊！仙女湖的水杉林，它四季色彩不同：春来青翠，入夏浓绿，秋天橙黄，到了冬天渐渐变红，羽毛状的叶子纷纷落下。而新叶遗落的缕缕阳光虽有点刺眼，却依然不失温柔，像穿透阴湿的老屋屋顶上的玻璃瓦，让人远远地就感到丝丝暖意，同时也让人想起仙女湖的传说。

古时有个美丽仙女，教民利用湖田种植水涨禾高的大禾，获得鱼禾两利，人称“禾花仙女”，或称“禾后”、“禾婆”。清代全祖望曾写诗来歌颂禾花仙姑的故事：

辟支岩下有仙娃，管领三岁岁满车。

便应姜源祠下配，长潴沥水灌禾花。

“仙女湖”纯属人工建造，却也另有风味。一排石墩不规则排列，贯穿湖面，到达对岸，在湖水微漾中若隐若现，人走其上，有蜻蜓点水般的意境。当然，仙女湖之谓仙女湖，少不了其标志性建筑——仙女石雕。一汉白玉筑起之仙女石像矗立于湖中央，水环四面，美丽袅娜。湖中又植水杉，加上波光闪烁，不觉中，超逸之气沁人心怀。后人不知何故，把这个仙女感人的故事演绎成《忆江南》词，道出了“古典仙女”的相思凄怨：

相思泪，恨爱泣悲哀。魂断愁肠心溅出，情连苦胆血喷来，滴滴挂桃腮。

其实，在仙女湖，山因水灵，水因山秀，山水相依，浑然已成一个整体。爱山即爱水，爱水即爱山，仙女湖的美丽，也并非昙花一现。亿万年鬼斧神工的自然雕琢，千百年宗风祖雨的洗礼积淀，数十年改天换地的人工修造，尤其是近年来的开发建设，赋予了仙女湖以秀丽之容和金玉之质，慢慢地走向人间，犹如一位亭亭玉立的仙子，披着霓裳羽衣向世人姗姗走来。

狮岗路：五只老鼠运米粮

仙女湖边有条路，走进去才知叫狮岗路，又叫宾日北路。这里有条岩榄堤，通向敞天石洞，俗称“出米洞”，又名“敞天财神洞”。

出米洞为敞天石洞，穹顶露出一个直径约 5 米的天窗，是由岩顶落水溶洞扩大崩塌而成，光线向洞内射照，故此洞是七星岩最明亮的溶洞。每年夏至前后，太阳直射洞底广阔的厅堂，在洞内可观看到立竿无影的神奇景象。

敞天石洞另一特色是石笋。此处石笋形状特别，清人曾有过记载：“肇庆岩洞中，石乳溢出，结成人物之状者甚众。”有如群猴，导游谓之“花果山、水帘洞”；有如白象，栩栩如生；又有如狮毛，怒冠冲天，千姿百态，光怪陆离。洞后，狮岗屹立；山上，有古炮台遗址；山下，洞穴宽敞，出土过不少第四纪初的动物化石；洞前，碧波千顷，绿岛错落，或孤坐湖中，或山水相依，真是碧波绿岛，相映成趣。

洞中有石峒古庙，始建于初唐，为国家级重点保护文物。庙中供奉的周氏神，四邻乡亲朝拜者甚多。每年正月初五的财神诞，是景区最为盛大的活动之一。出米洞的通天财神古庙，早为肇庆市民众所熟知，香火鼎盛，绵延千年不绝。

敞天石洞有一千三百多年的历史，古人赞它“崔巍辟洞门，窈窕垂深堂”。从外表看，它是一座小山岩，但岩下洞穴宽敞，有南北二门，中央上虚通天。更奇者，洞内构筑寺宇，称石洞神庙。殿旁异石累累，如人似物，其中一人形怪石，面北而立，一手固握，握中有窍，窍中日出升米，故曰“出米洞”。

出米洞，与其有关的童谣和故事在民间竞相传颂。“出米洞，出米洞，白米来自小洞中，一人住庙米一升，两个和尚太贪婪，他要白米装满瓮，一日早起舞手捶，叮咚叮咚来打洞……叮叮叮，咚咚咚，米洞从此变石洞。”

明朝末年，清兵破关夺地，挥戈向南长驱直下。明朝的大将们战死的战死了，逃走的逃走了，眼看明朝江山岌岌可危。

1643 年，衡州陷落，永明王朱由榔随其父桂王朱常瀛逃往广西，暂居梧州。1645 年，福王朱由嵩死于南京，桂王朱常瀛薨于苍梧，次年唐王朱聿键又被杀于福州。这时，朱由榔得两广总督和广西巡抚、巡按的推举，于十月十四日监国于肇庆。但不久，内侍又要其走梧州。朱由榔经过父丧兄亡的一连串打击，本来已痛苦万分，现在又来一个内部纷争，确实使他忧心忡忡，六神无主。

一天，朱由榔在亲随的护送下，逃离肇庆城，来到七星岩的石峒神庙之中。石峒神庙景色虽美，景象虽奇，可朱由榔愁容满面，心气难平。他步入石峒神庙，面对石佛跪了下去，连连叩头。天色渐渐黑下来了，朱由榔疲乏不堪，便倒在石佛旁边昏昏欲睡。但是，朱由榔心事重重，肚里空空，怎么也无法入睡。他便坐了起来，背靠石佛，抬头仰望着从石洞天窗洒下的如水月色，捶胸长叹：“唉！困死我也，困死我也……”

朱由榔欲起身步出门外，于是两手撑地——这一撑，却使他跳了起来，惊喜异常：啊！原来手下竟撑出一堆白花花的大米哩。

朱由榔正出神地看着，突然间石佛后面走出五只老鼠来，它们一只跟着一只，向东面疾驰而去。朱由榔看见了，连忙跪下就拜：“天助我也，南无阿弥陀佛！天助我也，南无阿弥陀佛……”

果然，不久，永明王朱由榔就被迎回肇庆城了。朱由榔由两广总督和广西巡抚、巡按拥立为帝，遂于 1646 年 11 月设立行宫，登基即位，取年号为“永历”。传说朱由榔被迎回城中后，五只老鼠也乘龙飞天而去了。

瑶池路：说人间“瑶池”

讲起端州城区的瑶池路，估计一半以上的端州人“蒙查查”（不明白，犯迷糊），不知道在哪里。也难怪，这样普通的路名随处可见。其实，康乐北路边那条路就是瑶池路。瑶池路，南北走向北接瑶池西街，是与康乐北路和黄塘路相连的一条街道。

端州有上瑶、下瑶等古村名，这个“瑶”字，与这里乡民在村前建窑烧砖瓦有关，始名“上窑”。后因建窑增多，经济有所改善，便扩大了上窑规模，后随着村容的改观和时代发展，又有了“下窑”，并把“窑”雅化为“瑶”。过去这里盛产香蕉，皮薄肉香，驰名遐迩，曾被誉为“香蕉之乡”。

现在端州的瑶池路也是借用典故而来。

瑶池是古代传说中昆仑山上的池名，西王母所居。在中国的神话传说中，西王母又名“瑶池圣母”、“王母娘娘”。在中国人的心中，圣母的形象是雍容华贵、地位超然的慈祥女神，她仙居于瑶池圣境，境内种有三千年开花、三千年结果的“王母蟠桃”，传说吃了它能长生不老。

，很多地方都有“瑶池”之称，而端州的离下瑶村不远的星湖仙景留下了千古佳话，亦赢得“瑶池”美称，因此有了瑶池路。

下瑶村以七星岩为中心，融伴月湖、古树、草坪、人文景观为一体，形成别具一格的风光特色。立足高处，举目远望，一片绿色的湖水，此起彼伏，就像泓泓碧水如玉镶在城中。沿堤柳树、凤凰树、紫荆花，怪石嶙峋，含烟蓄罩；环山绿草如茵，鹤鸟游移；更有北岭青峰，神峻异常，整个湖光山色，美不胜收，那不就是人间“瑶池”吗?

春天，柔绿；夏天，幽绿；秋天，清绿；冬天，深绿。那路上的花木无论出现在哪个季节，游客都走不出这绿格茵茵的氛围。傍晚，夕阳西下，凉风习习。在城区瑶池路的环湖绿道上，三三两两前来散步的市民逐渐多了起来。他们或骑自行车慢行，或沿着伴月湖边绿道悠闲漫步，惬意地享受着端州得天独厚的美丽风景。

同在瑶池路散步，在端州生活了三十多年的一位先生说，十多年前，伴月湖水还是完全清澈透明的。“那时的湖水清澈见底，可以清楚地看到成群的鱼虾在湖底畅快地游来游去。湖底还长满了丰富的水草，浪过来的时候，可清晰地看到长长的水草在湖底跳舞……”

“那时的星湖水，我们用手捧起直接饮用也不怕。而且，住在湖边的村民还经常下湖捞水草喂猪呢！我还是小孩子的时候，就经常看到湖边的村民从湖里捞出三四十斤的大鱼！”一旁的老先生插话道，他一边说，还一边向记者展开双臂比画鱼的长度。

高码头：畅游西江三峡

高码头路是新阅江路一巷的前身，“文革”时曾称东风二路一巷，因旧时河堤有驿站码头而得名。

在高码头登船，畅游西江三峡是最快乐的事。端州河段的西江，柔美婉约，山川雄奇险要，两岸景色秀丽迷人，民间神话传说多如珠玑，历史文化底蕴积淀丰厚。当然，西江三峡是必游的。

西江三峡由羚羊峡、三榕峡和大鼎峡组成，景色宜人，风光秀丽，从东向西有二十处景点，即“砚渚清风”、“羚峡归帆”、“罗隐下院”、“桃溪夕照”、“望夫归石”、“出入山虎”、“清风仙阁”、“归猿古洞”、“景福花冢”、“古塔倒影”、“江楼晚眺”、“宝塔雨云”、“白沙夜月”、“五显渔灯”、“五马归槽”、“龟蛇锁江”、“镇水大鼎”、“鹅窟涛声”、“龙舌王侯”和“榕峡钓台”。

羚羊峡，原名“灵羊峡”。灵，是活灵活现的灵，最后慢慢才变成现在的名字。北面是羚羊山，南面是栏柯山，两山之间被西江水巨大力量劈开了一条水路，是西江河段景色最为秀美的一段峡谷。山连水，水连山，沿江两岸悬崖百尺，怪石林立。两岸山峰绵延起伏、满目青翠，步步是景，处处如画，名胜古迹众多，被誉为“华南第一峡”。

“羚峡归帆”，为历代著名“端州十景”之一。这里鱼类较多，春有边鱼，夏有三赖，秋有鲤鱼，冬有海鲮，还有特产鲳鱼和八须大虾，渔民多来此下网捕鱼，早出晚归，羚羊峡口船帆点点，甚为壮观。古有清风仙阁，亦为羚羊峡游览胜地之一。人到仙阁，悬崖峭壁，地势险峻，纤夫们长年累月踏出了一条羊肠小道，后加修栈道，增建桥梁。“裴公十九桥”、“江上清风”、“山川秀美”等碑刻至今仍存，与远景构成一幅美丽的画图，使人仰羡不已。

羚羊峡北侧的“罗隐下院”，原是鼎湖山派出的在渡口专门接应上山进香客人的机构，又称“憩庵”。据史书记载，743 年，日本入唐留学僧荣睿拜请鉴真大师东渡日本弘法，第五次东渡时，在舟山遇飓风漂流海上，历经艰辛，才在海南岛登陆，后经梧州东到端州，就在此登上鼎湖山龙兴寺（宋改白云寺），因积劳病重圆寂，葬于鼎湖山莲花峰南麓。

三榕峡，在城西三榕港处，绵延数公里，江水滔滔，青山连绵。每当夏季洪汛之期，江水似万马奔腾，哮声如雷；冬季来临，江水蔚蓝，北岸河滩，怪石嶙峋，如台高筑，人称“钓鱼台”。可供游人小憩、凭栏赏景。

此地得天独厚，立于此遥看山色水光，风景秀色如画，碧波荡漾，帆船争流，夕阳影照，百客观光，山现金色，“欲与天公试比高”。端州古称“高要”，早在汉代时就设立高要郡，而“高要”二字就是出自峡形居高扼要的意思。

三榕峡下游，江面豁然开阔。西江两岸，高楼林立，车水马龙，好不热闹。北岸是端州市区，南岸是高要城区。两个现代化的都市隔江相映，繁华竞逐。来到城区江面，首先映入眼帘的是西江两岸四塔擎天的奇特景观，四座古塔，夹江对峙。诗人郭沫若 1961 年畅游西江时，留下了“四塔擎天天宇稳，七星伴月月宫闲”的名句。

沿江而上，西江两座大桥形成南北变通途；再往上走北岸是龟顶山，是“龟索锁大江”景点；沿着三榕峡江面再往前便是大鼎峡了。

大鼎峡于龟顶山之西江处，峡因其山形如鼎而得名。西江奔流至此，江水湍急，气势磅礴，如鼎锁江。古时候，洪水横溢，常有水患。古人便在山上建“大鼎古庙”，与北岸龟顶山上的“元贞观”相得益彰，两边的庙里都是供奉北帝神像。北帝乃镇妖水神，意在镇压河里的水妖。平日登临者甚多，每逢重阳佳节，更是游客云集，川流不息，山上山下，成圩成集，热闹非常。因而这里曾经香火鼎盛，信徒云集，善男信女争相前往朝拜。清人黄培芳游大鼎庙时，曾刻诗于石碑之上：

牂牁迢递汇端州，形势雄蟠控上游。万树丛中嵌梵宇，群山阔处让江流。

无边春色方停棹，不断西风正倚楼。秦代龙祠看报赛，一时箫鼓偏沧洲。

其实，大鼎山过去林木葱茏，曲径清幽。古庙藏在浓绿丛中，远望唯见其青碧的飞檐和屋脊。庙宇依山建筑，下临峭壁，四周古木参天，荫翳蔽日。“山门”口处，曾有一尊石雕的“三眼华光”神像，不知何时掉到西江河里去了。龟顶山上的“元贞观”也遭此厄运，庙毁像沉。

大鼎峡出口处有五座山脉延伸到江边，好像五匹骏马从山上奔腾下来又急转回头，形象逼真，这是“五马归槽”的名胜古迹。

西江，是国内大江河中水质最好的河流，江水青碧。这里盛产肥美河鲜，远近闻名。春天可以尝到鲜甜的西江河虾，夏天可以吃到甘香的三犁鱼，秋天可以品尝到肥美的锦鲤，冬天可以饱餐大海鲩。

西江路：中国最美的绿道

若说一个城市是有气质的，那么它的气质一定是这湖水赋予的。整个肇庆的历史和文化都浸润在这片澄净的湖水中。没有工业城市的喧闹，没有经济城市的繁扰，只有这从历史长卷中走出来的一幅丹青水墨画。

这里说的就是肇庆星湖，而这湖身上披着一条绿色绶带，它的名字叫“中国最美绿道——肇庆环星湖绿道”。

从西江北路的波海公园驿站起程，沿着星湖绿道走一圈，美景甚多。不过，先站在波海公园广场放眼望去，湛蓝湛蓝的天，天空像一顶硕大无比的锅盖镶嵌在波海湖上，一时有了苍穹的感觉。湖，碧绿碧绿，一平如镜。心如此镜，心如止水，平焉、安耶、和哉、清也。湖与天交相辉映，天上有湖，湖中有天，细细瞧来，湖中还有云，有山，有岩，有树，有楼，有独木舟，有双飞燕。一个天上，一个人间。

往前走，便是中心湖了，著名的七星岩就散落此湖之中。沿绿道，观岩赏湖，自有一番情趣，不知是人在台榭中行，还是岩在湖水中飘。

沿湖一路漫游，谈笑风生，不经意间惊动了湖里游动的小鱼，惊扰了湖边枝头鸣春的雀鸟，惹动了花丛起舞的蝴蝶。而眼前，青岩叠翠，秀水倒影，令人心旷神怡，怦然心动，享受人与自然合一的欢愉。

“两岸花柳全依水，一路楼台直到山。”七星岩有古庙、古殿、古观、古轩、古馆、古亭、古坊和古桥。建国后，又新建有桥、轩、阁、舫、亭等。如果把七星岩比作七个婀娜多姿的少女，那么七星桥就是少女的玉簪。

如果从外眺望，我们可以数出七星桥上下两座，有 14 个小桥洞。因为湖面一座，湖影一座，并且组成一个大洞，又与桥洞相连。每当清风月满之时，每洞各衔一月，金色荡漾，众月争辉，莫可名状。每到满月之夜，七星桥下七个桥洞中每个洞都含着一个月亮。如果在中秋之夜来星湖，说不定就能领略到天上一个月亮、湖里八个月亮的绝妙奇境。真是：天下三分明月夜，七分棱镜落端州。

七星岩还有一道长长的拱桥，雪白如玉，恰似少女身上那条华美的腰带，故称“玉带桥”，因该桥共有 19 个拱门，故又称“十九孔桥”。一座横跨水面的拱桥，像一道彩虹挂在湖上，把两地的距离缩短；白白的一条带子如银丝，把两面相思连上，将美丽的山湖装点。

桥孔从一根横箫吹出天籁之音，乘风落在湖面。两峰夹峙成风口，遇上四面吹来的风，将轻轻泛着微波的湖面翻动起来，卷起绿色的波浪，一排接着一排，一浪高过一浪，向四面涌去。站在桥上，耳闻呼呼风声，眼观绿浪拍岸，有如乘风破浪，驶向仙境。

再有临水而立的五龙亭，宛如五朵冉冉出水的莲花，远看形如游龙，故称“五龙亭”。亭灰瓦盖顶，蓝色琉璃瓦剪边，檐下梁枋施小点金旋子彩画，绚丽多彩，金碧辉煌，皆有白玉小桥蜿蜒，通向岸边。五龙亭坐落于潋滟碧水之中，垂柳修花点缀了四时景色，游廊雕梁画栋环护，平添雍容的风姿，令游人闲发打油诗：

绿湖一标五龙亭，举头正思吞七星。

谁知碧海一轮月，醉刹五龙酒满汀。

最难得阳光下坐亭赏景，“四面堤边花树伴，静对微波倚空明”。若在夜晚玉兔高悬时，还可领略水、月、岩、云之人间天上浑然一体的情趣。

心醉于景，神醉于美，不知不觉已近黄昏，在绿道上踩车慢行，便会发现在湖畔景区有一座山酷似卧佛。站在新扩建的观佛台上向西望去，一大卧佛仰卧在波光浩瀚的湖面上，深邃的目光洞穿天空，祥云伴着鲜艳的夕阳，如一颗金光灿灿的仙丹，徐徐落进卧佛微张的嘴里，吞丹修行，顿时佛光四射，令人叹为观止。此时，湖面镀上柔软的金色，卧佛仿佛盖上了一层薄薄的轻纱，轻雾飘逸，如至仙境，是一道独特的风景。

袅袅飘绢倚星湖，盈盈绿带串玉珠。玉珠般的地方有个湿地公园，水面广阔，河道纵横，芦苇丛生，水生植物和鱼类资源丰富，是火烈鸟、各类鹤的栖息之地。极目远眺，芦苇沼泽地里，丹顶鹤星星点点，时隐时现，有的低头觅食，有的翩飞起落。这里，被称为“鸟的天堂”。湖里，还有一个面积不大的小岛，绿树掩映，雀鸟众多，不时啼叫，起落无常，令人向往。在这里可以看鸟岛上的鹭鸟成群飞翔，也可以看到一生难得一见的“世界绝活”丹顶鹤编队飞翔。在这如诗如画的山水图画中悠然潇洒走一回，观赏着人与自然、人与动物和谐相处的天然佳景，必将留下终生难忘的记忆。

畅游绿道，是一曲曲绿色的乐章，直抒情怀；畅游绿道，是一种如诗如画的感受，步移景转，美不胜收；畅游绿道，是一种生命享受，有烂漫春光，有层层绿浪，焕发人的精神。且听新编童谣《凼凼转》：

凼凼转，绿道边，踩架车仔去兜圈。星湖好似大花园，亭台楼阁喜相连。
山奇石险桥弯曲，杨柳依依飘雨烟。兜来兜去无尽头，风景越看越新鲜。

后　记

两千多年来，端州的街名变迁见证了端州的发展。

在历次城市改造的大潮中，端州这座历史文化名城发生了翻天覆地的变化，许多老街旧貌换新颜，建筑的连续性与真实性已不复存在，仅留街名在老端州人的记忆中。如今要把那些老街记录下来，编撰成书，确实是一项难度很大的系统工程。本想将些老照片、老街地图搬入书中，但还是作罢，原因有二：一是考虑到书太厚了，二是考虑到用过去的街巷照片也无“图文并茂”的意义，还是看现在的真景会开心些，把文字作为历史文化名城的记忆会坦然一些。不需图片，看过此书，也就知道端州的历史底蕴了，也达到了编者借此书来“唤醒城市记忆，接通历史文脉”的目的。

随着城市建设的突飞猛进，至少有上百条老街巷已消失，上千条新街巷诞生，代之以新名，并且每年还在迅速增加中。中国梦在放飞，我们的梦同样放飞在新的大街上。作《端州百街掌故》，以追古，以思今，以在这日新月异的变化中品一壶历史的茶，得一午后的清香与自在。

由于本书涉及面广，编撰工作难度大，而个人的水平有限，顾此失彼以至错漏、谬误等问题在所难免，恳请广大读者批评指正。

谢建江

2013 年 12 月

图书在版编目（CIP）数据

端州百街掌故/谢健江编著. —广州：暨南大学出版社，2014. 7
ISBN 978-7-5668-0988-9

Ⅰ. ①端… Ⅱ. ①谢… Ⅲ. ①区（城市）—地方史—掌故—肇庆市 Ⅳ. ①K296. 53

中国版本图书馆 CIP 数据核字(2014)第 069210 号

出版发行：暨南大学出版社

地　址：中国广州暨南大学
电　话：总编室（8620）85221601
　　　　营销部（8620）85225284　85228291　85228292（邮购）
传　真：（8620）85221583（办公室）　85223774（营销部）
邮　编：510630
网　址：http://www.jnupress.com　http://press.jnu.edu.cn

排　版：广州市天河星辰文化发展部照排中心
印　刷：广东广州日报传媒股份有限公司印务分公司

开　本：787mm×1092mm　1/16
印　张：26.5
字　数：500 千
版　次：2014 年 7 月第 1 版
印　次：2014 年 7 月第 1 次

定　价：53.00 元